Edition KWV

Die „Edition KWV" beinhaltet hochwertige Werke aus dem Bereich der Wirtschaftswissenschaften. Alle Werke in der Reihe erschienen ursprünglich im Kölner Wissenschaftsverlag, dessen Programm Springer Gabler 2018 übernommen hat.

Weitere Bände in der Reihe http://www.springer.com/series/16033

Martin Gehring

Auswirkungen von Internettechnologie auf Wertschöpfungsstrukturen

Konfigurationen aus Distributionsstrukturen und Gütertypen im Electronic Commerce

 Springer Gabler

Martin Gehring
Wiesbaden, Deutschland

Bis 2018 erschien der Titel im Kölner Wissenschaftsverlag, Köln
Dissertation Universität zu Köln, 2004

Edition KWV
ISBN 978-3-658-24073-8   ISBN 978-3-658-24074-5   (eBook)
https://doi.org/10.1007/978-3-658-24074-5

Die Deutsche Nationalbibliothek verzeichnet diese Publikation in der Deutschen Nationalbibliografie; detaillierte bibliografische Daten sind im Internet über http://dnb.d-nb.de abrufbar.

Springer Gabler

Springer Gabler ist ein Imprint der eingetragenen Gesellschaft Springer Fachmedien Wiesbaden GmbH und ist ein Teil von Springer Nature
Die Anschrift der Gesellschaft ist: Abraham-Lincoln-Str. 46, 65189 Wiesbaden, Germany

Geleitwort

In den vergangenen zwanzig Jahren hat die Logistik als betriebswirtschaftliche Disziplin und erst recht in der Wirtschaftspraxis einen gewaltigen Aufschwung und Wandel erfahren. Allenthalben hat sich die Erkenntnis durchgesetzt, dass die Etablierung und Weiterentwicklung moderner Logistiksysteme für die meisten Unternehmen, aber auch für öffentliche Institutionen, Regionen, selbst Staaten zu zentralen strategischen Erfolgsfaktoren geworden sind. Vor dem Hintergrund hoher Wettbewerbsintensität in zunehmend globalen und vernetzten Märkten, kürzerer Innovationszyklen und schwer prognostizierbarer Marktdynamik ist die Logistik zum oft wettbewerbsentscheidenden Kernelement der Unternehmensführung geworden. Nicht zuletzt begünstigt durch die rasante Entwicklung der Informations- und Kommunikationstechnologien, allem voran des Internets, und der durch sie ermöglichten Koordination komplexer Wertschöpfungssysteme hat die Zahl der in ihnen verbundenen, spezialisierten Akteure und ihre räumliche Ausdehnung erheblich zugenommen. Damit rückt der Integrationsaspekt der Logistik als schnittstellen- und unternehmensübergreifendes Konzept der Unternehmensführung, für das sich zunehmend der Begriff des „Supply Chain Management" durchgesetzt hat, in den Mittelpunkt des fachlichen Interesses.

Der wissenschaftlichen Erforschung dieses übergreifenden Zusammenhanges widmet sich die Schriftenreihe „Logistik und Unternehmensführung ", deren ersten Band die vorliegende Arbeit darstellt. Es trifft sich hervorragend, dass sie mit der Untersuchung einer der zentralen Fragen zur Struktur von Wertschöpfungssystemen im Zeitalter des E-Commerce diese Schriftenreihe eröffnet.

Im Mittelpunkt der Betrachtungen steht zunächst die Frage, wie der Einsatz internetbasierter Informations- und Kommunikationstechnologien (IKT) die Grundlagen der Koordination ökonomischer Aktivitäten verändert. Insbesondere wird untersucht, inwieweit durch die Nutzung des Internets intermediäre Distributionsstufen entfallen. Solche Veränderungen in Wertschöpfungsstrukturen hängen stark von der Art der gehandelten Güter ab. Deshalb ist eine integrierte Betrachtung geboten. Die vorliegende Arbeit nimmt eine solche integrierte Betrachtung erstmals vor und fokussiert dabei auf Distributionsstrukturen im business-to-consumer (b-t-c) Sektor des Electronic Commerce. Es soll die Eignung spezifischer „Logistikkonfigurationen" für die Distribution unterschiedlicher Gütertypen herausgearbeitet werden.

Der Verfasser entscheidet sich für die Transaktionskostentheorie als Analyseinstrument, um zu klären, inwiefern der Einsatz internetbasierter IKT die Koordination ökonomischer Aktivitäten beeinflusst. Die Einschaltung von „Intermediären" führt traditionell zu einer erheblichen Kontaktkostenreduktion sowie zur Sicherstellung und Kommunikation der Produktqualität und zur logistischen Überbrückung zwischen Hersteller und Käufer der Ware. Gemeinhin wird argumentiert, dass der Einsatz des Internets zu einer Senkung von informatorischen Transaktionskosten führt. Die vorliegende Arbeit belegt nachdrücklich den in der „Electronic Market Hypothesis" prognostizierten Anstieg marktlicher Koordination durch IKT-Einsatz.

Auf Basis einer Typologisierung elektronischer Marktsysteme weist der Autor nach, dass es einer differenzierten Berücksichtigung der informatorischen wie auch physischen Eigenschaften der betrachteten Güter bedarf, um stringente Aussagen über die Vorteilhaftigkeit einer Disintermediation im Electronic Commerce abzuleiten. Er erarbeitet eine umfassende analytische Grundlage für die Diskussion alternativer Distributionsstrukturen und Gütertypen im Electronic Commerce.

Hierbei zeigt sich, dass gerade dringende Such- und Inspektionsgüter prädestiniert für eine internetbasierte Abwicklung der akquisitorischen Distribution sind. Ebenso weist die Arbeit nach, dass sich Erfahrungs- und Vertrauensgüter durchaus für eine elektronische Durchführung der akquisitorischen Distribution eignen. Die Arbeit zeigt zudem im Bereich der Preisfindungsmechanismen auf, dass die in der Praxis im Internet dominierende englische Auktionsform der Vickrey-Auktion wie auch Festpreissystemen unterlegen ist. Außerdem zeigt sich, dass spezifische Abholkonzepte wie auch dezentrale Versandkonzepte interessante Alternativen zu den bisher im Electronic Commerce und im klassischen Handel vorherrschenden Strukturen des zentralen Versands und des dezentralen Einzelhandels darstellen. Sowohl in der akquisitorischen als auch in der physischen Distribution besteht ein Potenzial für elektronische bzw. elektronisch-physische Intermediäre.

Die vorliegende Arbeit ist insgesamt von hohem Innovationsgrad, beachtlichem wissenschaftlichem Niveau und unmittelbarer Praxisrelevanz. Sie präsentiert eine Reihe hochinteressanter Ergebnisse, die die weitere Diskussion zur Eignung von Distributionsstrukturen im E-Commerce nachhaltig beeinflussen dürften. Ich wünsche der Arbeit deshalb eine breite Resonanz in Wissenschaft und Praxis.

Werner Delfmann

Vorwort

Ausgangspunkt der vorliegenden Dissertation war, so kurios es klingen mag, ein Fernsehbericht, den ich 1997 spätabends sah. Es ging dort um das Medium Internet und neue Geschäftsideen, die einige junge Unternehmer in den USA entwickelt hatten. Vorgestellt wurde neben Yahoo! auch die Idee von Jeff Bezos, der Amazon.com, ein Internetversandhaus für Bücher gegründet hatte. Als Student der Betriebswirtschaftslehre mit wissenschaftlichen Ambitionen fragte ich mich, wie wohl die Erfolgsperspektiven dieser Idee seien und beschloss, dieser Frage auf zweierlei Weise nachzugehen: Mit einem geringen Investment in Aktien des Unternehmens und der nach Abschluss meines Studiums begonnenen, nun vorliegenden Dissertation. Aus der Idee von Jeff Bezos ist – nicht ohne Turbulenzen - ein Unternehmen mit mehr als 5 Milliarden Dollar Umsatz geworden. Aus meiner Investition ist nach Durchleben ebenfalls großer Turbulenzen genug geworden, um die Druckkosten der erfolgreich geschriebenen Dissertation zu bestreiten, die, wie die meisten Promotionsschriften, auch nicht ohne Turbulenzen entstanden ist.

Die vorliegende Arbeit, die im Herbst 2003 von der Wirtschafts-wissenschaftlichen Fakultät der Universität zu Köln als Dissertation angenommen wurde, schafft eine Basis zum Verständnis der logistischen Anforderungen des Electronic Commerce. Sie entstand im immer positiv kritischen Dialog mit meinem Doktorvater, Herrn Prof. Dr. Werner Delfmann, dem ich an dieser Stelle herzlich danken möchte, genau wie Herrn Prof. Dr. Lothar Müller-Hagedorn für die Über-nahme des Korreferats.

Dem einmaligen sozialen Umfeld, dass Herr Prof. Delfmann an seinem Seminar für Planung und Logistik geschaffen hat, ist es zu verdanken, dass ich während der gesamten Promotionszeit immer Ansprechpartner für wissenschaftliche Diskussionen bezüglich meines Themas finden konnte. Sowohl in den Zeiten, als mein Dissertationsprojekt aufgrund seiner Thematik zunächst „im Rampenlicht" stand („E-Commerce Forschung ist Pop-Forschung") als auch während der Phasen, als E-Commerce kaum noch öffentliches und wissenschaftliches Interesse fand („E-Commerce ist tot!). Mein Dank gilt hier meinen Freunden und Kollegen Sascha Albers, Rowena Arzt, Caroline Heuermann, Thorsten Klaas, Jan Remmert und Markus Reihlen. Dem Team der studentischen Hilfskräfte kann ich gar nicht genug danken für die Unterstützung bei der Literaturrecherche – ihr leistet hervorragende Arbeit!

Eine Dissertation ist, insbesondere im letzten Jahr, ein nicht immer stress-freies Unterfangen. Umso mehr möchte ich meiner Frau Mirell danken, die mich während dieser Zeit immer unterstützt und oft auch auf den Boden der Tatsachen zurückgebracht hat. Ebenso danke ich meine Eltern, die den mit Abstand größten Beitrag zu meiner wissenschaftlichen Ausbildung geleistet haben durch ihre jahrelange Unterstützung.

Auch wenn es während der Erstellung der vorliegenden Dissertationsschrift immer wieder Momente gab, die von Verzweiflung über dass Erreichen einer weiteren wissenschaftlichen Sackgasse geprägt waren, kann ich rückblickend als Kölner allen Promovierenden nur sagen:

„Eens es jewiss: Dat dr Ärger von hück – un dat nit zu flück – de joode ale Zick von morjen is!"

Martin Gehring

Inhaltsverzeichnis

Abbildungsverzeichnis

Tabellenverzeichnis

A   Einleitung

I   Problemstellung und Zielsetzung

„Technology and communication bring efficiency. Money is made in inefficiency."[1]

Einfache technische Umsetzbarkeit, hohe Bedienfreundlichkeit und niedrige Rüstkosten haben dazu geführt, dass mit der Internettechnologie seit Beginn der 90er Jahre des 20. Jahrhunderts eine neue Massenkommunikationsplattform entstanden ist, deren Verbreitungsrate die anderer Kommunikationstechnologien deutlich übertrifft. Unternehmen können ihre Geschäftsprozesse auf Basis dieser Technologie immer umfassender und dennoch kostengünstiger vernetzen. Hinzu kommt die bisher nicht vorhandene elektronische Anbindung des Endkonsumenten, der zu relativ geringen Kosten über die Kommunikationsplattform Internet mit Unternehmen in Verbindung treten kann. Damit ist erstmals die Übermittlung und automatische Weiterverarbeitung von Endkonsumentenaufträgen an Unternehmen flächendeckend möglich, was eine neue Dimension der elektronischen Abwicklung von Geschäftstransaktionen („Electronic Commerce") darstellt.[2]

Die in der Pionierzeit des Electronic Commerce vorhandene euphorische Aufbruchsstimmung, dokumentiert durch entsprechende Börsennotierungen von in diesem Segment tätigen Unternehmen, ist mittlerweile allerdings einer Ernüchterung in der Öffentlichkeit, aber auch in Unternehmenskreisen, gewichen. Insgesamt kann die durchlaufene Entwicklung sehr gut als ein Beispiel des von SCHUMPETER so anschaulich beschriebenen Prozesses der „kreativen Zerstörung" betrachtet werden.[3] Eine Vielzahl von neugegründeten Unternehmen ist mangels Tragfähigkeit der Geschäftsmodelle wieder vom Markt verschwunden, viele etablierte Unternehmen haben ihre Aktivitäten im Bereich des Electronic Commerce nicht entsprechend der ursprünglich verfassten Pläne umgesetzt bzw. in einigen Fällen sogar wieder eingestellt.

---

[1]   PHELAN, zitiert in Hansell (1989), S. 92.

[2]   Damit bewahrheiten sich Prognosen, die bereits in den 1980er Jahren eine verstärkte Abwicklung von Geschäftstransaktionen über elektronische Medien prophezeiten. Beispielhaft seien aus dem deutschsprachigen Raum DELFMANN/WALDMANN zitiert: „Neben den aktuellen Umstrukturierungen im Bereich der Distributionslogistik lassen sich auch Ansätze für neue Absatzwege-Konzepte in der Unternehmenspraxis erkennen. Dabei steht die Nutzung neuer Kommunikationstechnologien im Mittelpunkt." Delfmann/Waldmann (1987), S. 75.

[3]   Vgl. Schumpeter (1986), S. 408ff.

© Springer Fachmedien Wiesbaden GmbH, ein Teil von Springer Nature 2004
M. Gehring, *Auswirkungen von Internettechnologie auf Wertschöpfungsstrukturen*, Edition KWV, https://doi.org/10.1007/978-3-658-24074-5_1

Trotz der zahlreichen Insolvenzen von Unternehmen gerade im elektronischen Handel mit Endkonsumenten, im Folgenden kurz b-t-c Electronic Commerce (für „business-to-consumer") genannt, kann festgestellt werden, dass der hier erwirtschaftete Umsatz weiterhin stark anwächst. Untersuchungen des Hauptverbands des Deutschen Einzelhandels (HDE) zeigen ein Volumen von ca. acht Milliarden Euro für das Geschäftsjahr 2002. Dies entspricht einem Wachstum von ca. 60% gegenüber 2001. Und auch für 2003 wird ein Wachstum von etwa 38% auf ca. elf Milliarden Euro erwartet. Damit hätte der elektronische Handel im Endkonsumentensektor in Deutschland einen Anteil von 2,1% erreicht.[4] Für den US-amerikanischen b-t-c Markt erwartet Forrester Research ein durchschnittliches Wachstum von 25% pro Jahr bis 2007, so dass dann ca. 8% des gesamten Handelsvolumens über Electronic Commerce abgewickelt würde.[5] Studien des US Department of Commerce bestätigen ein anhaltendes Wachstum des amerikanischen b-t-c Marktes. So stieg der Umsatz amerikanischer b-t-c Unternehmen im zweiten Quartal 2003 gegenüber dem Vorjahr um 27,8% an und erreichte einen Anteil von 1,5% am gesamten Einzelhandelsvolumen der USA.[6] Auch im Bereich der Transaktionsabwicklung zwischen Unternehmen, dem sogenannten business-to-business (b-t-b) Electronic Commerce, ist festzustellen, dass mittlerweile ein hoher Anteil der Unternehmen elektronische Marktplätze, vor allem im Beschaffungsbereich, nutzt. So gaben in einer Umfrage des Bundesverbands Materialwirtschaft, Einkauf und Logistik (BME[7]) 85% der befragten Unternehmen an, auf internetbasierten Marktplätzen einzukaufen, 78% der Unternehmen planen, ihre elektronischen Beschaffungsaktivitäten in Zukunft weiter auszubauen.[8]

Der Trend zur Nutzung des Internets zur Abwicklung von Transaktionen ist also trotz vieler individueller Rückschläge ungebrochen. Gegenstand der vorliegenden Arbeit ist deshalb zunächst die Untersuchung der Gründe für das andauernde Wachstum des Electronic Commerce. Dazu wird die Hypothese der effizienteren und transaktionskostensenkenden Abwicklung der Anbahnungs- und Vereinbarungsphase einer Transaktion über das Internet analysiert. Im Gegensatz zu den meisten Beiträgen, die sich mit dieser Hypothese beschäftigen, enden die Untersuchungen jedoch nicht an diesem Punkt. Vor dem Hintergrund der durch das Internet ermöglichten Einbindung des Endkonsumenten in den Electronic Commerce soll vielmehr

---

[4]   Vgl. die Ergebnisse der HDE-Mitgliederbefragung 2002 unter http://www.einzelhandel.de.

[5]   Vgl. zum Beispiel die Prognosen von Forrester Research Briefing zur Entwicklung des Electronic Commerce , http://www.forrester.com/ER/Research/Brief/Excerpt/0,1317,-15480,00.html, letzter Aufruf am 11.09.2003.

[6]   Vgl. die Zahlen des US Department of Commerce, abrufbar unter http://www.census.gov.

[7]   Vgl. http://www.bme.de.

[8]   Vgl. Frankfurter Allgemeine Zeitung vom 05.05.2003, Nr. 103, S. 22.

herausgearbeitet werden, inwieweit eine mögliche elektronische Durchführung von Transaktionen Auswirkungen auf den Transfer der Güter und damit auf die Distributionsstruktur hat. Insbesondere die von einigen Autoren prognostizierten großen Veränderungen der Distributionsstrukturen durch Wegfall einzelner Distributionsstufen werden kritisch beleuchtet, als Hauptmangel der existierenden Beiträge kristallisiert sich dabei die fehlende Beachtung von Gütereigenschaften und ihren Anforderungen an Distributionsstrukturen heraus. Die vorliegende Arbeit überwindet diesen Mangel, indem sie die durch Internettechnologie ausgelösten Veränderungen in Distributionsstrukturen als Konfigurationen von Gestaltungs-dimensionen logistischer Systeme und den informatorischen sowie physischen Gütereigenschaften auffasst. Als Ergebnis werden dann Konfigurationen aus Güter-typen und Distributionsstrukturen im endkundenorientierten Electronic Commerce präsentiert.

II   Gang der Untersuchungen

Entsprechend der geschilderten Zielsetzung verläuft der Gang der Unter-suchungen. Im Anschluss an dieses einleitende Kapitel erfolgt in Kapitel B die Darstellung von begrifflichen Grundlagen und des theoretischen Bezugsrahmens der Arbeit. Grundlegende Begriffe und Formen des Electronic Commerce werden kurz vorgestellt, um dann die theoretischen Fundamente der Arbeit zu legen. Diese bestehen zum einen aus der Neuen Institutionentheorie, insbesondere der Transaktionskostentheorie, die ein geeignetes Instrumentarium zur Untersuchung der vermuteten Effizienzvorteile von Internettechnologie als Plattform für ökonomische Aktivitäten bietet. Zum anderen werden Ansätze zur Strukturierung von Wert-schöpfungssystemen, insbesondere Distributionssystemen, vorgestellt.

Kapitel C untersucht dann den Einfluss des Einsatzes von Informations- und Kommunikationstechnologie (IKT) auf die Koordination ökonomischer Aktivitäten, um etwaige Effizienzvorteile der Internettechnologie zu identifizieren. Betrachtet werden auf Basis der Transaktionskostentheorie Veränderungen bei der grund-legenden Koordinationsform, dargestellt durch die „Electronic Market Hypothesis" und die „Move to the Middle Hypothesis". Darüber hinaus wird der Frage nach-gegangen, inwieweit das Internet als aktuelle IKT-Plattform die Struktur von Wert-schöpfungssystemen, insbesondere Distributionssystemen, durch Disintermediation, das heißt den Wegfall einzelner Wertschöpfungsstufen, verändert. Zu beiden Frage-stellungen wird eine umfassende kritische Würdigung der existierenden Literatur-beiträge vorgenommen. Es erfolgt außerdem eine Klassifizierung elektronischer Marktsysteme, da eine solche in der Literatur bisher nicht zu finden ist. Abgerundet wird das Kapitel durch die Darstellung des bisherigen Forschungsstands hinsichtlich der Veränderung von Wertschöpfungsstrukturen durch den Einsatz von Internet-technologie. Als Fazit der Untersuchungen in Kapitel C ergibt sich, dass die bisherigen Ansätze zum Electronic Commerce keine hinreichend detaillierte Berücksichtigung der Zusammenhänge zwischen den die elektronische Abwicklung unterstützenden und den die Distributionsstruktur bestimmenden Gütereigenschaften beinhalten.

Kapitel D setzt an diesem Defizit bisheriger Beiträge an und überwindet es durch die Bildung von Konfigurationen aus Gütereigenschaften und Distributionsstrukturen. Der Methodik des Konfigurationsansatzes folgend, werden die relevanten Kontext- und Gestaltungsvariablen herausgearbeitet, um dann durch die Betrachtung von Interdependenzen und Wechselwirkungen zwischen ihnen harmonische Muster, also Konfigurationen, zu identifizieren. Die Konfigurationsbildung mündet in sechs Gütertypen, die zusammen mit den zu ihnen passenden Distributionsstrukturen am Ende von Kapitel D vorgestellt werden.

Eine kurze Schlussbetrachtung verbunden mit einem Ausblick schließt in Kapitel E die Arbeit ab.

B   Begriffliche Grundlagen und theoretischer Bezugs-
rahmen

Ein Manko der existierenden Ansätze zur Analyse der Effizienzvorteile des internetbasierten Electronic Commerce und der daraus resultierenden Veränderungen von Distributionsstrukturen ist aus wissenschaftlicher Sicht ihre mangelnde theoretische Fundierung. Die vorliegende Arbeit erhebt den Anspruch, eben diesen Fehler nicht zu begehen. Es ist deshalb ein klares Begriffsverständnis von Electronic Commerce und elektronischen Marktsystemen zu schaffen mit dem Ziel, die Grundlage für eine genauere Untersuchung dieser Phänomene zu legen. Dies geschieht in Abschnitt I von Kapitel B. Der zweite Abschnitt widmet sich dann der Erstellung eines theoretischen Bezugsrahmens, wobei die Neue Institutionenökonomie kurz dargestellt wird, um dann speziell die Transaktionskostentheorie als geeigneten Ansatz detailliert zu erörtern. Damit ist die Grundlage für die Untersuchung etwaiger Effizienzvorteile durch Internettechnologie gelegt. Um Aussagen hinsichtlich der möglichen Veränderung von Distributionsstrukturen treffen zu können, bedarf es zudem noch eines umfassenden Verständnisses von Ansätzen zur Strukturierung derselben. Dies soll erreicht werden durch einen Überblick über entsprechende Beiträge aus der Marketing- und Distributionsliteratur als Basis der weiteren Untersuchungen, damit schließlich ein generisches Bild von Wertschöpfungs- und insbesondere Distributionsstrukturen vorgestellt werden kann.

I   Begriffliche Grundlagen

1   Electronic Commerce

„Broadly speaking, electronic commerce includes any form of economic activity conducted via electronic connections"[1]

Diese Definition von Electronic Commerce von WIGAND ist sehr weit angelegt, sie beinhaltet jedoch mit der *ökonomischen Aktivität* und den *elektronischen Verbindungen* zwei wesentliche Merkmale einer möglichen präziseren Definition von Electronic Commerce. Um eine solche präzisere Begriffsabgrenzung zu erhalten, werden beide Merkmale genauer erklärt. Es wird untersucht, welche Bestandteile einer ökonomischen Aktivität über welche elektronischen Verbindungen abgewickelt werden müssen, damit von Electronic Commerce gesprochen werden kann.

---

[1]   Wigand (1997), S.2.

© Springer Fachmedien Wiesbaden GmbH, ein Teil von Springer Nature 2004
M. Gehring, *Auswirkungen von Internettechnologie auf Wertschöpfungsstrukturen*,
Edition KWV, https://doi.org/10.1007/978-3-658-24074-5_2

1.1   Ökonomische Aktivitäten

Der von WIGAND verwendete Begriff der ökonomischen Aktivität ist zu weit gefasst, um daraus konstituierende Merkmale für eine Definition von Electronic Commerce ableiten zu können.[2] Sinnvoller erscheint es, an der Bedeutung des englischen Begriffs *commerce* im Sinne von Handel, Handelsverkehr oder Handelsaktivität anzusetzen. Der Begriff Handel kann funktional oder institutionell abgegrenzt werden[3], für die Definition von Electronic Commerce ist allein die Handelsaufgabe im Sinne des „Austausch[s] von Gütern oder Dienstleistungen"[4] von Bedeutung, MÜLLER-HAGEDORN/SPORK sprechen auch vom Interaktionsprozess zwischen zwei Institutionen.[5] Ein solcher ökonomischer Interaktionsprozess, Transaktion genannt, findet statt, wenn ein Produkt oder eine Leistung über eine klar definierbare Schnittstelle ausgetauscht wird:

> "A transaction occurs when a good or service is transferred across a technologically separable interface."[6]

Zur einfacheren Untersuchung des Transaktionsprozesses kann eine Aufteilung in die Phasen der Anbahnung, Vereinbarung, des Zahlungsmittel- und Güteraustauschs sowie der Kontrolle und Anpassung vorgenommen werden, wie sie in Abbildung 1 dargestellt ist.[7] Bei der Durchführung von Transaktionen fallen Kosten an, die, da sie als Untersuchungsinstrument dieser Arbeit verwendet werden, in Abschnitt B.2.3 genauer erläutert werden. Für die Definition von Electronic Commerce reicht zunächst die Darstellung der einzelnen Transaktionsphasen sowie die Klärung der Frage, welche Phasen elektronisch abgewickelt werden sollten.

---

[2]   Ökonomisch bedeutet schließlich nur, dass ein Vorgang dem ökonomischen Prinzip gehorchend abgewickelt wird, indem entweder ein festes Ziel mit dem geringstmöglichen Mitteleinsatz (Minimumprinzip) oder ein größtmögliches Ziel mit einem bestimmten Mitteleinsatz (Maximumprinzip) erreicht wird. Vgl. hierzu z.B. Stüdemann (1993), S. 199ff.

[3]   Vgl. dazu Barth (1993), S. 1578.

[4]   Barth (1993), S. 1578. Bemerkungen in [ ] durch Verfasser hinzugefügt.

[5]   Vgl. Müller-Hagedorn/Spork (2002), S. 552.

[6]   Williamson (1985), S. 1f.

[7]   Eine ähnliche Einteilung findet sich auch bei Müller-Hagedorn/Spork (2002).

6

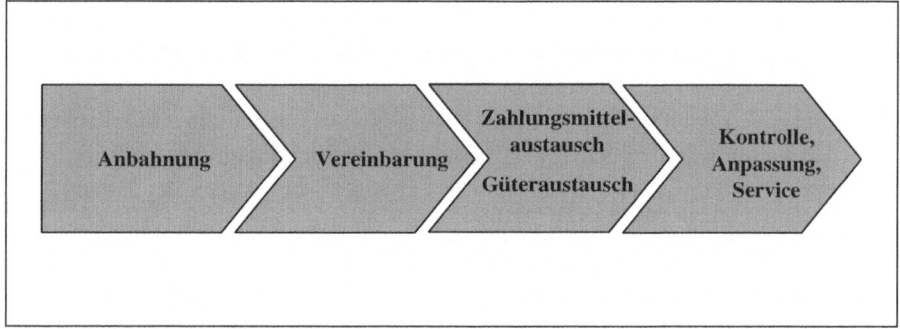

Abbildung 1:   Transaktionsphasenschema

Die Anbahnungsphase besteht aus Sicht von Käufer und Verkäufer aus der Suche nach Informationen über potenzielle Transaktionspartner und Transaktionsinhalte (Preis und andere Eigenschaften wie z.B. die Qualität) sowie nach Abschluss der Suche aus den Verhandlungen der Transaktionsparteien. Das Ergebnis dieser Verhandlungen wird in der Vereinbarungsphase schriftlich oder mündlich in einem Vertrag fixiert. Auf Basis der Vereinbarung erfolgt dann der Güteraustausch und die Rechnungsabwicklung, zumeist Güter gegen eine Form von Zahlungsmitteln, manchmal auch Güter gegen Güter. Anschließend werden beide Parteien im Allgemeinen die in der Vereinbarung zugesicherten Eigenschaften der erhaltenen Güter kontrollieren und gegebenenfalls eine Anpassung oder zusätzlichen Service in Anspruch nehmen. Das hier vorgestellte Transaktionsphasenschema wird an verschiedenen Stellen der Arbeit Verwendung finden. Auf seiner Basis ist nun zu überlegen, welche der Transaktionsphasen elektronisch abzuwickeln sind, um von Electronic Commerce sprechen zu können.

1.1.1   Anbahnungsphase

Die Anbahnungsphase ist jene Phase, in der moderne elektronische Medien wie z.B. das Internet die größten Veränderungen gegenüber einer konventionellen Durchführung bewirken. Besonders deutlich werden diese Veränderungen bei der z.B. von EVANS/WURSTER durchgeführten Betrachtung des traditionell starken trade-offs zwischen Reichweite und Reichhaltigkeit von Informationen.[8] Nach EVANS/WURSTER kann dieser trade-off durch die Internettechnologie erheblich abgeschwächt werden.

Unter Reichweite wird verstanden, wie viele Kunden ein Unternehmen erreichen und wie viele Produkte es ihnen präsentieren kann. Die Reichhaltigkeit bezieht sich auf die Tiefe und Detaillierung der Produktinformationen, die den Kunden geboten werden können. Der trade-off zwischen diesen beiden Merkmalen

---

[8]   Vgl. Evans/Wurster (1997), S. 73f. und Evans/Wurster (1999), S.87.

bestand bisher darin, dass zu vertretbaren Kosten entweder ein breites Produktangebot an ein großes Publikum gerichtet werden konnte bei sehr oberflächlichem Informationsangebot oder aber detaillierte Produktinformationen an einen begrenzten Kundenkreis vermittelt werden konnten. Dies liegt in den technischen Möglichkeiten der Kundenansprache begründet. Das Fernsehen oder der Rundfunk erreichen zwar ein großes Publikum potenzieller Kunden, vermögen aber wegen der hohen Ausstrahlungskosten nur wenige Informationen in sehr kurzer Zeit zu vermitteln. Das Gleiche trifft z.B. auf Postwurfsendungen zu. Spezialkataloge und ausführliche Produktbeschreibungen bieten detaillierte Informationen, können aber wegen der hohen Produktionskosten nur in limitierter Stückzahl verbreitet werden. Ähnlich ist es im Bereich der physischen Produktpräsentation. Bisher konnten entweder sehr viele Produkte in großen Geschäften einer großen Zahl von Kunden ohne nennenswerte Beratung präsentiert werden oder in Fachgeschäften erfolgte die Präsentation ausgewählter Produkte mit intensiver Beratung. Die folgende Abbildung 2 stellt den trade-off zwischen Reichweite und Reichhaltigkeit schematisch dar.

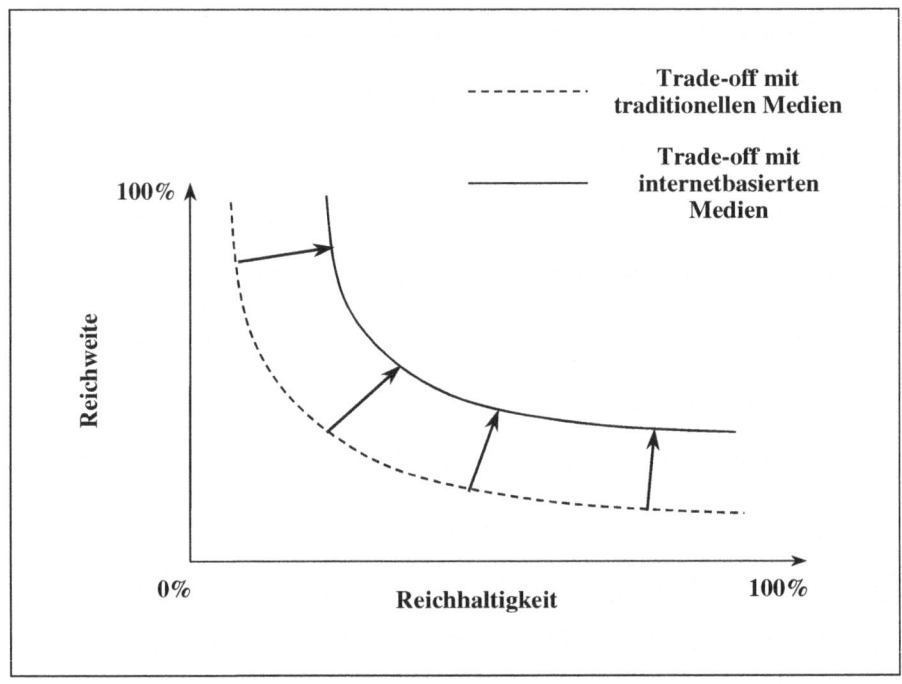

Abbildung 2: **Trade-off zwischen der Reichweite und der Reichhaltigkeit von Produktangeboten**

Das Internet ermöglicht eine Verschiebung dieses trade-offs, in Abbildung 2 dargestellt durch die durchgezogene trade-off Linie im Gegensatz zur gestrichelten

8

Linie, die den trade-off ohne den Einsatz internetbasierter IKT darstellt. Es erlaubt eine Verbreitung von umfangreichen Produktinformationen an eine nahezu unbegrenzte Anzahl von Interessenten, da im Gegensatz zum Fernsehen die Ausstrahlungskosten sehr gering sind. Für den Anbieter von Produkten bietet es zusätzlich die Möglichkeit, das Produktangebot von den physischen Beständen abzukoppeln.[9] Die Präsentation eines in diesen Dimensionen bisher unbekannten Produktspektrums kann verbunden werden mit einer immer noch sehr detaillierten Produktinformation. Immer wieder zitiertes Beispiel ist der Internet-Versandhändler Amazon.com[10], dessen Produktangebot das der größten Buch- oder Musikhändler mit physischer Präsenz um ein Vielfaches übersteigt bei gleichzeitig sehr umfangreichen Produktinformationen.[11]

Neben der Aufweichung des trade-offs zwischen Reichweite und Reichhaltigkeit bietet Internettechnologie weitere Vorteile in der Anbahnungsphase einer Transaktion. So können vor allem Suchkosten gesenkt[12] und Informationsasymmetrien abgebaut werden.[13] Eine detaillierte Analyse der Effizienzsteigerungspotenziale elektronischer Transaktionssysteme erfolgt in Kapitel C bei der Untersuchung der „Electronic Market Hypothesis". An dieser Stelle reicht es festzuhalten, dass Internettechnologie gerade in der Anbahnungsphase die Durchführung von Transaktionen erheblich unterstützen kann und somit die elektronische Abwicklung der Anbahnungsphase integraler Bestandteil einer Definition von Electronic Commerce sein sollte.

1.1.2   Vereinbarungsphase

Die Vereinbarungsphase kann als die zentrale Phase einer jeden Transaktion angesehen werden, da sie die vertragliche Regelung zur Übereignung von Eigentum oder Verfügungsrechten beinhaltet. Ihre elektronische Abwicklung ist deshalb ebenso Bestandteil einer Definition von Electronic Commerce. Allerdings herrschte lange Zeit Skepsis bezüglich des Austausches sensibler Informationen, z.B. in Form von Konto- oder Kreditkarteninformationen. Durch die Entwicklungen im Bereich der Sicherheitstechnologie, vor allem bei den Verschlüsselungstechniken[14], gilt das Miss-

---

[9]   Vgl. Evans/Wurster (1999), S. 86. In abgeschwächter Form haben dies katalogbasierte Versandhändler schon immer getan, aber auch bei einem papierbasierten Katalog ist der trade-off zwischen Reichweite und Reichhaltigkeit deutlich größer als im Internet.

[10]   Vgl. Evans/Wurster (1999), S.86.

[11]   Amazon offeriert z.B. mehr als 5 Millionen verschiedene Buchtitel, während die größten physischen Buchhandlungen maximal 250.000 Titel anbieten. Weiterhin ist es bei Amazon möglich, Leseproben zu studieren und Rezensionen von anderen Konsumenten in die Entscheidung einzubeziehen.

[12]   Vgl. hierzu vor allem Bakos (1991) und Bakos (1997).

[13]   Vgl. z.B. Zacharias/Moukos/Maes (1998), S. 371ff.

[14]   Vgl. Conway/Koehler (2000), S. 661 ff., vor allem S. 670.

brauchsrisiko bei Online-Transaktionen mittlerweile jedoch als nicht größer als bei Offline-Transaktionen.

1.1.3 Güteraustauschphase

In der Güteraustauschphase tauschen die Transaktionspartner die in der Vereinbarungsphase festgelegten Produkte, Dienstleistungen und/oder Zahlungsmittel aus. In den meisten Fällen handelt es sich um einen Austausch Produkt/Dienstleistung gegen Zahlungsmittel. Dabei erfolgt der Zahlungsmitteltransfer mittlerweile überwiegend auf elektronischem Wege. Die technischen Möglichkeiten dazu sind vor dem Hintergrund der weit entwickelten Systeme im internationalen Finanzwesen gegeben und die bestehenden Sicherheitsstandards auch von offenen Computernetzwerken ermöglichen den sicheren Austausch der Rechnungsdaten. Eine elektronische Übermittlung von Zahlungsmitteln kann somit mittlerweile als Standard im Electronic Commerce gelten.

Eine vollständige elektronische Lieferung der in der Vereinbarung bein-haltenen Produkte oder Dienstleistungen hingegen zur Voraussetzung für Electronic Commerce zu machen, würde bedeuten, einen Großteil der momentan im Internet durchgeführten Transaktionen außer Acht zu lassen. Denn nur bei ca. 10% der per Internet durchgeführten b-t-c Transaktionen in den USA handelte es sich im Jahr 2000 um digitale Güter[15], das heißt der Kunde konnte den Transaktionsgegenstand über elektronische Medien geliefert bekommen. Beispiele für solche vollständig digitalen Transaktionsgegenstände sind Softwareprodukte oder Beratungsdienstleistungen, die online übermittelt werden. In allen anderen Fällen war eine physische Lieferung der Ware nötig. Es ist zu erwarten, dass ein Teil der heute noch physischen Güter in Zukunft zunehmend in digitaler Form erhältlich sein wird, so z.B. Bücher oder Musik.[16] Selbst wenn jedoch alle potenziell digitalisierbaren Güter in rein elektronischer Form austauschbar wären, würden sie momentan nur einen Anteil von ca. 40% am Electronic Commerce Volumen in den USA haben, wie die folgende Tabelle 1 belegt. Sie zeigt den Anteil digitaler und physischer Produkte am Electronic Commerce Volumen in den USA 2000. Dabei sind dunkelgrau unterlegt diejenigen Güter, die bereits heute in digitaler Form ausgetauscht werden. Hellgrau gekenn-zeichnet sind solche Güter, bei denen ein elektronischer Austausch technisch möglich ist, so dass in absehbarer Zeit zu erwarten ist, dass sie größtenteils elektronisch ausgetauscht werden.

---

[15] Quelle: National Retail Foundation /Forrester Research Online Retail Index, Daten bis Juli 2001 erhältlich unter http://www.forrester.com oder http://www.nrf.com .

[16] Technische Möglichkeiten bestehen heute schon für Musiktitel im mp3-Format oder Druckartikel (sogenannte „books on demand", beispielsweise http://www.bod.de), mit zunehmender Übertragungsgeschwindigkeit auch für Filme und komplexe Softwareprogramme. Ebenso sind rein elektronische Flugtickets u.ä. denkbar.

Produkte	Anzahl Käufe	Durchschnitts-wert USD	Volumen 1000 USD	Volumen-anteil %
Software	38.155.886	48,43	1.848.003	3,9%
Hotelbuchungen	16.416.044	226,52	3.718.509	7,8%
Bücher	64.053.006	38,82	2.486.734	5,2%
Musik	54.344.739	33,06	1.796.639	3,8%
Video	33.738.576	36,23	1.222.355	2,6%
Flugtickets	21.442.555	351,99	7.547.459	15,8%
Autovermietung	9.056.742	211,37	1.914.302	4,0%
Bürobedarf	24.219.176	60,74	1.471.069	3,1%
Bekleidung	36.972.006	77,02	2.847.641	5,9%
Schuhe	10.534.924	64,36	677.979	1,4%
Schmuck	13.216.371	72,04	952.162	2,0%
Blumen	13.361.368	53,64	716.721	1,5%
Hausinneneinrichtung	12.623.249	70,74	892.986	1,9%
Schönheitspflege	39.485.253	41,12	1.623.742	3,4%
Haushaltsinstallationen	9.134.143	72,04	658.044	1,4%
Spielzeug	41.940.257	59,46	2.493.735	5,2%
Sportgeräte	11.252.232	79,39	893.277	1,9%
Werkzeug	8.347.686	68,86	574.814	1,2%
Gartengeräte	5.681.851	40,21	228.452	0,5%
Computer Hardware	20.116.969	212,64	4.277.711	8,9%
Elektrogeräte	16.413.792	152,56	2.504.096	5,2%
Möbel	2.713.877	199,51	541.438	1,1%
Lebensmittel	22.084.964	84,48	1.865.630	3,9%
Andere	37.069.178	111,47	4.132.191	8,6%
Summe	562.374.843		47.885.687	

Tabelle 1: **Mengen- und wertmäßiges Gesamtvolumen des b-t-c Electronic Commerce USA 2000[17]**

Eine Definition von Electronic Commerce, die eine komplette Abwicklung der Güteraustauschphase über elektronische Medien als integralen Bestandteil hat, würde somit einen Großteil der Transaktionen, die über elektronische Medien angebahnt und vereinbart werden können, ausschließen. Einer solchen engen Definition von Electronic Commerce, wie sie z.B. CHOI/STAHL/WHINSTON[18] vertreten , wird in

---

[17] Quelle: National Retail Foundation /Forrester Research Online Retail Index, Daten bis Juli 2001erhältlich unter http://www.forrester.com oder http://www.nrf.com.

[18] Diese sehen als den Kernbereich von Electronic Commerce nur solche Transaktionen an, bei denen der gesamte Transaktionsprozess „virtuell", das heißt elektronisch, abgewickelt

dieser Arbeit nicht gefolgt. Die elektronische Durchführung des Güteraustauschs wird somit nicht als notwendige Bedingung für das Vorliegen von Electronic Commerce angesehen, physische Güter können auch Gegenstand von Electronic Commerce sein.

1.1.4 Kontroll-, Anpassungs- und Servicephase

Für die Kontroll- und Anpassungsphase muss demnach die gleiche Argumentation wie für die Güteraustauschphase gelten: Physische Güter, deren Austausch auf nicht-digitalem Wege erfolgt, erfordern in der Regel auch eine physische Anpassung oder es erfolgt eine physische Rückgabe. Da der digitale Güteraustausch in Teilabschnitt 1.1.3 nicht als notwendig für das Vorliegen von Electronic Commerce angesehen wurde, soll also auch für die Kontroll- und Anpassungsphase gelten, dass eine digitale Durchführung dieser Phase nicht als notwendig für das Vorliegen von Electronic Commerce erachtet wird.

1.1.5 Elektronisch durchzuführende Transaktionsphasen

Aus der vorstehenden Argumentation ergibt sich also, dass die Anbahnungs- und Vereinbarungsphase sowie der Zahlungsmittelaustausch als Teil der Austauschphase einer Transaktion über elektronische Medien abgewickelt werden sollten, um von Electronic Commerce sprechen zu können. Gerade in diesen Phasen ermöglichen moderne elektronische Medien eine mehrwertstiftende bzw. transaktionskostenreduzierende Abwicklung.[19] Die elektronische Abwicklung des eigentlichen Güteraustausches sowie der folgenden Kontroll-, Anpassungs- und Servicephase ist jedoch nicht notwendige Bedingung für das Vorliegen von Electronic Commerce, da sonst sämtliche physischen Produkte ausgeschlossen wären. Damit ergibt sich in Anlehnung an Abbildung 1 die folgende Darstellung des Transaktions- phasenschemas. Anbahnungs-, Vereinbarungs- und Zahlungsmittelaustauschphase sind dunkel hinterlegt als diejenigen Transaktionsphasen, die bei der hier verwendeten Definition von Electronic Commerce über elektronische Medien abzuwickeln sind.

---

wird. Vgl. hierzu Choi/Stahl/Whinston (1997), S. 17ff. oder auch Kalakota/Whinston (1996), S. 3ff.

[19] Die Untersuchung dieser Potenziale, vor allem im Bereich der Transaktionskostensenkung, ist Gegenstand der Untersuchungen in Kapitel C dieser Arbeit, in der ausführlich die sogenannte „Electronic Market Hypothesis" untersucht wird.

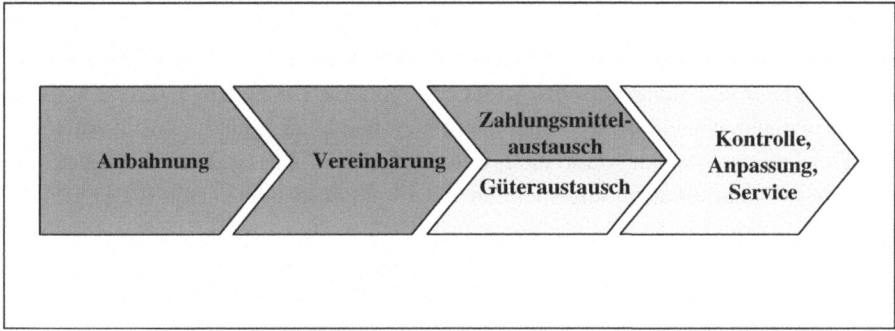

Abbildung 3:   Elektronisch abzuwickelnde Phasen einer Transaktion

Nachdem nun dargelegt worden ist, welche Phasen einer Transaktion notwendig über elektronische Medien abzuwickeln sind, um von Electronic Commerce sprechen zu können, wird im nächsten Abschnitt die Frage gestellt, über welche elektronischen Medien diese Abwicklung erfolgen kann.

1.2   Elektronische Medien

Im Folgenden wird überprüft, welche Anforderungen an elektronische Medien gestellt werden müssen, damit sie als Trägerplattform für Electronic Commerce geeignet sind. Anschließend werden die identifizierten Plattformen kurz vorgestellt.

Die im vorherigen Abschnitt als Bedingung für das Vorliegen von Electronic Commerce geforderte elektronische Durchführung der Anbahnungs- und Vereinbarungsphase ist prinzipiell über alle elektronischen Kommunikationsmedien möglich. So bieten Telefonnetzwerke die Möglichkeit, Angebote zu unterbreiten und mündliche Verträge zu schließen, für schriftliche Verträge kann auf die Telefaxtechnologie zurückgegriffen werden.[20] Auch Rechnungsdaten können zur Einleitung eines elektronischen Zahlungsmittelaustauschs problemlos übermittelt werden.[21] Dennoch soll bei einer telefonisch angebahnten und vereinbarten Transaktion hier nicht von Electronic Commerce gesprochen werden, da die reibungslose elektronische Weiterverarbeitung der übermittelten Informationen nicht gewährleistet ist. Die per Telefon oder Telefax empfangenen Informationen müssen zur elektronischen Weiterverarbeitung zunächst manuell in ein geeignetes standardisiertes Format überführt

---

[20]   Lediglich die Durchführung der Such- und Informationsphase als Bestandteil der Anbahnungsphase bereitet per Telefon Schwierigkeiten. Aber auch hier ist elektronische Unterstützung in Form von Auskunftsdiensten und Verzeichnissen (z.B. per CD-ROM) möglich.

[21]   Allerdings ist die Sicherheit dieser Daten bei Übermittlung über Telefonnetzwerke wegen fehlender Verschlüsselungstechnologie relativ niedrig.

werden, es handelt sich mithin um unstrukturierte Daten. Als Kriterium für Medien, über die Electronic Commerce abgewickelt werden kann, soll im Gegensatz dazu die *Strukturiertheit und Standardisiertheit* der übermittelten Daten gelten, das heißt diese werden in einem einheitlichen Format übermittelt und können mit geringem Aufwand direkt elektronisch weiter verarbeitet werden.[22] Damit müssen solche Medien die Kriterien erfüllen, die auch allgemein an Electronic Data Interchange (EDI) gestellt werden:

> „Electronic data interchange is the exchange of structured business data between the computer systems of trading partners in an agreed format."[23]

Solche EDI-Netzwerke sollen im Folgenden als die einzig geeigneten Medien für Electronic Commerce betrachtet werden. Es lassen sich zwei generelle Formen von EDI-Netzwerken identifizieren, dedizierte geschlossene Netzwerke und auf Internettechnologie basierende offene Netzwerke.

1.2.1 EDI in Form dedizierter geschlossener Netzwerke

EDI ist prinzipiell kein neues Phänomen. Die Idee zum strukturierten inter-organisatorischen Austausch von Geschäftsinformationen existiert bereits seit Beginn der Nutzung von IKT für wirtschaftliche Zwecke. Motiviert durch die Aussicht auf aus Produktivitäts- und Transaktionskostenvorteilen resultierenden Wettbewerbs-vorteilen durch den Einsatz von IKT[24] wurde schon Ende der 60er Jahre über die Möglichkeiten von EDI nachgedacht, um diese Vorteile auch im

---

[22] Streng genommen gilt diese Anforderung jedoch nur für Unternehmen, der Endkonsument kann in den wenigsten Fällen eine elektronische Weiterverarbeitung durchführen. Die hier verfolgte Forderung nach Standardisiertheit und Strukturiertheit schließt im Übrigen auch per E-mail abgeschlossene Transaktionen aus dem Bereich des Electronic Commerce aus, da der Inhalt der E-mail auch einer Umsetzung in ein strukturiertes Datenformat bedarf.

[23] Unitt/Jones (1999), S. 17.

[24] Es existiert eine Vielzahl von Veröffentlichungen, die sich mit dieser Thematik beschäftigen. Vgl. beispielsweise zu Produktivitätsvorteilen durch IT-Einsatz, Brynjolfsson (1990), Picot/Neuburger/Niggl (1992), Brynjolfsson (1993), Brynjolfsson/Hitt (1993), Brynjolfsson/Mendelson (1993), Brynjolfsson (1994), Kelley (1994), Brynjolfsson/Hitt (1995), Brynjolfsson/Hitt (1996), Dos Santos/Sussman (2000). Vor allem BRYNJOLFSSON hat dabei wiederholt Zweifel an der Produktivitätssteigerung durch den Einsatz von IKT ausgedrückt und dies durch den von ihm geprägten Begriff des Produktivitätsparadoxons des IKT-Einsatzes deutlich gemacht, vgl. insbesondere Brynjolfsson (1993). Mit den durch IKT-Einsatz erzielbaren Transaktionskostenvorteilen beschäftigt sich Kapitel C ausführlich, an dieser Stelle sei stellvertretend auf die Beiträge von Malone/Yates/Benjamin (1987), Wigand (1995), Bakos (1997) und Wigand (1997) verwiesen. Zu Wettbewerbsvorteilen durch den Einsatz von IT im Allgemeinen vgl. Porter/Millar (1985), speziell durch Internettechnologie Porter (2001).

interorganisatorischen Bereich zu nutzen.[25] Mitte der 70er Jahre entstanden erste Standards zur Datenübermittlung, seit 1987 existiert mit UN/EDIFACT ein international zumindest weit verbreiteter Standard.[26]

Die Vernetzung von Unternehmen fand zunächst stark in Form von eigens errichteten Netzwerken statt. Jedes Unternehmen, das EDI mit seinen Partnern betreiben wollte, musste sich mit jedem Partner direkt verbinden und sicherstellen, dass es die gleichen Standards verwendete bzw. seine Geschäftsdaten in diese Standards übersetzt werden konnten. Damit war der Aufbau solcher dedizierter EDI-Netzwerke mit sehr hohen Kosten verbunden, ihre Flexibilität im Hinblick auf die Anbindung neuer Partner war sehr gering.[27] Aus diesen Gründen war EDI lange Zeit nur lohnend für Unternehmen, die in langfristigen Austauschbeziehungen mit ihren Partnern standen.

Mit zunehmendem Interesse fanden sich Unternehmen[28], die sich darauf spezialisierten, solche Netze als externe Dienstleister in Form sogenannter Value Added Networks (VAN)[29] anzubieten und zu unterhalten, so dass sich Unternehmen nicht mehr mit allen potenziellen Partnern vernetzen mussten, sondern nur mit dem entsprechenden VAN. Diese VANs agierten als Intermediär zwischen den einzelnen Unternehmen[30] und können als Vorstufe zu elektronischen Marktplätzen gelten, der dritten Form von dedizierten elektronischen Netzwerken. Allen drei Formen ist gemeinsam, dass sich Unternehmen zusammenfinden müssen, um ein solches Netzwerk aufzubauen, eine weltweite Infrastruktur ist nicht gegeben, weshalb sehr oft branchenspezifische Lösungen entstanden sind, die technisch nicht kompatibel mit den Lösungen anderer Branchen sind.[31] Die folgende Abbildung 4 gibt einen schematischen Überblick über die drei vorherrschenden Formen dedizierter elektronischer Netzwerke.

---

[25] Als Vorteile von EDI werden genannt: Schnellere Datenverarbeitung, weniger Fehler, Kostenreduzierung, Möglichkeit zur Just-in-time Steuerung, verbesserter Cash-Flow. Vgl. Unitt/Jones (1999), S. 18.

[26] Vgl. zur historischen Entwicklung von EDI Notto (1989) und zu den EDI-Standards UN/EDIFACT und ANSI X.12 Kalakota/Whinston (1996), S. 369ff.

[27] Vgl. Picot/Neuburger/Niggl (1992), S. 39.

[28] Prädestiniert für das Angebot solcher VANs waren die Telekommunikationsunternehmen.

[29] Vgl. zur Funktionsweise von VANs z.B. Kalakota/Whinston (1996), S. 386ff.

[30] Vgl. Shaw (2000), S. 13 und Unitt/Jones (1999), S. 17. Für eine ausführliche Diskussion von Intermediären siehe auch Abschnitt B.II.3.1.1.

[31] Beispiele für solche geschlossenen dedizierten Marktsysteme sind die Computerreservierungssysteme der Luftfahrtbranche aus den 80er Jahren, allen voran SABRE von American Airlines und APOLLO von United Airlines, vgl. Bakos (1991), S. 302f. oder Benjamin/Wigand (1995), S. 66 mit Beispielen aus dem Finanzbereich. Einen sehr guten Überblick über EDI-Applikationen erhält man bei Kalakota/Whinston (1996), S. 342ff.

15

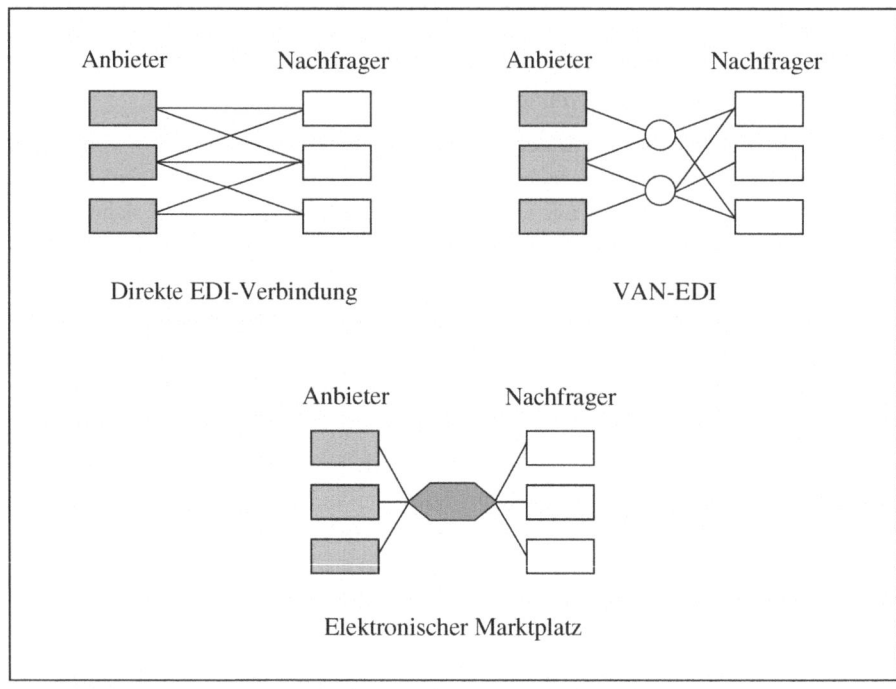

Abbildung 4:   Formen dedizierter elektronischer Netzwerke[32]

Für alle drei Formen gilt, dass der Anschluss an das jeweilige Netzwerk mit relativ hohen einmaligen Installationskosten verbunden ist, wobei diese von den direkten Verbindungen über VAN-EDI hin zu den elektronischen Marktplätzen immer stärker abnehmen. Wirklich offene Systeme in dem Sinne, dass ein Anschluss an sie durch hochstandardisierte Technologie zu geringen Kosten möglich ist, stellen sie jedoch alle nicht dar. Denn trotz aller Bemühungen hinsichtlich einer Verein-heitlichung der benutzten Kommunikationsstandards existieren weiterhin eine Reihe von Standards nebeneinander.[33] Sowohl direktes EDI als auch die neueren Formen des VAN-EDI oder nicht auf Internettechnologie basierte elektronische Marktplätze leiden unter mangelnder Standardisierung und bieten damit schlechte Vor-aussetzungen für eine breite kommerzielle Nutzung, vor allem für den Fall von Trans-aktionen mit geringem Wert und niedriger Wiederholungsrate.[34]

---

[32]   Quelle: In Anlehnung an Shaw (2000), S. 13.

[33]   Vgl. Kalakota/Whinston (1996), S. 367.

[34]   Vgl. Kalakota/Whinston (1996), S. 366. KALAKOTA/WHINSTON sprechen in diesem Zusammenhang auch von altem und neuem EDI und grenzen beides vom offenen EDI ab. Das Äquivalent zu offenem EDI sind hier die offenen Netzwerke auf Internettechnologiebasis. Vgl. Kalakota/Whinston (1996), S.364ff.

1.2.2   Offene Netzwerke auf Basis von Internettechnologie

Eine offene Technologie steht für die kommerzielle Nutzung seit Beginn der 90er Jahre mit dem auf der Internettechnologie basierenden WorldWideWeb (WWW) zur Verfügung. Das Internet[35] als ein Zusammenschluss von lokalen und regionalen Computernetzwerken bildet die technische Infrastruktur des WWW. Es existiert bereits seit Mitte der 60er Jahre, seine Wurzeln liegen im militärischen und später im akademischen Bereich. Ursprünglich ging es darum, ein sicheres Kommunikationsnetzwerk für das amerikanische Militär und die ihm angegliederten kommerziellen und akademischen Forschungseinrichtungen zu schaffen. Durch das einheitliche Protokoll TCP/IP (Transport Control Protocol/Internet Protocol) und eine einfache Struktur durch Vergabe eindeutiger Internet Protocol (IP) – Adressen, gegliedert in vier Ebenen aus jeweils bis zu 255 Ziffern, entstand ein immer größer werdendes Netzwerk von Netzwerken, über das Computer miteinander kommunizieren konnten. Das WWW stellt eine Art Navigationsinstrument durch dieses Netzwerk dar, so dass mit Hilfe der sogenannten DNS (Domain Name Service) jeder IP-Adresse ein Name zugewiesen werden kann, der sogenannte URL (Unique Resource Locator), unter dem ein Computer im WWW gefunden werden kann.[36]

Das Interesse an der kommerziellen Nutzung begann etwa 1990. Das Internet/WWW bietet eine vom klassischen EDI unerreichte Standardisierung, Konnektivität und Interaktivität zu vergleichsweise äußerst geringen Verbindungskosten und stellt damit die ideale Voraussetzung für globalen Electronic Commerce dar. Am deutlichsten wird dies durch die Tatsache, dass mit Hilfe der Internettechnologie zum ersten Mal auch der Endverbraucher Electronic Commerce betreiben kann. Eine Anbindung von Endverbrauchern an dedizierte EDI-Netzwerke war und ist dagegen wegen der sehr hohen einmaligen Anschlusskosten ökonomisch nicht sinnvoll.

Die genannten Vorteile der Internettechnologie gegenüber dedizierten EDI-Formen führen dazu, dass Anbieter von EDI-VANs ebenfalls die Internettechnologie nutzen, um ihre Netzwerke günstiger anbieten zu können.[37] Eine Migration von traditionellen EDI-Kanälen zum Internet ist festzustellen, auch wenn in Einzelfällen, wenn besonders hohe Sicherheits- und Verfügbarkeitsansprüche gestellt werden, weiterhin EDI-VANs benutzt werden.[38] Die Migration wird erleichtert durch neue Standards im Bereich der Transferprotokolle und Standards im Internet, besonders

---

[35]   Der Begriff Internet setzt sich zusammen aus *Inter*connected *net*works.

[36]   Vgl. zur geschichtlichen Entwicklung des Internets Kalakota/Whinston (1996), S. 85 ff., zur Architektur des Internets Kalakota/Whinston (1996) S. 96ff. und zu den verwendeten Protokollen Kalakota/Whinston (1996), S. 629ff.

[37]   Vgl. Unitt/Jones (1999), S. 20.

[38]   Vgl. Unitt/Jones (1999), S. 20.

XML (eXtensible Mark-up Language) bietet als universale Programmiersprache für das WWW entscheidende Vorteile gegenüber der bisher verwendeten HTML (Hyper Text Mark-up Language).[39] Insgesamt ist zu erwarten, dass sich, von wenigen spezifischen Ausnahmen abgesehen, das Internet als Plattform für Electronic Commerce durchsetzen wird, da es erhebliche Vorteile gegenüber traditionellen EDI-Anwendungen besitzt und neben der reinen Informationsübermittlung auch völlig neue Funktionen, insbesondere im Bereich der interaktiven Einbindung von End-konsumenten, beinhaltet.

1.2.3 Für Electronic Commerce geeignete elektronische Medien

Als Fazit ergibt sich, dass als für Electronic Commerce geeignete elektronische Medien EDI-Netzwerke angesehen werden, weil nur sie eine strukturierte und standardisierte Datenübermittlung mit der Möglichkeit zur auto-matisierten Weiterverarbeitung ermöglichen.[40] Da besonders Internettechnologie diese Voraussetzungen bietet, soll der Fokus der Betrachtungen auf internetbasierten An-wendungen liegen.

1.3 Definition Electronic Commerce

Electronic Commerce wird unter Berücksichtigung der Argumentation der Abschnitte 1.1 und 1.2 folgendermaßen definiert:

Electronic Commerce bedeutet die Abwicklung von zumindest der Anbahnungs- und Vereinbarungsphase sowie des Zahlungsmittelaus-tausches einer Transaktion über elektronische Netzwerke, die eine standardisierte und strukturierte Übermittlung der Transaktionsdaten erlauben und so die Voraussetzungen für eine automatisierte Weiter-verarbeitung bieten.

Diese Definition bildet die Grundlage für die weiteren Untersuchungen der Arbeit. Sie schließt weitverbreitete Formen der elektronischen Übermittlung wie Telefon, Telefax oder E-Mail aus, da es sich um unstrukturierte Formen der Daten-übertragung handelt, die in der Regel eine manuelle Weiterverarbeitung nach sich ziehen.[41] Demgegenüber erfolgt die Datenübertragung im internetbasierten World

---

[39]   Vgl. zu XML und seinen Vorzügen gegenüber HTML z.B. Bager (1998), Ollmert (2000) oder Steffen (2000). STEFFEN gibt einen sehr umfassenden Überblick über Internetseiten, die sich mit dem Thema XML beschäftigen.

[40]   Vgl. zur automatisierten Weiterverarbeitung als Voraussetzung für Electronic Commerce z.B. Lucking-Reiley/Spulber (2001), S. 56.

[41]   Auch bei den genannten Technologien sind strukturierte Übermittlungen denkbar, wie z.B. die computerisierte Aufnahme von telefonischen Bestellungen. Diese stellen jedoch die Ausnahme dar und sind nur ein Beleg dafür, dass versucht wird, die generell unstrukturierte Informationsübertragung, die mit diesen Technologien möglich ist, zu strukturieren, um eine automatisierte Weiterverarbeitung zu ermöglichen.

Wide Web ähnlich wie bei früheren EDI-Anwendungen über vorgegebene Eingabe-masken, so dass zumindest die Möglichkeit der automatisierten Weiterverarbeitung gegeben ist. Um eine Eingrenzung des Untersuchungsgegenstandes dieser Arbeit vornehmen zu können, werden im folgenden Abschnitt die verschiedenen Formen des Electronic Commerce kurz vorgestellt.

1.4 Formen des Electronic Commerce

Internetbasierter Electronic Commerce gemäß der vorgestellten Definition kann zwischen unterschiedlichen Transaktionspartnern erfolgen. Gerade die einfache und kostengünstige Umsetzung internetbasierter Lösungen ermöglicht prinzipiell jedem Wirtschaftssubjekt mit Internetzugang die elektronische Abwicklung von Transaktionen. Eine Klassifizierung der verschiedenen Formen des Electronic Commerce bietet sich folglich nach der Form der beteiligten Wirtschaftsubjekte an. Dabei unterscheidet man Unternehmen („businesses"), öffentliche Einrichtungen („administration") und Endkonsumenten („consumer").

1.4.1 Electronic Commerce zwischen Unternehmen

Electronic Commerce zwischen Unternehmen, kurz b-t-b (business to business) Electronic Commerce, kann sich vertikal entlang der Wertschöpfungskette abspielen oder aber horizontal zwischen Unternehmen der gleichen Wertschöpfungs-stufe. Entlang der Wertschöpfungskette sind Beziehungen zwischen Produzenten und ihren Zulieferern, zwischen Produzenten und dem Groß-/Einzelhandel sowie zwischen den Handelsstufen denkbar. Auf der gleichen Wertschöpfungsstufe sind von einmaligen Kontrakten zwischen Konkurrenten bis hin zum regelmäßigen Austausch zwischen partnerschaftlich eng verbundenen Unternehmen viele verschiedene Formen der Beziehung möglich.[42] B-t-b Electronic Commerce ist, wie in Abschnitt 1.2.1 dargelegt, die älteste Form des Electronic Commerce, da sich für permanente Austauschbeziehungen zwischen Unternehmen oft auch schon die hohen Investitions-kosten in nicht internetbasierte EDI-Technologie lohnten. Bei der elektronischen Transaktionsabwicklung zwischen Unternehmen ist neben der geforderten standardisierten und strukturierten Datenübermittlung in den meisten Fällen auch die elektronische Weiterverarbeitung der Transaktionsdaten gesichert, da sich so erhebliche Effizienzvorteile bei der Auftragsabwicklung ergeben.

---

[42]   Vgl. zu den Formen der interorganisatorischen Beziehungen z.B. Yoshino/Rangan (1995), S. 8.

1.4.2   Electronic Commerce zwischen Unternehmen und Endkonsumenten

Elektronische Geschäftsbeziehungen zwischen Unternehmen und End-konsumenten, auch b-t-c (business to consumer) Electronic Commerce genannt, waren auf Grund der hohen Installationskosten von klassischen EDI-Strukturen lange Zeit nicht wirtschaftlich durchführbar. Erst das Internet als kostengünstige Kommunikations- und Informationsplattform ermöglicht ökonomisch sinnvolle elektronische Geschäftsbeziehungen zwischen Unternehmen und Endverbrauchern. Unternehmen nutzen im Internet die Möglichkeit, ihre Waren trotz fehlender physischer Präsenz mit detaillierten Informationen (hohe Reichhaltigkeit der Informationen nach EVANS/WURSTER[43]) einer großen Zahl von Kunden (hohe Reich-weite) anzubieten. Dabei greifen sie auf verschiedene Formen der Darstellung und Preisfindung zurück, die z.T. in Kapitel C vorgestellt werden. Das Resultat sind Produktkataloge von bisher nicht gekanntem Ausmaß, die sich für den geübten Endkonsumenten bequem und schnell durchsuchen lassen.[44] Der strukturierte Daten-austausch ist in diesem Fall ebenso auf Basis von Eingabemasken möglich, die Daten können dann von den verkaufenden Unternehmen automatisch weiterverarbeitet werden.

1.4.3   Electronic Commerce zwischen Unternehmen/Endkonsumenten und staatlichen Einrichtungen

Auch staatliche Einrichtungen treten als Anbieter oder Nachfrager im Electronic Commerce auf und nutzen elektronische Medien z.B. für die Aus-schreibung von Aufträgen an Unternehmen. In diesem Fall spricht man auch von b-t-a, für business to administration, Electronic Commerce. Ebenso versuchen staatliche Behörden verstärkt, Verwaltungsaufgaben über das Internet abzuwickeln, indem z.B. Steuererklärungen elektronisch abgegeben werden und so direkt weiterverarbeitet werden können. Für den Fall, dass dabei Privatpersonen mit den staatlichen Einrich-tungen Transaktionen abwickeln, handelt es sich um c-t-a, also consumer to administration Electronic Commerce.

1.4.4   Electronic Commerce zwischen Endkonsumenten

Der Bereich der Transaktionsabwicklung zwischen Privatpersonen oder Endkonsumenten (c-t-c für consumer to consumer) fand bisher nicht über Electronic

---

[43]   Vgl. Evans/Wurster (1999), S. 85ff.

[44]   Neben ausgefeilten Suchmechanismen bieten Online-Händler verstärkt Empfehlungen für Kunden an, die auf dem analysierten Kaufverhalten anderer Kunden beruhen, die die gleichen oder ähnliche Produkte gekauft haben. Weiterhin wird versucht, für bereits bekannte Kunden auf Basis ihres bisherigen Kaufverhaltens herauszufinden, welche Produkte zum Käuferprofil passen, um diese dann anzubieten.

Commerce statt, da hier ein sehr ungünstiges Verhältnis zwischen der Höhe der Investitionskosten für die elektronische Verbindung der Transaktionspartner und dem Transaktionsvolumen existierte. Durch die Möglichkeiten internetbasierter Foren und Auktionsangebote besteht heute eine Plattform für die Abwicklung von Transaktionen zwischen geografisch weit auseinander liegenden Konsumenten, wie der Erfolg des Internetauktionshauses Ebay zeigt. Ebay und andere Intermediäre[45] bieten die notwendigen Strukturen an, um den geforderten strukturierten Datenaustausch zwischen den Endkonsumenten zu gewährleisten.

In Abbildung 5 sind die beschriebenen Formen des Electronic Commerce zusammenfassend dargestellt.

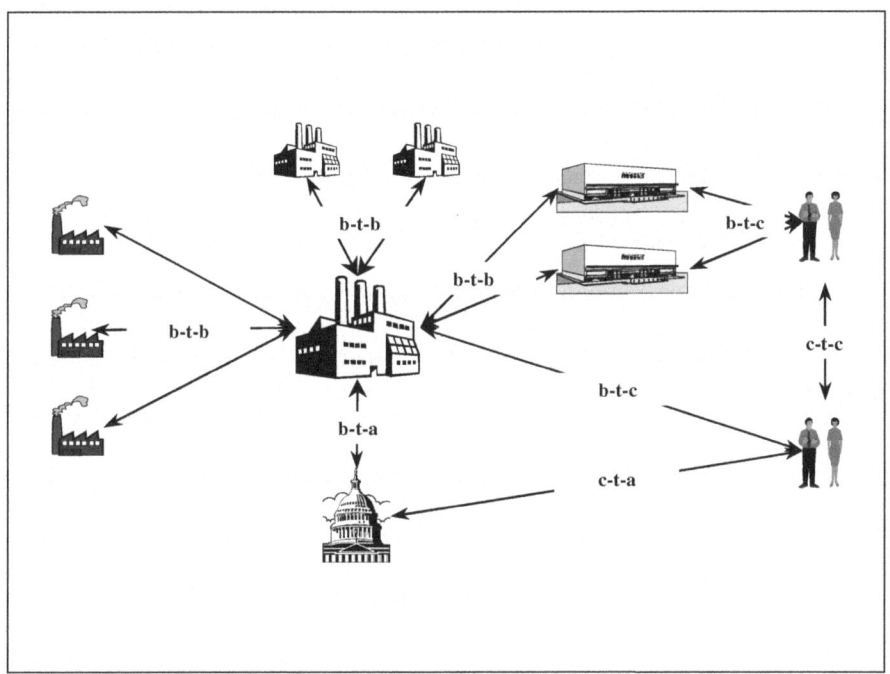

Abbildung 5:   **Formen des Electronic Commerce**

2   Elektronische Marktsysteme

Als Instrumentarium zur elektronischen Abwicklung von Anbahnungs- und Vereinbarungsphase einer Transaktion haben sich elektronische Marktsysteme etabliert. Ziel des folgenden Abschnittes ist es, eine kurze Definition dieser

---

[45]   Vgl. zum Begriff des Intermediärs die Definition in Abschnitt B.II.3.1.

elektronischen Marktsysteme zu erarbeiten, auf ihre Funktionalitäten geht Abschnitt C.I.3 detaillierter ein. Dort wird ein Klassifizierungsschema für elektronische Marktsysteme vorgestellt, um die in der Literatur vorherrschende Begriffsvielfalt zu ordnen.

Bei der Definition des Marktbegriffs ist zu unterscheiden zwischen dem Markt als Koordinationsform ökonomischer Aktivität und dem Markt als den Ort des Zusammentreffens von Angebot und Nachfrage, also dem institutionellen Marktbegriff. Ein Markt wird allgemein bezeichnet als

> „der ökonomische Ort des Tauschers, an dem sich Anbieter und Nachfrager nach einem bestimmten Gut zwecks Verwirklichung der je eigenen wirtschaftlichen Pläne treffen."[46]

Als Koordinationsmechanismus dient auf Märkten der Preis der gehandelten Güter.[47] Der Begriff „Ort des Tausches" ist sehr weit gefasst. Historisch sind Märkte Lokalitäten, an denen sich Anbieter und Nachfrager physisch treffen und miteinander in Verhandlungen treten. Moderne Technologien entbinden aber von der Notwendigkeit dieses physischen Aufeinandertreffens[48] und stellen vielmehr den Austausch von Angebots- und Nachfrageinformationen in den Vordergrund:

> „Some markets (...) take place in physical locations; other markets are conducted over the telephone or are organized by computers."[49]

Eine moderne Definition des Marktbegriffs fokussiert von daher weniger auf den physischen Ort des Marktgeschehens, sondern auf institutionelle und funktionelle Aspekte des Marktbegriffs.[50] Tabelle 2 stellt die Funktionen eines Marktes dar:[51]

---

[46] Gutmann (1994), S. 77.

[47] Eine detaillierte Diskussion der verschiedenen Koordinationsformen für ökonomische Aktivitäten erfolgt in Abschnitt B.II.2.3 dieser Arbeit bei der Vorstellung des Transaktionskostenansatzes.

[48] Vgl. Gutmann (1994), S. 77.

[49] Samuelson/Nordhaus (1992), S. 741.

[50] Vgl. Zelewski (1998), S. 308.

[51] Vgl. auch Peters (2000), S. 414.

Zusammenbringen von Anbietern und Nachfragern	Abwicklung von Transaktionen	Schaffung einer institutionellen Infrastruktur

• Darstellung der Angebotsseite:
  - Informationen über Verkäufer
  - Informationen über angebotene Güter
  - Bündelung von Gütern
• Darstellung der Nachfragerseite:
  - Informationen über Käufer und deren Präferenzen
• Preisfindung:
  - Bereitstellung adäquater Mechanismen
	• Zahlungsmitteltransfer
	• Gütertransfer:
	  - Durchführung oder zumindest Vorbereitung des Transfers
		• Legaler Rahmen:
		  - Konfliktlösung
		  - Eigentumsrechte
		  - Vertragsgestaltung
		• Regulatorischer Rahmen:
		  - Durchsetzung von Verträgen
		• Reputationsmechanismen

Tabelle 2:   Funktionen eines Marktes[52]

In den Fällen, in denen kein direkter physischer Kontakt stattfindet, erfolgt der Austausch von Marktinformationen zumeist über elektronische Medien, so dass von elektronischen Märkten oder Marktsystemen gesprochen werden kann.[53] Dabei werden, in Anlehnung an die verwendete Definition von Electronic Commerce, auch hier nur solche Medien berücksichtigt, welche die geforderte elektronische Abwicklung von zumindest der Anbahnungs- und Vereinbarungsphase sowie des Zahlungsmittelaustausches einer Transaktion und eine automatisierte Weiterverarbeitung der Transaktionsdaten erlauben. Die folgende Definition elektronischer Marktsysteme wird auf diesen Überlegungen aufbauend für die weiteren Untersuchungen zugrunde gelegt:

Ein elektronisches Marktsystem ist ein interorganisatorisches Informationssystem, das es Anbietern und Nachfragern erlaubt, auf elektronischem Wege strukturierte und elektronisch weiterverarbeitbare Informationen über Transaktionsgegenstände und -partner auszutauschen, Verträge abzuschließen und den Zahlung-

---

[52]   Quelle: In Anlehnung an Bakos (1998), S. 35.

[53]   Auch bei den Marktsystemen soll jedoch gelten, dass es sich um elektronische Netze handelt, die die Möglichkeit zur automatisierten Weiterverarbeitung der Daten bieten.

smitteltransfer sowie – soweit elektronisch möglich – auch den Gütertransfer durchzuführen.[54]

Es existieren allerdings Abstufungen elektronischer Marktsysteme. Es kann sich einerseits nur um die reine technische Plattform handeln, auf der sich Anbieter und Nachfrager treffen. Andererseits gibt es einige Systeme, die verstärkt versuchen, über das reine Angebot von elektronischen Markttransaktionen hinaus Intermediärsfunktionen[55] anzubieten, wie man sie auch auf physischen Märkten sieht. Das bedeutet, dass ein solches System vor allem die Suchkosten für die Transaktionspartner reduziert, indem es die Angebote und Gesuche abgleicht bzw. kategorisiert. In diesem Fall soll von elektronischen Intermediären gesprochen werden. Das populärste Beispiel für ein reines elektronisches Marktsystem wäre damit das Internet, die sich auf dieser Plattform entwickelnden elektronischen Märkte sind dagegen als elektronische Intermediäre anzusehen. Eine umfassende Untersuchung und Klassifizierung elektronischer Marktsysteme erfolgt in Abschnitt C.I.3 im Anschluss an die Diskussion der „Electronic Market Hypothesis". Zuvor wird im nächsten Abschnitt der theoretische Bezugsrahmen der Arbeit vorgestellt und damit die Basis für die später folgenden Untersuchungen gelegt.

II   Theoretischer Bezugsrahmen der Arbeit

Dieser zweite Abschnitt legt das theoretische Fundament der Arbeit. Zunächst wird begründet, warum das Gedankengut der Neuen Institutionenökonomie und insbesondere die Transaktionskostentheorie als theoretischer Bezugsrahmen gewählt wird, um die Effizienzvorteile des Einsatzes internetbasierter IKT zu untersuchen. Dies erfolgt in Abschnitt 1. Abschnitt 2 stellt unterschiedliche Ansätze zur Beschreibung von Distributions- und Wertschöpfungssystemen vor und bildet so den zweiten theoretischen Grundpfeiler der Arbeit.

1   Die Neue Institutionenökonomie als theoretische Grundlage

In der neoklassischen ökonomischen Theorie steht im Mittelpunkt der Betrachtung stets der Markt. Er sorgt über den Marktpreis für die optimale Allokation von Ressourcen und koordiniert gleichzeitig das Handeln der ökonomischen Akteure.[56] Diese Akteure werden meistens nicht näher definiert, es wird von Marktteilnehmern, Wirtschaftssubjekten und manchmal von Haushalten und Unternehmen

---

[54]   Der erste Teil dieser Definition lehnt sich an Bakos (1991), S. 296, an.

[55]   Klassische Intermediärsfunktionen sind die Marktbildung, Qualitätssicherung, Sortimentbildung und raum-zeitliche Überbrückung, vgl. z.B. Müller-Hagedorn (1998), S.107ff. oder Barth (1999), S. 27ff. Eine genauere Darstellung dieser Funktionen erfolgt in Abschnitt B.II.3.1 bei der Darstellung der Disintermediationshypothese.

[56]   Vgl. z.B. Bössmann (1983), S. 105 oder Herberg (1994), S. 25 ff.

gesprochen, welche rationale Nutzenmaximierer sind und ihre Konsumentscheidungen nach dem Datum, das der Marktpreis vorgibt, treffen.[57] Den Unternehmen wird in der neoklassischen Theorie darüber hinaus noch die Funktion der Kombination von Produktionsfaktoren zugeschrieben, ihre Existenz wird durch technologische Faktoren wie economies of scale und scope begründet.[58]

Zu diesem ökonomischen Weltbild der neoklassischen Theorie wird die Neue Institutionenökonomie oft als Erweiterung[59], manchmal auch als fundamentale Gegenposition dargestellt.[60] Beide Ansichten, Erweiterung oder Gegenposition, basieren auf dem Vorwurf, dass es sich bei der Neoklassik um eine Theorie ohne Bezug zur Realität handelt:

> „The objection essentially is that the theory [die neoklassische Theorie] floats in the air. It is as if one studied the circulation of the blood without having a body. Firms have no substance. Markets exist without laws and therefore without any clear specification of what is bought and sold."[61]

---

[57]   Vgl. Bössmann (1983), S. 105f.

[58]   Vgl. z.B. Williamson (1991), S. 270.

[59]   Genau genommen gibt es mehrere verschiedene Erweiterungen bzw. Überarbeitungen der neoklassischen Theorie. Die prominentesten sind die hier beschriebene Neue Institutionenökonomie sowie der X-Efficiency Ansatz. Letzterer ist zwar auch individualistisch geprägt, hält aber nicht an der strengen Nutzenmaximierungshypothese, wie sie die anderen individualistischen Ansätze vertreten, fest. Vgl. z.B. de Alessi (1983), S. 64 und als Begründer des X-Efficiency Ansatzes Leibenstein (1966), S. 392ff., Leibenstein (1972), S. 327ff. und Leibenstein (1978), S. 328ff.

[60]   Vgl. Picot (1991), S. 144. PICOT weist darin auf den methodologischen Individualismus als grundlegende Perspektive der Neuen Institutionenökonomik hin. Der Individualismus und seine Gegenposition, der Holismus, stellen metatheoretische Grundpositionen dar. Sie beschreiben die Perspektiven oder auch Weltsichten, die sich hinter Theorien befinden und werden deshalb auch Metatheorien genannt. Der Individualismus sieht soziale Gebilde als die Summe ihrer Individuen an und führt Interaktionen zwischen diesen Gebilden auf Interaktionen von Individuen zurück. Demgegenüber haben soziale Gebilde in der holistischen Sicht eigene emergente Eigenschaften, die nicht auf die Eigenschaften der Individuen zurückgeführt werden können, das Ganze ist demnach mehr als die Summe der Teile. Als dritte Position hat sich der Systemismus etabliert, der soziale Gebilde als ein System sich verändernder Subsysteme auffasst und sowohl systememergente Eigenschaften als auch individuelles Verhalten berücksichtigt. Prominentester Vertreter des Systemismus ist BUNGE, vgl. Bunge (1996) und Bunge (2000), S. 147ff. Einen sehr guten deutschsprachigen Überblick über die drei Metatheorien und ihre grundlegenden Positionen geben Reihlen/Klaas (1999). VALCÁRCEL entdeckt bei der „Neuen Institutionenökonomik" auch systemische Perspektiven durch die Fokussierung auf Institutionen: „Durch Berücksichtigung institutioneller Vorgaben der Vergangenheit, wie z.B. der Regeln, können zusätzlich die von der direkten individuellen Einflussnahme abgekoppelten ´Beziehungsmuster´ erfasst werden, die den systemischen Aspekt repräsentieren." Valcárcel (2002), S. 45.

[61]   Coase (1984), S. 230. Anmerkungen in [ ] durch Verfasser hinzugefügt.

Die Neue Institutionentheorie stellt dieser „Substanzlosigkeit" der Neoklassik einen Ansatz entgegen, der in den Mittelpunkt der Betrachtungen die Institutionen stellt, ohne die ökonomisches Handeln nicht denkbar wäre.[62] Basierend auf einer partiellen Abkehr vom Menschenbild des rationalen Nutzenmaximierers[63] wird dargestellt, dass ökonomisches Handeln stark von den Institutionen geprägt ist, in und zwischen denen es stattfindet. Damit hat die Neue Institutionenökonomie, im Gegensatz zur Theorie der frühen amerikanischen und deutschen Institutionalisten[64], einen klaren Gegenstandsbereich: Organisationsformen wie z.B. Unternehmen als Alternative zum Markt zur Koordination von ökonomischen Aktivitäten.

Zwar finden sich in der wirtschaftswissenschaftlichen Literatur schon früh Hinweise darauf, dass ein Großteil der ökonomischen Aktivitäten in Unternehmen und ähnlichen Organisationsformen stattfindet[65], trotzdem hat sich bis heute das Bild der *Marktwirtschaft* gehalten und nicht z.B. der *Organisationswirtschaft*. Anschaulicher als SIMON mit seiner Metapher eines Besuchers vom Mars kann man diesen Gegensatz zwischen Theorie und Realität wohl kaum darstellen:

> „A mythical visitor from Mars (...) approaches the Earth from space, equipped with a telescope that reveals social structures. The firms reveal themselves (...) as solid green areas (...). Market transactions show as red lines connecting firms, forming a network in the spaces between them (...). No matter whether our visitor approached the United States or the Soviet Union, urban China or the European Community, the greater part of the space below it would be within the green areas, for almost all of the inhabitants would be employees, hence inside the firm boundaries. Organizations would be the dominant feature of the landscape. A message sent back home, describing the scene, would speak of ′large green areas interconnected by red lines′. It would not likely speak of ′a network of red lines connecting green spots′."[66]

Während SIMON diese Kritik auch explizit gegen die Neue Institutionen-ökonomik richtet, ist es doch deren Verdienst, sich erstmals mit der Frage auseinan-dergesetzt zu haben, wie die Prozesse aussehen, die in der Neoklassik so einfach mit „Kombination von Produktionsfaktoren" beschrieben werden. Im Mittelpunkt der Erkenntnis steht dabei die Feststellung:

---

[62] Vgl. Coase (1984), S. 230.

[63] Vgl. Coase (1984), S. 231.

[64] Die klassische Institutionenökonomik wird von COASE scharf kritisiert in dem Sinne, dass sie zwar ein legitimes „Feindbild" in Form der Neoklassik habe, über eine rein destruktive Haltung dieser gegenüber aber nicht hinauskomme. Vgl. Coase (1984), S. 229f.

[65] Vgl. z.B. Chandler (1962).

[66] Simon (1991b), S. 27.

„(...) firms are not merely extensions of markets but employ different means".[67]

Die Prozesse in Unternehmen erfolgen demnach

„nicht als Reaktion auf Preisrelationen (...), sondern auf Grund von Anweisungen der dafür zuständigen Instanzen der Unternehmensorganisation".[68]

Wenn aber in Unternehmen andere Mechanismen zur Koordination von ökonomischen Aktivitäten existieren als der Preismechanismus, so muss die Frage gestellt werden, warum dies so ist. Es muss, mit anderen Worten, geklärt werden, wieso es überhaupt Unternehmen als vom Markt- und Preismechanismus abweichende Koordinationsformen gibt. Dieser Frage ist in der Literatur zum ersten Mal COASE in seinem rückblickend wegweisenden Beitrag „The Nature of the Firm" von 1937 nachgegangen. Größtenteils aufbauend auf COASE haben sich dann verschiedene Ansätze herausgebildet, z.B. die Prinzipal-Agent-Theorie, die Property-Rights-Theorie und vor allem die Transaktionskostentheorie, die unter dem Oberbegriff der Neuen Institutionentheorie zusammengefasst werden, weil sie darauf fokussieren, die Existenz von Unternehmen und die grundlegenden Prinzipien, die den Weisungsbeziehungen innerhalb dieser zugrunde liegen, zu erklären. Abbildung 6 zeigt die Einteilung der Ansätze zur Erklärung von Organisationen aus ökonomischer Perspektive. Der linke Ast repräsentiert den klassischen, von Institutionen abstrahierenden Forschungsbereich, dem sich die Neoklassik zuordnen lässt. Demgegenüber liegt der Fokus beim rechten Ast auf Institutionen und dabei einerseits auf der Frage nach ihrer Einbettung in die Umwelt durch die Ausgestaltung von Verfügungsrechten. Namhafte Theorien sind hier die Public-Choice-Theorie und die Property-Rights-Theorie. Andererseits werden die Mechanismen und Beziehungen innerhalb und zwischen Institutionen untersucht, welche Gegenstandsbereich der Prinzipal-Agent-Theorie und des Transaktionskostenansatzes sind.

---

[67]   Williamson (1991), S. 270.
[68]   Bössmann (1983), S. 106.

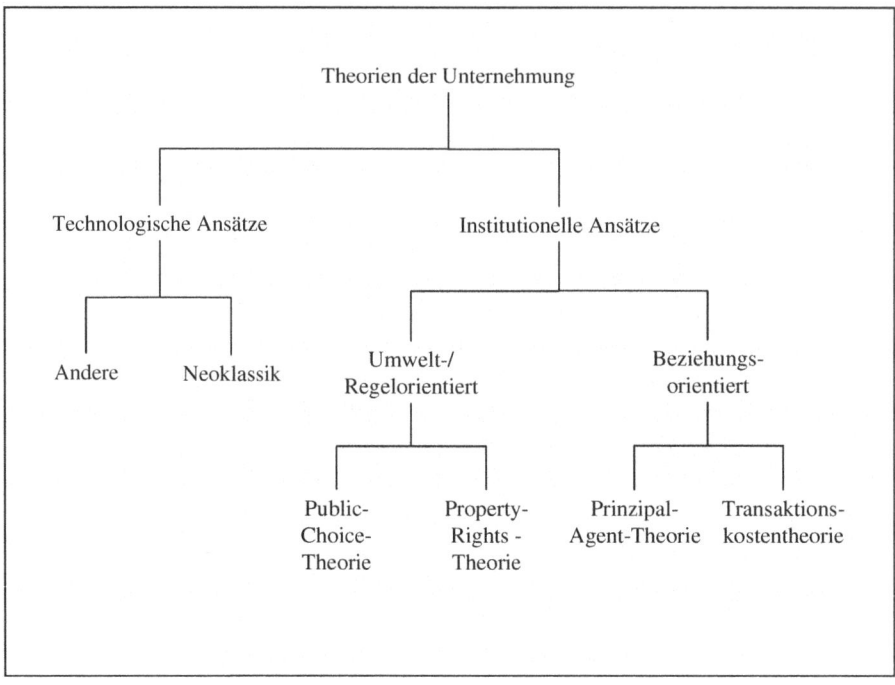

Abbildung 6: **Ökonomische Erklärungsansätze zur Existenz von Unternehmen[69]**

Abbildung 6 deutet bereits an, dass die drei Ansätze der Neuen Institutionenökonomie in unterschiedlichen Verhältnissen zueinander stehen. Grob gesagt kann die Property-Rights-Theorie als ein übergreifender Ansatz angesehen werden, der versucht, eine (Re-)Integration von Recht und Wirtschaft durchzuführen. Sie stellt Überlegungen bezüglich der optimalen Verfügungsrechtestruktur an, das heißt sie untersucht Wirtschaftssysteme hinsichtlich der verfügbaren Institutionen. Die Transaktionskostentheorie wie auch die Prinzipal-Agent-Theorie dienen dann dazu, aus diesen Institutionen die für die Koordination arbeitsteiliger Systeme geeignetsten auszuwählen.[70]

Die drei Ansätze der Neuen Institutionentheorie werden im Folgenden kurz mit ihren Grundannahmen sowie ihrer Untersuchungsperspektive vorgestellt und ihre Eignung bezüglich des Untersuchungsgegenstandes überprüft.

---

[69]   Quelle: In Anlehnung an Williamson (1990), S. 62.
[70]   Vgl. Picot (1991), S. 154.

1.1 Property-Rights-Theorie

Wie schon beschrieben, geht es in der Property-Rights-Theorie um die grundlegende Verfügungsrechtestruktur einer Gesellschaft.[71] Dazu muss zunächst klar sein, worum es sich bei einem Verfügungsrecht handelt und von welcher Gesellschaftsform ausgegangen wird. Das Verfügungsrecht basiert auf dem Eigentumsrecht, das Individuen oder auch soziale Gebilde haben können. Ein solches Eigentumsrecht besteht aus dem *Recht des Gebrauchs/Verbrauchs* einer Sache, dem *Recht der Veränderung* z.B. von Aussehen oder Substanz eines Gutes und dem *Recht der Übertragung* aller oder einzelner Rechte an dieser Sache.[72] Mit dem Eigentum erhält der Eigentümer also das Recht, in den beschriebenen Formen über das Gut zu verfügen, daher der Begriff des Verfügungsrechts.[73] Diese Art des frei übertragbaren Privateigentums und der Verfügungsrechte daran ist die Grundvoraussetzung für eine Marktwirtschaft[74], die als grundlegendes Wirtschaftssystem die Basis für die vorliegende Arbeit bildet. Dabei ist es wichtig, sich vor Augen zu führen, dass Verfügungsrechte nicht nur zur Ausübung von positiven Tätigkeiten führen können. Verfügungsrechte können auch zur Schädigung anderer Individuen genutzt werden. DEMSETZ veranschaulicht dies sehr gut:

> „It is important to note that property rights convey the right to benefit or harm oneself or others. Harming a competitor by producing superior products may be permitted, while shooting him may not. A man may be permitted to benefit himself by shooting an intruder but be prohibited from selling below a price floor. It is clear, then, that property rights specify how persons may be benefited and harmed, and, therefore, who must pay whom to modify the actions taken by persons."[75]

---

[71] Siehe auch Furubotn/Pejovich (1972) für einen umfassenden Überblick über Literatur zur Property-Rights-Theorie und ihren Stellenwert in der ökonomischen Theorie.

[72] Vgl. Richter/Furubotn (1996), S. 82.

[73] Im rechtlichen Sinne gibt es Verfügungsrechte im engeren Sinne, z.B. nach dem Bürgerlichen Recht, §903 BGB, der das beschriebene Eigentumsverhältnis regelt. Im weiteren Sinn sind im Grundgesetz (Art. 14 GG) die Immaterialgüterrechte geregelt. Für eine ausführliche Diskussion der unterschiedlichen Formen, z.B. absoluter und relativer Verfügungsrechte, vgl. Richter/Furubotn (1996), S. 87ff.

[74] Vgl. Richter/Furubotn (1996), S. 86. Dies schließt natürlich nicht aus, dass es auch Eigentumsrechte und damit Verfügungsrechte für Institutionen wie z.B. Unternehmen gibt, die als juristische Personen handeln. Es soll nur eine klare Abgrenzung zur ebenfalls möglichen, rein auf sozialem Eigentum beruhenden, sozialen (sozialistischen) Eigentumstheorie getroffen werden. Grundhypothese ist hier, dass „die ökonomischen Anreize des Privateigentums im Allgemeinen zu effizienten, nicht verschwenderischem Einsatz knapper Ressourcen und somit zur gesamtwirtschaftlichen Wohlfahrt" führen, Richter/Furubotn (1996), S. 81.

[75] Demsetz (1967), S. 347.

Der letzte Satz von DEMSETZ Aussage verdeutlicht das Grundprinzip der Verfügungsrechte. Es besteht darin, den Wirtschaftssubjekten Rechte an der Nutzung einer Sache zuzusprechen. Treten bei der Ausübung dieser Rechte externe Effekte auf, so existieren zwei Möglichkeiten, diese mit Verfügungsrechten wohlfahrtsoptimal zu internalisieren. Ein klassisches Beispiel findet sich bei VARIAN:[76]

Ein Raucher und ein Nichtraucher teilen sich ein Zimmer, beide haben ein festes Budget an Geld und beide bestimmte Präferenzen bezüglich Geld und Rauch (bzw. reiner Luft). Mit Hilfe von Verfügungsrechten kann nun ein Pareto-optimaler[77] Zustand herbeigeführt werden. Einerseits könnte man dem Nichtraucher ein Recht auf gute Luft erteilen. Der Raucher hat nun die Möglichkeit, dem Nichtraucher Geld zu bieten für ein bestimmtes Maß an Luftverschmutzung durch Rauch. Vorausgesetzt, der Nichtraucher befindet sich noch nicht in seinem Nutzenmaximum aus Geld und guter Luft, wird dieser solange Teile seiner Rechte auf gute Luft verkaufen, bis sein Nutzenmaximum erreicht ist und damit eine Pareto-optimale Situation entstanden ist. Umgekehrt ist auch eine Verfügungsrechtevergabe an den Raucher denkbar. Dieser erhält ein Recht auf Rauchen. Vorausgesetzt, dass er noch nicht sein Nutzenmaximum aus Rauch und Geld erreicht hat, wird er nun dem Nichtraucher Anteile seiner „Rauchrechte" verkaufen, bis er sein Nutzenmaximum erreicht hat. Der Nichtraucher erkauft sich also in diesem Fall bessere Luft.[78] Die zweifelsfreie Zuteilung von Verfügungsrechten führt also immer zu einer Pareto-optimalen Situation. Wichtig ist jedoch, dass es sich um eine zweifelsfreie Verteilung handelt, das heißt es muss genau definiert sein, wer über Verfügungsrechte welcher Art verfügt.[79]

So ideal das Prinzip der Verfügungsrechte in der Theorie und auch in diesem kleinen Beispiel ist, es ist jedoch nur unter sehr restriktiven Voraussetzungen anwendbar. Der Idealfall wäre die Abwesenheit von Transaktionskosten (keine Verhandlungskosten der Teilnehmer), klar definierte Verfügungsrechte und das Ausbleiben von Einkommenseffekten:

---

[76] Vgl. Varian (1987), Kapitel 30. Andere Beispiele nennt Alchian (1965).

[77] Ein pareto-optimaler Zustand ist dann erreicht, wenn kein Wirtschaftssubjekt mehr besser gestellt werden kann, ohne die Nutzenposition eines anderen zu verschlechtern. Vgl. Fritsch/Wein/Ewers (1996), S. 14ff.

[78] Vgl. für dieses auf VARIAN zurückgehende Beispiel Richter/Furubotn (1996), S. 101ff.

[79] Vgl. Richter/Furubotn (1996), S. 104. Das Prinzip der Verfügungsrechte erlebt derzeit wieder erhöhte Aufmerksamkeit durch Versuche, im Bereich des Klimaschutzes damit Verbesserungen zu erzielen. So ist z.B. verstärkt der Vorschlag unterbreitet worden, zur Erreichung der CO_2-Emmissionsgrenzen handelbare Schädigungsrechte einzuführen. Dabei erhält jedes Land ein gewisses Maß an Schädigung (CO_2-Emmissionen) zugesprochen. Möchte es diese Grenze überschreiten, kann es sich Rechte auf Schädigung bei anderen Ländern kaufen, die ihr Schädigungskontingent nicht ausschöpfen. Einen Überblick über die Thematik gibt z.B. Tietenberg (1985).

„Regardless of the specific initial assignment of property rights, in market equilibrium the final outcome will be efficient – provided the initial legal assignment is well-defined and that transactions involving exchange of rights are costless."[80]

Unter diesen Bedingungen spricht man dann auch vom sogenannten COASE-Theorem in seiner starken Form.[81] Aber auch unter Berücksichtigung von Transaktionskosten leistet die Property-Rights-Theorie einen wichtigen Beitrag, da sie es erlaubt, die jeweils unter Berücksichtigung von Transaktionskosten und externen Effekten optimale Verteilung von Verfügungsrechten zu bestimmen. Als Umkehrschluss ist es deshalb zulässig, festzustellen,

„(...) daß hohe Transaktionskosten und hohe externe Effekte jeweils ein Indiz für den Bedarf neuer institutioneller Lösungen sind."[82]

Somit beschäftigt sich die Property-Rights-Theorie vor allem mit den institutionellen und auch rechtlichen Rahmenbedingungen des ökonomischen Handelns und hat als Ziel die Internalisierung externer Effekte. Das von ihr geschaffene Verfügungsrechtegeflecht[83] – sowohl inter- als auch intraorganisatorisch – gibt einen institutionellen Rahmen vor. Dieser ist mit Hilfe der Prinzipal-Agent-Theorie hinsichtlich der Ausgestaltung von Verträgen und der Transaktionskostentheorie bezüglich der Art des Koordinationsmechanismus zu untersuchen. Für diese Arbeit soll deshalb der verfügungsrechtliche Rahmen als gegeben angesehen und von externen Effekten abstrahiert werden, so dass der Property-Rights-Ansatz als theoretische Basis zur Lösung der hier untersuchten Problemstellung nicht verwendet wird.

1.2   Prinzipal-Agent-Theorie

Die Prinzipal-Agent-Theorie analysiert in ihrer engen Auslegung die Innenbeziehungen[84] einer Institution, das heißt die Ausgestaltung vertraglicher Regelungen zwischen einem Individuum (Prinzipal), das eine Entscheidung an ein anderes Individuum (Agent) delegiert:[85]

„We define an agency relationship as a contract under which one or more persons (the principal(s)) engage another person (the agent) to

---

[80]   Hirshleifer (1980), S. 536.

[81]   Vgl. Richter/Furubotn (1996), S. 104 oder auch Norton (1987), S. 268. Die Bezeichnung „Coase-Theorem" beruht darauf, dass Coase in seinem Beitrag von 1960 erstmals ausführlich die Problematik der externen Effekte schilderte. Vgl. Coase (1960), S. 1ff.

[82]   Picot (1991), S. 146.

[83]   Vgl. Picot (1991), S. 146.

[84]   Vgl. Schneider (1987), S. 26.

[85]   Vgl. Kiener (1990), S.19.

perform some service on their behalf which involves delegating some decision making authority to the agent."[86]

Im Mittelpunkt steht die Erkenntnis, dass die Entscheidungen des Agenten nicht nur sein eigenes, sondern auch das Nutzenniveau des Prinzipals beeinflussen. Klassisches Beispiel wäre der Arbeitnehmer, der für seinen Arbeitgeber Leistungen erbringt. Er verfolgt dabei gemäß den Annahmen eines methodologischen Individualismus sein Eigeninteresse.[87] Dieses kann z.T. erheblich von den Interessen seines Arbeitgebers abweichen, so z.B. wenn für den Nutzen des Arbeitnehmers ein geringer Arbeitsaufwand einen sehr hohen Nutzenwert besitzt und dadurch die Qualität seiner Leistung sinkt. Wüsste der Prinzipal, dass der Agent nicht in seinem Sinne handelt, würde er diesen nicht zur Erfüllung der Aufgabe auswählen.

Eine Prinzipal-Agent-Problematik entsteht somit immer nur dann, wenn es eine Informationsasymmetrie zwischen den beiden Parteien gibt.[88] Es ist zu unter-scheiden, ob es sich um eine Informationsasymmetrie handelt, die erst nach Vertrags-abschluss auftritt oder bereits vor Vertragsabschluss vorliegt. Eine Informationsasymmetrie nach Vertragsabschluss liegt vor, wenn, wie im Beispiel oben beschrieben, der Prinzipal nicht oder nur teilweise über die Handlungen des Agenten informiert ist bzw. nicht weiß, ob der Agent genug Anstrengungen unternimmt, um das vereinbarte Ziel zu erreichen. Eine solche Situation wird auch als *hidden action* bezeichnet.[89] Demgegenüber gibt es zwei Fälle, bei denen die Informationsasymmetrie prinzipiell schon vor Vertragsabschluss vorliegt. Zum einen das Vorliegen von *hidden characteristics*. Die Informationsasymmetrie besteht hier darin, dass dem Prinzipal bestimmte Eigenschaften des Agenten (z.B. Fähigkeiten, Gesundheitsschäden, Kreditwürdigkeit) vor Vertragsabschluss nicht bekannt sind und erst nach Vertragsabschluss auftreten. Das heißt die Informationsasymmetrie liegt bereits ex-ante vor, tritt aber erst ex-post zu Tage. Im Fall der *hidden information*

---

[86]   Jensen/Meckling (1976), S. 308.

[87]   Vgl. auch Jensen/Meckling (1976), S. 308: „If both parties to the relationship are utility maximizers there is good reason to believe that the agent will not always act in the best interests of the principal." Vgl. zum methodologischen Individualismus die Darstellungen in Fußnote 60 auf S. 25.

[88]   Vgl. Arrow (1984), S. 1 oder Picot (1991), S. 150. Das z.B. von KIENER angesprochen Problem der „first-best-Problematik", welches von einigen Autoren auch zur Prinzipal-Agenten-Theorie gezählt wird, findet hier keine Berücksichtigung, vgl. Kiener (1990), S. 23.

[89]   Vgl. z.B. Arrow (1984), S.3, Picot (1991), S. 151 oder Kiener (1990), S. 23f. In der Literatur wird häufig synonym der Begriff des *moral hazard* verwendet. Dieser stammt aus dem Versicherungsbereich und bezeichnet den für Versicherungsverträge typischen Umstand, dass der Versicherungsnehmer nach Abschluss des Versicherungsvertrages für den Versicherungsgeber unbeobachtbar die Eintrittswahrscheinlichkeit des Schadensfalles zu seinen Gunsten manipulieren kann. ARROW weist jedoch zu Recht darauf hin, dass dieser Begriff nur einige der Situationen der hidden action zutreffend beschreibt, vgl. Arrow (1984), S. 3.

besteht ebenfalls bereits vor Vertragsabschluss eine Informationsasymmetrie zu Ungunsten des Prinzipals. Dabei handelt es sich um Situationen, in denen der Prinzipal zwar die Handlungen des Agenten beobachten kann, er jedoch aufgrund fehlenden Sachverstandes nicht in der Lage ist, zu beurteilen, ob der Agent in seinem Sinne handelt.[90] Das Beispiel der Arzt-Patienten-Beziehung kann hier zur Veranschaulichung dienen: Der Patient (Prinzipal) kann zwar genau beobachten, was der Arzt (Agent) als Therapie durchführt, er ist jedoch mangels medizinischen Sachverstands nicht in der Lage, zu beurteilen, ob es sich um die richtige Therapie handelt. Die folgende Tabelle 3 gibt einen Überblick über die drei Typen von Prinzipal-Agenten-Problemen und die Ursachen der bei ihnen bestehenden Informationsasymmetrien.

Typ des Prinzipal- Agenten-Problems	Zeitpunkt der Informationsasymmetrie	Gegenstand/Ursache der Informationsasymmetrie
Hidden Action	ex post	Verhalten, Bemühungen des Agenten
Hidden Characteristics	ex ante	Eigenschaften, Fähigkeiten des Agenten
Hidden Information	ex ante	Wissensnachteil des Prinzipals

Tabelle 3:   **Typen von Prinzipal-Agenten-Problemen**

Es ist wichtig, darauf hinzuweisen, dass die genannten Problemtypen nicht völlig überschneidungsfrei sind und in der Praxis oft zusammen auftreten.[91] Ebenfalls wird deutlich, dass sich die Prinzipal-Agent-Theorie auch auf andere, über das Innenverhältnis von Institutionen hinausgehende Beziehungen zwischen Teilnehmern am Wirtschaftsleben anwenden lässt. Letztendlich weisen sämtliche Auftragsbeziehungen mehr oder weniger starke Elemente von Prinzipal-Agenten-Beziehungen auf.[92] Genauso lassen sich kooperative Arrangements als Prinzipal-Agenten-Beziehungen ansehen. Zwar liegt hier nicht im eigentlichen Sinne eine Auftragsbeziehung vor, der Zustand der delegierten Entscheidungsbefugnis, den JENSEN/MECKLING als konstituierendes Merkmal für Prinzipal-Agenten-Beziehungen identifiziert haben, ist aber gegeben.[93] Ein weiterer Verdienst von JENSEN/MECKLING ist die von ihnen erstmalig aufgezeigte Darstellung sogenannter „Agency-Costs", also der Kosten, die in

---

[90]   Vgl. Picot (1991), S. 152.
[91]   Vgl. Picot (1991), S. 152.
[92]   Vgl. Jensen/Meckling (1976), S. 309.
[93]   Vgl. Jensen/Meckling (1976), S. 308f.

einer Prinzipal-Agenten-Beziehung anfallen, um die oben geschilderten Probleme zu lösen. Diese können – aus gesamtwirtschaftlicher Sicht - in drei Bestandteile, die Kontrollkosten des Prinzipals, die Garantiekosten des Agenten sowie den verbleibenden Wohlfahrtsverlust, unterteilt werden.[94] Abbildung 7 zeigt unter Rückgriff auf die Problematik der potenziellen Informationsasymmetrie diese Agency-Kosten.

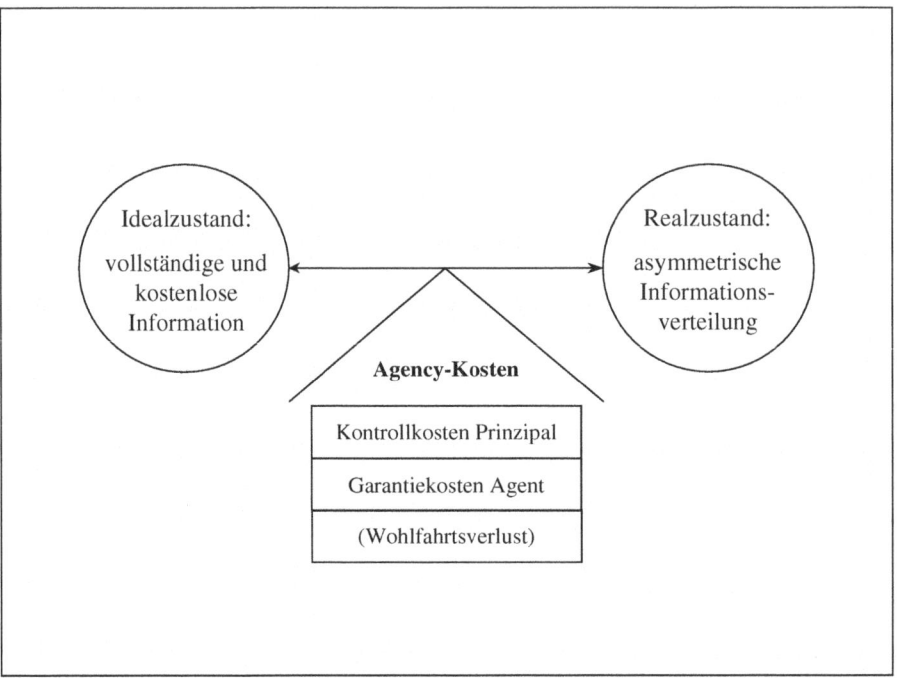

Abbildung 7: **Agency-Kosten**[95]

Insgesamt ist die Prinzipal-Agenten-Theorie nur begrenzt für den hier vorliegenden Untersuchungsgegenstand geeignet, denn im Mittelpunkt stehen zunächst Formen der Koordination ökonomischer Aktivitäten. In Kapitel D werden dann allerdings die informationsökonomischen Grundlagen der Theorie Anwendung finden, wenn es im Rahmen der Konfigurationsbildung um asymmetrische Informationen bezüglich der Eigenschaften von Gütern geht.

---

[94] Vgl. Jensen/Meckling (1976), S. 308 oder auch Picot (1991), S. 151.
[95] In Anlehnung an Picot (1991), S. 151.

34

1.3   Transaktionskostentheorie

Die Transaktionskostentheorie gehört zu den stark kontrovers diskutierten Beiträgen der wirtschaftswissenschaftlichen Literatur der letzten dreißig Jahre. Ihre Anhänger sehen durch sie die Möglichkeit, ökonomische Aktivitäten aus einem der Realität viel stärker entsprechenden Blickwinkel zu betrachten, als dies die (neo-)klassische Theorie ermöglicht.[96] Demgegenüber werfen ihre Kritiker der Transaktionskostentheorie vor, dass sie eben diesen Anspruch der größeren Realitätsnähe verfehlt, da sie auf einer ebenso abstrakten und realitätsfernen theoretischen Basis beruht wie die (neo-)klassische Theorie und zudem selbst innerhalb ihres eigenen Rahmens noch unter mangelnder Operationalisierbarkeit leidet.[97]

Für das Untersuchungsziel dieser Arbeit, insbesondere für das Teilziel der Überprüfung von „Electronic Market Hypothesis" (EMH) und Disintermediationshypothese in Kapitel C, soll die Transaktionskostentheorie trotz der beschriebenen kontroversen Positionen als theoretisches Untersuchungsinstrumentarium herangezogen werden. Sie liefert, wie in den folgenden Abschnitten dargestellt wird, ein in sich geschlossenes Instrumentarium, mit dem Effizienzaussagen über unterschiedliche Formen der Koordination ökonomischer Aktivitäten abgegeben werden können. Zunächst bedarf es allerdings ihrer gründlichen Darstellung, da ihre Anwendung in den meisten Beiträgen zur EMH[98] und zur Disintermediation von Teilen der Wertschöpfungskette[99] eher oberflächlich erfolgt. Gerade im Zusammenhang mit IKT und ihren Potenzialen zur Abwicklung ökonomischer Aktivitäten wurde auch schon vor dem Internetzeitalter häufig mit der Einsparung von Transaktionskosten argumentiert, die Argumente dieser Beiträge werden auch auf internetbasierten Electronic Commerce übertragen. Dies gilt sowohl für Beiträge in der Tagespresse[100] als auch für eine Vielzahl von Literaturbeiträgen.[101] Auch aus diesem Grunde bietet es sich an, als grundlegenden theoretischen Ansatz der vorliegenden Arbeit die Transaktionskostentheorie auszuwählen, da so eine Beurteilung der bisherigen Beiträge möglich wird.

---

[96]   Vgl. hierzu z.B. Williamson (1985), S. 18, Williamson (1996), S. 55, Picot/Dietl (1990), S. 182 oder Picot (1992).

[97]   Vgl. hierzu z.B. Schneider (1985), Hill (1990), Goshal/Moran (1996), Peteraf/Shanley (1997) und teilweise auch Masten (1993). Eine ausführliche Diskussion der wichtigsten Kritikpunkte an der Transaktionskostentheorie erfolgt in Abschnitt B.II.2.3.6.

[98]   Vgl. z.B. Malone/Yates/Benjamin (1987), S. 484 und Bakos/Brynjolfsson (1993), S. 38f.

[99]   Vgl. zur Disintermediation z.B. Hawkins/Mansell/Steinmueller (1999), speziell in Bezug auf die Wertschöpfungskette z.B. Benjamin/Wigand (1995) oder Wigand (1997).

[100]   Vgl. z.B. Gartner (1999).

[101]   Vgl. für viele z.B. Malone/Yates/Benjamin (1987), S. 484, Bakos/Brynjolfsson (1993), S. 38f., Clemons/Reddi/Row (1993), S. 9ff., Steinfield/Kraut/Plummer (1995) und zur Rolle von Informationen in der Transaktionskostentheorie Picot/Bortenländer/Röhrl (1997), S. 108.

Im Folgenden werden zuerst kurz die historischen Wurzeln der Transaktionskostentheorie dargestellt, um dann ihre Grundannahmen und das eigentliche Instrumentarium zur Untersuchung von Transaktionskosten vorzustellen. Im Mittelpunkt steht hier auch die bisher in der Transaktionskostentheorie nicht zweifelsfrei geklärte Frage der Zurechnung von raum-zeitlichen Transferkosten. Die in der Literatur bisher mit Hilfe der Transaktionskostentheorie getroffenen Grundaussagen werden anschließend erläutert. Abschließend erfolgt eine kurze Darstellung der Kritik am Konzept und ein Überblick über bisher durchgeführte empirische Untersuchungen.

1.3.1 Historische Wurzeln der Transaktionskostentheorie

Eine Annäherung an eine Definition von Transaktionskosten als das zentrale Entscheidungskriterium der Transaktionskostentheorie erfolgt am besten über die historischen Wurzeln des Ansatzes, dargestellt durch den Beitrag von COASE und den darauf basierenden Arbeiten von WILLIAMSON.

1937, als COASE seinen Beitrag „The Nature of the Firm" veröffentlichte, war die vorherrschende Sichtweise des ökonomischen Systems die, dass dieses im Prinzip ein Organismus sei, der von ganz alleine funktioniere, ohne jede zentrale Kontrolle, nur koordiniert durch den Preismechanismus, womit natürlich nicht gemeint war, dass keinerlei Planung durch die Wirtschaftssubjekte stattfinde.[102] Aber die Planung orientiere sich nur an dem einen, alles koordinierenden Preismechanismus.[103] Einige Ökonomen der Zeit stellten jedoch fest, dass es durchaus Fälle gebe, in denen die Koordination über den Preismechanismus durch andere Planungs- und Koordinationsmethoden abgelöst werde, dass es „bewusste" Koordinationsmechanismen neben der unsichtbaren Hand des Marktpreises gebe:

> „(...) islands of conscious power in this ocean of unconscious co-operation."[104]

Die Frage, die sich nun stellte, lautete: Wenn der Marktmechanismus über den Preis die Produktion und Allokation von Gütern „von alleine" koordinieren kann, warum gibt es dann Organisationen wie z.B. Unternehmen, in denen der Marktmechanismus durch andere Koordinationsformen wie z.B. Weisungen ersetzt wird?[105]

Die Antwort darauf war nach COASE ebenso einfach und einleuchtend wie, vor dem Hintergrund der damaligen ökonomischen Sichtweise, revolutionär:

---

[102] Vgl. Coase (1937), S. 387. Siehe auch Hayek (1933).

[103] HAYEK kritisierte eben dieses Planungsverständnis, denn es bedeutet ja, dass Planung nur das nachmacht, was der Preismechanismus bereits vorgegeben hat. Vgl. Hayek (1933).

[104] Robertson (1928), S. 85.

[105] Vgl. Coase (1937), S. 388.

„The main reason why it is profitable to establish a firm would seem to be that there is a cost of using the price mechanism."[106]

Diese Feststellung, dass es „Kosten" der Nutzung des Markt-/Preismechanismus gibt, war im Grunde gar nicht so neu. Schon vorher wusste man, dass es unvollkommene Märkte gibt[107], auf denen eine oder mehrere der klassischen Homogenitätsbedingungen nicht oder nur bedingt erfüllt sind. COASE erwähnt als offensichtliche Kosten der Nutzung des Preismechanismus vor allem die Such- und Informationskosten bei der Auffindung von Preisen und die Kosten der Aushandlung von Verträgen.[108] Über diese reinen Kosten der Marktnutzung hinaus identifiziert er weiterhin Kosten, die bei Markttransaktionen durch das Vorliegen von Unsicherheit entstehen können. Im Mittelpunkt steht hierbei die Unsicherheit über die Zuverlässigkeit von Vertragspartnern bei längerfristigen Verträgen. Ist die Unsicherheit zu hoch, das heißt sind die möglichen Kosten von Markttransaktionen sehr hoch, besteht ein Anreiz, die Leistung in Eigenregie zu erbringen.[109]

Wenn aber nun Markttransaktionen mit einzelnen oder schlimmstenfalls mit allen dieser Kosten behaftet sind, dann stellt sich nach Coase zu Recht die Gegenfrage:

„(...) why (...) are there any market transactions at all?"[110]

Warum werden also nicht alle Produkte und Dienstleistungen in einer großen Organisation erbracht?[111] COASE weist in diesem Zusammenhang auf mehrere Faktoren hin, die dazu führen, dass in Organisationen mit zunehmender Größe Kosten

---

[106]   Coase (1937), S. 388. ARROW spricht auch von „costs of running the economic system", siehe Arrow (1969).

[107]   Vgl. zu den Bedingungen für einen sogenannten vollkommenen Markt z.B. Wied-Nebbeling (1994), S. 3f.

[108]   Vgl. Coase (1937), S. 388 und 389.

[109]   COASE weist außerdem noch auf den interessanten Fall hin, dass Regulierung von Seiten des Staates dazu führen kann, dass die Nutzung des Marktmechanismus mit höheren Kosten verbunden ist als die Leistungserbringung in einem Unternehmen. Dies ist z.B. der Fall, wenn die an sich gleiche Leistung unterschiedlich besteuert wird, je nachdem, ob sie durch marktliche Transaktionen oder hierarchisch in einem Unternehmen erstellt wird. Auch Subventionen, die die Gründung von Unternehmen erleichtern, können als Kosten der Marktnutzung gelten, denn sie verringern die Attraktivität der Marktnutzung gegenüber einer hierarchischen Lösung. Vgl. hierzu Coase (1937), S. 393.

[110]   Coase (1937), S. 394.

[111]   Es liegt nahe, in diesem Zusammenhang an sozialistische Organisationsformen zu denken, in denen ein ganzer Staat durch zentralistische Planung als eine Art von Unternehmen geführt wird. So erwähnt z.B. WILLIAMSON das damalige Jugoslawien als Beispiel eines kapitalistisch orientierten, zentral geführten Staatsunternehmens. Vgl. z.B. Williamson (1985), S. 160, 254 und 394 oder detailliert Sacks (1983) und Horvat (1982). Diese Organisationsformen scheitern dann aber anscheinend an den bei ihnen besonders massiv auftretenden „Kosten der Organisation" in Form von X-Inefficiencies und innerbetrieblichem Opportunismus.

entstehen, welche die Vorteile von Unternehmen hinsichtlich Transaktionskosten und Größenvorteilen durchaus überkompensieren können. Er vermutet, dass es eine Organisationsgröße gibt, von der an es einfach günstiger ist, Transaktionen wieder über den Markt oder durch kleinere Unternehmen durchführen zu lassen. Dies stellt einen Hinweis auf die später in der Organisationsliteratur oft thematisierten „X-Inefficiencies" dar.[112] Weiterhin unterstellt COASE, dass der Planer im Unternehmen mit wachsender Größe der Aufgabe nicht mehr in der Lage ist, alle Ressourcen in der optimalen Verwendung einzusetzen. Auch hier ein interessanter Hinweis auf die für WILLIAMSONS Transaktionskostentheorie entscheidende Annahme der „bounded rationality".[113]

Es gibt also zusätzlich zu den Kosten der Marktnutzung auch Kosten der Nutzung von hierarchischen Weisungssystemen. Streng nach dem Prinzip der marginalen Substitution[114] kann nun festgehalten werden:

> „Eine Unternehmung wird so lange wachsen, d.h. so viele Transaktionen übernehmen, bis ihre Organisationskosten für die Einbeziehung einer weiteren Transaktion den Kosten der Abwicklung dieser Transaktion über den Markt oder den Kosten ihrer Organisation in einer anderen Unternehmung entsprechen."[115]

Diese für sich betrachtet relativ simplen und doch einleuchtenden Erkenntnisse von Coase bilden die Grundlage der Transaktionskostentheorie, die vor allem durch WILLIAMSON weiter entwickelt wurde. Denn so grundlegend der Beitrag von COASE auch ist, es mangelt ihm an einer konzeptionellen Herausarbeitung der Transaktionskosten[116], die aus der Offenlegung des Phänomens entstandenen Fragen bleiben unbeantwortet:

---

[112] Vgl. Coase (1937), S. 394 f. Der Begriff der „X-Inefficiencies" bzw. der „X-Efficiency" geht zurück auf LEIBENSTEIN, der sich mit dem Phänomen der ab einer bestimmten Größe wieder sinkenden Effizienz von Organisationen befasste. Vgl. Leibenstein (1966), S. 392ff., Leibenstein (1972), S. 327ff. und Leibenstein (1978), S. 328ff. Siehe auch Vanagunas (1989), S. 393ff. LEIBENSTEINS Beobachtungen hinsichtlich der Leistungsfähigkeit von Entscheidungsträgern sind sehr ähnlich zu den Überlegungen, die auch SIMON durchführte, als er seinen Ansatz der „Bounded Rationality" entwarf. In beiden Fällen erfolgt eine Abkehr vom Bild des rationalen Nutzenmaximierers („Economic Man") der Neoklassik.

[113] Vgl. Williamson (1985), S. 45ff. Das Konzept der bounded rationality geht zurück auf SIMON, vgl. z.B. Simon (1955), Simon (1986) oder Simon (1991a).

[114] Vgl. Bössmann (1981), S. 670 oder Coase (1937), S. 386.

[115] Bössmann (1981), S. 670.

[116] COASE selber erkennt diese mangelnde Operationalisierung der Transaktionskosten als den Mangel von „The Nature of the Firm" an, der dazu geführt hat, dass der Beitrag beinahe 40 Jahre lang nur wenig Beachtung in der wissenschaftlichen Gemeinschaft fand: „The initial reception of my article by my elders and betters (...) was a complete lack of interest. (...) he [WILLIAMSON, Anmerkung des Verfassers] ascribes the non-use of my thesis, so often acclaimed as a ´fundamental insight´, to the fact that is has not been made

Wann genau treten Transaktionskosten auf? Wovon ist das Vorliegen von Transaktionskosten abhängig? Wie kann mit Hilfe von Transaktionskosten-überlegungen eine Aussage über die ökonomische Vorteilhaftigkeit verschiedener Koordinations- und Organisationsformen getroffen werden? Welche Kosten können den Transaktionskosten zugerechnet werden?

Die Feststellung von COASE, dass es Unternehmen als Folge der Existenz von Transaktionskosten des Marktes gibt, blieb jedoch, genau wie die Forderung von COMMONS, die Transaktion als solche zur Basiseinheit aller Untersuchungen zu machen[117], lange Zeit unbeachtet. Insgesamt fand die Transaktionskostentheorie über Jahrzehnte keine Beachtung in der Literatur. Der Grund für diese Nichtbeachtung war, dass sie zwar eine auf den ersten Blick plausible Erklärung für die Existenz von Unternehmen lieferte, es ihr aber an Operationalisierbarkeit mangelte. Vor allem die Faktoren, die für das Auftreten von Transaktions- bzw. Organisationskosten verantwortlich sind, wurden in keinem der existierenden Ansätze herausgearbeitet. Dies führte dazu, dass der Transaktionskostentheorie tautologische Merkmale vorgeworfen wurden[118], da sich mit ihr fast jede beliebige Konstellation von marktlicher und hierarchischer Koordination erklären ließe.[119]

Die vorgebrachte Kritik nahm WILLIAMSON zum Anlass, ein umfangreiches, in sich geschlossenes Instrumentarium der Transaktionskostentheorie aufzubauen, mit dem Vorteilhaftigkeitsaussagen hinsichtlich verschiedener Koordinationsformen getroffen werden konnten. Sein Ziel war es ein stark mikroanalytisches, auf klaren Verhaltensannahmen beruhendes, die Spezifität von ökonomischen Transaktionen berücksichtigendes, Unternehmen als alternative Koordinationsform und nicht als reine Produktionsfunktion betrachtendes und vertragstheoretisch fundiertes Instrumentarium[120] zu entwickeln, welches im Folgenden vorgestellt wird.

1.3.2   Grundlagen der Transaktionskostentheorie

1.3.2.1 Definition von Transaktionskosten und das allgemeine Entschei-dungskalkül der Transaktionskostentheorie

In einem Wirtschaftssystem, das zur Erzielung von Spezialisierungs-vorteilen arbeitsteilig organisiert ist, existieren zahlreiche, z.T. sehr unterschiedliche

---

´operational´ (...). I think he [WILLIAMSON, Anmerkung des Verfassers] (...) is largely correct". Siehe Coase (1988), S. 33, 35 und 36.

[117]   Vgl. Williamson (1985), S. 3 und den Hinweis dort auf die grundlegende Arbeit von Commons (1934).

[118]   Vgl. z.B. Alchian/Demsetz (1972), S. 783 f.

[119]   Vgl. Williamson (1985), S. 4 oder Schneider (1985), S. 1238 ff.

[120]   Vgl. Williamson (1985), S. 18.

Austauschbeziehungen zwischen den einzelnen Mitgliedern des Systems.[121] Diese einzelnen Austauschbeziehungen oder Transaktionen bilden den Untersuchungsgegenstand der Transaktionskostentheorie.[122] Eine Transaktion wurde in Abschnitt B.I.1 unterteilt in die Anbahnung, Vereinbarung, den Austausch von Gütern und Zahlungsmitteln sowie die Kontrolle der erbrachten Leistung bzw. eventuell notwendigen Service.[123] Bei der Durchführung einer solchen Transaktion fallen im Gegensatz zur Idealvorstellung der Neoklassik Kosten an, die als Transaktionskosten bezeichnet werden. Dies sind im Einzelnen:[124]

- Informations- und Suchkosten, die zum Auffinden der relevanten Marktpreise und Marktteilnehmer aufgewendet werden müssen.

- Kosten der Aushandlung von Vereinbarungen zwischen (potenziellen) Austauschpartnern.

- Kosten der Abwicklung des physischen und/oder informatorischen Güteraustauschs.

- Kosten der Rechnungsabwicklung.

- Kosten der Überwachung und Anpassung von Verträgen so wie der Inanspruchnahme eines eventuellen Services.

Zu diesen Kosten der individuellen Transaktion kommen außerdem im Fall der marktlichen Koordination noch die Kosten der Einrichtung und Betreibung von Marktplätzen, ohne die Austauschbeziehungen nicht möglich wären.[125]

Die vorgestellte Darstellung der Transaktionskosten in den einzelnen Phasen ist in der Literatur zur Transaktionskostentheorie umstritten. Im Mittelpunkt der Diskussion steht die Frage, ob Transaktionskosten rein informatorische Kosten sind oder ob auch die Kosten des raum-zeitlichen Gütertransfers (Logistikkosten) und des Services hinzugerechnet werden müssen. So vertritt PICOT die These:

---

[121] Vgl. Picot/Dietl (1990), S. 178.

[122] Die Betrachtung der einzelnen Transaktion als Untersuchungsgegenstand geht zurück auf COMMONS und ist eine Sichtweise, die ursprünglich aus den Rechtswissenschaften stammt. Vgl. Commons (1924), S. 374f. und Williamson (1991), S. 281.

[123] WILLIAMSON spricht dagegen von fünf Phasen: „Each feasible mode of conducting relations between technology-separable entities can be examined with respect to the ex ante costs of negotiating and writing, as well as the ex post costs of executing, policing, and, when disputes arise, remedying the (explicit or implicit) contract that joins them." Vgl. Williamson (1986), S. 139.

[124] Vgl. Bössmann (1983), S. 106f.

[125] Vgl. Bössmann (1982), S. 664. Einige Autoren rechnen außerdem noch Opportunitätskosten in Form der durch die Verträge entstehenden Einschränkungen der individuellen Handlungsfreiheit hinzu, vgl. Bössmann (1982), S.664. Diese Überlegungen sollen hier nicht einbezogen werden.

40

„Der Prozeß der Klärung und Vereinbarung eines Leistungs-austausches wird als Transaktion bezeichnet. Sie geht dem eigentlichen physischen Güteraustausch logisch, meist auch zeitlich voraus."[126]

Damit wären nur die Anbahnungs- und Vereinbarungsphase des bereits in Abbildung 1 dargestellten Prozesses einer Transaktion zuzurechnen und würden Transaktionskosten verursachen. Eine solche Interpretation stellt damit die Übertragung von Verfügungsrechten in den Mittelpunkt der Betrachtung, womit die enge Verwandtschaft der Transaktionskostentheorie zur Property-Rights-Theorie unterstrichen wird.[127] Unterstützung für diese rein informatorische Betrachtung von Transaktion und Transaktionskosten findet sich bei ROBINS, der Transaktionskosten wie folgt definiert:

„ (...) those costs associated with an economic exchange that vary independent of the competitive market price of goods or services exchanged. They include all search and information costs, as well as the costs of monitoring and enforcing contractual performance."[128]

Demgegenüber stellt WILLIAMSON fest:

„A transaction occurs when a good or service is transferred across a technologically separable interface. One stage of activity terminates and another begins (...). In mechanical Systems we look for frictions (...). The economic counterpart of friction is transaction cost."[129]

Das heißt es findet sich keinerlei Hinweis darauf, dass die Kosten des Güter-transfers von den Kosten der Anbahnung und Vereinbarung zu trennen sind. Ähnlich argumentiert auch BÖSSMANN:

„Meistens bezieht sich der Begriff ´Transaktion´ auf einen Akt des Güteraustauschs auf einem Markt, es kann damit aber jede Tausch-beziehung, also z.B. auch im Rahmen einer Unternehmung gemeint sein. Entsprechendes gilt für den Inhalt von Transaktionskosten: Im allgemeinsten Fall sind es die Kosten der Koordination ökonomischer Aktivitäten schlechthin, einerlei, durch welche Institution und welchen Mechanismus sie bewirkt wird. Im spezielleren, üblichen Fall sind es die Kosten, die für das Zustandekommen und die Abwicklung des Güteraustauschs auf Märkten erforderlich sind."[130]

Damit bieten sich zwei fundamentale Gegenpositionen bezüglich der Zusammensetzung der Transaktionskosten. Einerseits die Einengung auf rein informatorische Kosten, andererseits die Berücksichtigung auch raum-zeitlicher

---

[126] Picot (1982), S. 269.
[127] Vgl. Ehrensberger (1993), S. 51.
[128] Robins (1987), S. 69.
[129] Williamson (1985), S. 1f.
[130] Bössmann (1983), S. 107.

Transferkosten. Die Klärung dieser Frage ist von elementarer Wichtigkeit, sie muss, bevor das Instrumentarium der Transaktionskostentheorie erläutert und dann in Kapitel C angewendet wird, zweifelsfrei beantwortet werden.

Einen ersten Ansatzpunkt bietet der Rückgriff auf das allgemeine Kalkül der Transaktionskostentheorie bei der Wahl der optimalen Koordinationsform. Nach diesem Kalkül fällt die Entscheidung, ob eine Koordinationsform (im Basisfall Markt oder Hierarchie) vorteilhaft ist, auf Grundlage der Summe aus Produktions- und Transaktionskosten.[131] Da auch hier die Transferkosten nicht explizit auftauchen, stellt sich die Frage, ob sie eventuell gar nicht den Transaktionskosten, sondern den Produktionskosten zuzurechnen sind. PICOT rechnet z.B. an einigen Stellen Kosten der Lagerung und des Umpackens den Produktionskosten zu.[132] Dieser Vorgehensweise muss widersprochen werden. Eine Zurechnung der Transferkosten zu den Produktionskosten bedeutet, dass die bei vollständiger Desintegration der Leistungs-erstellung (marktliche Koordination) in der Produktion erzielbaren Skaleneffekte wieder durch die Transferkosten kompensiert würden und damit eine Vermischung verschiedener Kostenaspekte erfolgt, wie DELFMANN anmerkt.[133] Produktions- und Transferkosten sind somit im Sinne einer transparenteren Gesamtentscheidung zu trennen. Aus dem gleichen Grunde sollte aus methodischer Sicht auch eine Zurechnung der Transferkosten zu den informatorischen Transaktionskosten vermieden werden, auch wenn z.B. Picot Kosten, die entstehen, wenn

„Produktionsmengen und -zeitpunkte vom Bedarf der Nachfrager abweichen,"[134]

und damit raum-zeitliche Transferkosten, den Transaktionskosten zurechnet.[135] Denn auch hier handelt es sich um von den sonstigen, informatorischen Transaktionskosten klar trennbare Kosten. Weiterhin würde bei der Zurechnung zu den Transaktionskosten der Eindruck erweckt werden, dass das in den nächsten Ab-schnitten vorgestellte Instrumentarium auch Transferkosten berücksichtigt. Dies ist aber nicht der Fall. Das noch vorzustellende Transaktionskosteninstrumentarium fokussiert nur auf die in der Anbahnungs-, Vereinbarungs- und Kontrollphase anfallenden informatorischen Transaktionskosten, die in der Güteraustauschphase anfallenden physischen Transaktionskosten (Transferkosten) sind nicht Gegenstand

---

[131]   Vgl. Williamson (1996), S. 67.
[132]   Vgl. Picot (1986), S.7.
[133]   Vgl. Delfmann (1989), S. 99f.
[134]   Picot (1986), S.7.
[135]   Vgl. Toporowski (2000a), S. 92 und Müller-Hagedorn/Spork (2002), S. 552. Beide Beiträge weisen auf den Widerspruch in den Aussagen von Picot hin, der einmal Transaktionskosten als rein informatorische Kosten definiert, vgl. Picot (1982), S. 269, und dann die raum-zeitlichen Transferkosten teilweise den Transaktionskosten zurechnet, vgl. Picot (1986), S. 7.

der Betrachtungen. Vor diesem Hintergrund muss an dieser Stelle eine eindeutige Klärung der Kostenbezeichnungen und ihrer Zurechnungen erfolgen. Dabei wird eine dreigeteilte Vorgehensweise, wie sie auch von DELFMANN[136], EHRENSBERGER[137] und MÜLLER-HAGEDORN/SPORK[138] vorgeschlagen wird, gewählt. Die für die Entscheidung über die Vorteilhaftigkeit einer Koordinationsform relevanten Kosten sind die Produktionskosten und die Transaktionskosten, die bei dem in Abbildung 1 dargestellten Transaktionsprozess anfallen. Die Kosten dieses Prozesses müssen untergliedert werden in informatorische Transaktionskosten und raum-zeitliche Transferkosten. Erfasst von der im Folgenden vorgestellten Transaktionskostentheorie werden nur die informatorischen Transaktionskosten sowie über die Grundannahmen die Produktionskosten.

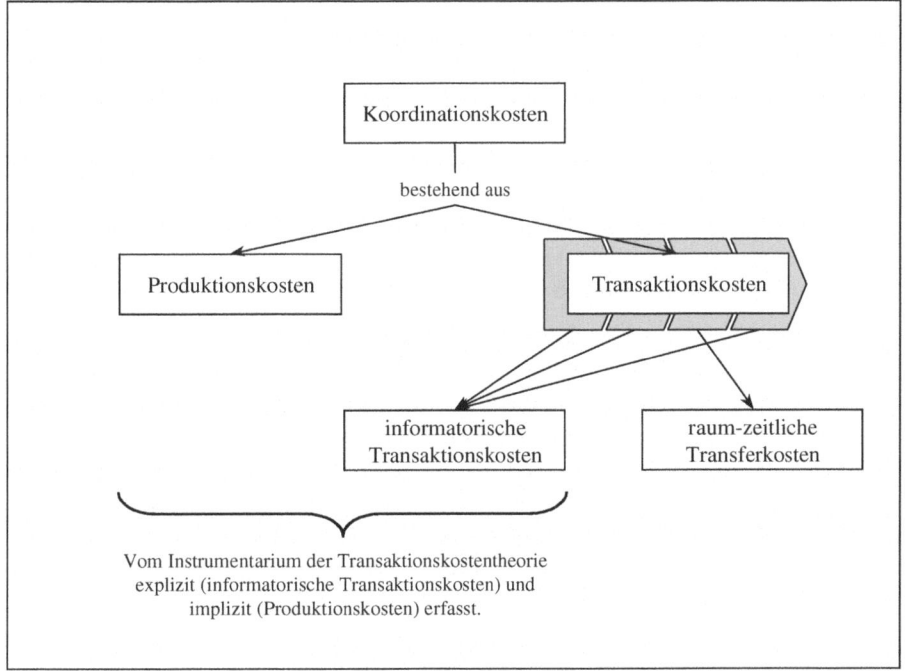

Abbildung 8:   **Bestandteile von Koordinationskosten**

Die raum-zeitlichen Transferkosten finden im allgemeinen Instrumentarium der Transaktionskostentheorie, das in den folgenden Abschnitten vorgestellt wird, keine Berücksichtigung und müssen deshalb bei den Untersuchungen in Kapitel C

---

[136]   Vgl. Delfmann (1989), S. 99f.
[137]   Vgl. Ehrensberger (1993), S. 40ff.
[138]   Vgl. Müller-Hagedorn/Spork (2002), S. 552.

zusätzlich betrachtet werden. Denn eine rein auf die informatorischen Transaktionskosten fokussierte Betrachtung blendet mit den Transferkosten ein wesentliches Kostenelement aus.[139] Bei der Bildung von Gütertypen in Kapitel D ergibt sich aus dieser Teilung der Kosten des Transaktionsprozesses die Betrachtung von informatorischen und physischen Gütereigenschaften.

Damit wird die Aussagekraft der Transaktionskostentheorie bei ihrem Anliegen, Entscheidungen über die Vorteilhaftigkeit von unterschiedlichen Formen der Koordination ökonomischer Aktivitäten zu treffen, relativiert. Vor diesem Hintergrund ist die folgende Darstellung des klassischen Transaktionskostenansatzes zu sehen. Er betrachtet zunächst nur die informatorischen Transaktionskosten und gibt auf ihrer Basis Empfehlungen bezüglich der optimalen Koordinationsform. Zumindest die Produktionskosten können aber in die Betrachtung miteinbezogen werden, während die raum-zeitlichen Transferkosten gesondert betrachtet werden müssen. Eine mögliche Form der Einbeziehung von Produktionskosten ist, sie bei allen unterschiedlichen Koordinationsformen als gleich hoch anzusehen, wie es z.B. PICOT und BÖSSMANN vorschlagen:

> „(...) daß Produktionskosten auf die jeweils gegebene (Produktions)Technologie zurückzuführen sind und daher in ökonomischen Systemen beliebiger Art in gleicher Höhe anfallen, während Transaktionskosten von der speziellen Form der Organisation ökonomischer Aktivitäten (...) abhängen."[140]

Eine solche starke Vereinfachung muss abgelehnt werden. Dies zeigt WINDSPERGER daran, dass bei vollständiger Information der Wirtschaftssubjekte und damit der Abwesenheit von Transaktionskosten, die Kosten aller Koordinationsformen gleich hoch wären, wenn sie über identische Produktionskosten verfügen würden.[141] Plausibler ist es, von einem generellen Produktionskostenvorteil zugunsten einer Koordinationsform auszugehen und diesen in die Transaktionskostenüberlegungen einfließen zu lassen. So weist WILLIAMSON darauf hin, dass es Produktionskostenvorteile marktlicher Koordination gegenüber der hierarchischen gibt. Diese beruhen auf der Tatsache, dass es bei marktlicher Koordination zu positiven Skaleneffekten durch Nachfragebündelung im Gegensatz zur nur auf Eigenproduktion ausgerichteten hierarchischen Koordination kommt.[142] Auch DELFMANN beschreibt, wie oben bereits erwähnt, die bei vollständiger Desintegration der

---

[139] Vgl. Toporowski (2000a), S. 88.

[140] Bössmann (1982), S. 665. Siehe auch Picot (1982), S. 271 oder Picot (1985), S. 224.

[141] Vgl. Windsperger (1983), S. 889ff. Siehe auch Toporowski (2000a) und die dort angegebene Literatur.

[142] Vgl. Williamson (1996), S. 67. Die Annahme, dass das Unternehmen nur für den eigenen Bedarf die Produktion internalisiert, ist von entscheidender Bedeutung.

Leistungserstellung (marktliche Koordination) erzielbaren Skaleneffekte.[143] Des Weiteren kann angenommen werden, dass die dezentralisierte marktliche Erstellung Vorteile in Form von Spezialisierung nach sich zieht. Insgesamt ist also davon auszugehen, dass marktliche Koordination leichte Vorteile bei den Produktionskosten gegenüber hierarchischer Durchführung aufweist. Wie sich in Kapitel C zeigen wird, ist die Zulässigkeit dieser Grundannahme der unterschiedlichen Produktionskostenverteilung zwischen den Koordinationsformen von fundamentaler Bedeutung für die dort geführte Diskussion der „Electronic Market Hypothesis". Die Umsetzung der Produktionskostenüberlegungen in das Instrumentarium der Transaktionskostenanalyse erfolgt in Abschnitt B.II.1.3.4. Dort wird sich auch zeigen, dass eine Miteinbeziehung der raum-zeitlichen Transferkosten demgegenüber nicht ohne Weiteres möglich ist, weshalb jegliche Transaktionskostenbeurteilung um eine Abwägung der Transferkosten zu ergänzen ist.

Die Fokussierung der Transaktionskostentheorie auf informatorische Transaktionskosten ist auch an ihren grundlegenden Verhaltensannahmen erkennbar, die Gegenstand des nächsten Abschnitts sind, bevor dann Faktoren identifiziert werden, deren Ausprägungen die Höhe von Transaktionskosten beeinflussen.

1.3.2.2 Grundlegende Verhaltensannahmen der Transaktionskostentheorie

> „All theorizing in the social sciences builds, implicitly or explicitly,
> upon conceptions of human behavior."[144]

Von entscheidender Bedeutung für theoretische Konstrukte im sozialwissenschaftlichen Bereich sind die Verhaltensannahmen, auf denen sie beruhen. Ein großer Vorwurf, welcher der (neo-)klassischen ökonomischen Theorie oft entgegengehalten wird, ist die Tatsache, dass sie das Verhalten der Teilnehmer am Wirtschaftsprozess nur rudimentär und zumeist auch realitätsfern berücksichtigt. Wirtschaftssubjekte werden als rationale Nutzenmaximierer angesehen, die in der Lage sind, unter Berücksichtigung sämtlicher zur Verfügung stehender Informationen die logisch richtige Entscheidung zu treffen. Selbst Vertreter dieser *Nutzenmaximierungshypothese*[145] weisen ausdrücklich auf die Probleme hin, die sich aus der Annahme streng rationalen Verhaltens ergeben.[146] Es sind also erhebliche Zweifel an

---

[143]   Vgl. Delfmann (1989), S. 98 und 99.

[144]   North (1990), S. 17.

[145]   Vgl. Herberg (1994), S. 59f. HERBERG weist allerdings ausdrücklich darauf hin, dass es sich lediglich um eine Als-ob-Hypothese handelt, das heißt es wird davon ausgegangen, dass sich (im Fall von HERBERG) Haushalte so verhalten, als ob sie eine Nutzenfunktion hätten, die sie maximieren wollen. Es wird jedoch nicht davon ausgegangen, dass die Haushalte tatsächlich in der Lage sind, diese Nutzenfunktion auch aufzustellen.

[146]   Vgl. Wied-Nebbeling (1994), S. 215f.

der Sinnhaftigkeit einer solchen Nutzenmaximierungshypothese angebracht. COASE fasst diese Zweifel so zusammen:

> „Most economists make the assumption that man is a rational utility maximiser. This seems to me both unnecessary and misleading. I have said that in modern institutional economics we should start with real institutions. Let us also start with man as he is."[147]

Offen bleibt allerdings bei COASE, wie denn der (Wirtschafts-)mensch nun tatsächlich ist. Es erscheint unsinnig, sich von der Annahme des rationalen Handelns völlig zu lösen, denn dies würde zu einem willkürlichen und anarchischen Wirtschaftsbild führen. Ein solcher Ansatz der *organisierten Anarchien*, wie ihn bestimmte Strömungen in der Organisations- und Planungsliteratur beschreiben[148], versteht Rationalität nur noch als ex-post Rationalisierung zur Verteidigung der eigenen (willkürlichen) Entscheidungen.[149]

Die Transaktionskostentheorie nach WILLIAMSON basiert weder auf der strengen Rationalitätsannahme der klassischen ökonomischen Theorie noch löst sie sich völlig vom Bild des rationalen Entscheiders als Handlungsträger in der Ökonomie. Sie basiert vielmehr auf einem der Realität angepassten Rationalitäts-konzept, der sogenannten begrenzten Rationalität (bounded rationality) und berücksichtigt darüber hinaus die Möglichkeit, dass sich Wirtschaftssubjekte zur Erreichung ihrer Ziele opportunistisch verhalten.[150] Gerade die explizite Berücksichtigung solcher Verhaltensannahmen ist es (neben der später behandelten vertragstheoretischen Sichtweise), die die Transaktionskostentheorie stark von (neo-) klassischen Ansätzen abhebt.[151] Begrenzte Rationalität und Opportunismus als grundlegende Verhaltensannahmen der Transaktionskostentheorie sollen im Folgenden erläutert werden, um dann aufzuzeigen, inwiefern ihr Vorliegen zu Trans-aktionskosten führt.

Das Konzept der begrenzten Rationalität

Begrenzte Rationalität wird von WILLIAMSON als „semistrong form of rationality"[152] bezeichnet. Sie liegt damit zwischen der klassischen, auf (Nutzen-)Maximierung ausgerichteten Rationalität der (neo-)klassischen ökonomischen Theorie und den Ansätzen, die das Vorhandensein rationaler Entscheidungen verneinen.

---

[147] Coase (1984), S. 231.
[148] Vgl. hierzu Reihlen (1997), S. 208f. und die dort aufgeführte Literatur.
[149] Vgl. Reihlen (1997), S. 208.
[150] Vgl. Williamson (1973) S. 317, Williamson (1975), S. 21 ff., Williamson (1981), S. 553f. Williamson (1985), S. 44ff.
[151] Vgl. Williamson (1975), S. 7.
[152] Williamson (1985), S. 45.

Das Konzept der begrenzten Rationalität geht zurück auf Simon. Die Teilnehmer am Wirtschaftsgeschehen sind demnach

> *„intendedly* rational, but only *limitedly* so."[153]

Grundeinstellung der Wirtschaftssubjekte ist es mithin, rationale Entscheidungen zu treffen, ihre Möglichkeiten dazu sind allerdings begrenzt.

Die Limitierung der Möglichkeiten, rationale Entscheidungen zu treffen, existiert durch Beschränkungen, die dem Entscheider auferlegt sind. Dabei gibt es zwei grundlegende Arten von Beschränkungen. Die Beschränkungen können in der Umwelt des Entscheiders liegen[154], das heißt der Entscheider ist zwar in der Lage, sämtliche Informationen zu erfassen und sie auch zu verarbeiten, ihm stehen aber nicht alle notwendigen Informationen zur Verfügung bzw. es existieren Risiko oder Unsicherheit. Begrenzte Rationalität in dieser Form wird auch von der (neo-)klassischen Theorie zugelassen.

Simon stellt einer solchen externen Begrenzung der Fähigkeit, rationale Entscheidungen zu treffen, die begrenzte Rationalität des Entscheiders selber gegenüber. Er stellt fest, dass es Grenzen der Informationsaufnahme- und -verarbeitungsfähigkeit von Entscheidern gibt und diese deshalb nicht in der Lage sind, alle relevanten Information aufzunehmen oder gar zu berücksichtigen, die für eine rationale Entscheidung wichtig wären.[155] Diese Art der begrenzten Rationalität des Entscheiders ist es, die Williamson für die Transaktionskostentheorie als Verhaltensannahme zugrunde legt.[156] Die Entscheider verhalten sich demnach zwar rational, indem sie versuchen, die aus ökonomischer Sicht optimale Entscheidung zu treffen, sie unterliegen allerdings individuellen Restriktionen, die sich aus ihrer Fähigkeit, Informationen aufzunehmen und zu verarbeiten, ergeben. Hier zeigt sich sehr deutlich die Fokussierung der Transaktionskostentheorie auf informatorische Prozesse.

Dabei geht das von Williamson für die Transaktionskostentheorie benutzte und von Simon originär erdachte Konzept der begrenzten Rationalität auch davon aus, dass der Entscheider – vor dem Hintergrund seiner kognitiven Beschränkungen - ökonomisch rational handelt. Es ist damit enger gefasst als der Ansatz der praktischen Rationalität[157], bei dem Entscheidungen schon dann als rational gelten, wenn sie

---

[153]   Simon (1961), S. XXIV.

[154]   Vgl. Simon (1986), S. 162.

[155]   Vgl. Simon (1986), S. 165. Simon erläutert dies sehr anschaulich am Beispiel des Schachspiels nach von Neumann und Morgenstern. Für einen im Sinne der klassischen Theorie rationalen Entscheider, dem keinerlei Beschränkungen aus seiner Umwelt auferlegt sind, wäre Schach lediglich ein triviales Spiel: „(...) if the theory of Chess (i.e. the complete tree of possible games) were really fully known there would be nothing left to play", von Neumann/Morgenstern (1953), S. 125.

[156]   Vgl. Williamson (1985), S. 45f.

[157]   Vgl. dazu Reihlen (1997), S. 210ff. und die dort angegebene Literatur.

argumentativ gerechtfertigt werden können.[158] Argumentativ gerechtfertigt werden können aber auch Entscheidungen, die, vor allem aus einer übergeordneten Perspektive, ökonomisch nicht sinnvoll sind und aus einer rein opportunistischen Handlungsweise des Entscheiders entstehen.

Um auch solche Verhaltensweisen der Wirtschaftssubjekte zu erfassen und damit der Forderung von COASE nachzukommen, den Menschen so in der Theorie zu berücksichtigen, wie er in der Praxis ist[159], führt WILLIAMSON zusätzlich zur begrenzten Rationalität die Verhaltensannahme des Opportunismus ein.

Opportunismus als Verhaltensannahme

Opportunismus kann als eine Extremform der individuellen Nutzenmaximierung verstanden werden. WILLIAMSON bezeichnet deshalb Opportunismus als die stärkste Form der Verfolgung von Eigeninteressen:[160]

„(...) [an] effort to realize individual gains through a lack of candor or honesty in transactions."[161]

Damit sind auch verbrecherische Handlungen wie Stehlen im opportunistischen Verhalten eingeschlossen, im Bereich der Wirtschaftstransaktionen handelt es sich jedoch zumeist um subtile Formen des Betrugs oder der Täuschung.[162] Opportunistisches Verhalten kann in zwei Formen auftreten. Die häufigste Form ist das absichtliche Zurückhalten von wichtigen Informationen im Verlauf einer Transaktion. Die daraus entstehende asymmetrische Informationsverteilung zwischen den Transaktionspartnern kann zumindest aus der Sicht des benachteiligten Partners zu unerwünschten Ergebnissen führen. Der Großteil der Probleme, die bei asymmetrischer Informationsverteilung zwischen zwei Transaktionspartnern auftreten können, lässt sich mit der Prinzipal-Agent-Theorie beschreiben. Darüber hinaus kann gezeigt werden, dass die Existenz von opportunistischem Verhalten das Marktergebnis insgesamt verschlechtert, wie AKERLOF es in seinem Beitrag „The Market for ´Lemons´" so treffend beschreibt.[163]

---

[158] Vgl. Reihlen (1997), S. 211.
[159] Vgl. Coase (1984), S. 231.
[160] Vgl. Williamson (1985), S. 47.
[161] Williamson (1973), S. 317. Bemerkungen in [ ] durch Verfasser hinzugefügt.
[162] Vgl. Williamson (1985), S. 47.
[163] Vgl. Akerlof (1970). AKERLOF beschreibt darin am Beispiel eines Marktes für Gebrauchtwagen, wie eine asymmetrische Informationsverteilung (der Verkäufer hat genaues Wissen über die Qualität des verkauften Wagens, der Käufer nicht) dazu führt, dass der Markt für qualitativ höherwertige Gebrauchtwagen zusammenbricht, da diese nur noch für den Preis der qualitativ schlechteren Fahrzeuge gehandelt werden können. Dies liegt daran, dass die Käufer wegen ihrer schlechten Informationslage von vornherein davon ausgehen, einen schlechten Wagen zu erhalten und ihre Zahlungsbereitschaft entsprechend anpassen. Es handelt sich dabei um eine interessante Variante des

Eine weitere Form des Opportunismus in Transaktionsbeziehungen kann darin bestehen, dass Transaktionspartner das durch die Transaktion von einem Partner eventuell gewonnene spezifische Wissen zu ihrem Vorteil nutzen.[164] Deshalb besitzen die Partner z.B. nach Ablauf eines gemeinsamen Vertrages eine bessere Verhandlungsposition gegenüber Konkurrenten, wenn es darum geht, erneut einen Vertrag abzuschließen. Denn sie sind durch das spezifische Wissen gut geeignet als Partner für eine erneute Transaktion und könnten außerdem ihr Wissen opportunistisch einsetzen, indem sie es als Druckmittel gegenüber dem ehemaligen Partner verwenden, der damit rechnen muss, dass das Wissen in einer Konkurrenzsituation gegen ihn eingesetzt wird.

1.3.2.3 Verhaltensannahmen und Transaktionskosten

Erst durch die Erkenntnis, dass sich die Teilnehmer am Wirtschaftsprozess den vorgestellten Annahmen entsprechend verhalten, erhalten die in Abschnitt B.II.1.3.1 geschilderten Kosten der Nutzung des Marktmechanismus Relevanz:

Informations- und Suchkosten liegen insbesondere dann vor, wenn die Fähigkeit der Wirtschaftssubjekte, rationale Entscheidungen zu treffen, beschränkt ist. Umweltfaktoren können die Markttransparenz verschlechtern und genauso Suchkosten verursachen wie die begrenzte Rationalität der Marktteilnehmer zu Informationskosten führt. Weiterhin erschwert das potenzielle Vorliegen von opportunistischem Verhalten die Suche nach Transaktionspartnern.

Die Aushandlung von Vereinbarungen wird erst dadurch komplex und mit Transaktionskosten behaftet, dass mögliches opportunistisches Verhalten der Partner berücksichtigt und der begrenzten Informationsverarbeitungskapazität Rechnung getragen werden muss.

Kosten der Überwachung und Anpassung entstehen nur, wenn es Grund für eine Überwachung dadurch gibt, dass die Qualität der Leistungserbringung nicht hundertprozentig gewährleistet ist. Dies kann z.B. der Fall sein bei der Produktqualität, genauso kann aber bewusstes Unterlaufen der Qualitätsstandards im Sinne von opportunistischem Verhalten eine Überwachung nötig machen.

Es wird also deutlich, dass durch die realistischeren Verhaltensannahmen eine Erklärung für das Vorliegen von marktlichen Transaktionskosten gefunden werden kann:

GRESHAMSCHEN Gesetzes (vgl. z.B. Issing (1996, S. 3)) in dem Sinne, dass hier die qualitativ schlechten Autos die guten Fahrzeuge aus dem Markt drängen.

[164] Vgl. Williamson (1973), S. 317.

„But for the existence of one or more of [these] (...) factors, there would appear to be little reason to supplant market organization with some form of nonmarket organization"[165]

Es darf allerdings nicht vergessen werden, dass dieselben Verhaltensannahmen auch für nicht-marktliche Koordinationsformen gelten. Auch in Unternehmen und anderen hierarchisch koordinierten Organisationsformen unterliegen Menschen der begrenzten Rationalität oder verhalten sich opportunistisch und verursachen damit Transaktionskosten der hierarchischen Organisation. Es wird auch deutlich, dass begrenzte Rationalität und opportunistisches Verhalten ausschließlich informatorische Transaktionskosten in der Anbahnungs-, Vereinbarungs- und Kontrollphase verursachen, die Transferkosten sind davon zunächst unberührt und entstehen höchstens als Resultat der Vorgänge in diesen Phasen.

Abschließend bleibt zum Thema der Verhaltensannahmen noch darauf hinzuweisen, dass es gerade das gemeinsame Auftreten von beiden Verhaltensmustern ist, das die klassische marktliche Koordination vor große Probleme stellt und so zu hohen Transaktionskosten führt.[166] Das alleinige Vorliegen von begrenzter Rationalität führt noch nicht zu Problemen, da, wenn sich die Transaktionspartner nicht opportunistisch verhalten, vertragliche Regelungen gefunden werden können, die der begrenzten Informationslage Rechnung tragen können. Genauso führt das alleinige Vorliegen von Opportunismus noch nicht zu Problemen, da bei gleichzeitiger unbegrenzter Rationalität der Vertragspartner ein perfekter Vertrag opportunistisches Verhalten ausschließen kann. Die folgende Abbildung 9 verdeutlicht diesen Zusammenhang:

---

[165]   Williamson (1973) S. 317.
[166]   Vgl. Williamson (1985), S. 67.

Begrenzte Rationalität		
	Nicht vorhanden	Vorhanden
Opportunismus — Nicht vorhanden	Vollkommener Markt, keine Notwendigkeit von alternativen Koordinationsformen	Möglichkeit, über allgemeine Klauseln marktliche Transaktionen durch Verträge abzusichern
Opportunismus — Vorhanden	Möglichkeit, durch vollständige Verträge marktliche Transaktionen abzusichern	Erhebliche Probleme, marktliche Transaktionen vertraglich zu gestalten, Notwendigkeit alternativer Koordinationsformen

Abbildung 9: **Marktversagen durch das gemeinsame Auftreten von begrenzter Rationalität und Opportunismus**[167]

Die Abbildung verdeutlicht, dass bei Vorliegen von vollkommener Rationalität und Fehlen von opportunistischem Verhalten die Bedingungen für einen vollkommenden Markt gegeben sind, es liegen keine Transaktionskosten des Marktes auf Grund von menschlichem Verhalten vor. WILLIAMSON nennt dies auch „a condition of contractual utopia".[168] Bei Vorliegen von opportunistischem Verhalten in Zusammenhang mit vollkommener Rationalität ist es möglich, Transaktionen über vollständige Verträge so abzuwickeln, dass den Partnern kein Raum für opportunistisches Verhalten mehr bleibt. Im umgekehrten Fall, also bei begrenzter Rationalität ohne opportunistisches Verhalten, ist es möglich, die Unvollständigkeit der Verträge in entsprechenden Klauseln zu berücksichtigen und so eine reibungslose Transaktionsabwicklung zu gewährleisten, da diese Unvollständigkeiten nicht opportunistisch genutzt werden. Erst wenn Opportunismus und begrenzte Rationalität gemeinsam auftreten, reicht das klassische Vertragsgefüge[169] von marktlich koordinierten Transaktionen nicht mehr aus, um diese ohne hohe Transaktionskosten abzuwickeln.

---

[167]   Quelle: In Anlehnung an Williamson (1985), S. 67.
[168]   Williamson (1985), S. 67.
[169]   Die unterschiedlichen Vertragsformen sind Gegenstand des folgenden Abschnitts B.II.2.3.3.

In einem solchen Fall gewinnen andere Vertragsformen an Bedeutung, und es ist abzuwägen, welche für die jeweilige Transaktion transaktionskostenoptimal sind. Bevor im übernächsten Abschnitt dargelegt wird, inwiefern die Art der Transaktion ausschlaggebend für die Höhe der Transaktionskosten ist, wird im nächsten Abschnitt ein Überblick über die verschiedenen möglichen Formen der vertraglichen Ausgestaltung von marktlichen Transaktionen gegeben. Es soll dabei gezeigt werden, inwieweit ein Zusammenhang zwischen Transaktionsart, vertraglicher Ausgestaltung der Transaktion und Form der Koordination besteht.

1.3.3 Vertragsformen zur Regelungen von marktlichen Transaktionen

Dieser Abschnitt stellt einen kurzen Exkurs in den Bereich des Vertragsrechts dar. Ein solcher Exkurs erscheint sinnvoll, da auch aus der Perspektive des Vertragsrechts erhebliche Zweifel am Idealbild des perfekten Marktes bzw. der transaktionskostenfreien marktlichen Transaktion angebracht sind. Mit anderen Worten: Es können auch aus vertragsrechtlicher Sicht Argumente für die Existenz von marktlichen Transaktionskosten vorgebracht werden.

Im Bereich des Vertragsrechts gibt es in Analogie zum vollkommenen Marktbild der neoklassischen Volkswirtschaftslehre[170] die Idealvorstellung des „discrete-transaction paradigm".[171] Die idealtypische Transaktion vollzieht sich demnach aus rechtlicher Sicht auf Basis eindeutiger Vereinbarungen, die zweifelsfrei erfüllt werden:

„Sharp in by clear agreement; sharp out by clear performance."[172]

Und genau wie sich in der Ökonomie die Ansicht durchgesetzt hat, dass der vollkommene Markt den Idealfall, jedoch nicht den Regelfall darstellt, nahm man in den Rechtswissenschaften seit den 1930er Jahren zur Kenntnis, dass es sich bei den meisten Kontrakten eben nicht um derart wohldefinierte Verträge handelt.[173] Stattdessen hat sich, basierend auf MACNEIL, eine Einteilung in drei verschiedene Formen von Verträgen durchgesetzt: Klassische Verträge, neoklassische Verträge und relationale Verträge.[174] Diese Dreiteilung erlaubt es, auch für Transaktionen, die durch die Verhaltensannahmen der begrenzten Rationalität und des opportunistischen Verhaltens geprägt sind, vertragliche Regelungen zu identifizieren. Aus der Art der vertraglichen Regelung lassen sich bereits erste Schlussfolgerungen bezüglich der jeweils optimalen Koordinationsform für eine Transaktion ziehen.

---

[170] Vgl. dazu z.B. Wied-Nebbeling (1994), S. 3f. oder Gutmann (1994), S. 78f.
[171] Vgl. Williamson (1979), S. 235.
[172] Macneil (1974), S. 738.
[173] Vgl. Williamson (1979), S. 235 und die dort zitierte Literatur.
[174] Vgl. Macneil (1974) und darauf basierend Williamson (1979), S. 236ff.

52

1.3.3.1 Klassische Verträge

Klassische Verträge beschreiben das Ideal der anonymen Markttransaktion. Ziel ist es, eine zeitpunktbezogene Regelung zu finden, die alle relevanten heutigen und zukünftigen Eigenschaften des Vertragsgegenstandes berücksichtigt und es erlaubt, die Transaktion komplett zu einem bestimmten Zeitpunkt abzuwickeln, ohne dass Beziehungen zwischen den Transaktionspartnern über den Zeitpunkt der Transaktionsabwicklung hinaus nötig sind. Im Extremfall erlauben es klassische Verträge, dass die Transaktionspartner anonym bleiben. Der Schwerpunkt liegt auf eindeutigen Regelungen sowie formalisierten und standardisierten Prozessen.[175]

1.3.3.2 Neoklassische Verträge

Die für klassische Verträge notwendige vollständige Berücksichtigung aller relevanten heutigen und zukünftigen Eigenschaften des Vertragsgegenstandes ist in der Realität nur unter prohibitiv hohen Kosten realisierbar.[176] Wenn zusätzlich noch begrenzte Rationalität und opportunistisches Verhalten einkalkuliert werden sollen, so lassen sich viele Transaktionen nicht mehr mit klassischen Verträgen abwickeln. Es bietet sich dann die Möglichkeit, diese Transaktionen komplett dem Marktgeschehen zu entziehen, das heißt sie innerhalb eines hierarchischen Systems abzuwickeln oder Verträge zu entwickeln, die zusätzliche Kontrollmechanismen beinhalten, aber weiterhin eine marktliche Abwicklung erlauben.[177] Solche Verträge nennt MACNEIL neoklassische Verträge.[178]

Neoklassische Verträge lösen sich von der Zeitpunktbezogenheit der klassischen Verträge, sie sind langfristig ausgerichtet, die Transaktionspartner verzichten bewusst auf Anonymität und ziehen im Notfall eine dritte Partei zur Lösung von Disputen heran. Zentraler Gegenstand neoklassischer Verträge bleibt aber immer eine spezifische Transaktion, das heißt der Gegenstand des Vertrages ändert sich im Zeitablauf nicht. Beispiele für solche Verträge sind langfristige Lieferbeziehungen, z.B. zwischen Automobilherstellern und ihren Zulieferern oder Energieunternehmen und ihren Rohstofflieferanten.[179] Neoklassische Verträge stellen somit den Versuch dar, die Komplexität der Wirtschaftsbeziehungen, welche durch das begrenzt rationale und teilweise opportunistische Verhalten der Wirtschaftssubjekte

---

[175] Vgl. Williamson (1979), S. 236f.
[176] Vgl. Williamson (1979), S. 237.
[177] Vgl. Williamson (1979), S. 237.
[178] Vgl. Macneil (1978), S. 854ff. oder auch Macneil (1974), S. 735ff.
[179] Vgl. zur Ausgestaltung von Verträgen in der Gaswirtschaft z.B. Schleitzer (1985).

entsteht, in vertraglichen Regelungen zu berücksichtigen und so den ursprünglichen Vertragsinhalt immer wieder an aktuelle Gegebenheiten anzupassen.[180]

1.3.3.3 Relationale Verträge

Während neoklassische Verträge Dynamik im Zeitablauf und steigende Komplexität in Bezug auf ein und dasselbe Transaktionsobjekt zu berücksichtigen versuchen, steht bei relationalen Verträgen das ursprüngliche Transaktionsobjekt nicht mehr im Mittelpunkt der vertraglichen Regelungen. Der Anspruch, für eine diskrete Transaktion einen stabilen einmaligen (im Fall der klassischen Verträge) oder langfristigen Rahmen (bei neoklassischen Verträgen) zu schaffen, tritt in den Hintergrund. Gegenstand der vertraglichen Beziehungen ist vielmehr die Beziehung der Vertragspartner selber, das heißt der relationale Vertrag bildet nur noch den Rahmen aus Normen und Verhaltenkodexen. Innerhalb dieses Rahmens können unterschiedliche Transaktionen abgewickelt werden. Das vertragliche Gerüst wird zu einer

> „(...) minisociety with a vast array of norms beyond those centered on the exchange and its immediate processes (...).“[181]

Das Konzept der relationalen Verträge weist damit auf Kooperationen und netzwerkartige Gebilde hin, die auch in der wirtschaftswissenschaftlichen Literatur zum Zeitpunkt der Veröffentlichung der Beiträge von Macneil zunehmend Beachtung fanden.

Implizit beschreiben die vorgestellten Vertragsformen auch verschiedene Koordinationsformen ökonomischer Aktivitäten, der klassische Vertrag steht für die Idealform der (anonymen) Markttransaktion, der neoklassische Vertrag fokussiert auf langfristige marktliche Beziehungen und der relationale Vertrag weist Merkmale eines Rahmenvertrages auf, die an die hierarchische Abwicklung von Transaktionen im Rahmen einer Organisation erinnern oder an kooperative, netzwerkartige und partnerschaftliche Verflechtungen von mehreren Organisationen. Nach diesem kurzen Exkurs in den Bereich des Vertragsrechts erläutert der folgende Abschnitt, inwiefern mit Hilfe der Transaktionskostentheorie Aussagen über die optimale Koordinationsform getroffen werden können.

---

[180] Vgl. Williamson (1979), S. 237. Ein Beispiel dafür sind die Preisgleitklauseln, die ein fester Bestandteil von langfristigen Öl- und Gaslieferungsverträgen sind, vgl. Schleitzer (1985), S. 476ff.

[181] Macneil (1974), S. 885.

1.3.4 Koordinationsformen für Transaktionen in Abhängigkeit der Höhe der Transaktionskosten

Nachdem nun mit der Beschreibung der mikroanalytischen Betrachtungsweise und den grundlegenden Verhaltensannahmen die Grundlagen der Transaktionskostentheorie dargestellt worden sind, wird in diesem Abschnitt die Grundfrage des Transaktionskostenansatzes gestellt: Welche Form der Koordination ökonomischer Aktivitäten eignet sich für welche Art von Transaktion?

> „(...) transactions, which differ in their attributes, are aligned with governance structures, which differ in their costs and competencies, in a discriminating (mainly, transaction-cost-economizing) way."[182]

Dazu ist zunächst zu beantworten, wovon die Höhe der Transaktionskosten abhängt. Diese Frage wird von COASE weitgehend unbeantwortet gelassen, er stellt lediglich Vermutungen über einen Zusammenhang zwischen der Höhe der Unsicherheit von Transaktionen[183] und dem Auftreten von Unternehmen als Koordinationsform an und spekuliert weiterhin, dass auch die unterschiedliche regulatorische Behandlung von verschiedenen Koordinationsformen zu den Transaktionskosten gerechnet werden müsse.[184]

Präzisere Überlegungen zu den die Höhe von Transaktionskosten bestimmenden Faktoren stellt erstmals WILLIAMSON an. Er hebt ebenfalls die Unsicherheit als wichtigen Faktor hervor. Weiterhin misst er der Häufigkeit, mit der sich Transaktionen wiederholen, und dem Ausmaß der bei einer Transaktion zu tätigenden spezifischen Investitionen einen entscheidenden Einfluss auf die Höhe der Transaktionskosten und damit letztendlich auch auf die Wahl der optimalen Koordinationsform bei.[185]

Neben WILLIAMSON haben auch andere Autoren zum Teil leicht abweichende Kriterien identifiziert, vor allem PICOT hat im deutschsprachigen Raum die von WILLIAMSON genannten Faktoren erweitert, indem er unter anderem die Komplexität des Transaktionsgegenstandes und die Anzahl verfügbarer Transaktionspartner betrachtet.[186] Im Mittelpunkt der Betrachtungen stehen aber auch bei ihm die drei Faktoren Unsicherheit, Häufigkeit und Spezifität des Transaktionsgegenstandes (asset specificity). Die Ausprägung dieser drei Faktoren beeinflusst die Höhe der Transaktionskosten maßgeblich:

---

[182] Williamson (1991), S. 277.
[183] Vgl. Coase (1937), S. 392.
[184] Vgl. Coase (1937), S. 393.
[185] Vgl. Williamson (1979), S. 246ff. Siehe auch Williamson (1985), S. 79ff. und Williamson (1991), S. 281.
[186] Vgl .Picot (1982), S. 271ff. und Picot/Dietl (1990), S. 109f.

- Hohe Unsicherheit verursacht zusätzliche Transaktionskosten dadurch, dass sie antizipativ im Vertrag berücksichtigt werden muss und so die Vereinbarungskosten erhöht. Darüber hinaus kann hohe Unsicherheit, wenn sie nicht im Vertrag berücksichtigt wurde, zu erheblichen Anpassungskosten führen.[187]

- Zunehmende Häufigkeit, mit der eine Transaktion durchgeführt wird, führt zu einer Senkung der Kosten des einzelnen Transaktionsvorganges durch Realisierung von Lern- und Skaleneffekten in allen Transaktionsphasen.

- Steigende Spezifität des Transaktionsgegenstandes erhöht die Transaktionskosten. Dabei wird unter der Spezifität des Transaktionsgegenstandes vor allem die Höhe der zu tätigenden spezifischen Investitionen verstanden, die erforderlich sind, um eine ökonomische Aktivität durchzuführen. Die Spezifität bezieht sich auf die Möglichkeit der Wiederverwendung eines Objektes durch unterschiedliche Nutzer und in unterschiedlichen Verwendungen und ist eng verwandt mit dem Konzept der versunkenen Kosten.[188] Je höher nun die Spezifität des Transaktionsgegenstandes ist, umso höher sind die Transaktionskosten, da die Transaktionspartner das Interesse haben, ihre spezifischen und z.T. irreversiblen Investitionen durch umfangreiche Vereinbarungen und Kontrollen zu schützen. Die Spezifität eines Transaktionsgegenstandes kann durch verschiedene Merkmale begründet sein. Es kann sich einmal um physische Eigenschaften des Gegenstandes handeln, z.B. Standortvorteile oder exklusive Technologien oder um intangible Eigenschaften wie Humankapital oder Markennamen.[189]

---

[187] Vgl. Picot (1982), S. 272.

[188] Vgl. Williamson (1996) S. 13. Als versunkene Kosten bezeichnet man solche Aufwendungen, die für den Eintritt in einen Markt getätigt werden müssen und die bei einem Marktaustritt nicht mehr wiedergewonnen werden können. Sie können entstehen durch Investitionen in Sachkapital, Humankapital oder durch kunden- und markennamenspezifische Investitionen. Vgl. zum Konzept der versunken Kosten auch Fritsch/Wein/Evers (1996), S. 161ff.

[189] Vgl. Williamson (1991), S. 281. Damit weist das Konzept der asset specificity interessante Parallelen zum Konzept der Kernkompetenzen im Rahmen des ressourcenorientierten Ansatzes des strategischen Managements auf. Beim ressourcenorientierten Ansatz stehen im Mittelpunkt der Betrachtungen solche Unternehmensressourcen, die auf Grund ihrer Spezifität zu einem langfristigen Wettbewerbsvorteil werden können. Dafür muss eine solche Ressource wertvoll, knapp und schwer kopierbar sein. Der Fokus von Vertretern dieses Ansatzes liegt dabei allerdings klar auf intangiblen Ressourcen, vgl. z.B. Wernerfelt (1984), Barney (1991), Knyphausen (1993), Peteraf (1993) und Barney (1996).

Von den drei identifizierten Faktoren verursachen die Unsicherheit und die Spezifität des Transaktionsgegenstandes rein informatorische Transaktionskosten, ein Zusammenhang zu den raum-zeitlichen Transferkosten lässt sich nur bei der Häufigkeit der Transaktion herstellen, denn die mit zunehmender Häufigkeit erzielbaren Lerneffekte gelten auch für den Transfer und senken so potenziell auch die Transferkosten. Dennoch wird an den verwendeten Faktoren sehr deutlich, dass das hier vorgestellte Instrumentarium der Transaktionskostentheorie auf informatorische Transaktionskosten ausgerichtet ist.

Mit Hilfe der drei vorgestellten Faktoren lassen sich Transaktionen aller Art klassifizieren. Ausgehend von idealtypischen Kostenfunktionen[190] in Abhängigkeit der Ausprägung dieser Faktoren kann dann die jeweils transaktionskostenminimale Koordinationsform bestimmt werden.[191] Dabei verfügen die Transaktionskostenfunktionen der möglichen Koordinationsformen (zunächst einmal nur Markt oder Hierarchie) über einen einheitlichen Verlauf, das heißt sie steigen mit zunehmender Ausprägung der Faktoren Unsicherheit und Spezifität der Transaktion und fallen mit zunehmender Ausprägung des Faktors Häufigkeit. Der Unterschied in den Transaktionskostenfunktionen liegt in ihren unterschiedlichen Steigungen, die dadurch entstehen, dass die Koordinationsformen unterschiedlich stark auf eine Zunahme der verschiedenen Faktoren reagieren und zudem auf einem unterschiedlichen Niveau starten.

Jegliches Fehlen der Faktoren Unsicherheit oder Spezifität des Transaktionsgegenstandes bedeutet, dass die Transaktion unter Sicherheit und völliger Transparenz stattfindet. Es herrschen die Bedingungen des vollkommenen Marktes, und daraus folgt, dass nur wegen der Grundannahme von begrenzter Rationalität und opportunistischem Verhalten marktliche Transaktionskosten bestehen. Die Durchführung derselben Transaktion in einer hierarchischen Organisation wäre jedoch zwangsläufig mit gewissen organisatorischen Transaktionskosten in Form der Kosten des Durchlaufens bürokratischer Strukturen verbunden. Die Koordinationsform Hierarchie verfügt demnach über einen festen Sockel an Transaktionskosten, auch bei einer Nullausprägung der Faktoren Unsicherheit und

---

[190] Es handelt sich hierbei lediglich um idealtypische Kostenfunktionen auf Basis des präsentierten Argumentationsschemas. Eine genaue analytische Darstellung solcher Kostenverläufe ist bisher noch nicht gelungen und stellt nach WILLIAMSON „an ambitious but important undertaking" dar, vgl. Williamson (1991), S. 282. Das auf den folgenden Seiten vorgestellte einfache Modell ist vielmehr als eine Heuristik zu verstehen, vgl. z.B. Williamson (1985), S. 90ff. oder Williamson (1996), S. 66ff. Vgl. zum Begriff der Heuristik z.B. Berens/Delfmann (2002), S. 118ff. Die mit einer heuristischen Methode erzielten Ergebnisse erheben nicht den Anspruch der Optimalität, sondern bieten lediglich die Perspektive, in einem Großteil der Anwendungsfälle ein gutes Ergebnis zu erzielen.

[191] Vgl. zu dieser Vorgehensweise z.B. Williamson (1979), S. 253, Williamson (1985), S. 79 und S. 90ff., Williamson (1991), S. 282ff. oder Picot (1982), S. 275.

Spezifität des Transaktionsgegenstandes. Der Vorteil der hierarchischen Koordination zeigt sich dagegen bei zunehmender Ausprägung dieser beiden Faktoren. Es kann argumentiert werden, dass bei sehr hoher Unsicherheit und sehr hoher Spezifität des Transaktionsgegenstandes die Kosten der Nutzung des Marktmechanismus prohibitiv hoch werden. Aus vertragstheoretischer Sicht bedeutet dies, dass ein klassischer Vertrag so gestaltet werden müsste, dass sämtliche durch die hohe Unsicherheit möglichen Entwicklungen berücksichtigt werden und ein maximaler Schutz der spezifischen Investitionen gewährleistet ist. Die Kosten der Koordination einer solchen Transaktion innerhalb eines hierarchischen Systems im Vergleich zur marktlichen Koordination steigen zwar auch an, allerdings bei weitem nicht so stark, da hierarchische Weisungsbeziehungen in Form von Arbeitsverträgen geeignet sind, die Unsicherheit besser zu bewältigen und mehr Kontrollmöglichkeiten für die Abwicklung spezifischer Transaktionen bieten und so die Gefahr des Verlustes der spezifischen Investitionen begrenzen. Die folgende Abbildung verdeutlicht diese Zusammenhänge zwischen der Ausprägung der Faktoren Unsicherheit und Spezifität des Transaktionsgegenstandes und der Höhe der marktlichen und hierarchischen Transaktionskosten.

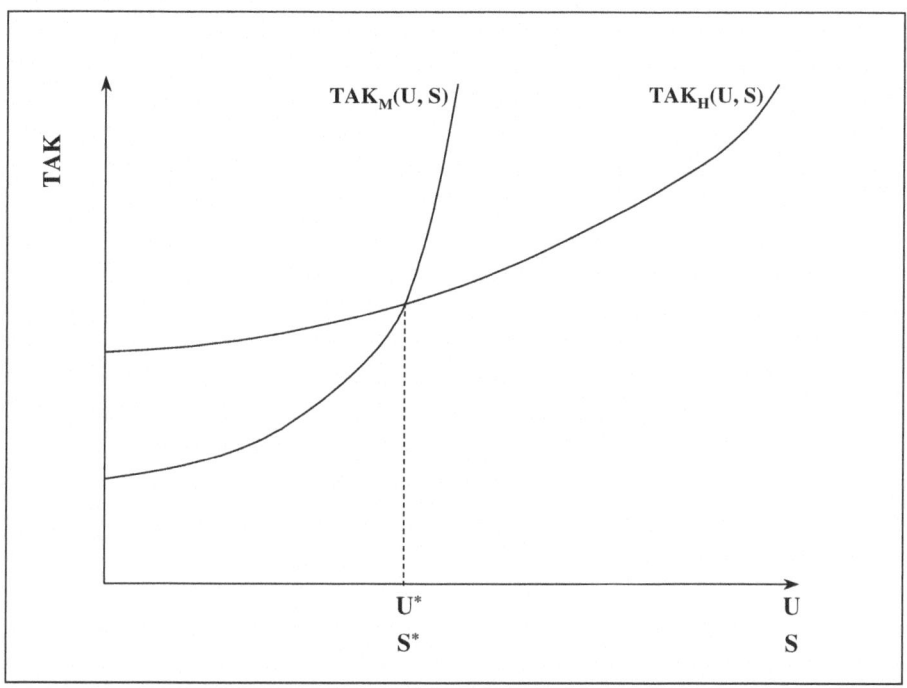

Abbildung 10:   Transaktionskosten von marktlicher und hierarchischer
Koordination in Abhängigkeit von der Unsicherheit und
der Spezifität des Transaktionsgegenstandes

Dabei bezeichnet U die Unsicherheit, mit der die Transaktion behaftet ist und S die Spezifität des Transaktionsgegenstandes. Die mit TAK bezeichneten Kurven zeigen den Verlauf der Transaktionskosten in Abhängigkeit der Ausprägung von U und S, TAK_M die Transaktionskosten des Marktes und TAK_H die Transaktions-kosten hierarchischer Koordinationsformen. Demzufolge bietet die marktliche Koordination bis zu einer Unsicherheit U* und einer Spezifität S* Vorteile bezüglich der Transaktionskosten, während mit zunehmender Unsicherheit und Spezifität die hierarchische Koordination Vorteile besitzt.

Wie aber verändert sich dieses Kalkül, wenn auch unterschiedliche Produktionskosten der Koordinationsformen berücksichtigt werden sollen? Eine Berücksichtigung der Produktionskosten kann über eine Aggregation mit den in Abbildung 10 dargestellten Transaktionskosten erfolgen. Dazu bedarf es allerdings strenggenommen der aufwendigen Darstellung von Produktionskostenverläufen in Abhängigkeit z.B. der Spezifität des Transaktionsgegenstandes. Einfacher ist es, auf die Grundargumentation der Befürworter unterschiedlicher Produktionskostenverläufe zurückzugreifen. Deren Argumentation besagt, wie bereits dargestellt, dass marktliche

Koordination aufgrund von Nachfragebündelungs- und Spezialisierungseffekten Produktionskostenvorteile aufweist. Ohne die konkreten Produktionskostenverläufe anzugeben, kann nun argumentiert werden, dass die Produktionskostenvorteile des Marktes relativ groß sind, wenn es sich um Transaktionen mit niedriger Spezifität handelt, da besonders bei solchen Transaktionen eine große Nachfrage besteht und sich deshalb eine hohe Standardisierung und Spezialisierung durchsetzt:

> „The production cost penalty of using internal organization is large for standardized transactions for which market aggregation economies are great (...)."[192]

Mit zunehmender Spezifität hingegen verringert sich dieser Vorteil, bis bei sehr hoher Spezifität die Produktionskosten von Markt und Hierarchie praktisch identisch sind.[193] Um die Auswirkungen der Produktionskosten auf das Gesamtkalkül der Transaktionskostentheorie darzustellen, kann dann die folgende Differenzbetrachtung der Kosten unterschiedlicher Koordinationsformen dienen:

Δ_{TAK} sei die Differenz der Transaktionskosten von Markt und Hierarchie in Abhängigkeit der Spezifität des Transaktionsgegenstandes. Diese ist bei geringer Spezifität gemäß der zu Beginn dieses Abschnitts vorgestellten und in Abbildung 10 dargestellten Argumentation hoch, da hier marktliche Koordination Transaktionskostenvorteile besitzt. Ab einer Spezifität $S_1{}^*$ ist jedoch die hierarchische Koordination überlegen, Δ_{TAK} wird negativ. Der Produktionskostenvorteil des Marktes Δ_P sinkt von einem zunächst großen Wert zwar auch stark ab, wird aber entsprechend der geführten Argumentation nicht negativ, sondern nähert sich lediglich asymptotisch null an. Aggregiert man nun die Transaktions- und Produktionskostenvorteile des Marktes gegenüber der Hierarchie in Abhängigkeit von der Spezifität des Transaktionsgegenstandes zur Kurve Δ_{TAK+P}, so ergibt sich, dass sich der Punkt $S_1{}^*$ zu $S_2{}^*$ verschiebt, marktliche Koordination wird also durch den Produktionskostenvorteil auch bei einer größeren Spezifität des Transaktionsgegenstandes attraktiver. Die folgende Abbildung 11 verdeutlicht die gerade dargestellte Argumentation schematisch.

---

[192]   Williamson (1996), S. 68.
[193]   Vgl. für diese Argumentation Williamson (1996), S. 68.

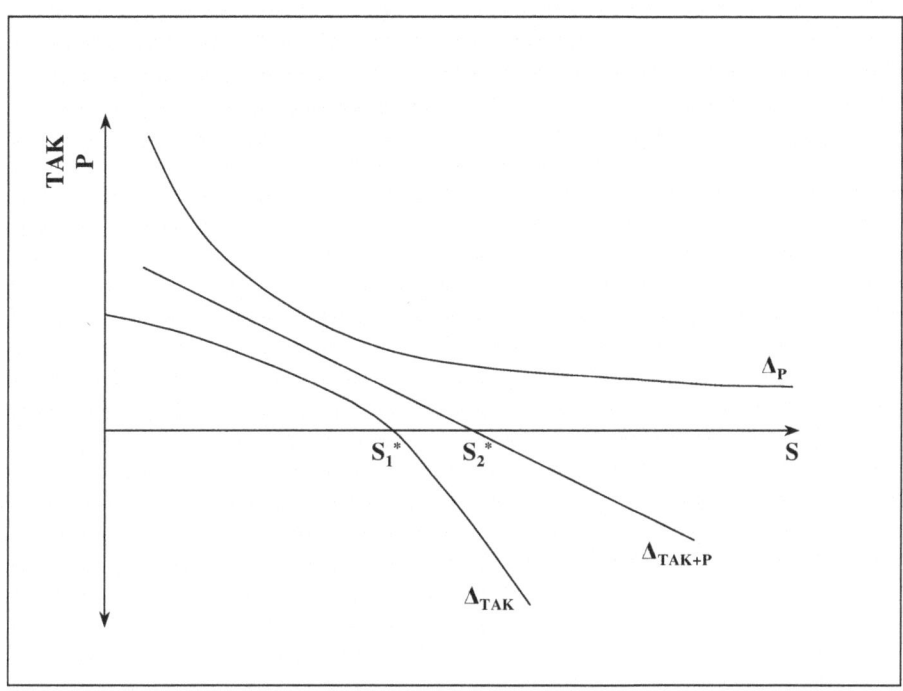

**Abbildung 11: Berücksichtigung des Produktionskostenvorteils markt-
licher Koordination[194]**

Während bei den Faktoren Unsicherheit und Spezifität des Transaktionsgegenstandes die Transaktionskosten von Markt und Hierarchie mit zunehmender
Ausprägung ansteigen, verlaufen die Transaktionskostenkurven mit zunehmender
Häufigkeit einer Transaktion fallend. Abbildung 12 zeigt idealtypische Kostenverläufe für marktliche und hierarchische Koordination. Die Transaktionskosten
hierarchischer Koordination (TAK_H) sind bei geringer Häufigkeit höher als die der
marktlichen Koordination, da der Aufwand, der für eine einmalige Durchführung
einer Transaktion entsteht, durch die zwangsläufig anfallenden Verwaltungskosten
(Bürokratiekosten) höher ist als bei einer marktlichen Abwicklung. Dies lässt sich
auch aus vertragstheoretischer Sicht begründen: Innerhalb einer hierarchischen
Koordinationsform werden komplexe, langfristige Arbeitsverträge geschlossen
(relationalen Verträgen entsprechend), während für eine marktliche Transaktion eher
ein einfacher klassischer Vertrag abgeschlossen wird. Bei niedriger Häufigkeit der
Transaktion, im Extremfall bei einmaliger Durchführung, lohnt der Abschluss des
komplexeren langfristigen Vertrages nicht. Bei zunehmender Häufigkeit dagegen
fallen innerhalb einer hierarchischen Koordinationsform keine neuen Kosten für die

---

[194]   Quelle: In Anlehnung an Williamson (1996), S. 69.

Formulierung des Vertrages an, während am Markt jedes Mal ein neuer klassischer Vertrag ausgehandelt werden muss bzw. neoklassische langfristige Verträge angepasst werden müssen. Ab einer Häufigkeit H* ist damit die hierarchische Koordinationsform der marktlichen überlegen.

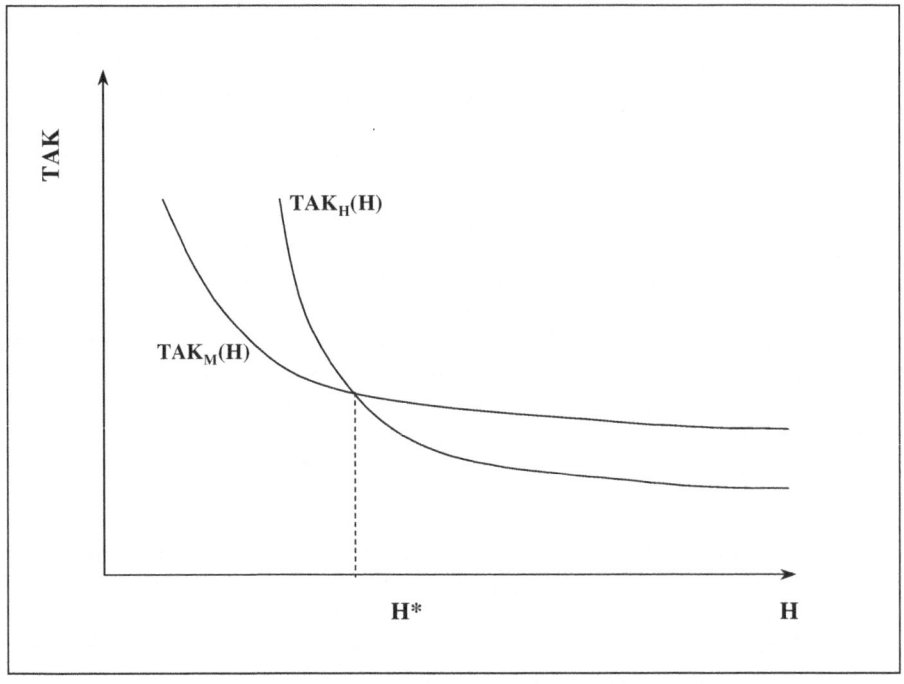

Abbildung 12: **Transaktionskosten von marktlicher und hierarchischer Koordination in Abhängigkeit der Häufigkeit der Durchführung einer Transaktion.**

Auf den ersten Blick ergibt sich damit ein recht einfacher Zusammenhang zwischen den Ausprägungen der Faktoren Unsicherheit, Spezifität des Transaktionsgegenstandes und Häufigkeit der Transaktion sowie der Höhe der Transaktionskosten von marktlicher und hierarchischer Koordination: Marktliche Koordination eignet sich für solche Transaktionen, die durch geringe Unsicherheit, geringe Spezifität des Transaktionsgegenstandes und geringe Häufigkeit geprägt sind, hierarchische Koordinationsformen für Transaktionen, die sich durch hohe Unsicherheit, hohe Spezifität und häufige Wiederholung kennzeichnen lassen.

	niedrig	hoch
Unsicherheit	marktliche Koordination	hierarchische Koordination
Spezifität des Transaktionsgegenstandes		
Häufigkeit		

Tabelle 4: **Marktliche und hierarchische Koordination und die Ausprägung transaktionskostenrelevanter Faktoren**

Für eine differenziertere Zuordnung von Koordinationsformen zu Transaktionen ist es notwendig, die Ausprägung der drei Faktoren bei der jeweiligen spezifischen Transaktion zu bestimmen. Dabei wird nur selten eine solch eindeutige Aussage wie in Tabelle 4 dargestellt möglich sein. Meistens wird es vielmehr unterschiedlich hohe Ausprägungen der drei Faktoren geben, so dass letztendlich eine Abwägung der absoluten Höhe der in den drei Dimensionen entstehenden Transaktionskosten nötig ist, um eine Empfehlung hinsichtlich einer geeigneten Koordinationsform abzugeben. Die folgende, an PICOT angelehnte Tabelle 5 zeigt die Ausprägung der drei Faktoren Spezifität, Unsicherheit und Häufigkeit für unterschiedliche Transaktionen und versucht auf dieser Basis, die jeweils optimale Koordinationsform zuzuweisen.

Transaktion	Beispiel	Unsicherheit			Spezifität Transaktionsgegenstand			Häufigkeit			Koordinationsform
		gering	mittel	hoch	gering	mittel	hoch	gering	mittel	hoch	Vertragsform
Standard-investitionsgut	Computer	X			X				X		Markt klassisch
Standard-dienstleistung	Brieftransport	X			X					X	Markt klassisch
Standard-produkt	Büromaterial	X			X				X		Markt klassisch
Standard-rohstoff	Heizöl	X			X				X		Markt klassisch
Spezial-investition	Fertigungs-anlage		X				X	X			(z.T.) Eigenerstellung relational/neoklassisch
Spezial-dienstleistung	logistische Systemleistung		X				X			X	(z.T.) Eigenerstellung relational/neoklassisch
Spezial-produkt	Steuerungs-software		X				X	X			(z.T.) Eigenerstellung relational/neoklassisch
Spezial-rohstoff	Uranbrennstoff			X			X		X		(z.T.) Eigenerstellung relational/neoklassisch

Tabelle 5: **Koordinationsformen für unterschiedliche Transaktionen[195]**

Der Brieftransport als Standarddienstleistung ist ein gutes Beispiel für das erforderliche Abwägen der Ausprägungen der Faktoren Unsicherheit, Spezifität und Häufigkeit. Während geringe Unsicherheit (Statistiken über die Höhe des Lieferservice von nahezu jedem Briefbeförderungsunternehmen existieren und belegen meist sehr hohe Zuverlässigkeiten) und niedrige Spezifität des Transaktionsgegenstandes (Briefbeförderung wird in Zeiten der Liberalisierung der vormals staatlichen Beförderungsmonopole von verschiedenen Logistikdienstleistern angeboten und erfordert im Einzelfall nur äußerst geringe Investitionen) eindeutig für eine marktliche Koordination sprechen, erfordert die zumindest im Fall von Unternehmen mit hohem Postaufkommen große Häufigkeit im Prinzip eine hierarchische Koordination und damit die Eigenerstellung. Und tatsächlich greifen solche Groß-unternehmen zu Koordinationsformen für ihre Postzustellung, die nicht mehr rein marktlich sind und sich insofern vom Ideal des klassischen Vertrages entfernen. In der Realität lassen sich eine Vielzahl von verschiedenen Lösungen in diesem Bereich identifizieren. Am häufigsten sind individuell ausgehandelte langfristige (neo-klassische) Verträge mit Logistikdienstleistern, es gibt auch Fälle, in denen die Hauspost der Unternehmen in Eigenerstellung transportiert wird.[196]

---

195   Quelle: In Anlehnung an Picot (1982), S. 252.

196   Dies kann der Fall sein, wenn das Unternehmen über eigene Transportmittel verfügt wie z.B. die Luftverkehrsgesellschaften.

Aus den angeführten Beispielen lassen sich zwei Aussagen ableiten. Erstens ist es bei unterschiedlichen Ausprägungen der relevanten Faktoren nur schwer möglich, eine eindeutige Zuordnung zu den Koordinationsformen Markt oder Hierarchie durchzuführen. Um das zu erreichen, müsste implizit oder explizit eine Gewichtung der Dimensionen Unsicherheit, Spezifität und Häufigkeit vorgenommen werden. Daraus folgt zweitens, dass die streng dichotome Betrachtungsweise mit Markt und Hierarchie als mögliche Koordinationsformen nicht ausreicht. Der Transaktionskostenansatz in seiner engen Form, der sich zum Ziel gesetzt hat, die Grenze zwischen Markt und Unternehmen zu bestimmen[197], bedarf einer Erweiterung. Es existiert eine Vielzahl von Alternativen, die weder Merkmale einer rein marktlichen noch einer rein hierarchischen Koordination aufweisen, sondern sich durch sowohl marktliche als auch hierarchische Elemente auszeichnen. Diese Mischformen in Form von oft kooperativen Arrangements werden im nächsten Abschnitt in den Bezugsrahmen der Transaktionskostentheorie aufgenommen.

1.3.5 Kooperative Arrangements als zusätzliche Koordinationsform

Schon vor den meisten Veröffentlichungen von WILLIAMSON hat RICHARDSON 1973 auf die Notwendigkeit hingewiesen, andere, nicht rein marktlich oder hierarchisch geprägte Koordinationsformen zu berücksichtigen:

> „(...) by looking at industrial reality in terms of a sharp dichotomy between firm and market we obtain a distorted view of how the system works."[198]

Markt und Hierarchie bilden vielmehr nur die Pole eines Kontinuums.[199] Entlang des Kontinuums finden sich eine Reihe von Koordinationsformen, die z.T. marktliche, aber auch hierarchische Merkmale aufweisen und diese miteinander kombinieren.[200] WILLIAMSON hat schließlich selber die Bedeutung solcher von ihm hybrid[201] genannten Transaktionsformen anerkannt und seine Dichotomie entsprechend erweitert.[202] Abbildung 13 gibt einen Überblick über das Kontinuum möglicher Koordinationsformen.

---

[197]   Vgl. Carroll/Spiller/Teece (1999), S. 73: „The largest contribution made by Williamson and the transaction cost approach has been in analyzing the boundaries of the firm – that is, addressing issues of where the firm should give way to market and vice versa."

[198]   Richardson (1972), S. 884.

[199]   Vgl. Richardson (1972), S. 887.

[200]   Vgl. Sydow (1995), S. 629.

[201]   Vgl. Williamson (1991).

[202]   „Whereas I was earlier of the view that transactions of the middle kind were very difficult to organize and hence were unstable, on which account the bimodal distribution was more accurately descriptive (...), I am now persuaded that transactions in the middle range are much more common." Williamson (1985), S. 83.

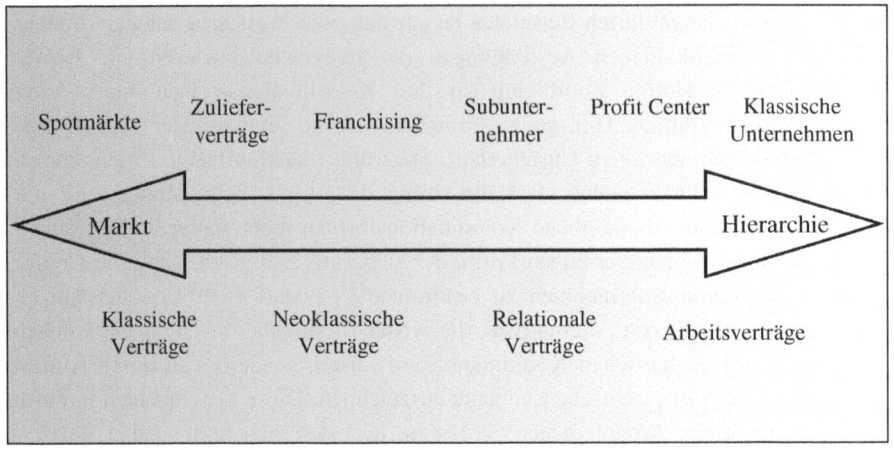

Abbildung 13:   Kontinuum möglicher Koordinationsformen

In den Bereich der hybriden Koordination lassen sich eine ganze Reihe in der Realität zu beobachtende Koordinationsformen einordnen. Profit Center Konzepte versprechen sich von einer stärkeren Konfrontation der betroffenen Einheiten mit dem Markt bessere Motivation und Ergebnisse, als Koordinationsinstrument dienen häufig marktpreisorientierte Verrechnungspreise.[203] Bei der Subunternehmerschaft ist die organisatorische Trennung deutlich umfangreicher, da es sich um rechtlich völlig selbständige Einheiten handelt. Ähnlich verhält es sich mit Franchisingkonzepten, bei denen die Franchisenehmer unternehmerisch selbständig handeln, aber bestimmte Unterstützung durch den Franchisegeber erfahren und dafür dessen Marke führen müssen. Zulieferverträge schließlich bedeuten lediglich eine meist längerfristige vertragliche Vereinbarung zwischen zwei oder mehr Unternehmen, die über einen längeren Zeitraum in marktliche Austauschbeziehungen eintreten. Als Beispiel können hier die langfristigen Lieferverträge im Energierohstoffsektor dienen. Der Zusammenhang zu den in Abschnitt B.II.1.3.3 vorgestellten Vertragsformen ist offensichtlich: Die hybriden Koordinationsformen finden ihre vertragliche Regelung in relationalen oder neoklassischen Verträgen.

Stellt man nun die Frage, wie die Ausprägung der untersuchten Faktoren Unsicherheit, Spezifität und Häufigkeit sein muss, um eine hybride Koordination zu rechtfertigen, so kommt man zu dem Ergebnis, dass sich die hybriden Koordinationsformen für solche Transaktionen eignen, bei denen die relevanten Faktoren eine mittlere Ausprägung aufweisen. Dies wird in Tabelle 6 dargestellt.

---

[203]   Vgl. zum Profit Center Konzept Frese (1998), S. 174ff., 203ff. und 445ff.

	niedrig	mittel	hoch
Unsicherheit	marktliche Koordination	hybride Koordination	hierarchische Koordination
Spezifität des Transaktionsgegenstandes			
Häufigkeit			

Tabelle 6:   **Marktliche, hybride und hierarchische Koordination**

Damit ergibt sich der in Abbildung 14 dargestellte idealtypische Transaktionskostenverlauf in Abhängigkeit der Spezifität des Transaktionsgegenstandes und der Unsicherheit für die marktliche (TAK_M), hybride (TAK_{HY}) und hierarchische (TAK_H) Koordinationsform. Er müsste auch wieder um den Produktionskostenvorteil des Marktes und z.T. auch der hybriden Koordinationsform ergänzt werden, denn diese beinhaltet ja marktliche Komponenten und hat somit auch leichte Produktionskostenvorteile gegenüber der hierarchischen Koordination. Daraus würde eine leichte Verschiebung der Punkte S_1^* und S_2^* (analog U_1^* und U_2^*) nach rechts resultieren. Für den Faktor Häufigkeit ergibt sich analog zu Abbildung 12 eine fallende Transaktionskostenkurve für hybride Koordinationsformen, deren Verlauf steiler als die des Marktes, aber weniger steil als die der Hierarchie ist.

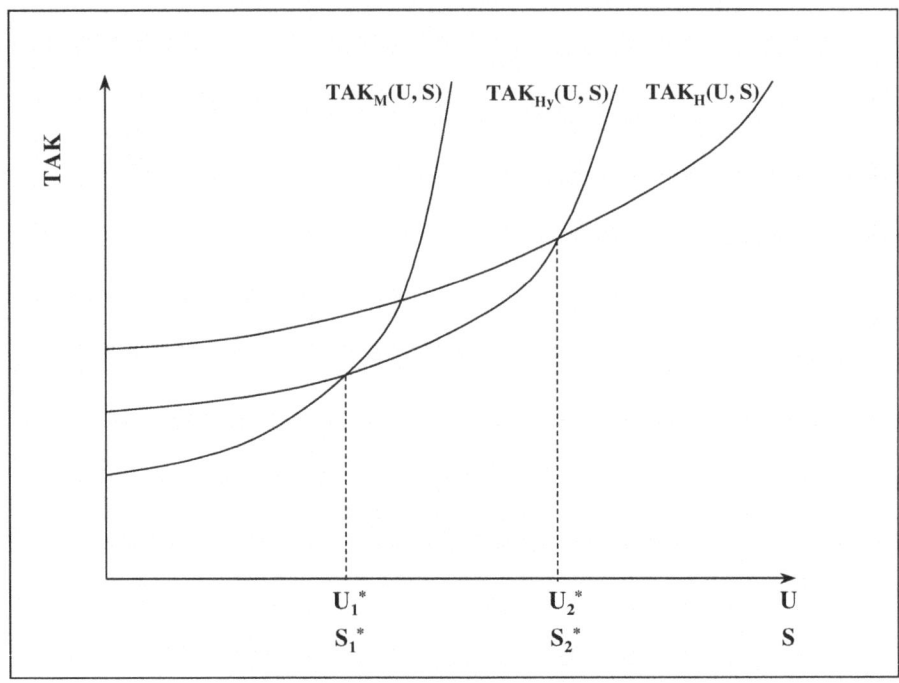

Abbildung 14: **Transaktionskosten von marktlicher, hybrider und hierarchischer Koordination in Abhängigkeit der Unsicherheit und der Spezifität des Transaktionsgegenstandes**

Hybride Koordinationsformen kombinieren demnach bestimmte Merkmale der marktlichen und der hierarchischen Koordination. So nutzt das Profit Center Konzept weiterhin die hierarchische Weisung als Grundprinzip der Steuerung. Gleichzeitig unterliegt die betroffene Einheit jedoch stärker marktlichen Einflüssen, Beziehungen zu anderen Einheiten des Gesamtunternehmens erfolgen im Extremfall durch reine Markttransaktionen.

Der Sichtweise von Kooperation als Koordinationsform, die lediglich marktliche und hierarchische Elemente in einem Hybrid kombiniert, wird nun kurz ein Ansatz gegenübergestellt, der Kooperationen, verstanden als Netzwerke gleichberechtigter Einheiten (Unternehmen), als eigenständige Koordinationsform ansieht.[204] Hypothese dieses Netzwerkansatzes ist, dass sich durch die reine Kombination von marktlichen und hierarchischen Elementen nicht alle der von RICHARDSON angesprochenen, in der ökonomischen Realität existierenden Formen der

---

[204] Vgl. z.B. Powell (1990), S. 297ff., Jarillo (1988), S. 31ff., Thorelli (1986), S.37ff., Johanson/Mattson (1988), Johanson/Mattson (1991).

Koordination erklären lassen. Es existiert vielmehr in Form von Netzwerken zwischen Akteuren eine dritte Form der Koordination ökonomischer Aktivitäten, welche die Dichotomie zwischen Markt und Hierarchie sprengt.

Die folgende Tabelle 7 zeigt die Merkmale der Koordinationsform „Netzwerk" im Gegensatz zu Markt und Hierarchie. Es wird klar, dass es sich dabei nicht um (hybride) Kombinationen aus marktlichen und hierarchischen Elementen handelt.

	Koordinationsform		
Merkmal	Markt	Netzwerk	Hierarchie
Vertragliche Grundlage	klassischer Vertrag	relationaler Vertrag	Arbeitsvertrag
Koordinations-mechanismus	Preis	Verhandlung	Weisung
Flexibilität	Hoch	Mittel	Niedrig
Operationsmedium	Geld	Verhandlung	Macht
Beziehung der Akteure	Unabhängig	Wechselseitig abhängig	Einseitig abhängig
Modus der Interaktion	Opportunismus	Vertrauen	Misstrauen

Tabelle 7: **Merkmale verschiedener Koordinationsformen**[205]

Die wichtigsten Grundelemente der netzwerkartigen Koordination sind der Einsatz von Verhandlungen als Koordinationsmechanismus und die Verhaltensannahme des gegenseitigen Vertrauens. Insofern muss allerdings festgestellt werden, dass netzwerkartigen Koordinationsformen, wie sie POWELL vorschlägt, zwar in der Realität zu beobachten sind, aber gleichzeitig mit der Grundannahme des Opportunismus im Transaktionskostenansatz unvereinbar sind. Der Ansatz, Netzwerke als eigenständige Koordinationsform anzusehen, basiert somit auf anderen grundlegenden Verhaltensannahmen als die Transaktionskostentheorie und bedarf deshalb einer eigenen Operationalisierung, um Aussagen über die Effizienz konkurrierender Koordinationsformen ableiten zu können. Da eine solche Operationalisierung bisher nicht gelungen ist, orientiert sich diese Arbeit am trans-

---

[205]   Quelle: In Anlehnung an Powell (1990), S. 300f.

aktionskostenorientierten Schema, auch wenn der Ansatz von POWELL mit Sicherheit hohe Relevanz hat.

Bevor mit dem hier vorgestellten Instrumentarium der erweiterten Transaktionskostentheorie der Einfluss von IKT, insbesondere Internettechnologie, auf Wertschöpfungssysteme untersucht wird, werden im nächsten Absatz die vorherrschenden Kritikpunkte des Transaktionskostenansatzes aufgezeigt. Diese sollen bewertet und mit empirischen Ergebnissen konfrontiert werden, um die hohe Relevanz transaktionskostentheoretischer Untersuchungen zu zeigen.

1.3.6 Kritische Anmerkungen zur Transaktionskostentheorie

Dem Ansatz der Transaktionskostentheorie ist in der Literatur vielfältige Kritik entgegengebracht worden. Sie reicht von Kritik an einzelnen Aspekten der Theorie bis hin zur vollständigen Ablehnung. Nachfolgend werden aus dem deutschsprachigen Raum der Beitrag von SCHNEIDER sowie aus dem anglo-amerikanischen Raum die Ansätze von PETERAF/SHANLEY, GHOSHAL/MORAN und HILL kurz vorgestellt und kommentiert.

> „So plausibel diese Überlegung [von COASE in Bezug auf die Frage nach Selbst- oder Fremderstellung] erscheint: Sie ist weder neu noch gut."[206]

Diese Aussage bildet den Kern des Beitrags von SCHNEIDER. Die Idee der Transaktionskosten sei höchstens „subjektiv"[207] neu, da ihr Vorhandensein in der neoklassischen Theorie durchaus bekannt gewesen sei, sie nur zur Vereinfachung der Marktgleichgewichtsmodelle „wegdefiniert" worden wären.[208] Darüber hinaus seien Kosten von Markthandlungen bereits in der ökonomischen Klassik thematisiert worden[209] und z.B. bei den Untersuchungen bezüglich des optimalen Standorts/Handelsschwerpunkts in Form von Transportkosten berücksichtigt worden.[210] Der Einwand, dass die Idee der Transaktionskosten nicht neu sei, ist richtig. COASE selber hat allerdings diese Neuheit niemals beansprucht, sondern verweist vielmehr darauf, dass auch in der angelsächsischen Literatur bereits früher auf das Vorhandensein von Transaktionskosten hingewiesen wurde.[211] Die Neuheit des Beitrags von

---

[206]   Schneider (1985), S. 1239. Anmerkungen in [ ] durch Verfasser hinzugefügt.

[207]   Schneider (1985), S. 1239.

[208]   Vgl. Schneider (1985), S. 1239.

[209]   SCHNEIDER weist hier auf den Beitrag von LUEDER von 1820 hin, in dem es um solche Kosten geht, die sich mit der Anzahl der durchgeführten Markthandlungen verändern.

[210]   Vgl. Schneider (1985), S. 1240.

[211]   Vgl. Coase (1937), S. 391. COASE verweist auf den Beitrag von USHER, der bereits 1920 auf Kosten der Aushandlung von Verträgen hingewiesen hatte. Vgl. Usher (1920).

COASE liegt vielmehr in der erstmaligen Anwendung dieser Kosten zur Erklärung der unterschiedlichen Koordinationsformen ökonomischer Aktivitäten.

Seinen zweiten, schwerwiegenderen Kritikpunkt an der Transaktionskostentheorie, dass diese nicht „gut" sei, begründet SCHNEIDER damit, dass es auf Basis der neoklassischen Theorie keinen wirklichen Unterschied zwischen marktlichen und auf Weisungsbefugnissen beruhenden hierarchischen Koordinationsformen geben kann. Denn mit dem Abschluss eines Vertrages würden auch am Markt Weisungsrechte in Form von beiderseitigen Anordnungsrechten entstehen, ein grundlegender Unterschied zwischen den beiden Koordinationsformen bestehe somit nicht, da beide auf Weisungen basieren.[212] Auch diese Feststellung ist kein Widerspruch zur Argumentation der Transaktionskostentheorie. WILLIAMSON hat, basierend auf MACNEIL, ausführlich die unterschiedlichen Formen von Verträgen dargestellt und in den Rahmen der Transaktionskostentheorie eingefügt.[213] Es kann somit überhaupt nicht die Rede davon sein, dass die Transaktionskostentheorie vertragliche Regelungen bei marktlicher Koordination missachtet, wie SCHNEIDER es darstellt. Es ist vielmehr das Verdienst der Transaktionskostentheorie, die verschiedenen Vertragsformen, die bei unterschiedlichen Formen der Koordination ökonomischer Aktivitäten eingesetzt werden, ausführlich dargestellt zu haben.

SCHNEIDERS grundsätzlich ablehnende Haltung richtet sich allerdings nicht gegen die Transaktionskostentheorie selber, er hält sie nur für eine zwangsläufig falsche Ausprägung des insgesamt nicht gelungenen Ansatzes der marktgleichgewichtsorientierten Institutionenökonomik.[214] Der wirkliche Beitrag seiner Ausführungen zur Darstellung konkreter Schwächen der transaktionskostenorientierten Sichtweise beschränkt sich vor dem Hintergrund seiner eher programmatischen Herangehensweise[215] auf eine kurze Aufzählung von Widersprüchlichkeiten, die ihm in den Ausführungen WILLIAMSONS aufgefallen sind.[216] Von diesen ist allerdings sein Hinweis auf ein logisches Problem bei der Grundannahme der begrenzten Rationalität sehr beachtenswert. SCHNEIDER merkt an, dass es ein grundsätzlicher Widerspruch sei, von Akteuren rationale, auf Transaktionskostenüberlegungen basierende Auswahlentscheidungen zu verlangen, wenn ein grundlegendes Verhaltensmerkmal der Akteure begrenzte Rationalität sei. Leider wird dieser Kritikpunkt bei SCHNEIDER nicht weiter vertieft, andere Autoren haben sich jedoch damit befasst.

---

[212]   Vgl. Schneider (1985), S. 1247.

[213]   Vgl. Abschnitt B.II.2.3.3.

[214]   Vgl. Schneider (1985), S. 1251.

[215]   SCHNEIDER fordert eine Abkehr vom Marktgleichgewichtsdenken und ein Wiederaufgreifen der klassischen Lehre der Unternehmerfunktion, wie sie z.B. SCHUMPETER vertreten hat. Vgl. Schneider (1985), S. 1250f. und Schumpeter (1926).

[216]   Vgl. Schneider (1985), S. 1240f.

Zu den Autoren, die diesen Widerspruch aufgreifen, zählen unter anderem PETERAF/SHANLEY, GHOSHAL/MORAN und HILL. PETERAF/SHANLEY sprechen in Zusammenhang mit der Grundannahme der begrenzten Rationalität[217] auch vom „fundamental paradox"[218] der Transaktionskostentheorie: Wie können Manager eine streng rationale Auswahl zwischen alternativen Koordinationsformen treffen, obwohl sie begrenzter Rationalität unterliegen?[219] Im Gegensatz zu SCHNEIDER sehen PETERAF/SHANLEY jedoch durch die Kritik das Gerüst der Transaktionskostentheorie nicht als obsolet und grundsätzlich falsch an, sie weisen vielmehr auf die hohe empirische Relevanz von insbesondere WILLIAMSONS Modellen hin:

„(...) empirical research has shown that institutional arrangements can be understood as being consistent with the predictions of the Williamson model (...) in general, TCE [transaction cost economics] theory is robust and has predictive power"[220]

Zur Überwindung dieses Widerspruchs zwischen Grundannahme und Aussage der Transaktionskostentheorie entwickeln PETERAF/SHANLEY ein Modell des sozialen Lernens, das mit Hilfe der Beschreibung von Verhaltensprozessen eine soziologische Verbindung zwischen beiden Elementen herstellt.[221]

Eine weiteres Problem, diesmal in Bezug auf die zweite Verhaltensannahme der Transaktionskostentheorie, das opportunistische Verhalten, beschreiben GHOSHAL/MORAN und HILL. Das Vorliegen von opportunistischem Verhalten wird von WILLIAMSON als einer der Hauptgründe für die Existenz hierarchischer Koordinationsformen angesehen, da sie durch direkte Weisungsbeziehungen besser in der Lage seien, Opportunismus zu begrenzen als Märkte.[222] Sowohl GHOSHAL/MORAN als auch HILL argumentieren, dass dieser Vorteil hierarchischer Koordinations-mechanismen deutlich überschätzt wird[223] und führen dazu zwei unterschiedliche Argumente ins Feld. HILL verweist auf die Einbettung ökonomischer Aktivitäten in einen sozialen Kontext[224] geprägt durch die „Unsichtbare Hand" des

---

[217]   Vgl. Abschnitt B.II.2.3.2.

[218]   Peteraf/Shanley (1997), S. 193.

[219]   Vgl. Peteraf/Shanley (1997), S. 194 und 197.

[220]   Peteraf/Shanley (1997), S. 199, Bemerkungen in [ ] durch den Verfasser hinzugefügt.

[221]   Vgl. Peteraf/Shanley (1997), S. 200ff. Sie erläutern darin, dass sich mit Hilfe sozialer Lernprozesse auch bei Vorliegen begrenzter Rationalität deutlich bessere Entscheidungen treffen lassen.

[222]   „(...) organizations exist because of their superior abilities to attenuate human opportunism through the exercise of hierarchical controls that are not accessible to markets." Ghoshal/Moran (1996), S. 14. Siehe auch Abschnitt 1.2.2.2 dieser Arbeit oder Williamson (1985), S. 31.

[223]   Vgl. z.B. Hill (1990), S. 500.

[224]   Vgl. Granovetter (1985).

Marktmechanismus.[225] Er zeigt analytisch, dass opportunistisches Verhalten von der „Unsichtbaren Hand" des Marktes langfristig nicht toleriert wird und kommt zu dem Schluss:

> „(...) in the long run, the invisible hand selects actors whose behaviors are biased toward cooperation."[226]

Allerdings wird unter Kooperation hier nicht eine Koordinationsform, sondern kooperatives (nicht opportunistisches) Verhalten verstanden. Langfristig würde also der Markt Wirtschaftssubjekte, die sich erwiesenermaßen opportunistisch verhalten, aussondern[227], der Bedarf für hierarchische Koordination wäre mithin nicht so hoch wie von WILLIAMSON aufgezeigt. GHOSHAL/MORAN kommen zu dem gleichen Ergebnis, begründen dies allerdings damit, dass bei der Annahme von Opportunismus ein Teufelskreislauf bestehend aus opportunistischem Verhalten, Sanktionen gegen dieses, stärkerem opportunistischem Verhalten, stärkeren Sanktionen usw. schließlich zu so hohen Kosten der Nutzung hierarchischer Koordination (Kosten der Sanktionsmechanismen) führen könnte, dass der Markt am Ende wieder die transaktionskostengünstigere Alternative wäre.[228] Aus der Annahme von Opportunismus leiten GHOSHAL/MORAN einen weiteren Nachteil der Transaktionskostentheorie, die Nichtberücksichtigung von kooperativem Verhalten, ab. Sich opportunistisch verhaltende Wirtschaftssubjekte würden keine Kooperationen eingehen, da sie davon ausgehen müssten, dass sich der Partner ebenfalls opportunistisch verhält.[229] Dieser Kritikpunkt richtet sich allerdings nur gegen die frühen Beiträge WILLIAMSONS, die von einer reinen Markt-Hierarchie Dichotomie ausgehen.[230] In späteren Beiträgen zeigt WILLIAMSON, dass sich auch unter Annahme von Opportunismus kooperative Beziehungen ergeben, eine Erweiterung des Transaktionskostenansatzes, der von anderen Autoren z.T. schon deutlich früher entwickelt wurde.[231]

---

[225] Vgl. Hill (1990), S. 501.

[226] Hill (1990), S. 501.

[227] Für das Funktionieren dieses Sanktionsmechanismus der „unsichtbaren Hand" des Marktes gibt es eine Vielzahl von Beispielen auch aus dem Bereich des Electronic Commerce. So wird bei c-t-c Transaktionen, etwa bei Auktionsseiten wie Ebay oder Ricardo, die Historie eines jeden Kunden, also sein Verhalten bei allen seinen Transaktionen, angezeigt. Jeder Transaktionspartner kann sich auf Basis dieser Historie ein Urteil über die Gefahr, dass sein jeweiliger Partner opportunistisches Verhalten an den Tag legen könnte, bilden.

[228] Vgl. Ghoshal/Moran (1996), S. 14.

[229] Vgl. Ghoshal/Moran (1996), S. 14. Oder es müssten sehr starke Regelungen zur Unterbindung von opportunistischem Verhalten vereinbart werden, womit aber ein Widerspruch zum Grundgedanken kooperativen Verhaltens entstehen würde.

[230] Vgl. z.B. Williamson (1971), Williamson (1973), Williamson (1975), Williamson (1979), Williamson (1981), Williamson (1985).

[231] Vgl. z.B. Williamson (1991), Picot (1982), Ouchi (1979), Ouchi (1980), Sydow (1995).

Abschließend soll noch die Frage erörtert werden, wie hoch die praktische Relevanz der Transaktionskostentheorie ist. Kritiker sehen gerade hier eine ihrer größten Schwächen und sprechen ihr jedwede Eignung als normativer Ansatz ab:

„TCE [Transaction Cost Economics] is ´bad for practice´."[232]

Begründet wird dies einerseits dadurch, dass die Transaktionskostentheorie, gerade bei richtiger Auslegung der Grundannahmen (siehe oben), zu wesentlich mehr marktlicher Koordination führen würde, was nach Ansicht von GHOSHAL/MORAN im Widerspruch zu der Tatsache steht, dass es sich bei unserem gegenwärtigen Wirtschaftssystem um eine „organizational economy"[233] handelt. Diese Beobachtung geht zurück auf die kritischen Anmerkungen von SIMON, der als erster die Dominanz von organisatorischen Beziehungen propagiert hat.[234] SIMON stellt fest, dass die Transaktionskostentheorie als Bestandteil der Neuen Institutionenökonomie ohne jeden empirischen Beweis und deshalb nur zu „ad hoc" Empfehlungen in der Lage sei: [235]

„[The new institutional economics] suggests a whole agenda of microeconomic empirical work that must be performed (...). Until that work has been carried out (...) the new institutional economics and related approaches are acts of faith, or perhaps of piety."[236]

Im folgenden Abschnitt werden eben diese empirischen Ergebnisse präsentiert, die belegen, dass die Transaktionskostentheorie trotz einiger konzeptioneller Schwächen hohe empirische Relevanz besitzt.

1.3.7 Empirische Relevanz transaktionskostentheoretischer Überlegungen

Die meisten empirischen Untersuchungen zur Transaktionskostentheorie folgen einem einfachen Modell: Die zu wählende Koordinationsform ist abhängig von Merkmalen der betrachteten Transaktionen, das heißt die Koordinationsform ist die abhängige Variable, während die Spezifität einer Transaktion, die Unsicherheit, mit der sie behaftet ist und die Frequenz, mit der sie durchgeführt wird, die unabhängigen Variablen bilden.[237]

---

[232]   Ghoshal/Moran (1996), S. 13.

[233]   Ghoshal/Moran (1996), S. 42.

[234]   Vgl. Simon (1991b), S. 27f.

[235]   Vgl. Simon (1991b), S 27.

[236]   Simon (1991b), S. 27.

[237]   Vgl. Shelanski/Klein (1999), S. 92. Die Messung dieser Variablen ist allerdings mit Schwierigkeiten verbunden. Die abhängige Variable „Koordinationsform" kann diskret von binär wie in der klassischen Markt – Hierarchie Dichotomie bis hin zu vielen denkbaren Koordinationsformen ausgeprägt sein oder gleich in Form eines Kontinuums abgebildet werden. Bei den unabhängigen Variablen stellt vor allem die Messung der asset

Die durchgeführten empirischen Studien können drei verschiedenen Gruppen zugeordnet werden. Es handelt sich entweder um qualitative[238] oder quantitative[239] Fallstudien innerhalb einer Branche oder um branchenübergreifende ökonometrische Untersuchungen.[240] Letztere sind jedoch wegen der Schwierigkeiten beim Vergleich der unabhängigen Variablen Spezifität der Transaktion, Unsicherheit und Häufigkeit nur eingeschränkt durchführbar.[241]

Trotz einiger Probleme bei der Umsetzung empirischer Analysen[242] haben diese zu wertvollen Erkenntnissen geführt. Untersuchungsgegenstand der meisten Studien waren die von transaktionskostentheoretischen Beiträgen oft thematisierten Phänomene „Vertikale Integration", „Hybride Koordinationsformen" und „Franchising".

Verschiedene quantitative Fallstudien haben einen deutlichen Zusammenhang zwischen der Spezifität von Transaktionen und dem Grad der vertikalen Integration festgestellt.[243] Auch branchenübergreifende Studien belegen einen solchen Zusammenhang,[244] ihre Ergebnisse sind aber wegen der großen methodischen Probleme, mit denen sie behaftet sind, nur unter Vorbehalt verwendbar.[245] Insgesamt lässt sich festhalten:

> „(...) the evidence on the transactional determinants of vertical integration seems quite striking. Asset specificity and uncertainty appear to have significant effects on the vertical structure of production."[246]

Über das Phänomen der hybriden Koordinationsformen im Sinne von Kooperationen oder Netzwerken gibt es nur einige wenige Fallstudien. Diese belegen z.B. die Wirksamkeit von kooperativem Eigentum als Schutzmechanismus vor

---

specificity ein großes Problem dar, hier werden oft Proxy-Attribute eingesetzt. Vgl. zu Proxy-Attributen auch Eisenführ/Weber (1994), S. 66f.

[238] Vgl. z.B. Williamson (1976), Joskow (1985), oder Goldberg/Erickson (1987).

[239] Vgl. z.B. Eccles (1981), Monteverde/Teece (1982), Anderson/Schmittlein (1984) oder Masten/Meehan/Snyder (1989).

[240] Vgl. z.B. Levy (1985) oder Caves/Bradburd (1988).

[241] Vgl. Shelanski/Klein (1999), S. 93.

[242] Schwierigkeiten bereitet vor allem die schlechte Messbarkeit der Variablen, die zur Verwendung von Proxies zwingt sowie eine gewisse Abhängigkeit der unabhängigen Variablen untereinander, vor allem der Spezifität von Transaktionen und ihrer Unsicherheit. Vgl. Shelanski/Klein (1999), S. 93ff.

[243] Vgl. z.B. Monteverde/Teece (1982), S. 212, Anderson/Schmittlein (1984), S. 393 oder Masten/Meehan/Snyder (1989), S. 270f.

[244] Vgl. z.B. Levy (1985) oder Caves/Bradburd (1988), S. 277f.

[245] Vgl. Shelanski/Klein (1999), S. 98.

[246] Shelanski/Klein (1999), S. 99.

opportunistischem Verhalten.[247] Auch gemeinsame Firmengründungen von Auftraggebern und Subunternehmern können eine Alternative zu streng hierarchischer Koordination bei hoher Spezifität der Transaktionen sein.[248] Insgesamt ist im Bereich der hybriden Koordinationsformen angesichts der relativen Neuheit dieser erweiterten Betrachtungsweise allerdings noch erheblicher empirischer Forschungsbedarf vorhanden.[249]

Studien im Bereich der Lizenzvergabe für Kabelfernsehen[250] erklären verschiedene Formen von Franchise-Verträgen auf Basis transaktionskostentheoretischer Zusammenhänge und zeigen, dass die Ausgestaltung von Franchise-Verträgen starken Einfluss auf die Möglichkeiten der Vertragsparteien, opportunistisches Verhalten auszuüben, hat.

Als Fazit lässt sich festhalten, dass es für die von WILLIAMSON und anderen mit Hilfe des Konzepts der Transaktionskosten postulierten Zusammenhänge zwischen Transaktionskosten und Koordinationsform aus empirischer Sicht eine breite Validierung gibt:

> „The development of more specific theories of the firm and contractual relationships between firms is now being followed by more and more empirical work. This work generally provides strong empirical support for the importance of transaction cost considerations, especially the importance of asset specificity (...).“[251]

Auf dieser Basis erscheint der Transaktionskostenansatz geeignet, Aussagen über zu erwartende Effizienzsteigerungen durch den Einsatz von Internettechnologie und die daraus eventuell resultierenden Veränderungen bei der Koordination ökonomischer Aktivitäten treffen zu können. Da es die Hypothese der vorliegenden Arbeit ist, dass sich solche Veränderungen in der Koordination ökonomischer Aktivitäten in der Struktur des Wertschöpfungssystems niederschlagen, werden im nächsten Abschnitt Ansätze vorgestellt, die sich mit der Struktur von Wertschöpfungssystemen und insbesondere von Distributionsstrukturen, die im Zentrum der Untersuchungen stehen, beschäftigen.

2   Die Struktur von Wertschöpfungs- und Distributionssystemen

Unter Wertschöpfung wird in der Ökonomie allgemein die von einzelnen Wirtschaftsbereichen (Personen, Unternehmen, Staaten) erbrachte Leistung

---

[247]   Vgl. Gallick (1984), der dies für die nordamerikanische Thunfischindustrie festgestellt hat, zitiert in Shelanski/Klein (1999), S. 100.

[248]   Vgl. Eccles (1981), S. 350ff.

[249]   Vgl. Shelanski/Klein (1999), S. 101.

[250]   Vgl. z.B. Williamson (1976), Zupan (1989) oder Prager (1990).

[251]   Joskow (1988), S.115.

bezeichnet.[252] Wichtig ist dabei, dass die Wertschöpfung nicht den eigentlichen Prozess der Schaffung von Werten bezeichnet, sondern eine monetäre Größe, die am Ende dieses Prozesses steht.[253] Im Mittelpunkt der Betrachtungen dieser Arbeit stehen Systeme, in denen der Prozess der Wertschöpfung stattfindet. In Anlehnung an das Konzept von PORTER werden solche Systeme häufig als Wertschöpfungsketten bezeichnet[254], obwohl es sich in den meisten Fällen eher um Netzwerke von an der Wertschöpfung beteiligten Personen und Unternehmen handelt.[255] Betrachtet wird der Weg eines Gutes von der Bereitstellung von Rohstoffen und Vorprodukten über die Produktion und eventuelle Handelsstufen bis hin zum Endabnehmer, wie die beiden folgenden Zitate verdeutlichen:

> „The whole value adding process of a product is interpreted as a chain of different actors and functions, thus including suppliers and manufacturers from beginning to end of the process (´dirt to dirt´).“[256]

> „Therefore, marketing channels can be viewed as sets of interdependent organizations involved in the process of making a product or service available for use.“[257]

Beide Aussagen machen deutlich, dass ein wichtiger Gegenstand der Betrachtung von Wertschöpfungsstrukturen die Frage ist, welche Institutionen am Wertschöpfungsprozess beteiligt sind. Sie wird auch im Mittelpunkt dieser Arbeit stehen, wenn untersucht wird, wie der Einsatz von Internettechnologie die Struktur von Wertschöpfungssystemen, insbesondere von Distributionsstrukturen, beeinflusst. Zuvor muss aber noch geklärt werden, wie die Struktur von Wertschöpfungssystemen allgemein in der betriebswirtschaftlichen Literatur dargestellt wird.

Vor allem die Marketingliteratur hat sich schon sehr früh mit den Fragen der optimalen Gestaltung des Marketingkanals beschäftigt, mit einem Fokus auf die Distribution von Gütern im vom Produzenten zum Endkunden verlaufenden Teil. Dabei spielen die Institutionen, die diese Distribution übernehmen, eine entscheidende Rolle. Zwar beschäftigen sich insbesondere Ansätze aus dem Bereich des Beschaffungsmarketings auch mit den Strukturen im Feld zwischen Zulieferern und Produzenten[258], insgesamt ist die Marketing- und Distributionsliteratur allerdings

---

[252]   Vgl. z.B. Schierenbeck (1987), S. 549f.

[253]   Vgl. Weber (1993), S. 4660.

[254]   Vgl. Porter (1985), S. 33ff.

[255]   Vgl. z.B. Stern/El-Ansary/Coughlan (1988), S. 14ff.

[256]   Delfmann/Albers (2000), S. 2.

[257]   Stern/El-Ansary/Coughlan (1988), S. 1.

[258]   Vgl. z.B. Koppelmann (1986).

stark auf den sogenannten „Downstreambereich" von Wertschöpfungsketten ausgerichtet, auf den auch die Untersuchungen in dieser Arbeit fokussieren.[259]

2.1 Wertschöpfungsstrukturen aus Sicht der Marketing- und Distributionsliteratur

SPECHT definiert Distribution als:

„(...) alle Aktivitäten, die die körperliche und/oder wirtschaftliche Verfügungsmacht über materielle oder immaterielle Güter von einem Wirtschaftssubjekt auf ein anderes übergehen lassen."[260]

Diese Distributionsfunktion kann von verschiedenen Wirtschaftssubjekten übernommen werden. Daraus resultieren unterschiedliche mögliche Strukturen von Distributionssystemen als Teilbereiche von Wertschöpfungsstrukturen. Der eigentliche Zweck der Distribution wird jedoch in der Definition von SPECHT nicht deutlich. Letztendlich dienen Distributions- oder Absatzkanäle als Teilbereiche des Marketings dazu, die Lücke zwischen der Produktion und der Konsumtion von Gütern zu schließen, wie es auch DELFMANN formuliert:

„Die Gesamtheit absatzwirtschaftlicher Aktivitäten aller an der Über-führung eines Absatzgutes vom Hersteller zum Verbraucher beteiligten Wirtschaftseinheiten wird als *Distribution* bezeichnet."[261]

Die Distribution kann – je nach Struktur des Distributionssystems – vom Hersteller selber oder von Absatzmittlern[262] durchgeführt werden, man spricht dann meist vom Handel und seinen verschiedenen Ausprägungen.[263] Abbildung 15 stellt idealtypisch die verschiedenen Distributionsstrukturen für den Absatzweg vom Hersteller zum Endkonsumenten (Downstreambereich) dar.

---

[259] Die Bezeichnung „downstream" so wie ihr Gegenpart, „upstream", bezieht sich auf eine künstliche Teilung einer idealtypischen Wertschöpfungskette. Dabei wird der Bereich, der sich auf die Zulieferung von Rohstoffen und Vorprodukten für den OEM („Original Equipment Manufacturer", das heißt der Hersteller der schließlich an den Endkunden verkauften Ware) bezieht, als „upstream" bezeichnet, während der Bereich vom OEM zum Endkunden als Downstreambereich betitelt wird. Vgl. z.B. Christopher (1992) oder Mentzner et al. (2001), S. 3.

[260] Specht (1992), S. 25.

[261] Delfmann (1996), S. 180. Siehe auch Stern/El-Ansary/Coughlan (1988), S. 4.

[262] Stern/El-Ansary/Coughlan (1988), S. 5f, Specht (1992), S. 26, Ahlert (1993), S. 788ff., Sewing (1994), S. 11f., Delfmann (1996), S. 181, Spulber (1996), S. 135., Kotler/Armstrong (1997), S. 354f.

[263] Vgl. z.B. für die Entwicklung des Handelsbegriffs in der deutschsprachigen Literatur Schär (1923), Marré (1960), Gümbel (1985), Müller-Hagedorn (1998), Barth (1999).

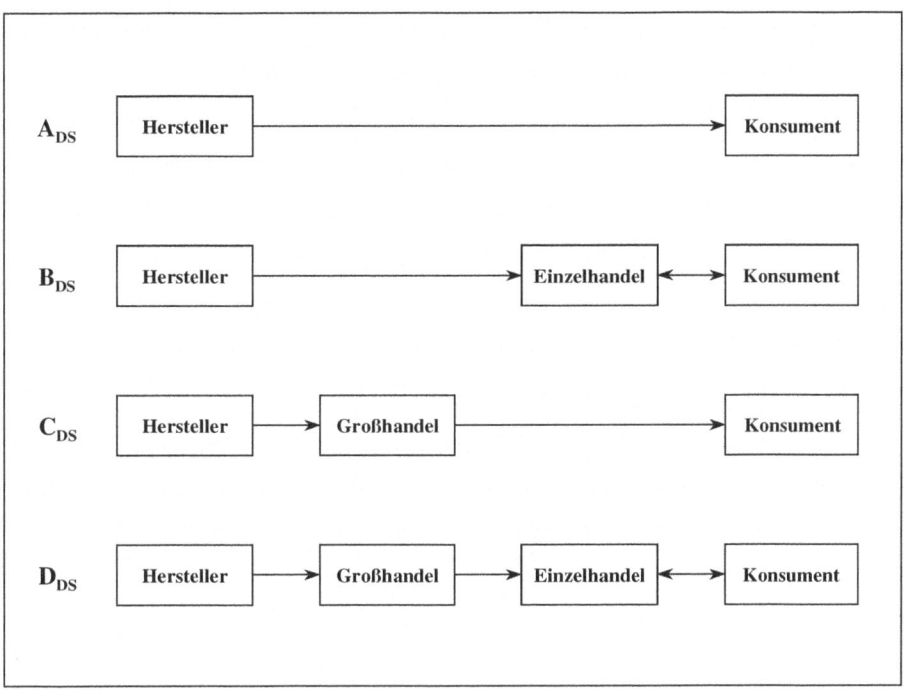

Abbildung 15:   Idealtypische Distributionsstrukturen zwischen Hersteller und Endkonsument

Struktur A_{DS} (DS steht für „downstream", das heißt es handelt sich um den zum Endkonsumenten gewandten Teil der Wertschöpfungskette) stellt den direkten Herstellerversand dar, der Produzent versendet die Ware ab Produktionsausgang bzw. Ausgangslager oder Zentrallager bei mehreren Produktionsanlagen an den Endkonsumenten. Diese Vertriebsform ist jedoch sehr selten im Bereich von Konsumgütern aufzufinden.[264] Struktur B_{DS} bedeutet die Einschaltung eines Intermediärs in Form des Einzelhandels, der vom Produzenten direkt beliefert wird und dann als Einkaufsort für den Endkonsumenten dient bzw. ihn in seltenen Fällen beliefert. Eine solche Form der Distribution findet sich z.B. häufig im regionalen Lebensmittelhandel. So werden Getränke oft von regionalen Brauereien direkt an den Einzelhandel ausgeliefert. Im Fall von C_{DS}, dem Großhandelsversand, schaltet sich ein Intermediär ein, der die Produkte mehrerer Hersteller bündelt und diese dann auf Bestellung an den Konsumenten versendet. Prominentes Beispiel ist der katalogbasierte Versandhandel. Struktur D_{DS} schließlich stellt die Distribution über zwei Handelsstufen, den Groß- und Einzelhandel, dar, beispielhaft kann hier der nationale oder internationale Ver-

---

[264]   Dies liegt darin begründet, dass es vor der Verbreitung des Internets keine Möglichkeit der flächendeckenden Interaktion zwischen Konsumenten und Herstellern gab.

trieb homogener Konsumgüter angeführt werden. Über die hier dargestellten Strukturen hinaus ist noch eine Fülle anderer Distributionsstrukturen denkbar, z.B. solcher mit mehr als zwei Intermediären.[265] Zudem kann der Hersteller die Entscheidung treffen, über eigene Vertriebsorgane wie Vertreter oder eigene Filialen den Vertrieb durchzuführen.[266] Des Weiteren können mehrere Vertriebskanäle nebeneinander existieren, man spricht dann von Mehrwegabsatz.[267] Für den Untersuchungsgegenstand dieser Arbeit ist es jedoch zunächst ausreichend, mit diesen vereinfachten idealtypischen Distributionsstrukturen zu arbeiten, um den Einfluss von Internettechnologie auf sie zu untersuchen. Für die beabsichtigte Konfiguration aus Distributionsstrukturen und Gütertypen im Bereich des Electronic Commerce werden dann in Kapitel D weitergehende Merkmale vorgestellt, die eine differenziertere Beschreibung von Distributionssystemen zulassen.

Als Upstreambereich einer Wertschöpfungskette bezeichnet man den dem Hersteller des fertigen Produkts zugewandten Teil der Wertschöpfungskette. Man spricht auch vom OEM (Original Equipment Manufacturer) und seinen Zulieferern, es kann es sich z.B. um Rohstofflieferanten oder Hersteller von Vorprodukten handeln. Abbildung 16 stellt vier idealtypische Distributionsstrukturen im Upstreambereich vor.

---

[265] Vgl. z.B. die Darstellungen bei Specht (1992), S. 36 oder Sewing (1994), S. 15. Eine sehr detaillierte Darstellung findet sich bei Robeson/Kollat (1985), S. 226.

[266] Vgl. z.B. Sewing (1994), S. 16.

[267] Vgl. Specht (1992), S. 35.

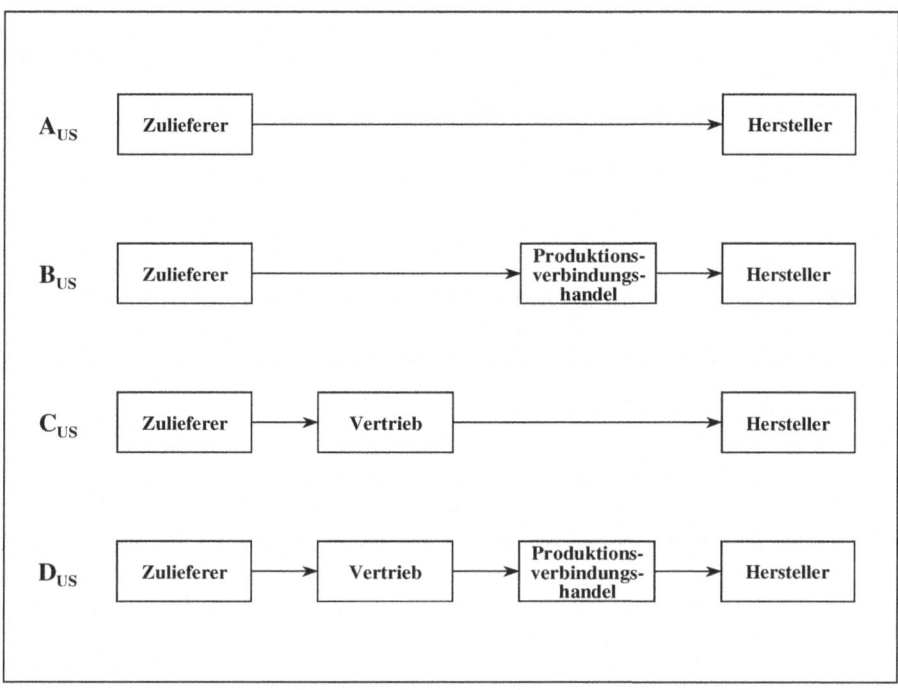

Abbildung 16:   Idealtypische Distributionsstrukturen zwischen Zulieferer und Hersteller

Im Upstreambereich ergibt sich häufiger die Form des Herstellerdirektvertriebs, insbesondere dann, wenn der Kunde große Mengen abnimmt und langfristigere Verträge geschlossen werden (Fall A_{US}). Handelt es sich jeweils um zwei kleinere Unternehmen bei Hersteller und industriellem Kunden, wird wie unter B_{US} dargestellt, häufig der Produktionsverbindungshandel eingeschaltet.[268] Im Fall der Distribution zwischen Unternehmen werden außerdem deutlich stärker eigene Vertriebsorgane eingesetzt. Entweder in Form einer eigenen Distributionsstufe (C_{US}) oder aber in Verbindung mit dem Produktionsverbindungshandel (D_{US}). Damit sind die aus Sicht der Marketing- und Distributionsliteratur idealtypischen Wertschöpfungsstrukturen sowohl im Upstream- als insbesondere auch im Downstreambereich von Wertschöpfungssystemen dargestellt. Sie sollen dann im dritten Hauptkapitel dahingehend überprüft werden, ob sich ihre Struktur durch den Einsatz von internetbasierter IKT verändert. Im Mittelpunkt steht die Frage, ob es eventuell zu einem Wegfall, einer Disintermediation, von Wertschöpfungsstufen kommt. Deshalb ist die Frage zu stellen, welche Argumente überhaupt für die Einschaltung von Intermediären, vor allem in Form von Handelsstufen, spricht. Dazu werden in den

---

[268]   Vgl. zum Produktionsverbindungshandel z.B. Müller-Hagedorn (1997) oder Voigt (2001).

folgenden Abschnitten kurz der Begriff der Intermediation und die Bedeutung von Intermediären geklärt, um dann die einzelnen Funktionen vorzustellen, die Intermediäre in Wertschöpfungsstrukturen übernehmen können.

2.1.1 Begriff der Intermediation

Ein Mediator ist definiert als ein Vermittler, Mittelsmann, Schiedsmann oder auch Kommunikator. Es handelt sich also in jedem Fall um eine Institution, die zwischen andere Institutionen geschaltet wird, um zu vermitteln und zu koordinieren. Im angelsächsischen Sprachgebrauch ist ein intermediary mit Bezug auf wirtschaftliche Fragestellungen folgendermaßen definiert:

> „An *intermediary* is an economic agent that purchases from suppliers for resale to buyers or that helps buyers and sellers meet and transact."[269]

BOWERSOX unterteilt Intermediäre analog in Intermediäre mit Handelsaktivitäten und funktionale Intermediäre.[270] Demnach übernehmen Intermediäre mit Handelsfunktion das Eigentumsrisiko, sie erwerben also Ware und verkaufen diese weiter, während funktionale Intermediäre Vermittlerdienste anbieten, ohne selber Eigentum an der vermittelten Ware bzw. Dienstleistung zu haben.

Als Institutionen lassen sich dafür der Handel mit seinen Ausprägungen wie Groß- oder Einzelhandel und das Maklerwesen als funktionale Intermediäre identifizieren.[271] Die Frage, die sich angesichts solcher Institutionen stellt, ist, inwiefern es eine Existenzberechtigung für sie gibt. Vielfach wird das Vorhandensein von Intermediären, insbesondere des Handels, mit Hinweis auf die angeblich fehlende Wertschöpfung kritisiert:

> „Die Zirkulation oder der Warenaustausch schafft keinen Wert."[272]

Diese Behauptung soll im Folgenden widerlegt werden, indem die Existenz von Intermediären aus ökonomischer Perspektive gerechtfertigt wird und die Funktionen vorgestellt werden, die Intermediäre in Wertschöpfungssystemen erfüllen.

2.1.2 Bedeutung von Intermediären

Der Anteil intermediärer Tätigkeiten an der gesamtwirtschaftlichen Leistung ist schwer präzise zu bestimmen, da sich auch im produzierenden Sektor einige Mittlertätigkeiten finden lassen, die dort im Sinne von zusätzlichen Dienstleistungen

---

[269]   Spulber (1996), S. 135.

[270]   Vgl. Bowersox (1974), S. 66ff. oder auch Bowersox (1978), S. 498ff.

[271]   Vgl. zum Handel und seinen Funktionen z.B. Schär (1923), Marré (1960), Gümbel (1985), Müller-Hagedorn (1998), Barth (1999).

[272]   Marx (1957), S. 171.

angeboten werden.[273] Eine einfache Abschätzung lässt sich aber vornehmen, indem der Anteil klassisch intermediärer Aktivitäten, der in der volkswirtschaftlichen Gesamtrechnung ausgewiesen wird, aufaddiert wird. In Deutschland erwirtschaftete nach Angaben des Statistischen Bundesamtes der Binnenhandel mit den Wirtschaftsbereichen Einzelhandel, Großhandel und Handelsvermittlung im Jahr 2002 ca. 9% der gesamtwirtschaftlichen Bruttowertschöpfung bei einem Umsatz von fast einer Billion Euro.[274]

2.1.3 Begründung der Existenz von Intermediären

Das Vorhandensein von Intermediären, insbesondere von Maklern und Händlern, führte bereits früh zu einer Diskussion über deren Existenzberechtigung. Ausgelöst durch Kritiker, die im Intermediär, insbesondere im Handel, eine Institution sehen, die keinen Mehrwert stiftet und deshalb ungerechtfertigte Gewinnspannen erwirtschaftet[275], versuchten Ökonomen schon früh, die Existenz des Handels zu rechtfertigen. Dabei erfolgte diese Rechtfertigung zunächst besonders im deutschsprachigen Raum über die sogenannten Handelsfunktionenkataloge, die versuchten, die vom Handel erbrachten nützlichen Funktionen aufzuzählen.[276] Da ein Großteil dieser Funktionen jedoch auch von den Kunden bzw. Lieferanten des Handels übernommen werden kann, konzentrierten sich spätere Untersuchungen vor allem auf die Frage, inwieweit die Einschaltung des Handels als Intermediär eine Reduzierung von Kontakten und eine Ressourcenersparnis ermöglicht.[277] Im Folgenden werden die

---

[273] Vgl. Spulber (1996), S. 137.

[274] Angaben des Statistischen Bundesamtes, abrufbar unter http://www.destatis.de/-basis/d/bihan/bihantxt.htm. Letzter Abruf am 02.05.2003.

[275] Prominentes Beispiel dafür ist MARX, siehe das Zitat auf 82 dieser Arbeit. Generell lassen sich die Vorwürfe gegenüber Intermediären (insbesondere dem Handel) unterteilen in produktivitätsorientierte, gewinnorientierte und lebensstilorientierte Argumente. Aus ökonomischer Sicht relevant sind dabei einerseits die produktivitätsorientierten Argumente, die dem Handel vorwerfen, dass weder ein neues physisches Gut erstellt noch eine mehrwertstiftende Leistung an einem solchen Gut erbracht wird. Dieser Gruppe ließe sich das Zitat von Marx zuordnen. Darüber hinaus argumentieren die gewinnorientierten Kritiker, dass der Handel zwar eine historische gewachsenen Existenzberechtigung zu haben scheint, er aber eine zu hohe Gewinnspanne erwirtschaftet und die dadurch entstandene große Zahl an Händlern insgesamt die Bereitstellung von Waren verteure (Ausbeutungsverdacht gegenüber dem Handel). Für einen Überblick über Kritikansätze am Handel siehe Gümbel (1985), S. 62ff., zur Thematik des Ausbeutungsverdachts insbesondere S. 25ff.

[276] Vgl. zum historischen Ablauf Müller-Hagedorn/Spork (2000), S.254. Einen sehr umfassenden Überblick über die Rolle des Händlers und ihre Diskussion in der ökonomischen Theorie gibt Gümbel, vgl. Gümbel (1985), S. 59ff. Andere Darstellungen der Handelsfunktionen finden sich z.B. bei Schär (1923), Marré (1960), Müller-Hagedorn (1998), oder Barth (1999).

[277] Vgl. Müller-Hagedorn/Spork (2000), S.254 und S. 257ff.

Intermediärsfunktionen vorgestellt. Im Mittelpunkt steht die genannte Reduzierung von Kontakt- und Ressourcenkosten im Rahmen der Marktbildungsfunktion. Darüber hinaus werden weitere wichtige Funktionen von Intermediären aufgezeigt.

Intermediäre existieren in Anlehnung an das „SCHÄRSCHE Gesetz", weil

„(...) die Einschaltung eines Handelsbetriebs [Intermediärs] immer dann sinnvoll ist, wenn die Summe der durch ihn erstellten 'nützlichen Dienste' größer ist als die vom Lieferanten bzw. Kunden selbst erstellbaren Leistungen."[278]

Die genannten „nützlichen Dienste" des Handels lassen sich in den drei Funktionen Markt- und Sortimentbildung, Qualitätssicherung sowie raum-zeitliche Überbrückung konkretisieren.[279]

2.1.3.1 Markt- und Sortimentbildungsfunktion

Unter der *Marktbildungsfunktion* wird verstanden, dass ein Intermediär die in Abschnitt B.II.2 dieser Arbeit beschriebenen Funktionen eines Marktes übernimmt. Das heißt er bringt Anbieter und Nachfrager zusammen und verringert damit deren Suchkosten erheblich.[280] Über das reine Zusammenbringen der Teilnehmer hinaus verfügt der Intermediär zusätzlich über spezifische Informationen Anbieter und Nachfrager sowie deren Preisvorstellungen betreffend. Er kann dadurch die Anzahl an Verhandlungen stark verringern, vor allem an solchen Verhandlungen, in denen die Vorstellungen beider Seiten unvereinbar sind. Die Vorteile der Marktbildungsfunktion von Intermediären werden in verschiedenen Literaturbeiträgen aufgezeigt.

Eine sehr gute Erklärung der Mittlerfunktion gibt COSIMANO.[281] Er zeigt, dass mit einer bestimmten Wahrscheinlichkeit ein Teil der Käufer und Verkäufer auf einem direkten Markt ohne Transaktionspartner zurückbleibt und trotzdem hohe

---

[278] Voigt (2001), S. 54, in Anlehnung an Schär (1923). Bemerkungen in [] vom Autor eingefügt.

[279] Vgl. eine ähnliche Einteilung bei Alderson (1967), S. 36ff. In der deutschen Handelsliteratur findet sich meist die Einteilung in Sachgüterumgruppierungsfunktion, Bedarfsanpassungsfunktion, Marktausgleichsfunktion und Sachgüteraufbereitungsfunktion. Die hier gewählten Funktionen stellen Dimensionen dieser Funktionen dar. So ist die Marktbildung wichtiger Bestandteil der Marktausgleichsfunktion, Qualitätssicherung gehört zu den Sachgüteraufbereitungsfunktionen, die Sortimentbildung ist wichtigster Bestandteil der Sachgüterumgruppierungsfunktion und die raum-zeitliche Überbrückung Bestandteil der Bedarfsanpassungsfunktion. Für eine genaue Darstellung der Funktionen in der deutschen Literatur siehe z.B. Müller-Hagedorn (1998), S.107ff. oder Barth (1999), S. 27ff

[280] Vgl. z.B. Alderson (1967), S. 36, Rubinstein/Wolinsky (1987), Biglaiser/Friedman (1994), Spulber (1996), S. 145, Bailey/Bakos (1997), Kotler/Armstrong (1997), S. 354 oder Lucking-Reiley /Spulber (2001).

[281] Vgl. Cosimano (1996).

Kosten für die nicht erfolgreichen Verhandlungen aufbringen muss. Darauf aufbauend stellt COSIMANO fest:

> "(...) there is a significant probability of an unsuccessful trade when only direct trades are possible (...). This possibility of not matching opens up a role for the intermediary. An intermediary can provide utility to the traders by increasing the chance of a successful match (...). Consequently, a role for the intermediary will come about because of the frictions in the matching process."[282]

Der Intermediär verringert also diese „frictions" oder auch Transaktionskosten des Marktes.[283] Anders ausgedrückt, verringert er die Anzahl an Verhandlungen bei v Verkäufern und k Käufern von vk auf lediglich $v+k$, was vor allem bei einer großen Teilnehmerzahl einen erheblichen Unterschied darstellt.[284] Abbildung 17 verdeutlicht diesen Sachverhalt für $v = 4$ Verkäufer und $k = 4$ Konsumenten.

---

[282] Cosimano (1996), S. 131 und S.135.

[283] Vgl. Abschnitt B.II.2.3 dieser Arbeit. Siehe auch Gehrig (1993), S. 113: „Intermediaries can help to reduce the impact of trading frictions."

[284] Vgl. z.B. Baligh/Richartz (1967), S.23ff., Bailey/Bakos (1997), S. 10, Toporowski (1999), S. 81.

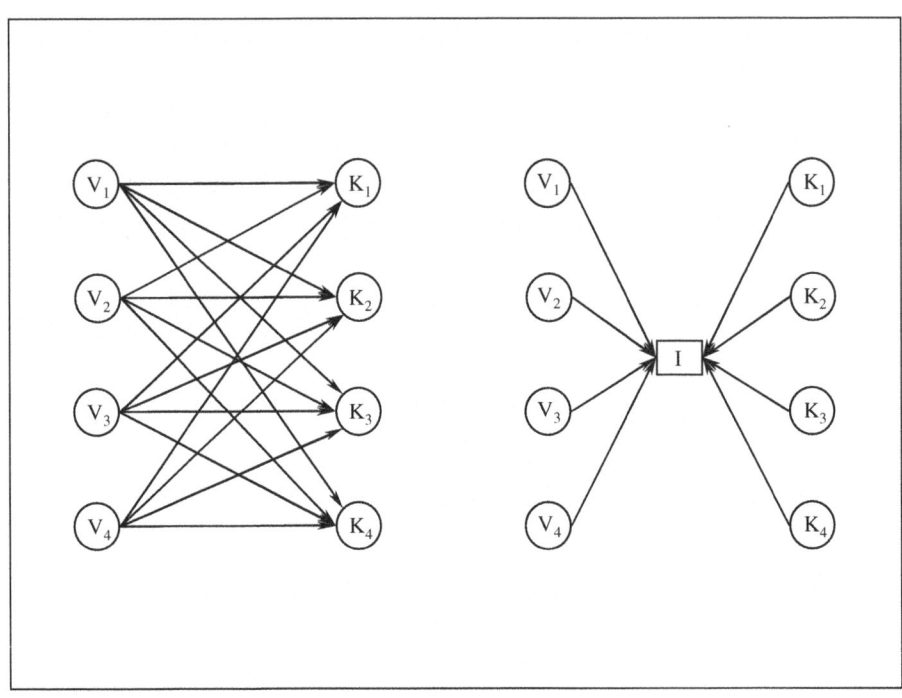

Abbildung 17:   **Kontaktreduktion durch die Einschaltung eines Intermediärs[285]**

Die Zahl der Kontakte verringert sich bei Einschaltung eines Intermediärs I
von 4 x 4 = 16 auf 4 + 4 = 8, da nicht mehr jeder Käufer K Kontakt mit jedem
Verkäufer V aufnehmen muss. Unter der Annahme, dass jeder Kontakt Kosten in
Höhe von einer Geldeinheit verursacht, können also im Beispiel acht Geldeinheiten
eingespart werden. Allgemein gilt, dass sich für eine beliebige Anzahl v an
Verkäufern und eine beliebige Anzahl k an Käufern eine Reduktion der Kontakte um
$(vk) - (v + k)$ ergibt, wie Tabelle 8 zeigt.

---

[285]   In Anlehnung an Toporowski (1999), S. 81. Siehe auch die Darstellung bei Gümbel
(1985).

Anzahl Verkäufer	Anzahl Käufer	Kontakte ohne Intermediär	Kontakte mit einem Intermediär	Kontakt-reduktion	max. Anzahl von Intermediären
v	k	vk	v + k	(vk) - (v + k)	i
2	2	4	4	0	1
3	3	9	6	3	1,5
4	4	16	8	8	2
5	5	25	10	15	2,5
10	10	100	20	80	5
20	20	400	40	360	10
50	50	2500	100	2400	25
100	100	10000	200	9800	50

Tabelle 8: **Kontaktreduktion durch die Einschaltung eines Intermediärs**

Dieser Effekt ist auch als *Baligh-Richartz-Effekt* in der Handelsliteratur bekannt und stellt die Reduktion von Transaktionskosten in Form von Kosten der Anbahnungs- und Vereinbarungsphase dar.[286] Es darf jedoch nicht vergessen werden, dass in der ökonomischen Realität in den seltensten Fällen nur ein (monopolistischer) Intermediär auftreten wird. Bei mehreren Intermediären verringern sich die geschilderten Suchkostenvorteile selbst in dem Fall, in dem alle Intermediäre Informationen über alle Marktteilnehmer haben, um die Transaktionskosten, die auftreten, um mehrere Intermediäre aufzusuchen, also um die Kontaktkosten, die die zusätzlichen Händler verursachen.[287] Die maximal sinnvolle Anzahl von Intermediären auf einer Stufe ist dann erreicht, wenn der Kostenvorteil aufgezehrt ist. Nimmt man an, dass für jeden Kontakt mit Intermediären Kosten von einer Geldeinheit entstehen, so ergibt sich die maximale Anzahl i an Intermediären auf einer Distributionsstrukturstufe als

$$v \cdot k - i(v + k) = 0$$

oder

---

[286] Vgl. Voigt (2001) und zum Baligh-Richartz-Effekt Baligh/Richartz (1964), S. 667ff., Baligh/Richartz (1967), S. 23ff., Gümbel (1985), S. 110ff, Toporowski (1999), S. 81ff. oder Toporowski (2000b), S. 513ff.

[287] Vgl. Spulber (1996), S. 147. Dies ist ein wichtiger Hinweis, denn in den meisten analytischen Modellen erfolgt lediglich ein Vergleich zwischen direkten Hersteller-Kunden Beziehungen und dem Einschalten eines monopolistischen Intermediärs. Vgl. auch Baligh/Richartz (1964), S. 671.

$$i = \frac{v \cdot k}{v + k}$$

Dieser Zusammenhang ist in der letzten Spalte von Tabelle 8 dargestellt. Es sei aber darauf hingewiesen, dass dieses Ergebnis nur dann gilt, wenn die gesamte Kontaktkostenersparnis bei den Intermediären verbleiben würde.[288] Für den Fall, dass ein gewisser Teil an die Konsumenten und Produzenten abgetreten werden muss, reduziert sich die maximal sinnvolle Intermediärszahl entsprechend den Annahmen über die Kostenverteilung.[289]

Der vorgestellte Ansatz bezieht sich bisher nur auf eine Stufe in der Distributionsstruktur, kann aber auch auf die Frage nach der optimalen Anzahl an Stufen in einem Distributionssystem erweitert werden.[290] So hat GÜMBEL für den Fall, dass wiederum keine Ressourcenersparnis an die weiteren Beteiligten des Systems[291] weitergegeben wird, gezeigt, dass in einem System mit v Herstellern und k Konsumenten maximal j Handelsstufen sinnvoll sind:

$$j = v \left(1 - \frac{1}{k} \right)$$

Dabei ist jedoch zu beachten, dass GÜMBEL kein Ganzzahligkeitskriterium bezüglich der Anzahl der Intermediäre auf den einzelnen Stufen berücksichtigt und sein Ergebnis demnach nicht nur wegen der fehlenden Weitergabe von Kontaktkostenersparnissen sehr realitätsfern ist. Aber auch bei Voraussetzung der Ganzzahligkeit ergeben sich, wenn keine Weitergabe der Kontaktkostenersparnisse an andere Stufen erfolgt, sehr realitätsferne Ergebnisse, wie die Ergebnisse von BALIGH/RICHARTZ zeigen.[292]

TOPOROWSKI zeigt, in Anlehnung an das Grundmodell von BALIGH/RICHARTZ, dass eine Weitergabe der Ressourcenersparnis große Auswirkungen auf die Distributionsstruktur hat. Er untersucht zwei Fälle, erstens einen Anreiz zur Partizipation proportional zu den Direktkontaktkosten und zweitens ein Anreizsystem, bei dem sich die Weitergabe der Kostenersparnis nach der Anzahl der Intermediäre auf der neuen Stufe richtet. Beide Ansätze führen zu numerisch unterschiedlichen Ergebnissen, beiden ist aber auch gemein, dass mit einer zunehmenden Weitergabe der Kontaktkostenersparnis an Produzenten und Konsumenten die Anzahl

---

[288]   Vgl. Baligh/Richartz (1964), S. 676f., Baligh/Richartz (1967), S. 29ff., Gümbel (1985), S. 113f., Toporowski (1999), S. 82 oder Toporowski (2000b), S. 513ff.

[289]   Vgl. für unterschiedliche Möglichkeiten z.B. Baligh/Richartz (1967), S. 29ff. oder Toporowkski (1999), S. 82f.

[290]   Vgl. z.B. Toporowski (2000b) und die dort präsentierten Ansätze.

[291]   Produzenten, Konsumenten und andere Handelsstufen, vgl. Toporowski (2000b), S. 514.

[292]   Vgl. für eine kompakte Darstellung dieser Ergebnisse Toporowski (2000b), S. 515f.

der Handelsstufen und der Intermediäre insgesamt stark abnimmt. So führt beispielsweise eine Weitergabe von 50% der Kontaktkostenersparnis in einem System mit je 100 Herstellern und Händlern zu einer Reduktion der maximal möglichen Handelsstufen von 635 auf 15, die Anzahl der eingeschalteten Intermediäre verringert sich von 1726 auf 67.[293]

Insgesamt lässt sich festhalten, dass die hier vorgestellten Ansätze auf analytischem Wege die Existenzberechtigung von Intermediären beweisen und sehr anschaulich verdeutlichen, inwiefern Intermediäre durch ihre Marktbildungsfunktion zu einer erheblichen Reduzierung von Kontaktkosten führen können.

Eine Unterform der Marktbildungsfunktion von Intermediären ist die *Sortimentsfunktion*.[294] Intermediäre bündeln Produkte von verschiedenen Anbietern, sei es der Supermarkt, der z.B. Waschmittel von unterschiedlichen Produzenten anbietet oder der Immobilienmakler, der über Angebote von mehreren Hausbesitzern verfügt:

> „From the economic system's point of view, the role of marketing intermediaries is to transform the assortments of products made by producers into the assortments wanted by consumers. Producers make narrow assortments of products in large quantities, but consumers want broad assortments of products in small quantities. (...) intermediaries buy the large quantities of many producers and break them down into smaller quantities and broader assortments wanted by consumers."[295]

Dadurch werden den Kunden des Intermediärs die Angebote vieler Anbieter auf kleinem Raum ohne große Suchkosten zur Verfügung gestellt, die Sortimentsfunktion führt somit auch zu einer Senkung der informatorischen Transaktionskosten durch Reduzierung von Such-, Informations- und Kontaktkosten.

2.1.3.2 Qualitätssicherungsfunktion

Auch die *Qualitätssicherungsfunktion* von Intermediären läuft auf die Verringerung von informatorischen Transaktionskosten hinaus. Es handelt sich hierbei um Kosten der Suche nach Qualitätsinformationen in der Anbahnungsphase und um Kosten der Vereinbarung von Qualitätsstandards in der Vereinbarungsphase sowie Kontrollkosten in der Kontroll- und Anpassungsphase.[296] Diese Kosten können durch das Einschalten eines Intermediärs unter bestimmten Bedingungen gesenkt werden.

---

[293] Vgl. Toporowski (2000b), S. 516.

[294] Vgl. Alderson (1967), S. 37, Müller-Hagedorn (1998), S. 107ff. oder Voigt (2001), S. 59.

[295] Kotler/Armstrong (1997), S. 354.

[296] SHAPIRO weist darauf hin, dass diese Unsicherheit über die Qualität und andere Eigenschaften des Produkts im Vergleich zur in der Literatur häufiger betrachteten Unsicherheit über den Preis eine viel wichtigere Rolle spielt: „Yet uncertainty about price

Begründet werden kann die Existenz solcher Kosten durch das Vorliegen asymmetrischer Informationen in Verbindung mit opportunistischem Verhalten. Wenn über die Qualität des Transaktionsgegenstandes eine ungleiche Informationsverteilung in dem Sinne vorliegt, dass ex ante nur der Verkäufer die wahre Qualität kennt (Problem der hidden information im Sinne der Prinzipal-Agent-Theorie)[297], so besteht für diesen generell der Anreiz, einen zu hohen Preis zu verlangen, was zu einem Vertrauensverlust seitens der Käufer und damit einer sinkenden Zahlungsbereitschaft führen kann. Allgemein wird der Käufer dann nur bereit sein, für eine durchschnittliche Leistung zu zahlen. Dies kann darin resultieren, dass wiederum die Verkäufer nicht mehr in der Lage sind, für höherwertige Güter einen entsprechenden Preis zu erzielen und somit die höherwertigen Produkte aus dem Markt verschwinden. Ein solches Phänomen ist von AKERLOF am Beispiel des Gebrauchtwagenmarktes beschrieben worden.[298] Das Ergebnis von Informationsasymmetrie kann sein, dass der Markt komplett zusammenbricht, in Anlehnung an das *Greshamsche Gesetz*[299] schreibt AKERLOF:

> „For it is quite possible to have the bad [goods] driving out the not-so-bad driving out the medium driving out the not-so-good driving out the good in such a sequence of events that no market exists at all."[300]

Um Informationsasymmetrien und die daraus resultierenden schlechten Marktergebnisse zu überwinden, existieren eine Reihe von Lösungen, welche in der folgenden Abbildung dargestellt sind.

---

is relatively minor and inexpensive to eliminate in comparison with uncertainty about other product characteristics (...)", siehe Shapiro (1982), S. 20.

[297] Vgl. die Ausführungen zur Prinzipal-Agenten-Theorie in Abschnitt B.II.1.2.2 dieser Arbeit.

[298] Akerlof (1970). Im Extremfall kann dies dazu führen, dass der Markt komplett zusammenbricht.

[299] Vgl. zum GRESHAMSCHEN Gesetz „bad money drives out the good money" z.B. Issing (1996), S. 2f.

[300] Akerlof (1970), S. 490. Dabei ist die Analogie zu GRESHAMS Gesetz allerdings nicht wirklich gegeben, da im Fall des Geldes keine Informationsasymmetrien vorliegen, das Marktergebnis ist jedoch sehr ähnlich.

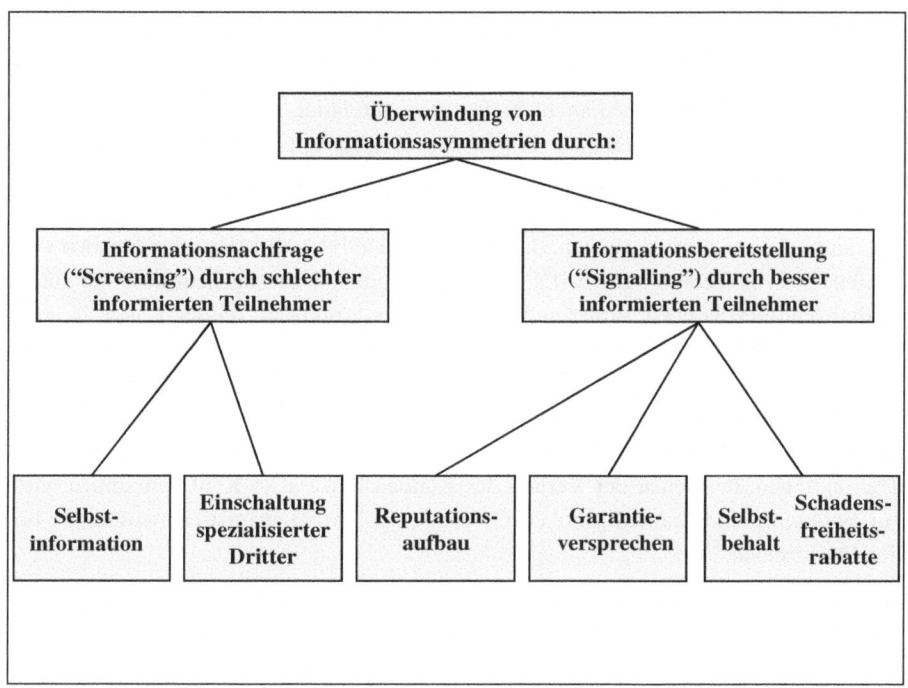

Abbildung 18: **Möglichkeiten zur Überwindung von Informations-asymmetrien[301]**

Wie Abbildung 18 zeigt, ist die Einschaltung eines spezialisierten Dritten eine Möglichkeit zur Überwindung von Informationsasymmetrien.[302] Ein Intermediär kann in der Lage sein, eine höhere Qualität der gehandelten Güter sicherzustellen. Diese Fähigkeit beruht im Wesentlichen auf zwei Faktoren, erstens Größenvorteile und zweitens Reputation.

Dadurch, dass sie Produkte von vielen Produzenten umschlagen, ist die Gesamtmenge der gehandelten Güter bei einem Intermediär deutlich höher als bei den einzelnen Produzenten. Infolgedessen fallen die mit hohen Fixkosten verbundenen Investitionen in Qualitätskontrollen (von der Ausbildung der Mitarbeiter bis hin zu

---

[301]   In Anlehnung an Fritsch/Wein/Ewers (1996), S. 219. Vgl. auch Chu/Chu (1994), S. 177. Dort wird zusätzlich noch die Preisgestaltung als Möglichkeit der Überwindung von Informationsasymmetrien erläutert.

[302]   Vgl. Biglaiser (1993), S. 212ff., Chu/Chu (1994), S. 178, Biglaiser/Friedman (1994), S. 510, Spulber (1996), S. 147f, Bailey/Bakos (1997), S. 10, Palmer/Bailey/Faraj (2000), Agrawal/Seshadri (2000), S. 819 und Voigt (2001), S. 58.

speziellen Kontrollanlagen) bei ihm nicht so stark ins Gewicht, er wird eher bereit sein, sie zu tätigen als der einzelne Produzent.[303]

Damit der Intermediär solche Investitionen tätigt, muss für ihn dazu ein Anreiz bestehen. Dieser besteht für ihn in der Möglichkeit und Notwendigkeit, eine Reputation aufzubauen.[304] Verkauft der Intermediär ein qualitativ minderwertiges Produkt, wird das in der Regel dazu führen, dass der Kunde in Zukunft nicht mehr bei ihm kauft. Dies ist ein Verhalten, dass natürlich auch den direkt an den Kunden verkaufenden Produzenten betrifft. Es ist allerdings davon auszugehen, dass der Intermediär häufiger Kontakt zum Kunden hat als der Produzent, da der Kunde ja auch andere Produkte bei ihm kauft. Der Kunde könnte den Qualitätseindruck eines beim Intermediär gekauften Produkts auf alle anderen dort erhältlichen übertragen. Dieser Reputationsübertragungseffekt ist ein weiterer Anreiz für den Intermediär, eine hohe Qualität zu gewährleisten.[305] Das heißt für den Intermediär sind sogenannte "hit&run" Transaktionen, bei denen der Verlust des Kunden bewusst in Kauf genommen wird zur Erzielung eines einmalig hohen Gewinns, noch weniger erstrebenswert, als für den Produzenten.[306]

Intermediäre haben also den Anreiz, die Qualität der von ihnen vermittelten Produkte zu überprüfen und durch das größere Volumen auch die Möglichkeiten zur Durchführung der notwendigen Kontrollen. Sie erbringen also eine zusätzliche Leistung in Form der Qualitätssicherung, darüber hinaus sorgen sie insgesamt für eine schnellere und effizientere Weitergabe von Qualitätsinformationen an die Kunden.[307] Die Qualitätssicherungsfunktion von Intermediären kann so stark sein, dass sie sich Produzenten mit einem weniger starken Markennamen zunutze machen, um die Qualität ihrer Produkte publik zu machen.[308] Zur Wahrnehmung dieser Funktion stehen Intermediären wiederum Instrumente wie z.B. die in Abbildung 18 dargestellten Garantieversprechen zur Verfügung.

---

[303] Vgl. Biglaiser (1993), S. 212, Spulber (1996), S. 148, Bailey/Bakos (1997), S. 10. Darüber hinaus ist es aus einer volkswirtschaftlichen Perspektive her sinnvoller, diese Investitionen nur einmal durch den Intermediär durchführen zu lassen und nicht mehrfach durch jeden einzelnen Produzenten.

[304] Vgl. Biglaiser (1993), S. 212, Spulber (1996), S. 148, Bailey/Bakos (1997), S. 10.

[305] Vgl. zum „reputational spillover" Biglaiser/Friedman (1994), S. 511 und 521.

[306] Unter hit&run Aktivitäten versteht man in der Theorie der contestable markets ein kurzzeitiges Auftreten von Konkurrenten am Markt mit dem Ziel, kurzfristig überdurchschnittliche Gewinne zu erwirtschaften. Vgl. z.B. Agliardi (1990), Päch (1998) oder Acutt/Elliott (2001).

[307] Vgl. Biglaiser/Friedman (1994), S. 510.

[308] CHU/CHU zeigen in ihrem Beitrag, wie Produzenten von hochwertigen Produkten mit einem niedrigen Bekanntheitsgrad die hohe Reputation von Handelsunternehmen ausnutzen, vgl. Chu/Chu (1994).

2.1.3.3 Überbrückungsfunktion

Schließlich nehmen Intermediäre noch eine *Überbrückungsfunktion* war, sowohl im raum-zeitlichen als auch im finanziellen Sinn, und senken dadurch u.a. die raum-zeitlichen Transferkosten.[309] Besonders in der physischen Distribution können die Vorteile der Einschaltung eines Intermediärs im Gegensatz zur Einzeldistribution aller Anbieter so groß sein, dass allein dieser Effekt die Existenz eines Mittlers rechtfertigen kann:

> „If a middleman is more efficient at distribution than producers, perhaps due to economies resulting from handling a variety of products, this efficiency could justify the existence of middlemen by itself."[310]

Der Intermediär kann insbesondere bei physischen Produkten erhebliche Größenvorteile erzielen, die sich letztendlich in einem Mehrwert sowohl für Produzenten als auch Kunden niederschlagen. Zunächst stellt die Bündelung der Güter beim Intermediär eine Komplexitätsreduktion der Distribution bzw. des Einkaufs dar (je nachdem, ob aus Produzenten- oder Kundenperspektive betrachtet).[311] An die Stelle vieler kleiner Sendungen von Produzenten an (End-)Kunden bzw. vieler einzelner Besuche von Kunden bei Produzenten treten gebündelte Lieferungen der Hersteller an den Intermediär und weniger Besuche der (End-)Kunden bei wenigen Intermediären.

Weiterhin kann der Intermediär Größenvorteile in der Lagerhaltung erzielen.[312] Diese bestehen in den klassischen Vorteilen, die sich bei einem großen Lager im Gegensatz zu vielen kleinen Lagern (in Form der Lager der einzelnen Hersteller) ergeben, z.B. hinsichtlich der Höhe des erforderlichen Sicherheitsbestandes.[313] Denn der Sicherheitsbestand, der bei einem zentralen Lager vorgehalten werden muss, ist bei unsicherer Nachfrage kleiner als der kumulierte Sicherheitsbestand einer Anzahl von Einzellagern mit dem gleichen Gesamtbestand wie das zentrale Lager. Dieser auch als „Square Root Law"[314] bekannte Effekt beruht darauf, dass sich die Standardabweichung der Nachfrage eines zentralen Lagers als Quadratwurzel aus der Summe der Varianzen der dezentralen Lager ergibt.[315] Da die

---

[309] Vgl. Marré (1960), S. 40ff., Alderson (1967), S. 37, Müller-Hagedorn (1998), S.108f., Spulber (1996), S. 142f., Barth (1999), S. 28 oder Voigt (2001), S. 59.

[310] Biglaiser/Friedman (1994), S. 521.

[311] Vgl. Sarkar/Butler/Steinfield (1995), S. 5f, Voigt (2001), S. 58.

[312] Vgl. Voigt (2001), S. 59.

[313] Vgl. z.B. Inkiläinen (1998), S. 42f.

[314] Der Begriff „Square Root Law" geht zurück auf MAISTER, vgl. Maister (1976).

[315] Für drei dezentrale Lager im Vergleich zu einem Zentrallager ergibt sich folgender Zusammenhang:

Quadratwurzel aus der Summe der Varianzen (Standardabweichung Zentrallager) kleiner ist als die Summe der einzelnen Standardabweichungen, ergibt sich für das Zentrallager ein geringerer nötiger Sicherheitsbestand.[316] Ein Intermediär, der auch als eine Form des zentralen Lagers verstanden werden kann, das die verschiedenen Ausgangslager der Hersteller ersetzt, ermöglicht somit eine Ersparnis an Lagerhaltungskosten.

Darüber hinaus bietet der Intermediär durch seine Lagerhaltung eine „Liquiditätsfunktion"[317] an, er ermöglicht den Produzenten durch eine gleichmäßige Abnahme der produzierten Waren eine Verstetigung der Produktion.[318] Aus Kundensicht äußert sich dieser Effekt in einer ständigen Verfügbarkeit der nachgefragten Güter. Besonders deutlich wird die Liquiditätsfunktion bei Intermediären für nicht-physische Güter, z.B. auf Wertpapiermärkten, dort sorgen spezielle Wertpapierhändler für ausreichend Liquidität.[319]

Eine Disintermediation von Intermediären würde bedeuten, dass die gerade beschriebenen Funktionen entweder komplett wegfallen oder aber von anderen Institutionen im Wertschöpfungssystem übernommen werden müssen. Weiterhin ist die Ersetzung klassischer Intermediäre durch neue Formen der (elektronischen) Intermediation möglich. Kapitel C wird Beiträge vorstellen, die sich mit diesen unterschiedlichen Disintermediationsszenarien auseinandersetzen.

2.1.3.4 Transaktionskostentheoretische Rechtfertigung von Intermediären

Nach PICOT lohnt sich die Einschaltung eines Intermediärs aus Sicht der Transaktionskostentheorie dann, wenn durch seine Einschaltung auf den vor- und nachgelagerten Stufen so viele Transaktionskosten eingespart werden, dass die neu

---

$$\sigma_{ZL} = \sqrt{V_{DL1} + V_{DL2} + V_{DL3}}$$

mit σ_{ZL} = Standardabweichung des Zentrallagers und

           V_{DLi} = Varianz des dezentralen Lagers i

[316]   Mathematisch ist die Standardabweichung des Zentrallagers kleiner als die Summe der Standardabweichungen der dezentralen Lager:

$$\sigma_{ZL} \leq \sigma_{DL1} + \sigma_{DL2} + \sigma_{DL3}$$

Vgl. z.B. Tallon (1993), S. 186ff. oder Pfohl (1996), S. 109ff.

[317]   Vgl. Spulber (1996), S. 142ff.

[318]   Vgl. zur Kapazitätsplanung z.B. Corsten (1992) oder Shafer/Meredith (1998).

[319]   Für eine detailliertere Darstellung des Spezialfalls der Wertpapiermärkte siehe Spulber (1996), S. 143f. und die dort angegebene Literatur.

entstehenden Transaktions- und Produktionskosten des Intermediärs überkompensiert werden.[320] Die folgende Abbildung 19 stellt diesen Zusammenhang grafisch dar.

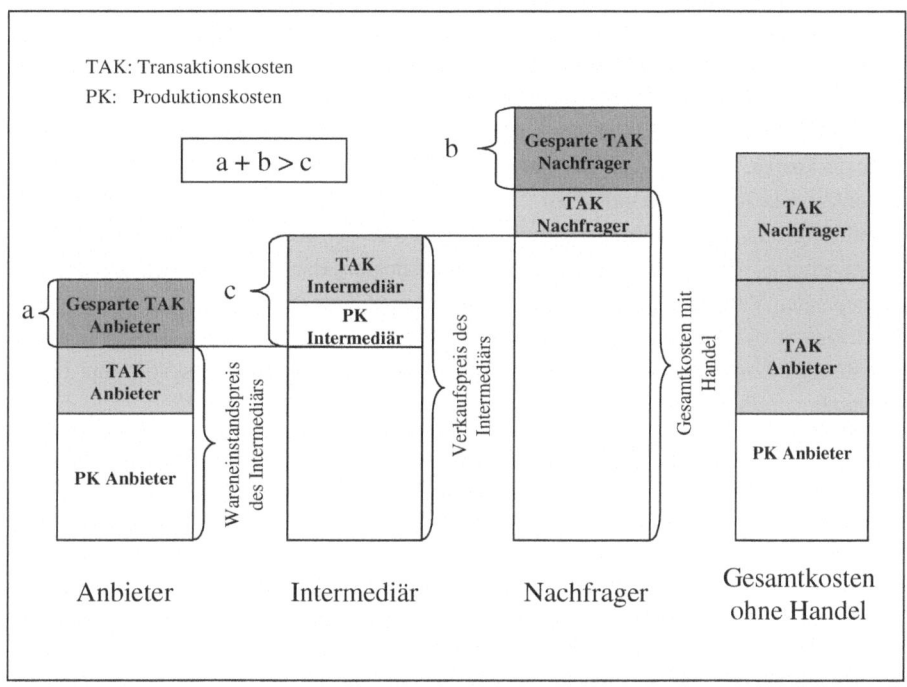

Abbildung 19: **Transaktionskostenersparnisse durch die Einschaltung eines Intermediärs[321]**

Der Bereich „a" stellt die beim Anbieter durch die Intermediation einge-sparten Transaktionskosten dar, „b" analog die Ersparnisse beim Nachfrager. Diesen beiden Bereichen müssen nun die neu hinzukommenden Transaktions- und Produktionskosten („c") des Intermediärs gegenüber gestellt werden. Sind „a" und „b" höher als „c", lohnt die Einschaltung des Intermediärs.[322] In diesem Fall sind die Gesamtkosten mit Handel (der weiße und hellgraue Bereich der dritten Säule) geringer als die in der vierten Säule zum Vergleich dargestellten Kosten ohne Handel (Intermediär).

---

[320]   Vgl. Picot (1986), S. 3f. oder Müller-Hagedorn/Spork (2002), S. 550. Auch ALDERSON hat bereits indirekt auf mögliche Transaktionskosteneinsparungen durch Intermediäre hingewiesen, vgl. Alderson (1967), S. 39f.

[321]   Quelle: In Anlehnung an Picot (1986), S. 4.

[322]   Vgl. auch Fischer (1993), S. 250.

An dieser schematischen Darstellung zeigt sich wiederum die bereits bei der Diskussion des Transaktionskostenansatzes thematisierte Problematik der Bestandteile von Transaktionskosten. Sie bestehen hier im Sinne des transaktionskostentheoretischen Instrumentariums nur aus den informatorischen Kosten der Anbahnung, Vereinbarung und Kontrolle und werden von PICOT hier auch so verwendet. Ein nicht unerheblicher Teil der Handelsfunktion besteht aber in der Sortiments- und Überbrückungsfunktion und damit in einer Effizienzsteigerung bei den raum-zeitlichen Transferkosten. PICOT rechnet die Transferkosten in seinen Überlegungen den Produktionskosten des Handels zu.[323] Dies stellt vor dem Hintergrund der bereits in Abbildung 8 dargestellten Aufteilung der Koordinationskostenelemente eine Vermischung von unterschiedlichen Kostenaspekten dar mit den von DELFMANN aufgezeigten Verzerrungen.[324] Er geht weiterhin auf Transferkosten des Anbieters und Nachfragers nicht ein, da er ja nur Transaktionskosten betrachtet. Demgegenüber müsste das komplette Kalkül zur Einschaltung eines Intermediärs auf den Überlegungen von PICOT aufbauend so aussehen:

Der Anbieter hat gewisse Produktionskosten zur Herstellung der Ware. Bei einer Direktbelieferung des Nachfragers entstehen ihm raum-zeitliche Transferkosten und Transaktionskosten. Dem Nachfrager entstehen ebenfalls Transaktionskosten. Ein Intermediär hat genauso Transfer- und Transaktionskosten. Diese müssen, um seine Einschaltung lohnend zu machen, geringer sein als die durch seine Einschaltung möglichen Einsparungen an Transaktions- und Transferkosten bei Anbieter und Nachfrager.

An dieser Stelle lohnt es sich, die weiter oben beschriebenen Intermediärsfunktionen in das Gedankengerüst der Transaktionskostentheorie einzuordnen. Die Transaktionskosten umfassen, wie in Abbildung 8 dargestellt, die Kosten der Anbahnung, Vereinbarung und Kontrolle von Transaktionen. Hinzu kommen noch die in der Transaktionskostentheorie nicht erfassten Transferkosten. Beide Kostenarten finden sich in den einzelnen Intermediärsfunktionen wieder. Der – vor allem analytische – Schwerpunkt der Intermediärsfunktionen liegt auf der Kontaktkostenersparnis[325], dargestellt mit den Modellen von BALIGH/RICHARTZ, GÜMBEL und TOPOROWSKI. Diese Kontaktkostenreduktion, hier erläutert in Abschnitt B.II.2.1.3.1 unter Marktbildungsfunktion, ist nichts anderes als die Reduktion von informatorischen Transaktionskosten in der Anbahnungs- und Vereinbarungsphase. Auch die Qualitätssicherungsfunktion von Intermediären (Abschnitt B.II.2.1.3.2)

---

[323] Vgl. Picot (1986), S. 4. Er nennt als Beispiel für Produktionskosten des Handels die Lagerung, Umpackung und Veränderung von Waren. Zumindest die Lagerung stellt eine zeitliche Überbrückung des Auseinanderfallens von Angebot und Nachfrage dar und damit Transferkosten.

[324] Vgl. Delfmann (1989), S. 99f. Siehe auch S. 38ff. dieser Arbeit.

[325] Vgl. Müller-Hagedorn/Spork (2002), S. 549f.

dient der Einsparung von informatorischen Transaktionskosten in der Anbahnungs- und Vereinbarungsphase. Dadurch, dass der Intermediär eine gewisse Qualität sichert (bzw. zumindest signalisiert), spart der Anbieter eigene Aufwendungen dafür, der Nachfrager spart Such- und Informationskosten. Die in den Abschnitten B.II.2.1.3.1 und B.II.2.1.3.3 dargestellten Sortiments- und Überbrückungsfunktionen zeigen dagegen einen direkten Bezug zu den in Abschnitt B.II.2.3. in die Transaktions- kostentheorie eingeführten raum-zeitlichen Transferkosten. Die möglichen Einsparungen im Bereich der Lager- und Transportkosten durch Einschaltung eines Intermediärs stellen eine Verringerung von Transferkosten in der Abwicklungsphase dar.

Insgesamt bleibt somit festzuhalten, dass der Transaktionskostenansatz als übergeordneter Ansatz gelten kann, der in allgemeiner Form erklärt, warum die Ein- schaltung eines Intermediärs aus informatorischer Sicht lohnend ist. Zusätzlich können Intermediäre auch die von der Transaktionskostentheorie nicht erfassten Transferkosten verändern. Die Intermediärs- oder Handelsfunktionen stellen dann eine detaillierte Darstellung der durch Intermediärseinschaltung realisierbaren Transaktion- und Transferkostenvorteile dar. Abbildung 20 zeigt das Trans- aktionsphasenschema und die durch die Einschaltung von Intermediären potenziell einsparbaren informatorischen Transaktions- und raum-zeitlichen Transferkosten.

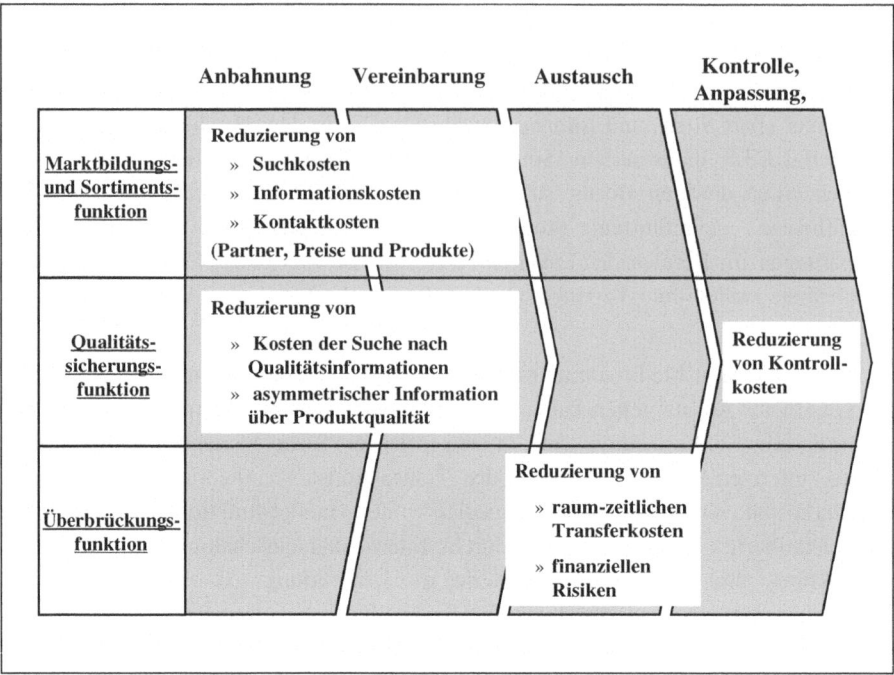

	Anbahnung	Vereinbarung	Austausch	Kontrolle, Anpassung,
Marktbildungs- und Sortiments- funktion	Reduzierung von » Suchkosten » Informationskosten » Kontaktkosten (Partner, Preise und Produkte)			
Qualitäts- sicherungs- funktion	Reduzierung von » Kosten der Suche nach Qualitätsinformationen » asymmetrischer Information über Produktqualität			Reduzierung von Kontroll- kosten
Überbrückungs- funktion			Reduzierung von » raum-zeitlichen Transferkosten » finanziellen Risiken	

Abbildung 20:   Potenzielle Reduktion von Transaktions- und Transfer- kosten in den Transaktionsphasen durch die Ein- schaltung eines Intermediärs

Zusammenfassend stellt die Rechtfertigung von Intermediären über Inter- mediärsfunktionen eine Operationalisierung transaktionskostentheoretischer Über- legungen dar. Intermediäre können in der Anbahnungs- und Vereinbarungsphase informatorische Transaktionskosten senken, indem sie mittels ihrer Marktbildungs-, Sortiments- und Qualitätssicherungsfunktion für Anbieter und Nachfrager die Kontakt- sowie die Such- und Informationskosten senken. Die Qualitätssicherungs- funktion hat gleichzeitig den Nebeneffekt, dass die Kontroll- und Anpassungskosten gesenkt werden können. Darüber hinaus können Intermediäre durch ihre Über- brückungsfunktion die raum-zeitlichen Transferkosten wie beschrieben senken, so dass durch ihre Einschaltung potenziell in allen Phasen des Transaktionsschemas eine Senkung von Transaktionskosten möglich ist.

2.2   Ein generisches Wertschöpfungssystem als Grundlage der weiteren Untersuchungen

Basierend auf den frühen Arbeiten von ALDERSON und BUCKLIN haben die hier präsentierten Ansätze zur Gestaltung von Marketing- bzw. Distributionskanälen einen entscheidenden Beitrag zur Fragestellung geleistet, wie und in Abhängigkeit von welchen Faktoren Distributionssysteme strukturiert werden sollten.[326] Insbesondere die Vor- und Nachteile der Einschaltung von Intermediären wurden umfassend dargestellt. Es entsteht somit ein umfangreiches Verständnis von Distributionsstrukturen im Downstreamsegment von Wertschöpfungssystemen. Damit ist eine umfassende Grundlage für die am Ende der Arbeit geplante Bildung von Konfigurationen aus Gütertypen und Distributionsstrukturen gelegt. Allerdings muss bei der Mehrzahl der Ansätze eine einseitige Fokussierung auf den zum Endkunden gerichteten Teil von Wertschöpfungssystemen kritisiert werden, die in Abbildung 16 dargestellten Strukturen im Bereich der Rohstoff- und Vorproduktzulieferer werden allzu häufig wenig oder überhaupt nicht betrachtet

Als Fazit aus den Überlegungen zur Struktur von Wertschöpfungssystemen kann festgehalten werden, dass mit den Ansätzen aus der Marketing- und Distributionsliteratur eine solide Grundlage für die geplante Untersuchung vorhanden ist. Die in der folgenden Abbildung 21 dargestellte generische Wertschöpfungs-struktur bildet deshalb die Basis für die Untersuchungen in Kapitel C und D dieser Arbeit. Dargestellt sind, gruppiert um die Stufe der Produzenten oder OEMs (Original Equipment Manufacturer, in der Abbildung mit einem „P" bezeichnet), jeweils vier Wertschöpfungsstufen auf der „upstream" und „downstream" Seite. Im Upstreambereich handelt es sich um Rohstofflieferanten sowie um drei Wert-schöpfungsstufen, hier als Zulieferebenen (Z_1 – $Z3$) bezeichnet. Dies können Hersteller von Vorprodukten für den OEM oder aber Unternehmen mit rein inter-mediären Funktionen, also z.B. der Produktionsverbindungshandel, sein. Downstream sind zwischen Produzenten und Endkonsumenten ebenfalls drei generische Stufen (A_1 – A_3) unter der Bezeichnung Abnehmerebene dargestellt. Sie repräsentieren ein mögliches mehrstufiges Distributionssystem unter Einschaltung von bis zu drei Handelsstufen.

---

[326]   Vgl. Alderson (1950) und Bucklin (1965). Vgl. auch Lambert/Cooper/Pagh (1998), S. 3.

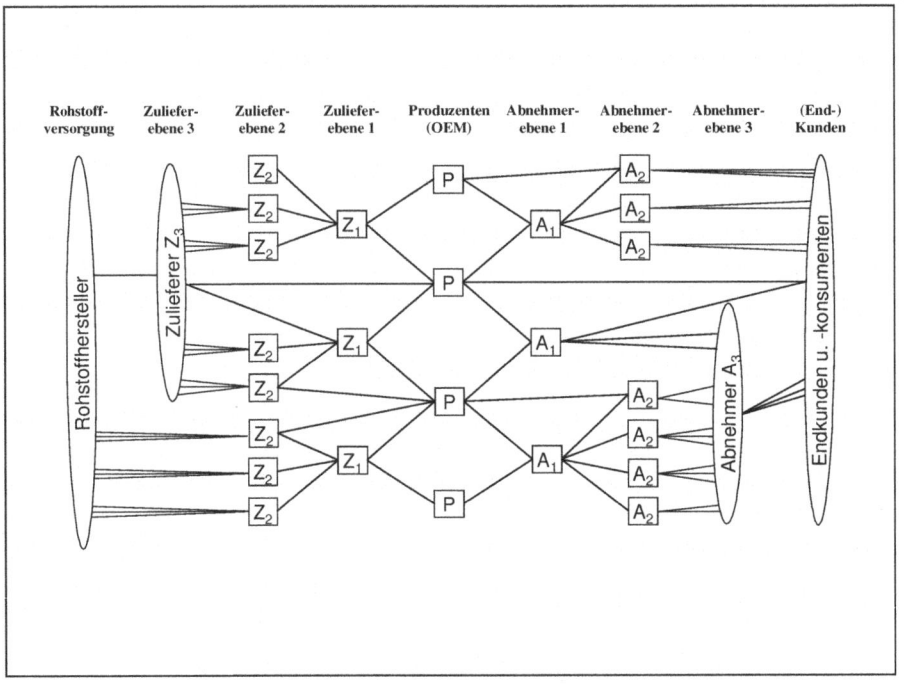

Abbildung 21:   Generische Wertschöpfungsstruktur

Die Verbindungen zwischen den einzelnen Stufen der in Abbildung 21 dargestellten generischen Wertschöpfungsstruktur deuten bereits an, dass unter bestimmten Bedingungen bestimmte Ebenen nicht benötigt werden, es ist also eine Disintermediation möglich. Ziel des folgenden Kapitels ist es nun, zu untersuchen, inwieweit internetbasierte IKT Einfluss auf die Struktur von Wertschöpfungs-strukturen hat. Dazu werden zunächst die Literaturbeiträge zu den zwei Hauptfrage-stellungen

-   Änderung der Koordinationsform ökonomischer Aktivitäten durch IKT und

-   Disintermediation von Wertschöpfungsstufen durch Internet-technologie

vorgestellt, um dann als Schlussfolgerung die auf Basis dieser Beiträge identifizierten Veränderungen in Wertschöpfungsstrukturen zu beschreiben. Grund-legendes Untersuchungsinstrumentarium ist dabei die Transaktionskostentheorie. Bereits an dieser Stelle soll auf eine wichtige Einschränkung hingewiesen werden: Die im anschließenden Kapitel durchgeführte Untersuchung des Einflusses von IKT auf die Koordination innerhalb von Wertschöpfungsstrukturen und die Vorteil-haftigkeit von Intermediären bezieht sich auf die gesamte Wertschöpfungskette, es werden Phänomene im Upstream- und Downstreambereich untersucht. Die anschließende Bildung von Gütertypen im Electronic Commerce fokussiert dagegen nur noch auf den Downstreambereich, da dort die Auswirkungen der Internettechnologie durch die Möglichkeiten der direkten Anbindung des Endverbrauchers erheblich stärker sind als im Upstreambereich.

C Auswirkungen des Einsatzes von Internettechnologie auf Wertschöpfungsstrukturen

Ziel dieses Kapitels ist es, die durch die elektronische Abwicklung von ökonomischen Aktivitäten verursachten strukturellen Veränderungen in Wertschöpfungssystemen herauszuarbeiten. Dabei lassen sich die zu untersuchenden Phänomene grob zwei Kategorien zuordnen: Das verstärkte Auftreten von marktlicher Koordination von Transaktionen in Form von elektronischen Marktsystemen[1] einerseits und die Disintermediation[2] von Wertschöpfungsstufen andererseits. Deshalb sollen die genannten Phänomene theoretisch fundiert dargestellt werden, um darauf aufbauend Schlüsse auf Veränderungen in Wertschöpfungsnetzwerken ziehen zu können.

Im Mittelpunkt der Betrachtungen stehen die Auswirkungen, die Internettechnologie auf die Koordination ökonomischer Aktivitäten allgemein und die Struktur von Wertschöpfungs-, insbesondere Distributionsstrukturen, im Speziellen hat. Es wäre allerdings falsch, zu behaupten, dass erst die Internettechnologie zu Veränderungen geführt hat. Die meisten Effekte, die ihr zugeschrieben werden, gelten allgemein für IKT. Die Internettechnologie stellt lediglich, vor allem durch die Ermöglichung der Anbindung von Endkunden, einen erheblichen technologischen Fortschritt im Bereich der IKT dar, so dass die allgemeinen Effekte von IKT noch stärker zu beobachten sind. Vor diesem Hintergrund sind die folgenden Untersuchungen zu sehen, die eher allgemeine, noch aus der Zeit vor einer flächendeckenden Verbreitung des Internets stammenden Ansätze präsentieren, die generelle transaktionskostensenkende Eigenschaften von IKT in den Mittelpunkt der Betrachtungen stellen. Abschnitt C.I fokussiert dementsprechend auf eine mögliche Verschiebung zwischen den klassischen Koordinationsformen Markt, Hierarchie und Kooperation, hervorgerufen durch die Beeinflussung von transaktionskostenbestimmenden Faktoren[3] durch IKT. Dabei werden zunächst Ansätze vorgestellt, die einen Übergang zu mehr marktlicher Koordination vorhersagen („Electronic Market Hypothesis"), um dann auf Ansätze, die ein Vordringen

---

[1]   Siehe zu Elektronischen Marktsystemen z.B. Malone/Yates/Benjamin (1987), Malone/Yates/Benjamin (1989), Bakos (1991), Schmid (1993), Strader/Shaw (1997), Picot/Bortenlänger/Röhrl (1997), Bakos (1997), Lee (1998), Bakos (1998), Daniel/Klimis (1999), Strader/Shaw (2000), Schmid (1999).

[2]   Siehe zu Intermediation und Disintermediation allgemein z.B. Cosimano (1996), Spulber (1996) oder Fingleton (1997) und für Disintermediation durch den Einsatz von IKT z.B. Sarkar/Butler/Steinfield (1995), Benjamin/Wigand (1995), Bailey/Bakos (1997), Sarkar/Butler/Steinfield (1998), Jallat/Capek (2001) oder Lucking-Reiley/Spulber (2001).

[3]   Vor allem die Spezifität der Transaktion, die Unsicherheit und die Häufigkeit, vgl. Kapitel B dieser Arbeit zur Transaktionskostentheorie.

© Springer Fachmedien Wiesbaden GmbH, ein Teil von Springer Nature 2004
M. Gehring, *Auswirkungen von Internettechnologie auf Wertschöpfungsstrukturen*,
Edition KWV, https://doi.org/10.1007/978-3-658-24074-5_3

kooperativer Koordinationsformen durch IKT prognostizieren („move-to-the-middle Hypothesis"), einzugehen. Im Anschluss sollen die vorgestellten Ansätze - basierend auf den transaktionskostentheoretischen Grundlagen des Kapitels B - bewertet werden, um abschließend eine Typologisierung elektronischer Marktsysteme vorzunehmen.

Der zweite Untersuchungsstrang in Abschnitt C.II beschäftigt sich mit der Frage, inwieweit IKT über eine Änderung der Koordinationsform hinaus zum Wegfall von Stufen in der Wertschöpfungskette (Disintermediation) führt. Auch hier sollen wiederum zunächst Beiträge aus der Literatur zu Disintermediation und Reintermediation durch IKT vorgestellt werden, um abschließend zu einem eigenen Urteil zu kommen. Bei der Frage der Disintermediation steht deutlich stärker die Internettechnologie im Mittelpunkt, da sie es auf der Downstreamseite ermöglicht, dass Endkonsumenten direkt Kontakt zur produzierenden Stufe aufnehmen und somit das Potenzial zur Ausschaltung klassischer Intermediäre besteht. Insgesamt sollen die Darstellungen in Kapitel C dazu führen, das Spektrum der möglichen Veränderungen von Wertschöpfungsstrukturen durch IKT aufzuzeigen, um in Kapitel D eine Zuordnung von Gütertypen zu den verschiedenen Distributionsformen vornehmen zu können.

I Veränderungen der grundlegenden Koordination ökonomischer Aktivitäten durch Informations- und Kommunikationstechnologie

Informations- und Kommunikationstechnologie hat mit ihrer zunehmenden Leistungsfähigkeit dafür gesorgt, dass viele innerbetriebliche Prozesse erheblich schneller und dabei oft kostengünstiger abgewickelt werden können, als dies zuvor möglich war. Beispiele für das Potenzial der IKT im innerbetrieblichen Bereich sind Abrechnungs-, Textverarbeitungs-, Tabellenkalkulations- und Datenverarbeitungssysteme. Ermöglicht wurden die großen Produktivitätsfortschritte durch IKT jedoch erst dadurch, dass die für sich genommen auch schon sehr produktiven Einzelanwendungen innerhalb der Unternehmen vernetzt wurden und so ein durchgängiger innerbetrieblicher Informationsfluss entstand. Gleichzeitig beeinflusste IKT dadurch maßgeblich organisatorische Prozesse.[4]

Damit wurde der Einsatz von IKT eine Möglichkeit zur Erlangung von Wettbewerbsvorteilen, wie PORTER/MILLAR feststellen:

> „Information technology is an increasingly important lever that companies can use to create competitive advantage."[5]

---

[4]   Vgl. z.B. Huber (1990), S. 47ff. oder Frese (1998), S. 128ff.
[5]   Vgl. Porter/Millar (1985), S. 155.

Die Nutzung von IKT kann die Struktur ganzer Branchen verändern, indem sie eine oder mehrere der von PORTER beschriebenen Wettbewerbskräfte beeinflusst.[6] Darüber hinaus stellt sich jedoch die grundlegende Frage, inwieweit IKT Einfluss auf die Koordination ökonomischer Aktivitäten an sich hat, das heißt ob diese Aktivitäten, wenn sie durch IKT unterstützt werden, stärker durch Marktmechanismen, Hierarchien oder Kooperationen koordiniert werden als dies früher der Fall war. Zu dieser Fragestellung existieren in der Literatur eine Reihe von Beiträgen. Tenor dieser Beiträge ist die sogenannte „Electronic Market Hypothesis"[7] (EMH). Kernaussage ist hier, dass durch die Möglichkeiten des Einsatzes von IKT eine verstärkte Nutzung der Koordinationsform „Markt" zu beobachten sein wird. Als theoretische Grundlage dient den Vertretern dieser These die Transaktionskostentheorie. Der EMH stehen einige Vertreter der „move-to-the-middle Hypothese" gegenüber, die die Auffassung vertreten, dass der Einsatz von IKT eher zu einer verstärkten Nutzung kooperativer Koordinationsformen führen wird.[8] Sie basieren ihre Hypothese ebenfalls auf transaktionskostentheoretischen Überlegungen.[9]

1 Die „Electronic Market Hypothesis"

Die Art und Weise, in der ökonomische Aktivitäten koordiniert werden, hängt aus Sicht der Transaktionskostentheorie, wie in Kapitel B beschrieben, von der Höhe der Transaktions- und Produktionskosten ab, die während der Erstellung eines Gutes bei den jeweiligen Koordinationsformen anfallen. Eine Reihe von Faktoren kann auf diese beiden Kostenblöcke einwirken, z.B. regulatorische Rahmenbedingungen, das Wettbewerbsverhalten von anderen Marktteilnehmern und andere mikro- wie makroökonomische Einflüsse.[10] Ein weiterer wichtiger Einflussfaktor ist der technische Fortschritt. Er ermöglicht beispielsweise neue Produktionstechnologien, als Beispiele seien hier die Fließbandfertigung oder der Einsatz von Robotern im

---

[6]   Vgl. Porter (1980). Nach PORTER wird die Intensität des Wettbewerbs in einer Branche bestimmt durch die Verhandlungsmacht der Zulieferer, die Verhandlungsmacht der Abnehmer, die Gefahr von Substitutionsprodukten, die Bedrohung durch neue Konkurrenten und die Rivalität innerhalb der Branche. Jede dieser Wettbewerbskräfte kann durch den Einsatz von IKT beeinflusst werden, vgl. Porter (1985), S.153f. PORTER hat sich ebenfalls umfangreich mit den Auswirkungen des Internets auf Branchenstruktur und Wettbewerbsstrategien beschäftig und kommt n seinem Beitrag von 2001 zu dem Ergebnis, dass zwar die Internettechnologie Einfluss auf die Branchenstrukturkräfte hat, die Notwendigkeit einer fundierten Strategiebildung aber weiterhin bestehen bleibt. Vgl. Porter (2001), S. 62ff.

[7]   Vgl. z.B. Malone/Yates/Benjamin (1987), Malone/Yates/Benjamin (1989), Brynjolfsson/Malone/ Gurbaxani et al. (1994), Picot/Bortenlänger/Röhrl (1997), Daniel/Klimis (1999).

[8]   Vertreter sind hier vor allem Clemons/Row (1992) und Clemons/Reddi/Row (1993).

[9]   Vgl. z.B. Clemons/Reddi/Row (1993), S. 11ff.

[10] Vgl. Malone/Yates/Benjamin (1987), S. 484.

Automobilbau genannt. Bestandteil des technischen Fortschritts sind die Entwicklungen im Bereich der IKT. Diese können sich ebenfalls erheblich auf die Höhe der Produktionskosten auswirken, z.B. durch den Einsatz von Steuerungs- software oder neue Anwendungsmöglichkeiten im Bereich des Designs.[11] Darüber hinaus hat insbesondere IKT Einfluss auf die Art und Weise, in der Transaktionen abgewickelt werden können.[12] Grundtenor der EMH ist, dass IKT zu einer verstärkten marktlichen Abwicklung von Transaktionen führt. Die wichtigsten Beiträge zur EMH werden im Folgenden vorgestellt.

1.1 Die Beiträge von MALONE ET AL.

Als wichtigste Vertreter der EMH können MALONE ET AL. angesehen werden, da sie sich als erste auf Basis der Transaktionskostentheorie mit dem Einfluss von IKT auf die Koordination ökonomischer Aktivitäten auseinandergesetzt haben.[13] Sie bemerken in Bezug auf den Einfluss von technischem Fortschritt in der IKT auf die Koordination von ökonomischen Prozessen:

> „Since the essence of coordination involves communicating and processing information, the use of information technology seems likely to decrease these costs (...). By reducing the costs of coordination, information technology will lead to an overall shift toward proportionately more use of markets - rather than hierarchies - to coordinate economic activity."[14]

MALONE ET AL. schreiben dies drei Effekten, die der Einsatz von IKT mit sich bringt, dem „*electronic communication effect*", dem „*electronic brokerage effect*" und dem „*electronic integration effect*", zu.[15]

Der „*electronic communication effect*" beschreibt die allgemein anerkannte Tatsache, dass es IKT erlaubt, mehr Informationen in einem bestimmten Zeitraum zu transportieren (bzw. die gleiche Menge an Informationen in einem kürzeren Zeit- raum), als dies ohne IKT (bzw. mit einer älteren Version der entsprechenden IKT)

---

[11] Z. B. in Form von Computer Aided Design (CAD).

[12] Vgl. für viele z.B. Malone/Yates/Benjamin (1987), S. 484, Bakos/Brynjolfsson (1993), S. 38f., Clemons/Reddi/Row (1993), S. 9ff., Steinfield/Kraut/Plummer (1995) und zur Rolle von Informationen in der Transaktionskostentheorie Picot/Bortenlänger/Röhrl (1997), S. 108.

[13] Vgl. Malone/Yates/Benjamin (1987) und (1989). Bemerkenswert ist auch, dass diese Überlegungen lange vor der flächendeckenden kommerziellen Verbreitung von Internettechnologie angestellt wurden.

[14] Malone/Yates/Benjamin (1987), S. 484 und 486. Vgl. zu dieser Hypothese auch Malone/Yates/Benjamin (1989), S. 166 und 169f. oder Daniel/Klimis (1999), S. 319 und 324.

[15] Vgl. Malone/Yates/Benjamin (1987), S. 488ff.

möglich gewesen wäre.[16] Dabei wird zu Recht darauf hingewiesen, dass dieser Effekt natürlich zunächst einmal sowohl für marktliche als auch für hierarchische Transaktionen und die damit verbundene Informationsübermittlung gilt.[17]

Unter dem „*electronic brokerage effect*" verstehen MALONE ET AL. die Möglichkeiten, die IKT bietet, um automatisiert eine Maklerdienstleistung durchzuführen. IKT übernimmt dabei die Funktion, Käufer und Verkäufer zueinander zu bringen, ohne dass diese sich individuell untereinander abstimmen müssen. Die generellen Vorteile eines solchen Maklers sind bereits in Abschnitt B.II.3 bei der Darstellung von Intermediärsfunktionen beschrieben worden. MALONE ET AL. basieren ihre Überlegungen auf den Intermediärsfunktionen und sehen die Vorteile des „*electronic brokerage effect*" erstens in Form einer Steigerung der zur Verfügung stehenden möglichen Transaktionspartner, zweitens in der Verbesserung der Qualität des letztendlich ausgewählten Angebots und drittens in einer Verringerung der Kosten des gesamten Transaktionsprozesses.[18] Leider führen sie nicht weiter im Detail aus, wie diese Vorteile zustande kommen.

Während die ersten beiden Effekte die Bildung von Märkten unterstützen, beschreibt der „*electronic integration effect*" die Möglichkeiten, die IKT zur Verbesserung des Datenaustauschs zwischen Wertschöpfungsstufen bietet. Dadurch wird eine genauere Abstimmung der Prozesse zwischen den Stufen möglich. Das heißt es erfolgt nicht nur eine schnellere Informationsübermittlung, sondern auch eine verbesserte, weil gemeinsame, Gestaltung der Prozesse an sich.[19] Als Beispiele hierfür nennen MALONE ET AL. gemeinsame Produktentwicklungen in Form von CAD oder CAM Projekten[20] oder ein gemeinsames Bestandsmanagement über Wertschöpfungsstufen hinweg bis hin zur Ermöglichung einer „Just-in-time" Produktionssteuerung.[21]

Diese allgemeinen Effekte des Einsatzes von IKT, die für sich genommen noch keine fundierte Aussage über einen Trend zu mehr marktlicher Koordination darstellen, bilden die Grundlage für eine transaktionskostenorientierte Analyse, die MALONE ET AL. durchführen, um ihre EMH zu stützen.

Sie argumentieren, dass eine proportionale Senkung der Transaktionskosten, sowohl bei marktlicher als auch bei hierarchischer Koordination, dazu führen wird,

---

[16]   Vgl. Malone/Yates/Benjamin (1987), S. 488, Malone/Yates/Benjamin (1989), S. 167. Oder wie GROTH bemerkt: "The basic price/performance level of computers has improved more rapidly than for any other technology we have seen...", Groth (1999), S. 181. Für einen kurzen Überblick über die Entwicklung von Rechnerleistungen und Datenspeicherung siehe auch Groth (1999), S. 187ff.

[17]   Vgl. Malone/Yates/Benjamin (1987), S. 488.

[18]   Vgl. Malone/Yates/Benjamin (1987), S. 488.

[19]   Vgl. Malone/Yates/Benjamin (1987), S. 488-489.

[20]   CAD = Computer Aided Design, CAM = Computer Aided Manufacturing.

[21]   Malone/Yates/Benjamin (1987), S. 488.

dass insgesamt die marktliche Koordination vorteilhafter wird.[22] Denn wie in Abschnitt B.II.3 gezeigt, bestehen die gesamten Koordinationskosten einer Koordinationsform jeweils aus Transaktions- und Produktionskosten. Annahmegemäß sind die Produktionskosten des Marktes vergleichsweise niedriger als die von Hierarchien wegen erzielbarer economies of scale.[23] Daher resultiert eine prozentual gleiche Senkung der Transaktionskosten marktlicher und hierarchischer Koordination (z.B. durch IKT-Einsatz) in einer größeren Senkung der gesamten Koordinations-kosten bei marktlicher Koordination.[24]

Zur Verdeutlichung ist in Abbildung 22 links der Fall als Ausgangssituation dargestellt, in dem die Summe aus Produktions- und Transaktionskosten bei marktlicher und hierarchischer Koordination gleich hoch ist. Es handelt sich somit um den in Abbildung 11 auf Seite 61 dargestellten Punkt S_2*, an dem bei Berücksichtigung von Produktions- und Transaktionskosten der Übergang von marktlicher zu hierarchischer Koordination stattfindet, da dort die permanenten Produktionskostenvorteile marktlicher Koordination (Δ_P in Abbildung 11) erstmals von den mit zunehmender Spezifität des Transaktionsgegenstandes auftretenden Transaktionskostennachteilen der Koordinationsform Markt (Δ_{TAK}) kompensiert werden. Marktliche und hierarchische Koordination haben bei S_2* die gleichen Koordinationskosten. Da aber an diesem Punkt S_2* Δ_P positiv ist, sind die Produktionskosten des Marktes niedriger als die der Hierarchie, und dementsprechend müssen seine Transaktionskosten höher sein.

---

[22]   Vgl. auch Malone/Rockart (1991), S. 95.

[23]   Vgl. Abbildung 11, S. 61. Siehe auch Williamson (1981), S. 548ff. oder Williamson (1996), S. 67f. und die in Abschnitt B.II.2.3 dargestellte Begründung dieses Zusammenhangs. In Bezug auf IKT greifen Malone/Yates/Benjamin (1987), S. 489, Malone/Rockart (1991), S. 95f., Gurbaxani/Whang (1991), S. 63ff. oder Brynjolfsson/Malone/Gurbaxani et al. (1994), S. 1633 die Thematik auf.

[24]   Vgl. Malone/Yates/Benjamin (1987), S. 489, Malone/Rockart (1991), S. 95f. oder Brynjolfsson/Malone/Gurbaxani et al. (1994), S. 1633.

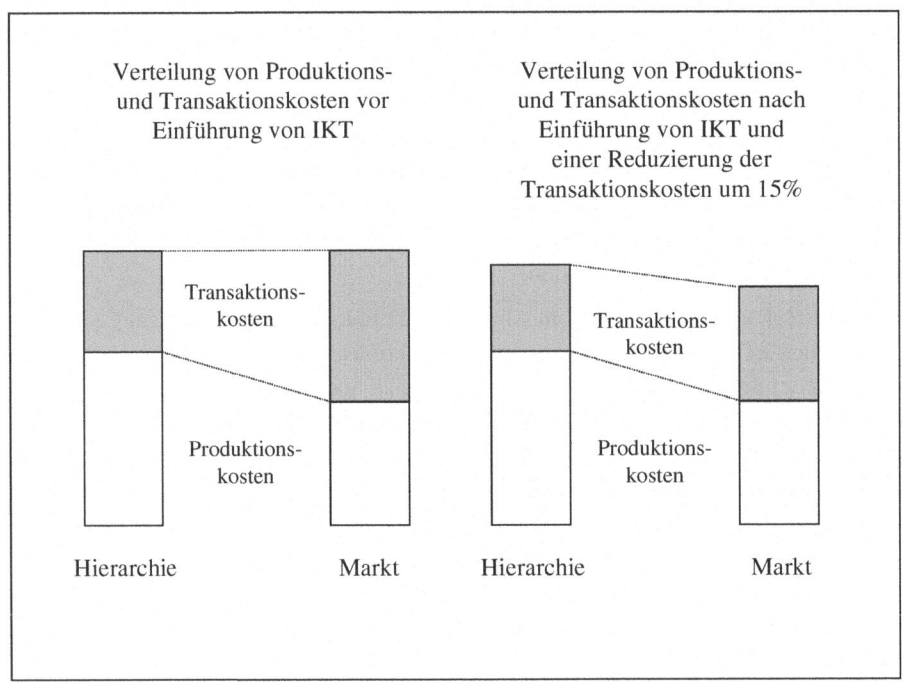

Verteilung von Produktions- und Transaktionskosten vor Einführung von IKT

Verteilung von Produktions- und Transaktionskosten nach Einführung von IKT und einer Reduzierung der Transaktionskosten um 15%

Transaktions- kosten

Produktions- kosten

Hierarchie   Markt   Hierarchie   Markt

Abbildung 22: Einfluss der Senkung von Transaktionskosten auf die Koordinationskosten von Markt und Hierarchie

Auf der rechten Seite von Abbildung 22 ist nun der Fall einer beispielhaften Senkung der (informatorischen) Transaktionskosten um 15% durch den Einsatz von IKT dargestellt. Diese Reduzierung gilt gleichermaßen für marktliche und hierarchische Koordination und bewirkt, da die absoluten Transaktionskosten des Marktes höher sind, dass der IKT-Einsatz marktliche Koordination attraktiver macht. Bezogen auf die in Abbildung 11 dargestellte Grundannahme über die Verteilung von Produktions- und Transaktionskosten bedeutet das eine Verschiebung des Punkts S_2^* nach rechts. Daraus resultiert, dass die marktliche Koordination durch den IKT-Einsatz auch bei höherer Spezifität des Transaktionsgegenstandes vorteilhaft ist.

MALONE ET AL. bemerken in Bezug auf diese einfache, aber auf Basis der Transaktionskostentheorie gerechtfertigte Argumentation:

„We find the simplicity of this argument quite compelling, but its obviousness appears not to have been widely recognized."[25]

Darüber hinaus untersuchen MALONE ET AL. den Einfluss von IKT auf zwei spezifische Transaktionsmerkmale, die über die Höhe von Transaktionskosten

---

[25]   Malone/Yates/Benjamin (1987), S. 489.

entscheiden, „*asset specificity*" und „*complexity of product description*".[26] Während *asset specificity* (Spezifität des Transaktionsgegenstandes) die wohl am häufigsten verwendete Dimension bei transaktionskostentheoretischen Untersuchungen ist, bedeutet die Verwendung der *complexity of product description* (Komplexität der Produktbeschreibung) eine wichtige Anpassung des allgemeinen transaktionskosten-theoretischen Rahmens an die speziellen Erfordernisse hinsichtlich der Effizienz-vorteile von IKT. Unter der Spezifität des Transaktionsgegenstandes wird, wie in Kapitel B ausführlich erläutert wurde, vor allem die Höhe der für die Transaktion zu tätigenden spezifischen Investitionen verstanden.[27] Die *Komplexität der Produkt-beschreibung* bezieht sich dagegen auf die Menge an Informationen, die benötigt wird, um ein Produkt hinreichend zu beschreiben und so eine Transaktions-entscheidung zu ermöglichen.[28] Dabei besteht zwar auf den ersten Blick ein direkter Zusammenhang zwischen der *Komplexität der Produktbeschreibung* und der *Spezifität des Transaktionsgegenstandes*, da viele Produkte, die eine hohe Spezifität aufweisen, auch durch hohe Komplexität gekennzeichnet sind. So benötigt eine speziell für einen Produktionsprozess programmierte Software in der Regel eine ausführliche Produktbeschreibung. Dieser Zusammenhang ist allerdings nicht notwendig gegeben, eine Reihe von Produkten zeichnet sich durch eine hohe Spezifität hinsichtlich der zu tätigenden Investitionen oder ihres Standortes aus, ohne dass ihre Komplexität sehr hoch ist. Als Beispiel sei ein Rohstoff mit hoher Standort-spezifität oder eine Gaspipeline genannt. Beide weisen eine hohe Spezifität auf, die Komplexität ihrer Beschreibung ist aber relativ gering. Das heißt die beiden Dimensionen sind logisch voneinander unabhängig, trotz der häufig auftretenden Korrelation.[29]

Auf Basis der Transaktionskostentheorie lässt sich dann zeigen, dass generell für Produkte mit einer hohen *Spezifität des Transaktionsgegenstandes* und einer hohen *Komplexität der Produktbeschreibung* hierarchische Koordinations-formen überlegen sind. Abbildung 23 zeigt diesen Zusammenhang.

---

[26] Vgl. Malone/Yates/Benjamin (1987), S. 486.
[27] Vgl. Abschnitt B.II.2.3.
[28] Vgl. Malone/Yates/Benjamin (1987), S. 486f.
[29] Vgl. Malone/Yates/Benjamin (1987), S. 486.

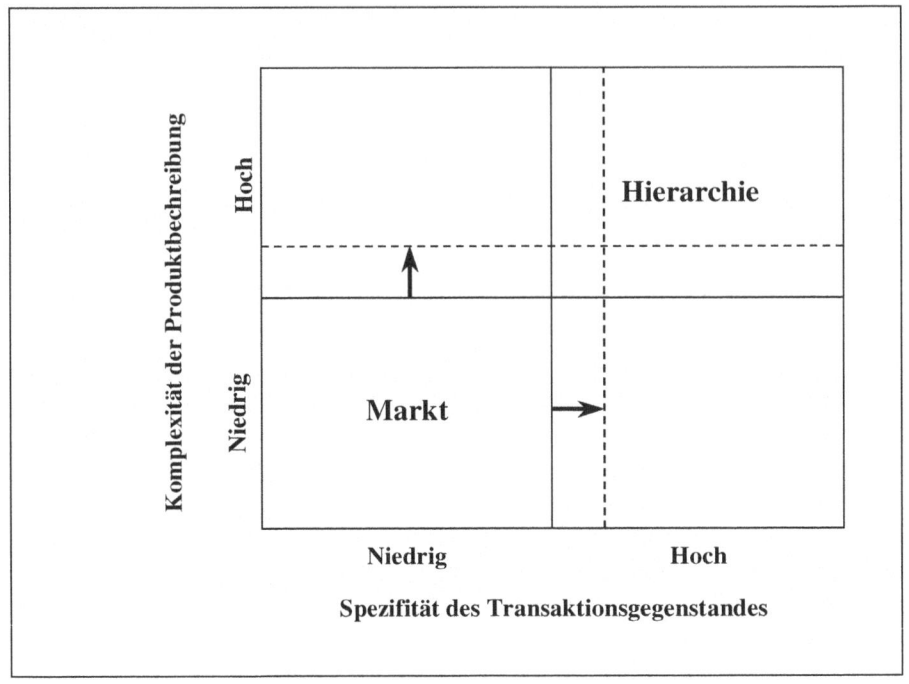

Abbildung 23: Einfluss von IKT auf die Spezifität des Transaktionsgegenstandes und die Komplexität der Produkt-
beschreibung[30]

IKT, so MALONE ET AL., beeinflusst beide Dimensionen in der Art, dass
sowohl die *Komplexität der Produktbeschreibung* als auch die *Spezifität des
Transaktionsgegenstandes* gesenkt werden (in der Grafik eine Verschiebung der
horizontalen Trennlinie nach oben und der vertikalen Trennlinie nach rechts). Dies
wird dadurch begründet, dass einerseits durch Breitbandkommunikation (und später
Internettechnologie) umfangreichere und grafisch unterstützte Produktbeschreibungen
möglich sind und so eine größere Produktkomplexität auch über marktliche
Koordinationsformen handhabbar wird.[31] Weiterhin führt IKT zu einer
Flexibilisierung von Produktionstechnologien und macht diese damit für
unterschiedliche Produktionsprozesse einsetzbar.[32] Dies stellt zwar an sich eine
Reduzierung der Spezifität des Transaktionsgegenstandes dar, genau genommen läuft
die Argumentation von MALONE ET AL. aber auf eine Reduzierung von Produktionskosten hinaus, da sie nicht die reduzierten Kosten der Übertragung von Verfügungs-

---

[30] Quelle: In Anlehnung an Malone/Yates/Benjamin (1987), S. 487.
[31] Vgl. Malone/Yates/Benjamin (1987), S. 489.
[32] Vgl. Malone/Yates/Benjamin (1987), S. 489f.

110

rechten einer solchen flexiblen Maschine thematisieren, sondern die Möglichkeiten der Senkung von Rüstkosten bei ihrer Mehrfachverwendung. Die Argumentation ist also in diesem Fall nicht auf die reinen Transaktionskosten gerichtet.

Eine Senkung von Transaktionskosten tritt aber bei der von MALONE ET AL. angesprochenen Maschine auch auf, da diese nun durch ihre Mehrfacheinsetzbarkeit leichter transferierbar ist. Gemäss der Transaktionskostentheorie sinken damit die Transaktionskosten dieser Maschine, da die Transaktionspartner nun nicht mehr so stark gezwungen sind, ihre Interessen durch umfangreiche Vereinbarungen und Kontrollen zu schützen. Eine Verwendung der Maschine ist nun auch in anderen Einsatzgebieten denkbar und das Scheitern der Transaktion führt nicht zum Komplettverlust im Sinne von sunk costs.[33] Es fallen also Transaktionskosten in Form von Vertragsaushandlungs- und Kontrollkosten weg.

MALONE ET AL. haben durch die Aufnahme einer zweiten Dimension zur Bestimmung von Transaktionskosten einen wichtigen Beitrag zu deren Operationalisierung geleistet. Wie gezeigt, wirkt sich die *Spezifität des Transaktionsgegenstandes* hauptsächlich auf Kosten in der Vereinbarungs- und Kontrollphase einer Transaktion aus.[34] Mit der Aufnahme der *Komplexität der Produktbeschreibung* liegt nun auch ein Faktor vor, der Aussagen über die Höhe von Transaktionskosten in der Anbahnungsphase erlaubt, in der unter anderem die erforderlichen Informationen über das Produkt ausgetauscht werden.

Basierend auf diesen Überlegungen zeigen MALONE ET AL. auf, wie sich elektronische Märkte ihrer Ansicht nach entwickeln werden. Ihre Prognose ist insofern sehr interessant, als dass sie, ohne die technischen Potenziale des Internets zu kennen, einen groben Entwicklungspfad gezeigt hat, der dem tatsächlich eingetretenen sehr nahe kommt.

Als erste Stufe identifizieren MALONE ET AL. *„biased"*, das heißt „parteiische", also an bestimmte Parteien gebundene elektronische Marktplätze. Diese Systeme sind so ausgelegt, dass ein Unternehmen seinen Kunden erlaubt, mit ihm elektronisch Transaktionen abzuwickeln.[35] Prominentes Beispiel hierfür ist das elektronische Buchungssystem, mit dem es United Airlines in den 80er Jahren den Reisebüros ermöglichte, Flüge bei United zu buchen.[36] Es konnten allerdings ausschließlich Flüge bei United über das (für damalige Verhältnisse) sehr benutzerfreundliche System gebucht werden. Auch der Pionier auf dem Gebiet der elektronischen Buchungssysteme in der Luftverkehrsbranche, American Airlines,

---

[33]   Vgl. Abschnitt B.II.1.3.

[34]   Vgl. das Phasenschema einer Transaktion in Abbildung 1.

[35]   Vgl. Malone/Yates/Benjamin (1987), S. 492, Malone/Yates/Benjamin (1989), S. 167.

[36]   Vgl. Malone/Yates/Benjamin (1987), S. 492, Malone/Yates/Benjamin (1989), S. 167-168.

präsentierte mit dem Sabre Buchungssystem zunächst ein „*biased*" System.[37] Zwar lies Sabre auch Buchungen bei anderen Airlines zu, allerdings wurden die Angebote von American deutlich hervorgehoben.[38]

Die nächste Stufe in der Entwicklung elektronischer Märkte, die sich von MALONE ET AL. beobachten ließ, ist der Übergang dieser „*biased*" Marktsysteme zu „*unbiased*" Systemen, das heißt es erfolgt keine bevorzugte Behandlung bestimmter Teilnehmer (meist der Eigentümer des Systems) mehr, die Auswahl von Trans-aktionspartnern erfolgt unabhängig allein auf Basis von Preis- und/oder Leistungs-merkmalen (neutrale Marktsysteme). Im Fall der Buchungssysteme der amerikanischen Airlines erfolgte dieser Übergang allerdings nicht freiwillig, sondern auf Druck der Regulierungsbehörden,[39] ein Vorgang, der für MALONE ET AL. eine natürliche ökonomische Entwicklung darstellt:

> „(...) a biased electronic market will eventually be driven by competitive or legal forces to remove or significantly reduce the bias."[40]

Neutrale elektronische Marktsysteme stellen aber nach Ansicht von MALONE ET AL. noch nicht die ideale Lösung dar, die Neutralität solcher Systeme ist allerdings eine wichtige Voraussetzung für eine umfangreiche Verbreitung. Vielmehr stellen MALONE ET AL. die Prognose auf, dass es wegen der vielen möglichen Alternativen, die ein solches neutrales System liefern kann, zu einer „Personalisierung" (personalized markets)[41] von elektronischen Marktsystemen kommen wird. Implizit wenden sie damit wiederum das transaktionskosten-theoretische Gedankengerüst an, denn sie argumentieren, dass ein neutraler Markt wegen der Fülle von Angeboten mit zu hohen Transaktionskosten in der Anbahnungsphase belastet ist, die begrenzte Rationalität[42] der Nutzer führt zu diesen Kosten. Besonders die Such- und Informationskosten für Partnerauswahl und Preis-/Qualitätsvergleich können in einem solchen System sehr hoch sein.[43]

---

[37] Vgl. zur Geschichte von Sabre als erstem elektronischen Buchungssystem z.B. Goff (1999), S. 78. GOFF beschreibt darin die Entwicklung von Sabre in den 60er Jahren und die Probleme, die es zu überwinden galt, um die Investitionen für ein solches System zu rechtfertigen.

[38] Vgl. Malone/Yates/Benjamin (1987), S. 492, Malone/Yates/Benjamin (1989), S. 167f.

[39] Vgl. Malone/Yates/Benjamin (1987), S. 492, Malone/Yates/Benjamin (1989), S. 167f.

[40] Malone/Yates/Benjamin (1987), S. 492,

[41] Vgl. Malone/Yates/Benjamin (1987), S. 492f.

[42] Vgl. zum Konzept der begrenzten Rationalität Simon (1986), S. 165 und die Ausführungen in Abschnitt B.II.1.3.

[43] Dies ist ein Phänomen, das auch heute, fast 15 Jahre nach den Überlegungen von MALONE ET AL., noch sehr oft zu beobachten ist. Ein gutes Beispiel dafür ist in vielen Fällen immer noch die Recherche nach Informationen im Internet. Dem Benutzer wird zwar eine Menge an Informationen geboten, diese ist jedoch häufig immer noch so unstrukturiert, dass es viel Zeit kostet, die wirklich gewünschte Information zu finden.

Deshalb sehen MALONE ET AL. das Bedürfnis, Marktsysteme zu personalisieren, damit auf Basis von Vorgaben des Benutzers eine geringere Anzahl der am besten für ihn geeigneten Alternativen getroffen werden kann.[44] Einige der Gedanken von MALONE ET AL. zu biased, unbiased und personalisierten elektronischen Märkten werden in Abschnitt C.I.3 wieder aufgegriffen, wenn es um die Klassifikation von elektronischen Marktsystemen geht.

Zusammenfassend kann festgehalten werden, dass der Beitrag von MALONE ET AL. eine interessante und in Retrospektive zutreffende Vorhersage über die Entwicklung elektronischer Marktsysteme darstellt. Die dargestellte Begründung des durch IKT bewirkten Anstiegs marktlicher Koordination in Form der EMH ist vor dem Hintergrund transaktionskostentheoretischer Überlegungen schlüssig. Allerdings wird die entscheidende Grundannahme, dass sich nämlich marktliche und hierarchische Koordination auch hinsichtlich der Produktionskosten unterscheiden wie in Abbildung 22 dargestellt, weder begründet noch kritisch hinterfragt. Auf Basis der in Abschnitt B.II.2.3 dargestellten Argumentation, in der die Produktionskostenvorteile marktlicher Koordination begründet wurden, kann die EMH nun als bestätigt gelten. Sie hat als Folge der Beiträge von MALONE ET AL. einige Beachtung gefunden, eine Vielzahl von Autoren hat sich der Thematik angenommen. Der Großteil von ihnen schließt sich ihren Ergebnissen an und prophezeit ebenfalls einen Anstieg marktlicher Koordination in Form von elektronischen Marktsystemen als Folge des Einsatzes von IKT.

1.2   Die Beiträge von BENJAMIN UND WIGAND

BENJAMIN/WIGAND[45] und WIGAND[46] sehen, basierend auf der Annahme einer preiswerten Vernetzung aller Wirtschaftssubjekte mit Breitbandkommunikationstechnik, das Potenzial für eine Zunahme der Koordination ökonomischer Aktivitäten durch elektronische Märkte.[47] Sie begründen dies mit transaktionskostentheoretischen Überlegungen und verweisen auf MALONE ET AL.[48] Ihre Hauptargumente für den Übergang auf marktliche Koordinationsformen sind:

---

[44]   Vgl. Malone/Yates/Benjamin (1987), S. 493.

[45]   Benjamin/Wigand (1995).

[46]   Wigand (1995).

[47]   Diese Vision geht zurück auf die Diskussion der Etablierung einer National Information Infrastructure (NII), auch "National Information Superhighway" genannt, in den USA zu Beginn der 90er Jahre. Bestehend aus einem Netzwerk aus Glasfaserkabeln sollten sämtliche Haushalte, Unternehmen und öffentliche Einrichtungen in den USA vernetzt werden. Das Internet sollte dabei lediglich eine Applikation sein. Vgl. dazu Benjamin/Wigand (1995), S. 63f. und die dort angegebenen Quellen.

[48]   Vgl. Benjamin/Wigand (1995), S. 65 und Wigand (1995), S. 2.

- Eine Senkung der Transaktionskosten durch IKT erhöht die Vorteil-haftigkeit von marktlicher Koordination.[49]

- Die zu errichtende National Information Infrastructure (NII) hilft, die Komplexität von Produktbeschreibungen und die Spezifität von Trans-aktionsgegenständen zu reduzieren.[50]

- Ein Übergang von herstellerkontrollierten Wertschöpfungsketten zu elektronischen Märkten ist zu erwarten.

- Stakeholder werden sich für marktliche Koordination entscheiden, wenn dadurch trotz niedrigerer erzielbarer Preise ein höherer Umsatz erreichbar ist.

Hinsichtlich dieser Argumente bleibt festzuhalten, dass 1. und 2. auf Argumenten von MALONE ET AL. basieren, während 3. und 4. keine Argumente, sondern lediglich Prognosen sind. BENJAMIN/WIGAND und WIGAND weisen dann auch darauf hin, dass es zwar Argumente für das Entstehen elektronischer Marktsysteme gibt, dass aber zunächst ein Übergang zu elektronischen Beschaffungssystemen einzelner Unternehmen zu beobachten sein wird.[51] Gründe dafür sind:

Unternehmen versuchen zunächst, die Vorteile von IKT im Rahmen ihrer eigenen, hierarchisch organisierten Wertketten zu nutzen. So brauchen sie nicht auf die Kontrolle der Wertkette, vor allem des Beschaffungskanals, zu verzichten.[52]

Unternehmen sehen die Gefahr, die sich durch die Effizienz von Markt-systemen für ihre Margen ergeben. Sie befürchten eine Verschiebung der Aufteilung der Gewinne hin zu den Betreibern von Marktplätzen.[53]

Insgesamt liefern sowohl BENJAMIN/WIGAND als auch WIGAND damit keine neuen Erkenntnisse bezüglich der Art der durch IKT erzielbaren Transaktions-kostensenkungen. Sie prognostizieren vielmehr auf Basis der Kostensenkungen einen anderen Effekt, die Disintermediation von Teilen von Wertschöpfungsketten. Da dieses Phänomen erst im nächsten Abschnitt (C.II) untersucht wird, soll hier nicht näher darauf eingegangen werden. Allerdings ist anzumerken, dass die Argumentation, mit der BENJAMIN/WIGAND und in einem späteren Beitrag WIGAND[54]

---

[49]   Vgl. dazu Abbildung 22.

[50]   Vgl. dazu Abbildung 23.

[51]   Vgl. Benjamin/Wigand (1995), S. 65 und Wigand (1995), S. 2. Dies ist eine Prognose analog zum von Malone et al. aufgezeigten Entwicklungspfad von "biased" über "unbiased" hin zu "personalized" elektronischen Märkten.

[52]   Vgl. Benjamin/Wigand (1995), S. 65, Wigand (1995), S. 2. Als Beispiel wird hier Wal-Mart genannt.

[53]   Vgl. Benjamin/Wigand (1995), S. 66. Wigand (1995), S. 2.

[54]   Vgl. Wigand (1997).

eine Reduktion von Transaktionskosten durch den Wegfall von Wertschöpfungs-stufen[55] erklären, als sehr zweifelhaft anzusehen ist.

Ein Weglassen einer ganzen Wertschöpfungsstufe führt zwar unzweifelhaft zu einem Wegfall von sowohl Transaktions- als auch Produktionskosten. BENJAMIN/WIGAND und WIGAND versäumen es allerdings, dieser Kostenersparnis die neu entstehenden Kosten für die Nutzung des Marktes gegenüber zu stellen. Außerdem fallen durch ein Weglassen einer Wertschöpfungsstufe weitere Kosten an, da Leistungen, die von den Unternehmen auf dieser Stufe erbracht wurden, nun nicht mehr angeboten werden. Ein wichtiges Beispiel hierfür sind z.B. die Funktionen, die der Handel erfüllt, wie sie in Abschnitt B.II.3 dargestellt wurden.[56] Eine umfangreiche Diskussion dieser Disintermediationshypothese erfolgt in C.II dieser Arbeit, wo auf die Beiträge von BENJAMIN/WIGAND und WIGAND detailliert eingegangen wird. Als Fazit bezüglich der EMH bleibt festzuhalten, dass BENJAMIN/WIGAND und WIGAND keine wesentlichen neuen Argumente liefern, da ihre Überlegungen zu den transaktionskostenreduzierenden Wirkungen von IKT nicht detailliert genug sind.

1.3   Die Beiträge von STRADER UND SHAW

Eine detaillierte Aufspaltung von Kostenbestandteilen nehmen STRADER/SHAW[57] vor. Ihr Ziel ist es allerdings lediglich, die Überlegenheit elektronischer Märkte gegenüber konventionellen aufzuzeigen, es erfolgt also kein Vergleich zu anderen möglichen Koordinationsformen.[58] Die Autoren spalten die Kosten der Transaktionspartner wie folgt auf: Für den Käufer identifizieren sie den Produktpreis, Suchkosten, Risikokosten, Distributionskosten, Steuern und Markt-kosten.[59] Vergleicht man diese Aufteilung mit der in dieser Arbeit zugrunde gelegten Aufspaltung einer Transaktion in Form des Transaktionsphasenschemas, dargestellt in Abbildung 1 auf Seite 7, so lassen sich einige der von STRADER/SHAW identifizierten Kostenarten dort wiederfinden und den informatorischen Transaktionskosten bzw. den raum-zeitlichen Transferkosten zuordnen. Suchkosten sind ein Bestandteil der Anbahnungskosten, Risikokosten fallen unter Kosten der Vereinbarungsphase, z.B. Kosten der Aushandlung von Verträgen, um opportunistisches Verhalten zu vermeiden. Es handelt sich also in beiden Fällen um informatorische Transaktions-kosten. Distributionskosten sind Bestandteil der Güteraustauschkosten und damit in der Terminologie dieser Arbeit raum-zeitliche Transferkosten. Steuern sind ein externer Faktor, der für die in dieser Arbeit verfolgte Fragestellung nach der

---

[55]   Vgl. Benjamin/Wigand (1995), S.67f. und Wigand (1997), S. 7f.

[56]   Vgl. auch die dort angegebene Literatur.

[57]   Vgl. Strader/Shaw (1997), Strader/Shaw (2000).

[58]   Vgl. Strader/Shaw (1997), S. 185, Strader/Shaw (2000), S. 86.

[59]   Vgl. Strader/Shaw (1997), S. 191.

optimalen Koordinationsform als unerheblich angesehen wird.[60] Zu diesen Transaktions- und Transferkosten kommt für den Käufer noch der Produktpreis als entscheidender Kostenfaktor. Über den Produktpreis berücksichtigen STRADER/SHAW implizit auch die Produktionskosten des Gutes. Denn der Produktpreis setzt sich aus den Produktions- und Transaktionskosten (informatorische Transaktionskosten und raum-zeitliche Transferkosten) sämtlicher im Wertschöpfungsprozess vorgelagerter Stufen zusammen.[61] Beim letzten von STRADER/SHAW berücksichtigten Kosten- bestandteil aus Käuferperspektive, den Marktkosten, bleibt unklar, was sie darunter verstehen:

> „Market costs are the costs associated with participating in a market."[62]

Verstehen sie darunter die gesamten Kosten, die bei Nutzung des Markt- mechanismus auftreten, so handelt es sich um die bereits erwähnten Such-, Risiko- und Distributionskosten. Es ist deshalb anzunehmen, dass es sich ausschließlich um eventuell anfallende Kosten der Einrichtung und Betreibung von (elektronischen) Märkten[63] bzw. um Nutzungsgebühren handelt.[64]

Analog zur Käuferseite identifizieren STRADER/SHAW auch auf der Verkäuferseite Kosten, die bei der Abwicklung einer Transaktion anfallen können. Im Einzelnen sind dies Marketing- und Werbekosten, Verwaltungskosten, Bestands- kosten sowie wiederum Produktions- und Distributionskosten.[65] Marketing- und Werbekosten können den Kosten der Anbahnungsphase zugerechnet werden und sind damit informatorische Transaktionskosten im Sinne von Suchkosten, die der Anbieter aufbringen muss, um Käufer zu attrahieren. Verwaltungskosten müssen im weiteren Sinne den Produktionskosten zugerechnet werden, während Bestandskosten genau wie Distributionskosten Kosten des raum-zeitlichen Transfers in der Güter- austauschphase sind. Auffällig ist, dass STRADER/SHAW auf Seiten des Verkäufers keine Risikokosten identifizieren. Dies ist nicht nachvollziehbar, da sich der Verkäufer genau wie der Käufer bei steigender Unsicherheit stärker vertraglich absichern muss und so Kosten in der Vereinbarungsphase entstehen.

---

[60] Es ist jedoch durchaus denkbar, dass Steuerbelastungen einen Einfluss auf die Frage nach der optimalen Koordinationsform haben. Dies ist der Fall, wenn unterschiedliche Transaktionsformen unterschiedlich besteuert werden, im Fall von rein hierarchischen Transaktionen treten zunächst keine "Steuerkosten" auf. Dieser Einfluss unterschiedlicher Besteuerung soll jedoch nicht Bestandteil der hier durchgeführten Untersuchungen sein.

[61] Vgl. Strader/Shaw, (1997), S. 191.

[62] Strader/Shaw (1997), S. 191.

[63] Vgl. hierzu Bössmann (1982), S. 664 und die Ausführungen in Abschnitt B.II.2.3.

[64] Vgl. Strader/Shaw (1997), S. 191, Strader/Shaw (2000), S. 88.

[65] Vgl. Strader/Shaw (1997), S. 192.

Ungeachtet solcher Unklarheiten gelangen STRADER/SHAW zu konkreten Ergebnissen hinsichtlich des Unterschiedes zwischen normalen Märkten und elektronischen Märkten bei der Höhe der einzelnen Kostenpositionen. So stellen sie z.B. Nachteile traditioneller Märkte gegenüber elektronischen Systemen bei Preis und Suchaufwand fest. Demgegenüber sehen sie für den Käufer ein geringeres Risiko bei der Transaktionsabwicklung über traditionelle Märkte. Tabelle 9 stellt die von STRADER/SHAW festgestellten Kostenunterschiede zwischen traditionellen und elektronischen Märkten dar.

	Kostenart	Marktform	
		Traditionelle Märkte	Elektronische Märkte
Käuferseitig	Preis	>	
	Suche	>	
	Risiko	<	
	Distribution	<	
	Steuern	>	
	Marktbildung	<	
Verkäuferseitig	Marketing	>	
	Verwaltung	>	
	Bestand	<	
	Distribution	<	

Tabelle 9:   Kostenunterschiede zwischen traditionellen und elektronischen Märkten nach STRADER/SHAW[66]

Auf die Problematik der Verwendung des Produktpreises ist schon weiter oben eingegangen worden. Seine Verwendung als ein Kostenfaktor unter vielen ist nicht sinnvoll, er müsste vielmehr als Gesamtindikator für die Vorteilhaftigkeit einer Marktform verwendet werden, da er sich aus den anderen Kostenbestandteilen

---

[66]   Quelle: In Anlehnung an Strader/Shaw (2000), S. 87 und 89.

zusammensetzt. Zudem ist die Begründung von STRADER/SHAW für ihr Ergebnis, dass Preise auf elektronischen Märkten niedriger sind, nicht nachvollziehbar:

> „Prices in electronic markets are generally lower than in traditional markets. If they were higher then there would be little incentive for consumers to switch to the newer e-markets."[67]

Zwar verweisen STRADER/SHAW auf die niedrigeren Suchkosten in elektronischen Märkten als einen Grund für die ihrer Meinung nach niedrigeren Preise, sie versäumen es aber, die weiteren auf Käufer- und Verkäuferseite anfallenden Kosten und ihre Ausprägungen in traditionellen und elektronischen Märkten genauer zu begründen. Insbesondere ihre Argumentation hinsichtlich der Höhe von Distributions- und Bestandskosten ist eher oberflächlich. So argumentieren sie, dass die Distributionskosten traditioneller Märkte gering sind, weil dort der Konsument selber die „letzte logistische Meile" übernimmt, indem er die Ware im Geschäft kauft. Dies ist zwar richtig, dennoch bedarf es einer umfangreichen Distributionsstruktur, um die Ware in das Geschäft zu bringen – diese würde bei dem von STRADER/SHAW unterstellten Direktversand bei elektronischen Märkten nicht mehr benötigt und entsprechend Kosten eingespart. Auch ist zu bedenken, dass der Endkonsument die „letzte logistische Meile" nicht kostenlos übernimmt, wie STRADER/SHAW es unterstellen. Der Konsument sollte vielmehr bereit sein, begrenztes ökonomisches Rationalverhalten vorausgesetzt, für die ihm bei der Nutzung eines elektronischen Marktes wegfallenden Kosten der „letzten logistischen Meile" eine Prämie für die Direktlieferung zu zahlen, womit gleichzeitig ein Aufschlag auf den Preis bei elektronischen Märkten gerechtfertig wäre.

Somit ist die von STRADER/SHAW vorgenommene Aufspaltung der Kosten, die bei marktlicher Abwicklung einer Transaktion auftreten, ein guter Ansatz, um detaillierter den Einfluss von internetbasierter IKT auf die entstehenden Kosten in den einzelnen Transaktionsphasen zu untersuchen. Jedoch ist die Einteilung der Kosten nicht immer ganz schlüssig, auch die Begründung der unterschiedlichen Kostenniveaus ist, wie beschrieben, nicht immer nachvollziehbar. Dennoch bilden die Überlegungen von STRADER/SHAW hinsichtlich der Kostenaufspaltung eine gute Grundlage für genauere Untersuchungen. Sie sind deshalb trotzdem als wichtiger Bestandteil der Diskussion über die Entstehung von elektronischen Marktplätzen anzusehen.

1.4   Die Beiträge von BAKOS

Mit einer sehr interessanten Reihe von Beiträgen hat BAKOS zur Erforschung der Electronic Market Hypothesis beigetragen.[68] Bei ihm steht nicht die

---

[67]   Strader/Shaw (2000), S. 87.
[68]   Vgl. Bakos (1991), Bakos (1997) und Bakos (1998).

118

Frage im Vordergrund, ob der Einsatz von IKT zu einer Verschiebung weg von hierarchischer Koordination und hin zu mehr marktlicher Koordination führt. BAKOS hinterfragt vielmehr, inwiefern marktliche Transaktionen verstärkt über elektronische Plattformen abgewickelt werden.[69] Die Ergebnisse von BAKOS können aber dennoch zur Unterstützung der EMH herangezogen werden, da er aufzeigt, dass durch den Einsatz von IKT in Form elektronischer Marktsysteme insbesondere die Such- und Informationskosten einer Transaktion gesenkt werden können.[70]

BAKOS identifiziert in seinem ersten Beitrag von 1991 drei Kostenwirkungen, die elektronische Marktsysteme mit sich bringen: Der Senkung von Such- und Informationskosten steht ein großer Block aus notwendigen Investitionskosten für die Errichtung eines solchen Systems sowie nicht unerhebliche Wechselkosten für die einzelnen Teilnehmer gegenüber.[71] Letztere Sichtweise ist dadurch nachvollziehbar, dass dieser erste Beitrag von BAKOS noch nicht die vollen Potenziale von Internettechnologie berücksichtigt, die gerade bei den erforderlichen Investitions- und Wechselkosten eine erhebliche Reduktion mit sich bringt.[72] In späteren Beiträgen sieht BAKOS diese Barrieren explizit durch die Internettechnologie beseitigt.[73]

BAKOS beschäftigt sich intensiv mit dem Einfluss von IKT auf Such- und Informationskosten, indem er anhand eines Modells deren mögliche Reduktion aufzeigt.[74] Dabei untersucht er sowohl die Kosten der Suche nach Preisinformationen als auch die Kosten der Suche nach Qualitätsinformationen und deckt so mit Ausnahme der Kosten der Suche nach Partnerinformationen sämtliche in der Anbahnungsphase auftretenden Transaktionskosten ab.[75] BAKOS unterscheidet Suchkosten in „Commodity Markets" und „Differentiated Markets".[76] „Commodity Markets" zeichnen sich dadurch aus, dass alle Anbieter gleichartige Güter anbieten, das heißt es handelt sich um homogene[77] bzw. neoklassisch-homogene Güter[78], wie z.B. Rohstoffe oder einfache Finanzprodukte. Auf „Commodity Markets" ist somit eine wichtige

---

[69]   Vgl. z.B. Bakos (1998), S. 37f.

[70]   Vgl. für eine analytische Darstellung dieser Kostenreduktion Bakos (1997), S. 1677ff., insbesondere S. 1679ff. Siehe weiterhin Bakos (1998), S. 39f.

[71]   Vgl. Bakos (1991), S. 298.

[72]   Siehe hierzu die Ausführungen zu IKT, insbesondere EDI, in Abschnitt B.I.1.2.

[73]   Vgl. Bakos (1998), S. 37ff.

[74]   Vgl. Bakos (1997), S. 1678ff.

[75]   Vgl. Bakos (1997), S. 1678 und insbesondere S. 1687ff. sowie die Ausführungen in Kapitel 1 dieser Arbeit zu den Bestandteilen der Kosten der Anbahnungsphase. Auch HARRINGTON sieht in dieser differenzierten Betrachtung den wichtigsten Beitrag von Bakos, vgl. Harrington (2001), S. 1727.

[76]   Vgl. Bakos (1997), S. 1677ff.

[77]   Vgl. zum Begriff des homogenen Gutes z.B. Knoblich (1969), S. 72.

[78]   Vgl. z.B. Fritsch/Wein/Ewers (1996), S.212f.

Bedingung für das Vorliegen eines vollkommenen Marktes erfüllt.[79] Suchkosten entstehen also nur noch für die Suche nach Preis- und Partnerinformationen, nicht aber für Produktinformationen. In „Commodity Markets" können schon kleinste Suchkosten zu einer erheblichen Abweichung vom optimalen Marktergebnis führen, weil dann, wie z.B. STIGLITZ gezeigt hat, die Möglichkeit der monopolistischen Preissetzung besteht.[80] Deshalb führt gleichzeitig die Verringerung dieser Suchkosten zu einer starken Verschiebung in Richtung der Idee des klassischen vollkommenen Marktes.[81] Im Detail ist, wie BAKOS feststellt, mit folgenden Veränderungen durch IKT auf „Commodity Markets" zu rechnen:

> „(...) electronic marketplaces will sway equilibria in commodity markets to favor the buyers, will promote price competition among sellers, and will reduce sellers´ market power."[82]

Der durch elektronische Marktsysteme erleichterte Übergang zum (wohlfahrtstheoretischen) Ideal des vollkommenen Marktes bei „Commodity Markets" beinhaltet aber aus betriebswirtschaftlicher Sicht einige Implikationen für die Verkäufer auf den betroffenen Märkten. So werden tendenziell bisher bestehende profitable Oligopole destabilisiert und auf lange Sicht durch die verschärfte Preiskonkurrenz jegliche Profite für die Verkäufer entfallen.[83]

Auf „Differentiated Markets", die den Großteil des Marktgeschehens ausmachen[84], fallen neben Kosten für die Suche nach Preisinformation auch Kosten für die Suche nach Produktinformationen und den Vergleich verschiedener Angebote an.[85] BAKOS zeigt in einem an HOTELLING[86] und SALOP[87] orientierten Modell den

---

[79]   Vgl. zu den Bedingungen des vollkommenen Marktes Wied-Nebbeling (1994), S.3f. und die entsprechenden Ausführungen in Abschnitt B.I.2. Demnach müssen neben der Homogenität der Güter noch vier weitere Bedingungen erfüllt sein, und zwar die Abwesenheit von persönlichen Präferenzen, räumlicher und zeitlicher Differenzierungen sowie das Vorhandensein vollständiger Markttransparenz. Dabei kann die Homogenität des Gutes als die wichtigste Eigenschaft angesehen werden, da bei Vorliegen dieser tendenziell weniger persönliche Präferenzen vorliegen werden sowie eine höhere Markttransparenz herrschen wird.

[80]   Vgl. Bakos (1997), S. 1677. BAKOS verweist in diesem Zusammenhang u.a. auf den Beitrag von Stiglitz (1989).

[81]   Vgl. Bakos (1997), S. 1677.

[82]   Bakos (1997), S. 1677.

[83]   Vgl. Bakos (1997), S. 1677f.

[84]   Vgl. Wied-Nebbeling (1994), S. 4 oder Bakos (1997), S. 1678.

[85]   Besonders dieser Vergleich kann zu erheblichen Kosten in Form von Opportunitätskosten des Vergleichenden führen, da dieser zunächst sämtliche Information besorgen und danach in ein Schema bringen muss, das eine Entscheidung hinsichtlich seiner zumindest zweifachen Zielsetzung (Preis und Qualität) erlaubt. Vgl. zu einem Überblick über diese entscheidungstheoretischen Probleme z.B. Eisenführ/Weber (1994), S. 93ff.

[86]   Vgl. Hotelling (1929).

[87]   Vgl. Salop (1979).

120

Effekt von Suchkosten in „Differentiated Markets". Ursprungsidee der klassischen Modelle ist, dass sich die Konsumentenpräferenzen hinsichtlich der Wahl eines Produkts als räumliche Entfernung darstellen lassen. Der Aufenthaltsort des Konsumenten stellt das optimale Produkt dar und jede Abweichung davon wird durch eine zunehmende Entfernung vom Aufenthaltsort symbolisiert.[88] HOTELLING verwendet eine eindimensionale Darstellung in Form einer Linie, während SALOP die räumlichen Entfernungen auf einem Kreis verwendet („City around the Lake"). Die folgende Abbildung 24 verdeutlicht die Grundideen solcher Modelle der räumlichen Differenzierung.

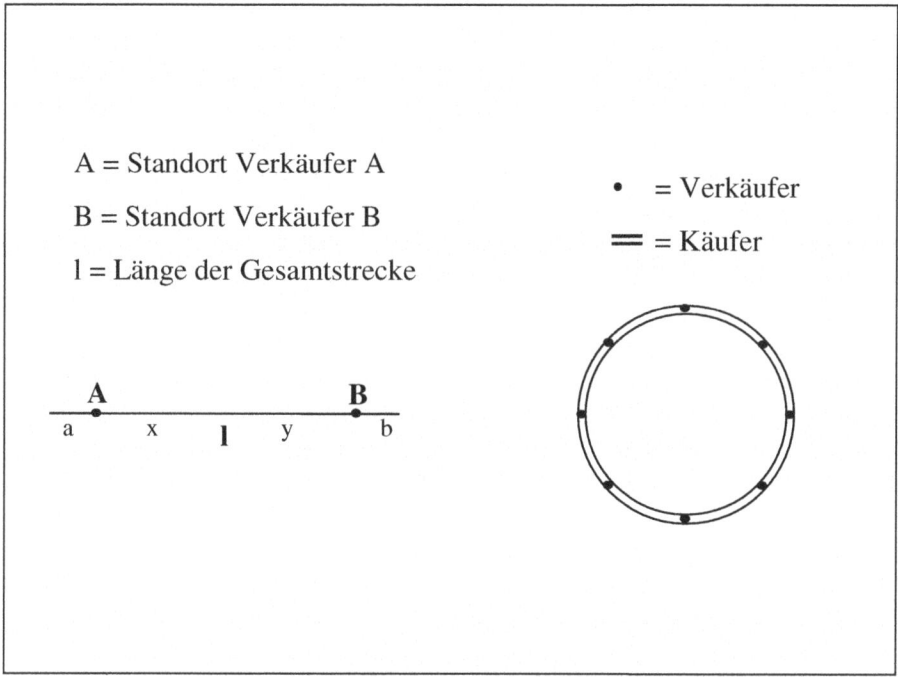

Abbildung 24: Modelle der räumlichen Differenzierung von HOTELLING und SALOP

Im links dargestellten eindimensionalen Modell von HOTELLING gibt die Strecke l die Größe des Gesamtmarktes an. A und B sind zwei Verkäufer eines Gutes. Die Käufer, die auf der Strecke l angesiedelt sind, kaufen Güter von A oder B unter Maßgabe des Preises sowie der Transportkosten, die ihnen entstehen, um die Ware bei A bzw. B abzuholen. Diese werden als linear proportional zur Entfernung angenommen mit einem Transportkostensatz c. Für A bedeutet das, dass er, solange die

---

[88]   Vgl. Hotelling (1929), S. 44f., Salop (1979), S. 143f. und Bakos (1997), S. 1678.

Differenz zwischen seinem Preis und dem von B nicht größer ist als die Transport-kosten von B nach A (Strecke l-a-b multipliziert mit dem Transportkostensatz c), immer zumindest die Käufer im Bereich a gewinnen kann. Wie viele Käufer er zwischen sich und B erreicht (Strecke x) hängt nun von der Differenz der beiden Preise p_A und p_B ab. Analog kann B die Käufer auf der Strecke b attrahieren, wenn sein Preis um nicht mehr als die Transportkosten von A nach B über dem von A liegt. Ebenso gewinnt B Käufer auf dem Abschnitt y für sich in Abhängigkeit der Differenz der Preise p_B und p_A.[89]

Es ist offensichtlich, dass das Modell von HOTELLING problemlos auf die Frage nach der Höhe der Such- und Informationskosten angewendet werden kann, indem die Strecken des Modells nicht als Transport-, sondern als Such- und Informationskosten der Käufer aufgefasst werden. Diese Überlegung ist der Ansatz-punkt von BAKOS. Allerdings verwendet er das in der Abbildung rechts dargestellte Modell von SALOP, in dem auf einem Kreis Verkäufer und Käufer angesiedelt sind.[90] Die Entfernungen zwischen Verkäufern und Käufern werden als Such- und Informationskosten interpretiert. Bakos kommt zu dem Ergebnis, dass bei zu hohen Suchkosten der Markt zusammenbricht.[91] In einem solchen Fall würden die Käufer selbst bei Angebot eines Preises in Höhe von null nicht nachfragen. Dies liegt daran, dass dann die Summe ihrer Suchkosten (hier ausgedrückt als Suchkosten und Opportunitätskosten bei Kauf eines nicht 100% den Vorstellungen entsprechenden Produkts) höher wäre als ihr Nutzen, den sie aus dem (geschenkten) Gut ziehen könnten.[92] In der Terminologie der klassischen Modelle der räumlichen Differenzierung wären dann die Transportkosten für die Käufer höher als der Nutzen, den sie aus einem für sie umsonst bei A oder B im HOTELLING-Modell aus Abbildung 24 bereitliegenden Gut ziehen könnten. Sie würden das Gut in diesem Fall nicht abholen. BAKOS argumentiert, dass elektronische Marktsysteme diese Art von Marktversagen durch Suchkostenreduktion verhindern können und so die verstärkte marktliche Durchführung von Transaktionen begünstigen:

> „By reducing search costs, electronic marketplaces can prevent this
> type of market breakdown. Similarly, they may enable the creation of
> new markets that were not previously possible because of high search
> costs."[93]

Insgesamt kommt Bakos zu dem Ergebnis, dass elektronische Marktsysteme sowohl in „Commodity Markets" als auch in „Differentiated Markets" zu erheblichen Vorteilen vor allem für die Käuferseite führen. Neben einer Reduktion der Suchkosten

---

[89]   Vgl. Hotelling (1929), S. 46.
[90]   Vgl. Bakos (1997), S. 1679ff.
[91]   Vgl. Bakos (1997), S. 1682.
[92]   Vgl. Bakos (1997), S. 1678ff.
[93]   Bakos (1997), S. 1682.

ermöglichen sie niedrigere Preise durch verstärkte Vergleichsmöglichkeiten; als Nebenprodukt verfügen die Käufer über einen insgesamt höheren Informationsstand durch die besseren Suchmöglichkeiten.[94]

Kritisch sind zum Modell von BAKOS zwei Punkte anzumerken. Erstens geht seine Argumentation bezüglich der möglichen Suchkostenreduktion nicht weit genug, da er sie auf die Käuferseite beschränkt. Wie in Abschnitt B.II.1.3 dargestellt, fallen auch auf Verkäuferseite Kosten in der Anbahnungsphase in Form von Kosten der Suche nach Käufern bzw. Kosten der Signalisierung eines Angebots an. Auch bei diesen Kosten bietet internetbasierte IKT in Form elektronischer Marktsysteme z.T. erhebliche Einsparungspotenziale. Von methodischer Seite gibt es Kritik an den Grundannahmen so wie an einigen Teilergebnissen des von BAKOS modifizierten mathematischen Modells, ohne dass jedoch das Ergebnis der möglichen Suchkostenreduktion durch elektronische Marktsysteme in Frage gestellt wird.[95]

In einem späteren Beitrag geht BAKOS auf allgemeinere ökonomische Wirkungen des Einsatzes von internetbasierten elektronischen Marktsystemen ein.[96] Er untersucht darin den Einfluss, den elektronische Märkte auf das Produktangebot, wiederum die Such- und Informationskosten sowie die Abwicklung von Transaktionen haben.[97]

Für das Produktangebot prognostiziert BAKOS zwei Trends: Die verstärkte Personalisierung (customization) von Produkten und einen Fokus auf die informatorische Komponente der Güter im Sinne einer gezielten Nutzung des Internets zur besseren Vermittlung von Produktinformationen.[98] Personalisierung von Produkten wird demnach vor allem durch den interaktiven Charakter des Mediums Internet ermöglicht, so dass die Möglichkeit besteht, mit einzelnen Kunden in Kontakt zu treten und deren Präferenzen so genauer zu bestimmen. Dieses sogenannte „One-to-One-Marketing"[99] ermöglicht gleichzeitig eine engere und möglichst längere Bindung des Kunden an das Unternehmen.[100] Die Erfassung der Kundenpräferenzen ist jedoch nur die Vorstufe einer wirklichen Personalisierung. Komplexe produktions-technische und logistische Fragestellungen werden aufgeworfen, wenn auf Basis dieser Kundenpräferenzen dann individualisierte Produkte gefertigt und geliefert werden sollen. BAKOS berücksichtigt diese Probleme der physischen Eigenschaften

---

[94]   Vgl. Bakos (1997), S. 1684.

[95]   Vgl. Harrington (2001), S. 1727ff.

[96]   Vgl. Bakos (1998).

[97]   Vgl. Bakos (1998), S. 37ff.

[98]   Vgl. Bakos (1998), S. 37f.

[99]   Vgl. zum Begriff des „One-to-One-Marketing" z.B. Peppers/Rogers (1993) oder Pine/Peppers/Rogers (1995).

[100]   Vgl. zum Thema des „life time value" von Kunden z.B. Reichheld/Sasser (1990), Krafft (1998) oder Bruhn et al. (2000).

der Produkte in Produktion und Logistik, die unter dem Oberbegriff der „Mass Customization"[101] zusammengefasst werden können, nicht, sondern beschränkt sich auf die informatorischen Eigenschaften. Hier stellt er besonders die Potenziale heraus, die sich durch den Einsatz internetbasierter elektronischer Marktsysteme für die Digitalisierung von Gütern bzw. für die Trennung des Informationsflusses vom physischen Güterfluss bieten.[102] Wichtig ist sein Hinweis, dass durch die oben beschriebenen Möglichkeiten der individualisierten Kundenansprache und nach Kundenwunsch gefertigten Produkte auch die Möglichkeiten steigen, Preis-differenzierungen zu betreiben. Dies erhöht einerseits die Margen der Produzenten, bedeutet aber andererseits auch, dass eventuell Kunden bedient werden können, deren Zahlungsbereitschaft bisher bei standardisierter Ansprache nicht hoch genug war.[103]

Im Bereich der Such- und Informationskosten liefert BAKOS gegenüber seinen älteren Beiträgen keine neuen Ergebnisse, es geht ihm vielmehr darum, Beispiele für internetbasierte Suchtechnologien vorzustellen.[104]

Als Fazit zu den Untersuchungen von BAKOS lässt sich festhalten, dass er einen sehr wertvollen Beitrag zum Thema der Transaktionskostenreduktion durch IKT geliefert hat, indem er sowohl argumentativ als auch analytisch aufzeigt, wie elektronische Marktplätze die Kosten in der Such- und Informationsphase senken können. Indirekt unterstützt er damit die Electronic Market Hypothesis, wenn man von der generellen Annahme ausgeht, dass marktliche Koordination transaktions-kostenintensiver ist und damit stärker von einer Transaktionskostensenkung profitiert.[105] Die Beiträge von BAKOS sind insofern ein Abbild der gesamten in der Literatur stattfindenden Diskussion über den Einfluss von IKT auf Wertschöpfungs-strukturen, da sie sich auch fast ausschließlich mit der Anbahnungsphase und damit hauptsächlich mit informatorischen Fragestellungen beschäftigen, ohne auf die besonders in der Abwicklungsphase relevanten physischen Auswirkungen der betrachteten Transaktionen einzugehen.

---

[101]   Vgl. zur „Mass Customization" z.B. Hart (1995), Kotha (1995), Pine/Peppers/Rogers (1995), Lampel/Mintzberg (1996), Piller (1997), Baldwin/Clark (1997), Gilmore/Pine (1997) oder Piller/Schoder (1999).

[102]   Vgl. Bakos (1998), S. 38f.

[103]   Vgl. Bakos (1998), S. 40. These ist, dass sich durch den Einsatz von IKT zumindest leichter eine Preisdifferenzierung zweiten Grades durchsetzen lässt. Im Idealfall der Personalisierung wird sogar eine Preisdifferenzierung ersten Grades angestrebt. Denkbar ist ebenso eine Nutzung der gewonnen individuellen Daten zu einer verstärkten zeitlichen Preisdifferenzierung (peak-load-pricing), wenn sich klar getrennte zeitliche Präferenzen ergeben. Vgl. zur klassischen Preisdifferenzierung z.B. Wied-Nebbeling (1994), S. 40ff., zur zeitlichen Preisdifferenzierung z.B. Weintraub (1970), Wenders (1975) oder Schellhaaß (1978).

[104]   Vgl. Bakos (1998), S. 39.

[105]   Vgl. Abbildung 22, S. 108.

1.5 Weitere Beiträge zur Electronic Market Hypothesis

GURBAXANI/WHANG untersuchen noch vor der flächendeckenden Verbreitung des Internets den Einfluss von IKT auf Organisationen und Märkte.[106] Theoretische Grundlagen sind die Prinzipal-Agent-Theorie zur Beurteilung der durch IKT verursachten Verlagerung von Entscheidungsbefugnissen innerhalb von Organisationsstrukturen und der Transaktionskostenansatz, mit dessen Hilfe Aussagen über die Veränderung der optimalen Unternehmensgröße abgeleitet werden.[107] Die Untersuchungen basieren somit ebenfalls auf der Neuen Institutionenökonomie und stellen einen theoretisch sehr fundierten Beitrag dar. GURBAXANI/WHANG kommen zu folgenden Ergebnissen:

IKT senkt zwar die „externen Koordinationskosten" (Kosten der Nutzung des Marktmechanismus), was im Sinne der Argumentation von MALONE ET AL. für eine marktliche Koordination spricht.[108] Im Gegensatz zu MALONE ET AL. halten es GURBAXANI/WHANG aber für möglich, dass IKT-induzierte Senkungen von internen Koordinationskosten (hierarchische Transaktionskosten) die Vorteile der marktlichen Koordination wieder kompensieren. Letztere Argumentation offenbart, das GURBAXANI/WHANG anscheinend nicht von einer unterschiedlichen Verteilung von Transaktions- und Produktionskosten bei Markt und Hierarchie ausgehen[109], denn sonst wäre eine gleichstarke absolute Senkung der Transaktionskosten, wie sie GURBAXANI/WHANG durch die Möglichkeit der Kompensation einräumen, nicht möglich. Letztendlich sind ihre Aussagen damit wenig pointiert:

„(...) a firm's use of IT can result in an increase or decrease in either the horizontal or vertical dimension of firm size."[110]

ROBERTS/MACKAY untersuchen nur sehr kurz die Frage, inwiefern IKT zu mehr marktlicher Koordination ökonomischer Aktivitäten führt.[111] Sie kommen zu dem Ergebnis:

„There may be many products with low *asset specificity* and ease of description that meet the criteria for electronic markets (...). Internet-based electronic commerce opens up further opportunities for applications to support specific procurement-related processes as well as generic electronic markets (...)."[112]

---

[106]   Gurbaxani/Whang (1991).

[107]   Vgl. Gurbaxani/Whang (1991), S. 60 und 63.

[108]   Vgl. Gurbaxani/Whang (1991), S. 60ff.

[109]   Vgl. Abbildung 22, S. 108.

[110]   Gurbaxani/Whang (1991), S. 72.

[111]   Vgl. Roberts/Mackay (1998).

[112]   Roberts/Mackay (1998), S. 177.

Der Schwerpunkt der Untersuchungen von ROBERTS/MACKAY liegt allerdings nicht auf einer transaktionskostenorientierten Untersuchung der EMH. Im Mittelpunkt stehen vielmehr die Einsatzmöglichkeiten von elektronischen Marktsystemen zur Unterstützung der Beschaffungsaktivitäten von Unternehmen, dargestellt an einer Fallstudie über ein britisches Telekommunikationsunternehmen. Somit können auch ROBERTS/MACKAY keine neuen Erkenntnisse hinsichtlich der theoretischen Fundierung der EMH liefern.

Mehr als zehn Jahre nach der Formulierung der „Electronic Market Hypothesis" durch MALONE ET AL. haben schließlich DANIEL/KLIMIS deren Bewertung vor dem Hintergrund neuer Möglichkeiten der IKT vorgenommen.[113] Während sie auf theoretischer Ebene keine neuen Erkenntnisse gewinnen können, da auch sie keine tiefergehende Untersuchung der Auswirkung von IKT auf die einzelnen Transaktionsphasen durchführen, überprüfen sie die EMH empirisch in zwei Branchen, Privatkundenbankgeschäft und Musik.[114] Eine Darstellung dieser und anderer empirischer Studien zur EMH rundet ihre Diskussion ab.

1.6 Empirische Untersuchungen zur Electronic Market Hypothesis

Im Folgenden werden vier empirische Untersuchungen, die sich entweder direkt oder zumindest indirekt mit der EMH auseinandersetzen, analysiert. Dabei handelt es sich um zwei Studien, die die EMH unterstützen, eine Studie, die nur bedingt Hinweise auf die Existenz einer Zunahme marktlicher Koordination findet, und eine Studie, die keine Anzeichen für die Validität der EMH sieht.

Erste Ergebnisse, die die Aussagen der EMH unterstützen, finden sich bei BRYNJOLFSSON ET AL.[115] Im Fokus der Untersuchungen steht hier die Frage, ob Investitionen in IKT zu einer Verringerung der Unternehmensgröße führen.[116] Die Autoren stellen zunächst einen allgemeinen Trend in der amerikanischen Wirtschaft fest, der sich in einer Reduzierung der Angestellten pro Unternehmen und einem Anstieg der Investitionen in IKT ausdrückt.[117] Angesichts dieses Trends kann allerdings noch nicht von einem Zusammenhang zwischen den beiden Größen gesprochen werden, zumal die Anzahl der Angestellten als Proxy-Variable[118] für die Unternehmensgröße einige Schwächen aufweist. So bedeutet eine Verringerung der Mitarbeiterzahl nicht zwangsläufig eine Verringerung der Unternehmensgröße, wenn man diese mit anderen Proxies, wie z.B. dem Umsatz oder der Marktkapitalisierung,

---

[113] Vgl. Daniel/Klimis (1999).
[114] Vgl. Daniel/Klimis (1999), S. 318ff.
[115] Vgl. Brynjolfsson/Malone/Gurbaxani (1994).
[116] Vgl. Brynjolfsson/Malone/Gurbaxani (1994), S. 1628f.
[117] Vgl. Brynjolfsson/Malone/Gurbaxani (1994), S. 1630.
[118] Vgl. z.B. Eisenführ/Weber (1994), S. 66ff.

misst. Dennoch ist das Proxy der Mitarbeiterzahl die in der Empirie zum Untersuchungsgegenstand am häufigsten verwendete Variable.[119] BRYNJOLFSSON ET AL. verwenden deshalb in ihrer empirischen Untersuchung neben der Variable Mitarbeiterzahl zusätzlich noch den Umsatz und die Wertschöpfung der untersuchten Unternehmen.[120] Besonders letztere Messgröße ist sehr interessant, denn sie kommt der für die Frage nach marktlicher oder hierarchischer Koordination wichtigen Größe der Wertschöpfungstiefe sehr nahe.

Bevor sie jedoch die Ergebnisse ihrer Untersuchung vorstellen, führen BRYNJOLFSSON ET AL. eine kurze, aber sehr aufschlussreiche theoretische Diskussion über mögliche Zusammenhänge zwischen IKT-Investitionen und Unternehmensgröße. Sie identifizieren dabei zwei Haupteinflüsse, die IKT auf die Unternehmensgröße nehmen kann.

Zum einen besteht die Möglichkeit, das IKT einen Substitutionsprozess bei den klassischen Produktionsfaktoren auslöst. Durch die Potenziale von IKT kommt es zu einem verstärkten Einsatz des Produktionsfaktors Maschine (in diesem Fall IKT) an Stelle des Faktors Arbeit. Dies würde bedeuten, dass die gleiche Leistung (z.B. die Herstellung eines Gutes) mit weniger Mitarbeitern erbracht werden kann.[121] Diese allgemeine Hypothese der Produktivitätssteigerung durch IKT wird von BRYNJOLFSSON ET AL. jedoch in Frage gestellt mit dem Hinweis, dass empirische Studien keinen solchen Zusammenhang aufzeigen konnten.[122] Vielmehr erscheint IKT als ein Komplement zum Einsatz menschlicher Arbeitskräfte.[123]

Den zweiten Zusammenhang zwischen IKT und Unternehmensgröße sehen BRYNJOLFSSON ET AL. in der möglichen Reduzierung von Koordinationskosten durch den Einsatz von IKT. Dabei bestehen ihren Überlegungen zu Folge drei Möglichkeiten, wie IKT auf diese Koordinationskosten (in der Terminologie der vorliegenden Arbeit: informatorische Transaktionskosten) einwirken kann. Erstens kann es zu einer gegenüber den marktlichen Transaktionskosten überproportionalen Senkung von unternehmensinternen Transaktionskosten kommen.[124] Dies müsste eine verstärkte Nutzung von Unternehmen (Hierarchien) zur Durchführung von Transaktionen nach sich ziehen und damit eine Zunahme der Unternehmensgrößen. Zweitens ist eine überproportionale Senkung marktlicher Transaktionskosten denkbar, vor allem in Form der Reduzierung von Suchkosten und Opportunismus.[125] Das

---

[119]   Vgl. Brynjolfsson/Malone/Gurbaxani (1994), S. 1629.

[120]   Vgl. zur Auswahl der Messgrößen Brynjolfsson/Malone/Gurbaxani (1994), S. 1634.

[121]   Vgl. Brynjolfsson/Malone/Gurbaxani (1994), S. 1629.

[122]   Vgl. hierzu z.B. Brynjolfsson (1993) oder Morrison/Berndt (1990).

[123]   Vgl. Brynjolfsson/Malone/Gurbaxani (1994), S. 1631.

[124]   Vgl. Brynjolfsson/Malone/Gurbaxani (1994), S. 1632.

[125]   Vgl. Brynjolfsson/Malone/Gurbaxani (1994), S. 1632f.

Resultat wäre eine Abnahme der durchschnittlichen Unternehmensgröße. Drittens ist eine gleich starke Absenkung marktlicher und hierarchischer Transaktionskosten denkbar, was, wie schon beschrieben[126], ebenfalls marktliche Koordination vorteilhafter macht und hier zu einer Verringerung der Unternehmensgröße führen müsste.

Basierend auf diesen theoretischen Überlegungen, untersuchen BRYNJOLFSSON ET AL. für den Zeitraum von 1976 bis 1989 den Einfluss von IKT-Investitionen auf die drei Variablen Mitarbeiterzahl, Umsatz und Wertschöpfung als Proxy-Variablen für die Unternehmensgröße. Sie kommen zu dem Ergebnis, dass ein Zusammenhang zwischen IKT-Einsatz und Mitarbeiterzahl besteht. Ein jährlich einprozentiger Zuwachs bei IKT-Investitionen führt über fünf Jahre zu einer Reduzierung der Mitarbeiterzahl um 0,13% p.a. Die statistische Signifikanz liegt hier bei 99,9%.[127] Darüber hinaus lässt sich ein ebenso starker Zusammenhang zwischen IKT und Umsatz sowie Wertschöpfung feststellen. Demnach resultiert eine Verdopplung der IKT-Investitionen in einer Branche in einem 13%igen Rückgang des Umsatzes pro Unternehmen und einem 12%igen Rückgang der Wertschöpfung pro Unternehmen, wiederum über einen Beobachtungszeitraum von fünf Jahren gemessen.[128] Dies lässt BRYNJOLFSSON ET AL. zu folgendem Urteil kommen:

> „There is substantial evidence of a relationship between increased levels of IT investment and smaller firm size. The overall relationship is robust to a variety of specifications and at least four measures of firm size.“[129]

Aus diesem Ergebnis folgt damit auch eine Zunahme marktlicher Koordination durch den Einsatz von IKT, da ja im Beobachtungszeitraum ein normales Wachstum der amerikanischen Wirtschaft stattgefunden hat. Kurz gesagt gab es mehr ökonomische Aktivität, die von überproportional mehr Unternehmen erbracht wurde. Die Koordination dieser Aktivität kann damit nur verstärkt über marktliche Mechanismen erfolgt sein[130] oder durch eine andere, ebenfalls nicht hierarchische Koordinationsform, z.B. Netzwerke oder Adhokratien, wie BRYNJOLFSSON ET AL. abschließend bemerken.[131]

---

[126]   Vgl. Abbildung 22, S. 108.

[127]   Vgl. Brynjolfsson/Malone/Gurbaxani (1994), S. 1638.

[128]   Vgl. Brynjolfsson/Malone/Gurbaxani (1994), S. 1640.

[129]   Brynjolfsson/Malone/Gurbaxani (1994), S. 1641. Die Tatsache, dass Brynjolfsson et al. von vier Messgrößen sprechen, liegt darin begründet, dass sie die Messgröße Mitarbeiterzahl noch einmal unterteilt haben. Für die hier vorgenommene Wiedergabe ihrer Ergebnisse wurde auf diese Unterteilung verzichtet.

[130]   Vgl. Brynjolfsson/Malone/Gurbaxani (1994), S. 1642.

[131]   Vgl. Brynjolfsson/Malone/Gurbaxani (1994), S. 1642.

DANIEL/KLIMIS[132] finden ebenfalls empirische Belege für die Richtigkeit der EMH. Ihre Ergebnisse basieren allerdings nicht auf umfangreichen statistischen Analysen, wie bei BRYNJOLFSSON ET AL., sondern auf Experteninterviews, die 1996 und 1997 in der Finanzbranche und der Musikindustrie geführt wurden.[133] Dabei konnten Hinweise gewonnen werden, dass IKT in diesen beiden Branchen die *Komplexität der Produktbeschreibung* senken kann und so das Potenzial für mehr marktliche Koordination besteht.[134] Darüber hinaus beobachten DANIEL/KLIMIS den von MALONE ET AL. beschriebenen *„electronic brokerage effect"*[135] sowie Beispiele für *biased* und *personalisierte Märkte*.[136] Sie kommen insgesamt zu dem Urteil

> „(...) that the model [die EMH] is generally still valid and it could be expected that both sectors studied will evolve more personalised markets (...)."[137]

Kritisch ist in Bezug auf die Untersuchungen von DANIEL/KLIMIS anzumerken, dass sie keinerlei Auswertungen der von ihnen geführten Experteninterviews oder zumindest Zitate/Auszüge aus diesen benutzen, um ihre Aussagen zu untermauern. Ihre Studie hat damit bei weitem nicht den Aussagewert wie die von BRYNJOLFSSON ET AL.

Zu gemischten Ergebnissen hinsichtlich der EMH kommt eine Untersuchung von HESS/KEMERER aus dem Bereich der Kreditvergabe im Immobilienbereich.[138] Die Autoren untersuchen darin die Veränderungen, die sich durch IKT in dieser Branche, speziell durch die Einführung von Computerized Loan Origination Systems (CLO, computerbasierte Kreditvergabesysteme), ergeben haben. Untersuchungsgegenstand sind fünf unterschiedliche CLOs, die von verschiedenen Unternehmen entworfen und eingesetzt wurden.[139] In allen fünf Fällen führte IKT zu den von MALONE ET AL. und insbesondere BAKOS[140] vorhergesagten Reduzierungen im Bereich der informatorischen Transaktionskosten und hier insbesondere im Bereich der Such- und Informationskosten.[141] Dennoch fand keine verstärkte Nutzung von elektronischen Märkten statt. Das am stärksten genutzte System entsprach vielmehr der von MALONE ET AL. beschriebenen "elektronischen Hierarchie", während diejenigen Systeme, die der Beschreibung eines elektronischen Marktes am

---

132   Vgl. Daniel/Klimis (1999).
133   Vgl. Daniel/Klimis (1999), S. 321.
134   Vgl. Daniel/Klimis (1999), S. 322.
135   Siehe dazu Abschnitt C.I.1.1 und die dort angegebene Literatur.
136   Vgl. Daniel/Klimis (1999), S. 324.
137   Daniel/Klimis (1999), S. 324. Anmerkungen [ ] durch Verfasser hinzugefügt.
138   Vgl. Hess/Kemerer (1994).
139   Vgl. Hess/Kemerer (1994), S. 260f.
140   Vgl. z.B. Bakos (1991), S. 303 oder Bakos (1997), S. 1677ff.
141   Vgl. Hess/Kemerer (1994), S. 266f.

nächsten kamen, nicht sehr lange existierten.[142] Allerdings fand in keinem Fall eine Entwicklung von einem elektronischen Markt hin zu einer elektronischen Hierarchie statt, im Gegenteil, mit Ausnahme des einen (allerdings sehr erfolgreichen) hierarchischen Systems war in allen anderen Fällen eine Entwicklung hin zu marktlicher Koordination zu beobachten wie von MALONE ET AL. prophezeit.[143]

HESS/KEMERER kommen zu dem Schluss, dass die Unterstützung von Kreditvergabeprozessen durch IKT zwar zu einigen Ansätzen von mehr marktlicher Koordination geführt hat, ohne dass aber ein kompletter Übergang zu elektronischen Märkten erfolgt ist. Sie schreiben dies den relativ komplexen Produkteigenschaften zu, die sich vor allem darin äußern, dass die Kreditvergabe nur eine Hälfte des gesamten Prozesses ist, mit dem Immobilienkauf auf Basis des Kredits als zweite Hälfte.[144] Dies würde, im Kontext des Schemas von MALONE ET AL., bedeuten, dass die *Komplexität der Produktbeschreibung* trotz der Möglichkeiten der IKT so hoch bleibt, dass sie nicht unter die gestrichelte waagerechte Linie in Abbildung 23 (Seite 110) fällt und so angesichts der auch recht hohen Spezifität der Investition (der Kredit ist an den Kauf einer Immobilie gebunden) nicht in den Bereich der marktlichen Koordination gelangt.

CLEMONS ET AL. zeigen anhand von einigen Beispielen, dass keinerlei Hinweise auf mehr marktliche Koordination in Folge des Einsatzes von IKT vorliegen.[145] So weisen sie darauf hin, dass im Beobachtungszeitraum von 1980 bis 1990 in der Automobilindustrie zwar die Nutzung von IKT in Form von traditionellem EDI zugenommen hat und auch eine Verringerung der Wertschöpfungstiefe um bis zu 10 % festzustellen war.[146] Trotzdem hat sich die Anzahl der Zulieferer der Automobilproduzenten im gleichen Zeitraum nicht erhöht, wie es bei mehr marktlicher Koordination zu erwarten gewesen wäre, im Gegenteil, sie hat sogar abgenommen.[147] Weiterhin verweisen CLEMONS ET AL. auf die Flugzeugbauindustrie, die Betreiber von Geldautomaten und die Tourismusbranche und stellen fest, dass sich in all diesen Industrien trotz verstärkter Nutzung von IKT zwar ein mit der EMH konformer Anstieg bei der Fremdvergabe von Leistungen beobachten ließ, diese Fremdvergabe aber an eine reduzierte Anzahl von festen Partnern geschah.[148]

---

[142] Vgl. Hess/Kemerer (1994), S. 267f.

[143] Vgl. Hess/Kemerer (1994), S. 267f.

[144] Vgl. Hess/Kemerer (1994), S. 269.

[145] Vgl. Clemons/Reddi/Row (1993).

[146] Vgl. Clemons/Reddi/Row (1993), S. 28.

[147] Vgl. Clemons/Reddi/Row (1993), S. 28.

[148] Vgl. Clemons/Reddi/Row (1993), S. 29f. oder auch Clemons/Row (1992) mit weiteren Beispielen aus der Konsumgüterbranche.

CLEMONS ET AL. gestehen ein, dass ihre Argumentation lediglich auf Beispielen beruht und keine statistische Signifikanz aufweist:

> „A limited set of supporting anecdotes clearly will not constitute statistically compelling support of our hypothesis."[149]

Sie nutzen ihre Beispiele lediglich als flankierende Illustration ihrer theoretischen Ableitung einer „move-to-the-middle" Hypothese (MMH), die im Gegensatz zur EMH einen Anstieg kooperativer Arrangements durch den Einsatz von IKT beschreibt. Mit der Darstellung der MMH beschäftigt sich ein später folgender Abschnitt. Vorher bleibt jedoch festzuhalten, dass allein BRYNJOLFSSON ET AL. eine fundierte empirische Untersuchung im Zusammenhang mit der EMH durchgeführt haben. Ihre Ergebnisse bestätigen die EMH, indem sie eine IKT-induzierte Reduzierung der durchschnittlichen Unternehmensgröße aufzeigen mit der Schluss-folgerung, dass dies nur bei mehr marktlicher Koordination möglich ist. Allerdings verweisen auch sie auf die Möglichkeit kooperativer Arrangements.

1.7   Fazit zur Electronic Market Hypothesis

Sowohl aus theoretischer Sicht auf Basis transaktionskostentheoretischer Argumente als auch aus empirischer Sicht lassen sich Hinweise auf eine Bestätigung der Electronic Market Hypothesis erkennen. Die folgende Abbildung 25 fasst noch einmal zusammen, in welchen Transaktionsphasen die unterschiedlichen Autoren Kosteneinsparungspotenziale durch IKT, und damit eine zunehmende Vorteilhaftigkeit von marktlicher Koordination, identifiziert haben.

---

[149]   Clemons/Reddi/Row (1993), S. 27.

Beitrag	Anbahnung	Vereinbarung	Austausch	Kontrolle, Anpassung, Service
Malone et al.	Reduzierte Komplexität der Produktbeschreibung senkt TAK*	Reduzierte Spezifität des TAG** senkt Vereinbarungskosten		Reduzierte Spezifität des TAG** senkt Kontrollkosten
Benjamin/ Wigand	Reduzierte Komplexität der Produktbeschreibung senkt TAK*			
Strader/Shaw	Reduzierte Such-, Marketing- und Werbekosten	Höhere Transparenz reduziert Risikokosten		Höhere Transparenz reduziert Kontrollaufwand
Bakos	Reduzierte Such- und Informationskosten		Reduzierte Distributionskosten bei Digitalisierung	

*TAK = Transaktionskosten   **TAG = Transaktionsgegenstand

Abbildung 25:   Identifizierte Transaktionskostenwirkung von IKT in unterschiedlichen Literaturbeiträgen

Es zeigt sich, dass der Schwerpunkt der meisten Untersuchungen auf möglichen Einsparungen in der Anbahnungsphase von Transaktionen liegt. Auch in der Vereinbarungs- und Kontrollphase identifizieren die meisten Autoren die Möglichkeit, Transaktionskosten durch IKT-Einsatz zu verringern, da die Transparenz erhöht und die Spezifität des Transaktionsobjektes z.T. gesenkt werden kann. Somit kann insgesamt festgehalten werden, dass IKT eine Reduzierung von Transaktionskosten in der Kontroll- und Vereinbarungsphase einer Transaktion sowie insbesondere in der Anbahnungsphase ermöglicht. Im Sinne der in Abschnitt B.II.2.3 vorgenommenen Aufspaltung der Transaktionskosten sinken also die informatorischen Transaktionskosten. Dies wiederum führt auf Grundlage der in Abbildung 11 auf Seite 61 dargestellten und von MALONE ET AL. aufgegriffenen (siehe Abbildung 22) Verteilung von Produktions- und Transaktionskosten bei unterschiedlichen Koordinationsformen dazu, dass die marktliche Koordination die größte Gesamtkostenreduktion erfährt, da bei ihr der Anteil der Transaktionskosten an den Gesamtkosten am höchsten ist.

Allerdings bleiben die Erkenntnisse teilweise unbefriedigend. Es fehlen vor allem Aussagen zur Austauschphase, insbesondere der Güteraustauschphase, und damit den raum-zeitlichen Transferkosten. Es wird lediglich darauf hingewiesen, dass sich im Fall von digitalisierbaren Gütern auch hier Transaktionskosten einsparen lassen.[150] Für physische Güter werden die Austauschkosten immer ausgeklammert. Vor dem Hintergrund, dass die ansonsten diagnostizierten Transaktionskosteneinsparungen einen Wechsel bei der Koordinationsform, mithin eine veränderte Wertschöpfungsstruktur, nach sich ziehen könnten, muss konstatiert werden, dass in jedem Fall eine Untersuchung der Austauschkosten der neu entstandenen Wertschöpfungssysteme nötig ist. Die präsentierten Ansätze beschreiben neue, stärker marktlich koordinierte Wertschöpfungsstrukturen und setzen dabei implizit voraus, dass die Güteraustauschkosten gleich hoch bleiben. Diese werden sich jedoch bei einem Wechsel der Wertschöpfungsstruktur ebenfalls ändern.

Eine solche Änderung hängt aber stark von der Art der von der Wertschöpfung betroffenen Güter ab. Gütereigenschaften werden im Rahmen der Untersuchungen zur Electronic Market Hypothesis jedoch nur auf einem sehr hohen Abstraktionsniveau behandelt; im Vordergrund stehen die informatorischen Eigenschaften von Gütern, die durch IKT beeinflusst werden können. Das heißt es wird insbesondere untersucht, inwiefern sich in der Anbahnungsphase einer Transaktion die Such- und Informationskosten durch IKT-Einsatz reduzieren lassen. Dies spiegelt sich in den Untersuchungen zur Reduzierung der *Komplexität der Produktbeschreibung* bei MALONE ET AL. und den Beiträgen von BAKOS wieder.[151]

Güter zeichnen sich jedoch durch weitere Eigenschaften aus, die durch IKT nicht beeinflusst werden können und deshalb eventuell einer marktlichen Koordination entgegenstehen könnten, da sie Einfluss auf die in der Abwicklungsphase anfallenden Kosten des Güteraustausches haben. Eine Diskussion von Gütereigenschaften ist deshalb durchzuführen, um letztendlich solche Gütertypen zu identifizieren, die einer marktlichen Koordination nicht nur aus informatorischer, sondern auch aus logistischer Sicht zugänglich sind. Dies ist Gegenstand von Kapitel D.

2   Die move-to-the-middle Hypothese

Wie im Verlauf der Ausführungen zur „Electronic Market Hypothesis" bereits angesprochen wurde, vertreten einige Autoren die These, dass der Einsatz von IKT zu einem Anstieg von hybrider (kooperativer) Koordination im Sinne des Transaktionskostenansatzes führt. Sie sprechen deshalb in Anlehnung an das in Abbildung 13 (Seite 66) dargestellte Kontinuum möglicher Koordinationsformen von einer „move-to-the-middle Hypothesis". In diesem Abschnitt werden ihre Beiträge mit ihren Hauptargumenten dargestellt.

---

[150]   Vgl. insbesondere Bakos (1998), S. 38f., aber auch Strader/Shaw (2000), S. 88f.
[151]   Vgl. Malone/Yates/Benjamin (1987), S. 489.

2.1 Der Beitrag von CLEMONS ET AL.

Auf die wachsende Bedeutung kooperativer Arrangements und ihre theoretische Fundierung im Rahmen der Transaktionskostentheorie ist bereits zu Beginn dieser Arbeit hingewiesen worden.[152] Wie CLEMONS ET AL. anhand einiger Beispiele gezeigt haben, lassen sich kooperative Arrangements auch in Zusammenhang mit dem Einsatz von IKT verstärkt nachweisen[153], eine Tatsache, die in den bisherigen theoretischen Abhandlungen nicht oder nur am Rande berücksichtigt wurde.[154] Sie nehmen dies sowie ihre Beobachtungen aus den in Abschnitt C.I.1.7 beschriebenen Fallstudien zum Anlass, in Form der ebenfalls auf transaktionskostentheoretischen Überlegungen basierenden „move-to-the-middle hypothesis" die kooperativen Potenziale des Einsatzes von IKT darzustellen.[155] IKT sprechen sie drei Eigenschaften zu:[156]

Die Reduzierung von Kosten des Informationsaustauschs, von CLEMONS ET AL. Koordinationskosten, in der vorliegenden Arbeit informatorische Transaktionskosten genannt.

- Die verbesserte Bereitstellung von Informationen, insbesondere bei der Überwachung von Partnern, Kontrollkosten in der Terminologie dieser Arbeit.

- Die Reduzierung der Spezifität von IKT-Investitionen durch die zunehmende Standardisierung der Technologie.

Um den Effekt dieser drei Eigenschaften von IKT auf die Transaktionskosten bei der Koordination ökonomischer Aktivitäten genauer bestimmen zu können, nehmen CLEMONS ET AL. eine Aufspaltung der Transaktionskosten in Koordinationskosten, Operationsrisikokosten und Opportunismuskosten vor.[157] Sie verstehen unter Koordinationskosten sowohl alle administrativen Kosten, die bei der Koordination der Produktion eines Gutes anfallen, als auch alle Such- und Informationskosten, die insbesondere bei marktlicher Koordination auftreten. Der Begriff Koordinationskosten wird hier also anders verwendet als in der grundlegenden Terminologie des Transaktionskostenansatzes. Er bezieht sich sowohl auf die Anbahnungsphase einer Transaktion als auch auf Kostenbestandteile, die eher den Produktionskosten

---

[152]   Vgl. Abschnitt B.II.2.3.

[153]   Vgl. Clemons/Row (1992), S. 9ff. oder Clemons/Reddi/Row (1993), S. 10.

[154]   So erkennen MALONE/YATES/BENJAMIN zwar einen "electronic integration effect" als Folge des Einsatzes von IKT, sehen aber auf dessen Basis eher ein Potenzial für elektronische Hierarchien, während kooperative Arrangements bei ihnen keine Berücksichtigung finden.

[155]   Vgl. Clemons/Reddi/Row (1993), S. 13 oder Clemons/Row (1992), S. 9ff.

[156]   Vgl. Clemons/Reddi/Row (1993), S. 14.

[157]   Vgl. Clemons/Reddi/Row (1993), S. 15.

zuzurechnen sind. Die Abgrenzung zwischen Operationsrisikokosten und Opportunis-muskosten ist nicht klar nachzuvollziehen. Denn als Operationsrisikokosten bezeichnen CLEMONS ET AL. die Kosten, die aus unterschiedlichen Zielen der Transaktionspartner entstehen, speziell Kosten zur Verhinderung von Täuschung.[158] Es handelt sich also bei den Operationsrisikokosten um Kosten der Verhinderung von opportunistischem Verhalten.[159] Deshalb ist hier die Abgrenzung zu den Opportunismuskosten nicht klar, die weitere Bestandteile des Opportunismus-problems wie z.B. Ressourcenkontrolle und die Gefahr des Verlustes spezifischer Investitionen beinhalten.[160]

Trotz dieser unklaren Abgrenzung der Kostenbestandteile kommen CLEMONS ET AL. zu interessanten Ergebnissen. Demnach reduziert IKT die Koordinationskosten erheblich, sowohl bei marktlicher als auch bei hierarchischer Koordination.[161] Ihr Ergebnis deckt sich mit den Analysen von MALONE ET AL. und anderen Studien und bedeutet angesichts der beschriebenen Verteilung von Transaktions- und Produktionskosten bei Markt und Hierarchie einen Kostenvorteil für marktliche Koordination.[162] Weiterhin stellen CLEMONS ET AL. eine Verringerung des Operationsrisikos dadurch fest, dass IKT bessere Möglichkeiten zur Kontrolle der Einhaltung von Vereinbarungen eröffnet und so die Anreize zu opportunistischem Verhalten reduziert.[163] Schließlich reduziert die fortschreitende Standardisierung von IKT die Spezifität der zu tätigenden Investitionen und damit das Risiko ihres Verlustes sowie die Notwendigkeit von Ressourcenkontrolle.[164]

CLEMONS ET AL. kommen zu dem Fazit:

„The combination of reduced coordination costs and operation risk and reduced opportunism risk from IT investments leads to more outsourcing (...). Recent trends in IT (...) enable firms to reduce coordination costs through explicit coordination *without* increasing exposure to operations risk and opportunism risk. (...) this favors the production cost advantages of markets."[165]

---

[158] Vgl. Clemons/Reddi/Row (1993), S. 15.

[159] Opportunismus wird in der Transaktionskostentheorie als die stärkste Form der Verfolgung von Eigeninteressen bezeichnet, vgl. Williamson (1985), S. 47. Opportunismus ist demnach ein "effort to realize individual gains through a lack of candor or honesty in transaction", Williamson (1973), S. 317. Für eine genauere Beschreibung von Opportunismus auf Basis der hier wiedergegebenen Aussagen siehe Abschnitt B.II.2.3 und die dort angegebene Literatur.

[160] Vgl. Clemons/Reddi/Row (1993), S. 16.

[161] Vgl. Clemons/Reddi/Row (1993), S. 19.

[162] Vgl. die Argumentation, die in Abbildung 22, S. 108, dargestellt ist.

[163] Vgl. Clemons/Reddi/Row (1993), S. 20.

[164] Vgl. Clemons/Reddi/Row (1993), S. 21f.

[165] Clemons/Reddi/Row (1993), S. 22 und S. 23.

Es ist wichtig hervorzuheben, dass CLEMONS ET AL. einen Trend zu mehr Outsourcing sehen als Folge des Einsatzes von IKT, aber nicht notwendigerweise einen Trend zu mehr marktlicher Koordination der fremdvergebenen Aktivitäten. Sie argumentieren, dass auch bei Fremdvergabe weiterhin Transaktionskosten entstehen. Unternehmen müssen sich entscheiden, ob sie von ihrem "Koordinationskosten-budget" mehr für Suchkosten investieren wollen, das heißt den Marktmechanismus nutzen wollen, um den optimalen Transaktionspartner zu finden. Oder ob sie den größeren Anteil in die eigentliche Koordination fließen lassen wollen.[166] Während Ersteres einen Anstieg der potenziellen Transaktionspartner bedeuten würde und die ständige Nutzung des Marktmechanismus, stellt Letzteres die Fremdvergabe an einen festen Stamm von Partnern dar, mithin die kooperative Koordination der fremd-vergebenen Aktivitäten.

Für letztere Variante sprechen nach Ansicht von CLEMONS ET AL. eine Reihe von Gründen:[167]

- Es existieren transaktionsbedingte Skaleneffekte. Das heißt bei mehrfacher Durchführung der gleichen oder ähnlicher Transaktionen zwischen gleichen Partnern können Rüstkosten der Beziehungsetablierung eingespart werden. CLEMONS ET AL. argumentieren, dass dies auf die Kosten der Etablierung von IKT-Netzwerken zutrifft, vor allem aber auf die Etablierung von spezifischen Prozessen und zwischenmenschlichen Beziehungen.[168] Vor dem Hintergrund solcher transaktionsbedingter Skaleneffekte ist es deshalb zweifach nachteilig, Transaktionen mit einer steigenden Anzahl von Partnern durchzuführen. Zum einen entstehen immer wieder Rüstkosten, zum zweiten sinken die transaktionsbedingten Skaleneffekte in bestehenden Beziehungen, da die Menge der Transaktionen auf eine größere Menge an Partnern verteilt wird.[169] Weiterhin lassen sich im Rahmen von Partnerschaften Lerneffekte realisieren, die zu Kosteneinsparungen z.B. in Form von Prozessverbesserungen führen können.

- Es lassen sich Anreize für Transaktionspartner schaffen. Die Aussicht auf eine langfristige Beziehung zwischen den Partnern im Outsourcingfall erlaubt es ihnen, Investitionen in sogenannte

---

[166] Vgl. Clemons/Reddi/Row (1993), S. 24.

[167] Vgl. Clemons/Reddi/Row (1993), S. 24ff.

[168] Ein Argument, dass zehn Jahre nach der Veröffentlichung des Beitrags von CLEMONS ET AL. an Bedeutung verloren hat, da durch neue Technologien wie z.B. XML-Standards diese Rüstkosten im IKT-Bereich zunehmend geringer werden. Vgl. zu den Potenzialen von XML z.B. Steffen (2000), S. 78ff. oder Dörflein/Henning/Ollmert et al. (2001), S. 34ff.

[169] Vgl. Clemons/Reddi/Row (1993), S. 25.

noncontractibles zu tätigen.[170] *Noncontractibles* sind Eigenschaften des Transaktionsgegenstandes, die sich bei Vertragsabschluss nicht exakt festlegen lassen und zu diesem Zeitpunkt auch nicht von einer unabhängigen Instanz, z.B. einer Kontrollstelle oder einem Gericht, bestimmt werden können.[171] Das Vorhandensein von *noncontractibles* bedeutet, dass der Abschluss klassischer Verträge unmöglich wird und auf neoklassische Vertragsformen, eventuell sogar relationale Verträge, ausgewichen werden muss.[172] Beispiele für *noncontractibles* sind Qualität, Innovationen oder auch Informationen. Erst die Aussicht auf eine langfristige Partnerschaft und ein im Gegensatz zur Situation mit vielen, ständig wechselnden Partnern gesichertes Transaktionsvolumen wird die Transaktionspartner veranlassen, in *noncontractibles* zu investieren.

- Es existiert ein <u>stark abnehmender Grenznutzen bei der Suche nach Partnern</u>. Der Vorteil marktlicher Koordination liegt in der Möglichkeit, viele Angebote zu vergleichen und daraus das beste auszuwählen. Darüber hinaus können durch Wettbewerb zwischen den potenziellen Transaktionspartnern günstige Preise erzielt werden. Nach CLEMONS ET AL. kann eine umfangreiche Suche allerdings nur bedingt sicherstellen, dass tatsächlich der niedrigste Preis gefunden wird.[173] Sie argumentieren, dass der Grenznutzen der Suche noch weitaus stärker abnimmt, als von STIGLER beschrieben.[174] Dies liegt daran, dass eine noch so umfangreiche Suche nicht in der Lage sein wird, Operationsrisikokosten zu senken, die dadurch entstehen, dass sich Anbieter entweder opportunistisch hinsichtlich der Qualität verhalten oder später versuchen, den Preis zu erhöhen.[175] Außerdem versuchen Anbieter zunehmend, die Markttransparenz zu verringern, indem sie ihre Produkte differenzieren. Eine marktliche Koordination lohnt sich

---

[170]   Vgl. Clemons/Reddi/Row (1993), S. 25.

[171]   Vgl. Bakos/Brynjolfsson (1992), S. 7f.

[172]   Siehe zu den Vertragsformen Abschnitt B.II.2.3 und die dort angegebene Literatur.

[173]   Vgl. Clemons/Reddi/Row (1993), S. 25.

[174]   Vgl. Stigler (1961), S. 214f. STIGLER zeigt hier zunächst, dass sich, unter Annahme einer Normalverteilung der Preise, mit zunehmender Anzahl der Suchvorgänge die Wahrscheinlichkeit erhöht, den optimalen Preis zu finden und dass bei einer ausreichend großen Anzahl von Suchvorgängen eine an Sicherheit grenzende Wahrscheinlichkeit besteht, den niedrigsten Preis zu finden. Er weist aber auch nach, dass der Grenznutzen dieser Suche abnimmt und kommt zu dem Ergebnis: „Whatever the precise distribution of prices, it is certain that increased search will yield diminishing returns as measured by the expected reduction in the minimum asking price." Stigler (1961), S. 215.

[175]   Vgl. Clemons/Reddi/Row (1993), S. 25f.

demnach nur für exakt beschreibbare Produkte, welche es nach CLEMONS ET AL. jedoch zunehmend nicht mehr gibt.[176]

CLEMONS ET AL. liefern mit den transaktionsspezifischen Skaleneffekten und den Anreizen zur Investition in *noncontractibles* zwei wichtige Argumente, die aufzeigen, warum im Fall der durch IKT ermöglichten Fremdvergabe von Leistungen die Nutzung langfristiger Kooperationen an Stelle von rein marktlicher Koordination vorteilhaft sein kann. Kritisch ist anzumerken, dass ihre Ausführungen zu den Suchkosten außer Acht lassen, dass es gerade eine Eigenschaft moderner IKT ist, die *Komplexität der Produktbeschreibung* zu senken.[177] Es besteht somit eine Art Wettlauf zwischen der Fähigkeit von IKT, die Markttransparenz zu erhöhen (und damit die Möglichkeit zur marktlichen Koordination) und dem Bestreben der Anbieter, dies durch Differenzierung zu verhindern.

2.2   Der Beitrag von BAKOS und BRYNJOLFSSON

Unterstützung erhalten die Ergebnisse von CLEMONS ET AL. von BAKOS/BRYNJOLFSSON, die sich zur gleichen Zeit intensiv mit der Frage beschäftigt haben, ob der Einsatz von IKT die Anzahl an Zulieferern in Wertschöpfungsnetzwerken verringert oder erhöht.[178] BRYNJOLFSSON selber hatte in einer empirischen Studie herausgefunden, dass sich die Anzahl an Unternehmen allgemein durch IKT-Einsatz erhöht hat und somit ein Trend zu mehr Fremdvergabe besteht.[179] Auf den ersten Blick bedeutet dies den Nachweis von mehr marktlicher Koordination, allerdings verweist BRYNJOLFSSON auf weitere nicht-hierarchische Koordinationsformen wie Netzwerke.[180]

Ausgehend von der empirischen Beobachtung, dass zwar die Anzahl an Unternehmen insgesamt zugenommen hat, die Anzahl von Zulieferern pro Produktionsunternehmen aber z.B. in der Automobilindustrie stark abgenommen hat[181], suchen BAKOS/BRYNJOLFSSON nach Gründen für diese Entwicklung, die sie aus transaktionskostentheoretischer Sicht für

---

[176]   Vgl. Clemons/Reddi/Row (1993), S. 26.

[177]   Vgl. die Argumentation von MALONE ET AL. in Abschnitt C.I.1.1.

[178]   Vgl. Bakos/Brynjolfsson (1992), Bakos/Brynjolfsson (1993), Bakos/Brynjolfsson (1994), Brynjolfsson (1994).

[179]   Vgl. Brynjolfsson/Malone/Gurbaxani (1994) bzw. die Darstellung der Ergebnisse dieser Studie in Abschnitt C.I.1.7.

[180]   Vgl. Brynjolfsson/Malone/Gurbaxani (1994), S. 1642.

[181]   So konnte beobachtet werden, dass sowohl in Japan als auch später in den USA die durchschnittliche Anzahl an Zulieferern für ein bestimmtes Teil um mehr als die Hälfte gesunken ist, vgl. Cusumano/Takeishi (1991), S. 563ff..

„(...) paradoxical in an age of cheap communications costs and aggressive competition (...)"[182]

halten. Das heißt es muss ihrer Meinung nach zusätzliche Gründe geben, dass sich trotz drastisch gesunkener Such-, Informations- und Abwicklungskosten[183] nicht die marktliche Koordinationsform durchgesetzt hat. Sie kommen zu dem Ergebnis, dass es neben den von CLEMONS ET AL. beschriebenen, eher eng am Gerüst der Transaktionskostentheorie orientierten transaktionsbedingten Skaleneffekten und abnehmenden Grenzerträgen der Suche vor allem die dort auch bereits erwähnten „noncontractibles" sind, die zu einer Verringerung der Zuliefererzahl führen.

Ihr Argument ist, dass durch eine Reduzierung der Anzahl der Zulieferer nicht nur deren Verhandlungsmacht steigt, sondern auch ihr Geschäftsvolumen. Dadurch wächst wiederum der Anreiz für die Zulieferer, in „noncontractibles" wie Qualität oder Innovation zu investieren.[184]

„(...) the suppliers will act more like 'partners' who can reasonably expect to share in the gains from investment, and less like 'contractors' who must be aggressively bargained with and monitored."[185]

Aus Sicht des die Leistung einkaufenden Unternehmens kann es somit gefährlich sein, Zulieferer durch verstärkte Nutzung des Marktmechanismus gegeneinander auszuspielen, da diese dann weniger Anreize für Investitionen in "noncontractibles" haben.[186] Diese Argumentation von BAKOS/BRYNJOLFSSON steht in Gegensatz zu den Aussagen z.B. des Transaktionskostenansatzes, der bei einer geringeren Anzahl an Partnern stets ein höheres Opportunismusrisiko sieht („small numbers bargaining"[187]). Genauso wenig besteht Einklang zu den Aussagen industrieökonomischer Ansätze wie z.B. dem von PORTER, der ausdrücklich darauf hinweist, dass eine zu starke Machtposition der Zulieferer zu einer niedrigeren Branchenattraktivität führt.[188]

BAKOS/BRYNJOLFSSON kommen zu dem Fazit, dass sich ein Aufbau von längerfristigen Beziehungen besonders dann lohnt, wenn es nicht möglich ist, vollständige Verträge zu schließen, die es ermöglichen würden, sämtliche Eigenschaften einer Transaktion und des betroffenen Gutes genau zu spezifizieren. Dies ist der Fall, wenn große potenzielle Schwankungen in der Qualität des

---

[182] Bakos/Brynjolfsson (1993), S. 37.
[183] Vgl. Bakos/Brynjolfsson (1992), S. 1f., Bakos/Brynjolfsson (1993), S. 39f., Bakos/Brynjolfsson (1994).
[184] Vgl. Bakos/Brynjolfsson (1993), S. 44.
[185] Bakos/Brynjolfsson (1993), S. 42.
[186] Vgl. Bakos/Brynjolfsson (1993), S. 42.
[187] Vgl. z.B. Williamson (1975).
[188] Vgl. Porter (1980), S.27ff.

Transaktionsgegenstandes existieren. Es besteht mithin ein sehr großer Einfluss bestimmter Produkteigenschaften auf die zu wählende Koordinationsform. Auf die Frage, inwieweit es IKT verstärkt zulässt, Produkteigenschaften genau zu beschreiben und ihre Einhaltung zu überwachen, gehen BAKOS/BRYNJOLFSSON jedoch nicht ein. Sie kommen vielmehr zu dem Fazit, dass bei leicht zu spezifizierenden Gegenständen die Wahl der optimalen Koordinationsform rein von transaktionskostentheoretischen Überlegungen und technischen Gegebenheiten abhängt.[189] Demgegenüber muss bei Produkten, die sich in ihrer Beschreibung durch "*noncontractibles*" auszeichnen, die beschriebene Anreizdiskussion geführt werden, mit dem Ergebnis, dass sich in diesem Fall eine partnerschaftliche Koordination durchsetzen wird:

> "(...) when providing incentives is important, working closely with a small number of supplier 'partner' may be optimal, regardless of how low coordination costs may become."[190]

Auch wenn die Aussage, dass bei Vorliegen von „*noncontractibles*" die partnerschaftliche Koordination unabhängig von Transaktionskostengesichtspunkten getroffen werden kann, etwas überzogen wirkt, so haben BAKOS/BRYNJOLFSSON dennoch einen sehr wichtigen Beitrag geleistet. Deutlich wird allerdings, dass eine genaue Untersuchung von unterschiedlichen Gütertypen und den dazu passenden Distributionsstrukturen fehlt, eine Erkenntnis, die Anlass ist für eine entsprechende Analyse in Kapitel D.

Die bisher dargestellten Ansätze erklären zwar teilweise, warum durch den Einsatz von IKT eine stärkere marktliche (und auch kooperative) Koordination in Form von elektronischen Marktsystemen möglich wird. Es fehlt jedoch ein Überblick über deren Ausgestaltungsmöglichkeiten. Die wenigen Beiträge in der Literatur lassen eine klare Typologisierung vermissen, deshalb ist es Ziel des nächsten Abschnitts, eine solche zu erstellen.

3   Typologisierung elektronischer Marktsysteme

Elektronische Marktsysteme haben in den letzten Jahren ein reges Interesse in der betriebswirtschaftlichen Literatur gefunden. Der Schwerpunkt der meisten Beiträge lag dabei jedoch auf informationstechnischen Fragestellungen.[191] Demgegenüber soll in dieser Arbeit der Fokus einzig auf ökonomischen Gesichtspunkten liegen. Ausgangspunkt der hier anzustellenden ökonomischen Betrachtungen sind die folgenden Überlegungen:

---

[189]   Vgl. Bakos/Brynjolfsson (1993), S. 48.
[190]   Bakos/Brynjolfsson (1993), S. 51.
[191]   Vgl. Zelewski (1998), S. 306.

140

Zum einen findet durch die ständig steigenden Möglichkeiten der Informationstechnologie eine Migration von konventionellen Märkten hin zu elektronischen, insbesondere internetbasierten Marktsystemen statt. Das heißt Transaktionen, die bisher schon marktlich koordiniert wurden, werden nun marktlich auf Basis von Informationstechnologie abgewickelt. Beispiele lassen sich hier vor allem im Bereich der Finanz- und Kapitalmärkte finden. Zum anderen kann durch IKT ein Übergang von hierarchischer Koordination zu mehr marktlicher Koordination stattfinden. In diesem Fall stehen elektronische Marktsysteme als Ort der Transaktionsabwicklung verstärkt im Mittelpunkt des wirtschaftlichen Geschehens. In beiden Fällen gilt, dass es bisher nur unzureichende Typologisierungen[192] von elektronischen Märkten gibt, weshalb eine solche im Folgenden vorgenommen werden soll.

Die Typologisierung elektronischer Marktsysteme kann anhand der vier Merkmale Wertschöpfungskettenreichweite, Trägermodell, Preisbildungsmechanismus und Offenheit/Anzahl der Teilnehmer erfolgen.[193] In das aus diesen Merkmalen entstehende Raster lassen sich alle denkbaren Formen elektronischer Marktsysteme einordnen.

3.1 Wertschöpfungskettenreichweite

Das Kriterium der Wertschöpfungskettenreichweite geht zurück auf die in der wirtschaftswissenschaftlichen Literatur zur Thematik häufig gebrauchten Unterscheidung zwischen horizontalen und vertikalen elektronischen Marktplätzen.[194] Danach fokussiert ein vertikaler Marktplatz auf eine bestimmte Branche und die Verbindung der Wertschöpfungsstufen innerhalb dieser[195], während ein horizontaler Marktplatz dazu dient, für Unternehmen aus verschiedenen Branchen das gleiche Produkt zu handeln.[196] Schon diese einfache Beschreibung macht deutlich, dass das Begriffspaar horizontal - vertikal nicht geeignet ist, um trennscharf eine Abgrenzung vorzunehmen. Denn in beiden Fällen erfolgt eine Transaktion, die idealtypisch vertikal verläuft, das heißt zwischen zwei Wertschöpfungsstufen. In der

---

192   Unter einer Typologie wird eine Charakterisierung eines Sachverhalts anhand mehrerer Dimensionen verstanden. Demgegenüber erfolgt eine Klassifizierung immer nur eindimensional. Vgl. für diese Definition Castan (1963), S. 26, Knoblich (1965), S. 142 und Knoblich (1969), S. 27. Eine genauere Auseinandersetzung mit den Begriffen Typologie und Klassifikation erfolgt in Kapitel D bei der Besprechung der konfigurationstheoretischen Methode.

193   Vgl. zu einer ähnlichen Auswahl an Klassifizierungsdimensionen auch Wirtz/Mathieu (2001).

194   Vgl. z.B. Kriebel (2000), S. 76, Kollmann (2000), S. 818f. oder Wirtz/Mathieu (2001), S. 1338.

195   Vgl. Tumolo (2001), S. 57.

196   Vgl. Tumolo (2001), S. 56.

ökonomischen Literatur hat sich die Konvention[197] eingebürgert, Beziehungen zwischen unterschiedlichen Wertschöpfungsstufen als „vertikal" zu bezeichnen, während Unternehmen auf der gleichen Wertschöpfungsstufe sich in einer „horizontalen" Beziehung befinden: [198]

> „It is customary to distinguish - not always without ambiguity - the horizontal and vertical aspects of a firm's size."[199]

> „The production process is one of stages (...). Vertical Integration is the combination in a single firm of two or more different stages of this process (...). Horizontal integration is the combination in a single firm of different units that operate at the same stage of production."[200]

Eine Begründung dieser Zuordnung ist jedoch in den entsprechenden Beiträgen nicht zu finden und lässt sich höchstens am Begriff der Wertschöpfungs-*stufe* festmachen.[201] Insgesamt schließen sich die meisten Autoren der klassischen volkswirtschaftlich–industrieökonomischen Abgrenzung an, so z.B. PORTER.[202] Im Bereich der Literatur zur logistischen Gestaltung von Wertschöpfungssystemen stimmen die meisten Autoren ebenfalls mit der klassischen Einteilung - vertikal für wertschöpfungsstufenübergreifende Beziehungen, horizontal für Beziehungen auf der gleichen Wertschöpfungsstufe - überein[203], einige neuere Beiträge sprechen hingegen von einem horizontalen Güterfluss bzw. Wertschöpfungsprozess.[204]

In dieser Arbeit soll der vorherrschenden Meinung in der Literatur gefolgt werden und Beziehungen zwischen zwei Wertschöpfungsstufen als vertikal, Beziehungen auf einer Wertschöpfungsstufe dagegen als horizontal bezeichnet werden.

---

[197] So untersucht z.B. SCHILLER „vertikale Unternehmensbeziehungen" aus vertrags- und oligopoltheoretischer Sicht, ohne überhaupt den Bedarf zu sehen, vertikale und horizontale Beziehungen genauer zu definieren, da er sie für in der volkswirtschaftlichen Theorie eindeutig festgelegt hält, vgl. Schiller (1993), S. 1-18.

[198] Einige wenige Autoren verwenden das Begriffspaar genau umgekehrt, vgl. z.B. Klaas (2002), S. 134ff. Er erläutert dort, warum seiner Meinung nach aus logistischer Sicht die klassisch als vertikal bezeichneten Beziehungen besser horizontal genannt werden sollten und umgekehrt.

[199] Tirole (1988), S. 16.

[200] Samuelson/Nordhaus (1992), S. 739.

[201] Mit der Begründung, dass Stufen dazu dienen, vertikale räumliche Differenzen zu überbrücken.

[202] Vgl. Porter (1985), S. 58f. Implizit nimmt PORTER allerdings bei seinen Darstellungen zur Wertkette des Unternehmens eine genau umgekehrte Sichtweise ein, indem er Wertkette und Wertsystem in Form von horizontalen Prozesspfeilen abbildet. Vgl. auch Porter (1985), S. 33ff.

[203] Vgl. z.B. Delfmann (1995), S. 174f. oder Schiffers (1994), S. 48f.

[204] Vgl. Klaas (2002), S. 134ff.

Die folgende Abbildung 26 verdeutlicht nun, dass die in vielen Beiträgen zu elektronischen Marktsystemen verwendete Einteilung in horizontale und vertikale Marktplätze in Bezug auf die Transaktionsrichtung nicht zutreffend ist, da bei beiden Formen Transaktionen über eine vertikale Wertschöpfungsstufe abgewickelt werden.

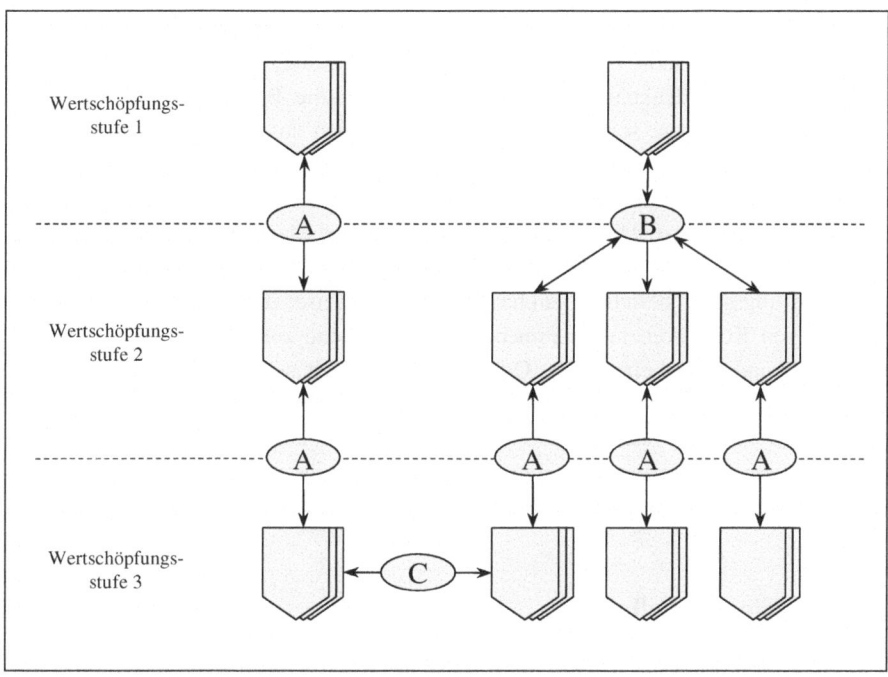

Abbildung 26: **Wertkettenfokussierte und wertkettenübergreifende Marktplätze**

Marktsysteme des Typs „A" wären den Beiträgen von Kriebel[205] oder Tumolo[206] zu Folge als vertikal zu bezeichnen, während Markttyp „B" einen horizontalen Markt darstellen würde. Er ist jedoch nur insoweit horizontal, als dass er Unternehmen aus verschiedenen Branchen, die sich auf der gleichen Wertschöpfungsstufe (z.B. Endprodukthersteller) befinden, zusammenführt, um dasselbe Produkt von einer vorgelagerten Wertschöpfungsstufe zu beziehen. Als Beispiel sind die Automobil- und die Bauindustrie zu nennen, die beide das Vorprodukt „Stahl" erwerben müssen. Die eigentliche Transaktionsrichtung ist aber auch bei Typ „B" vertikal. Eine sinnvolle Unterscheidung ist demnach nur hinsichtlich der Wertschöpfungskettenreichweite möglich in dem Sinne, dass gefragt wird, ob es sich

---

[205]   Vgl. Kriebel (2000).

[206]   Vgl. Tumolo (2001).

um vertikale Marktplätze innerhalb einer Wertschöpfungskette (eindimensional, Typ „A") oder um vertikale Marktplätze handelt, die auf einer bestimmten Wertschöpfungsstufe von mehreren Wertschöpfungsketten angesiedelt sind (mehrdimensional, Typ „B"). Beispiel für Typ A sind die in der Automobilbranche anzutreffenden Beschaffungsmarktplätze, auf denen eines oder mehrere Automobilunternehmen von einer vorgelagerten Wertschöpfungsstufe Teile, z.B. Bleche für die Karosserie, bezieht. Für das gleiche Produkt, Bleche, ist aber auch ein Markt des Typs B denkbar. In diesem Fall würden die Bleche aber nicht nur an Automobilunternehmen, sondern auch an Unternehmen aus anderen Branchen, z.B. im Flugzeugbaubereich, verkauft. Es handelt sich dann um ein Marktsystem, das mehrere Wertschöpfungsketten bedient und damit eine größere Wertschöpfungskettenreichweite besitzt. Die Bezeichnung horizontaler Marktplatz verdient dagegen der Typ „C", bei dem eine Marktbeziehung zwischen Unternehmen der gleichen Wertschöpfungsstufe besteht. Denkbar ist beispielsweise, dass ein Produzent eines Produkts von Konkurrenzunternehmen gleiche Produkte zukauft, um die Nachfrage eines Großkunden zu befriedigen. Oder aber es handelt sich um die Nutzung eines Marktsystems innerhalb einer horizontalen Kooperation. Zusammenfassend bleibt festzuhalten, dass sich elektronische Marktsysteme hinsichtlich ihrer Wertschöpfungskettenreichweite unterscheiden lassen in vertikale Marktplätze mit eindimensionaler und mehrdimensionaler Wertkettenreichweite sowie horizontale Marktplätze.

3.2   Trägermodell

Die möglichen Modelle der Trägerschaft[207] von elektronischen Marktsystemen können in drei Kategorien unterteilt werden: Käuferinitiierte, neutrale und verkäuferinitiierte Marktplätze.[208] Dabei verfolgen die Träger unter dem Oberziel des

---

[207]   In dieser Arbeit wird bewusst der Begriff des „Trägermodells" verwendet. Viele Autoren, z.B. Timmers (1998), Bretzke (2000) oder Mahadevan (2000), sprechen hingegen von „business models". Dieser Begriff eignet sich jedoch nicht zur Klassifizierung von elektronischen Marktsystemen, da er geprägt ist durch die Perspektive des jeweiligen Unternehmens, das ein solches Modell verfolgt. Darüber hinaus ist der Begriff des „business models" nicht klar definiert, wie PORTER anschaulich bemerkt: „The definition of a business model is murky at best. Most often, it seems to refer to a loose conception of how a company does business and generates revenue. Yet simply having a business model is an exceedingly low bar to set for building a company. Generating revenue is a far cry from creating economic value, and no business model can be evaluated independently of industry structure. The business model approach to management becomes an invitation for faulty thinking and self-dilusion." Siehe Porter (2001), S. 73.

[208]   Vgl. z.B. Bretzke (2000), S. 8. BRETZKE, wie auch andere Autoren, nennt diese Trägermodelle auch „Geschäftsmodelle". Wirtz/Mathieu sprechen auch von Sell-Side-, Buy-Side- und Multi-Buyer/Multi-Supplier-Solutions, vgl. Wirtz/Mathieu (2001), S. 1332.

Zusammenführens von Angebot und Nachfrage zum Teil unterschiedliche Zielsetzungen mit der Einrichtung eines Marktsystems.

Käuferinitiierte Marktsysteme dienen vor allem der Schaffung von Marktmacht auf der Käuferseite durch Bündelung von Einkaufsvorgängen bei einer Trägerschaft durch mehrere Unternehmen. Für den Fall, dass nur ein Unternehmen ein solches System initiiert, liegen die Ziele zumeist im Bereich der Erhöhung von Transparenz zwischen den Anbietern und einer Steigerung der Wettbewerbsintensität. Weiterhin kann die Vereinfachung des Beschaffungsvorganges und die Verringerung der damit verbundenen Kosten angestrebt werden.[209]

Von *neutralen* Parteien initiierte Systeme zielen darauf ab, die Anbieter in fragmentierten Märkten zusammen zu bringen und so eine Einsparung an Transaktionskosten, vor allem Such- und Informationskosten, zu bieten. Sie erfüllen damit eine wichtige Intermediärsfunktion.[210] Das Trägerunternehmen erhält für diese Dienstleistung ein Entgelt.[211]

Bei *verkäuferinitiierten* Systemen steht die Reduzierung von Marketing- und Absatzkosten im Vordergrund sowie die Möglichkeit, eine intensivere Kundenbindung zu realisieren.[212]

Im Gegensatz zu BRETZKE, der davon ausgeht, dass es sich bei den käufer- bzw. verkäuferinitiierten Marktsystemen jeweils um Systeme handelt, die von einem Unternehmen errichtet werden[213], sind hier auch solche Modelle berücksichtigt, bei denen auf Käufer- bzw. Verkäuferseite mehrere Unternehmen gemeinsam als Träger auftreten. Eine genauere Einteilung nach der Anzahl der auf Anbieter- und Nachfragerseite beteiligten Akteure erfolgt in Abschnitt C.I.3.4.

3.3 Preisbildungsmechanismus

Als Koordinationsinstrument auf Märkten dient der Preis.[214] Die Art und Weise, wie er sich bildet, wird jedoch in der neoklassischen Theorie kaum thematisiert.[215] ARROW kommt in seiner Kritik des JEVONSCHEN Gesetzes[216], nach

---

[209] Vgl. Bretzke (2000), S. 9.

[210] Siehe die genaue Darstellung der Intermediärsfunktionen in Abschnitt B.II.3.

[211] Vgl. Bretzke (2000), S. 8. Dieses Entgelt kann in verschiedenen Formen berechnet werden. Denkbar sind fixe Gebühren für das Nutzen des Marktsystems, variable Gebühren pro Transaktion oder in Abhängigkeit der Transaktionshöhe und Kombinationen aus den genannten Möglichkeiten.

[212] Vgl. Bretzke (2000), S. 8.

[213] Vgl. Bretzke (2000), S.8f.

[214] Vgl. Abschnitt B.I.2.

[215] Vgl. McAfee/McMillan (1987), S. 700.

[216] Vgl. Arrow (1959), S. 46f.

dem es in einem Wettbewerbsmarkt nur einen Preis geben kann, zu dem Schluss, dass auch unter Annahme von Gewinn- oder Nutzenmaximierung ein solches Ergebnis nur unter Voraussetzung vollkommener Information möglich ist. In Verbindung mit den Ergebnissen von COASE, dass gerade durch das Fehlen von vollkommener Information Kosten der Nutzung des Marktmechanismus (Transaktionskosten) vorliegen, machen die Überlegungen von ARROW deutlich, warum eine genauere Beschäftigung mit der Frage, wie Preise bei Vorliegen von Transaktionskosten gebildet werden, notwendig ist.

Die Festlegung des Preises kann auf unterschiedliche Art und Weise geschehen. Sie bestimmt auf entscheidende Weise die Struktur von Märkten und hat damit auch Auswirkungen auf die Gestaltung elektronischer Marktsysteme. Generell kann zwischen Festpreissystemen und Preisbildung auf Basis flexibler Preise unterschieden werden. Diese beiden Hauptformen der Preisbildung können jeweils noch weiter differenziert werden, je nach dem, ob die Angebots- und/oder Nachfrageseite auf die Preisbildung einwirkt.[217] Abbildung 27 gibt einen Überblick über die verschiedenen Formen der Preisbildung.

---

[217] Einen sehr guten Überblick über Preisbildungsmechanismen geben PITT ET AL., vgl. Pitt et al. (2001), S. 50ff. WIRTZ/MATHIEU unterscheiden zwischen Schwarzen Brettern, Katalogen, Auktionen und Börsen, ohne auf die Flexibilität der Preisfindung auf Anbieter- und Nachfragerseite einzugehen, vgl. Wirtz/Mathieu (2001), S. 1338.

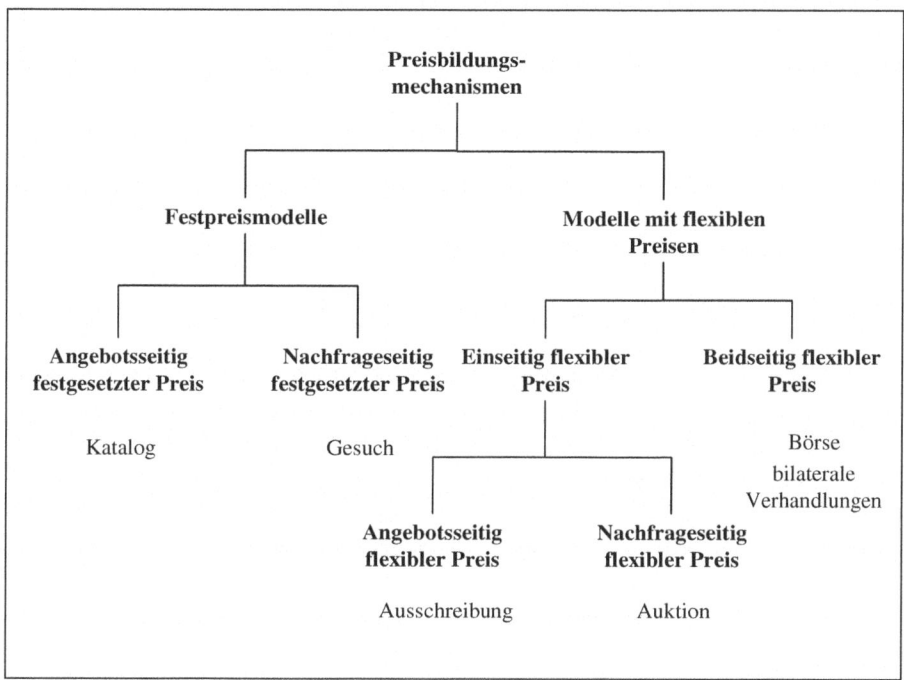

Abbildung 27:   Preisbildungsmechanismen

Die in Abbildung 27 dargestellten Preisbildungssysteme werden im Folgenden kurz erläutert.

3.3.1   Festpreismodelle

Bei den Festpreismodellen ist der Preis von einer Seite fest vorgegeben und nicht mehr veränderlich. Vom Anbieter festgeschriebene Preise sind in der Praxis sehr häufig zu finden, besonders im Bereich des Einzelhandels finden sich fast immer von Anbieterseite festgeschriebene Preise, der Versandhandel bedient sich ebenfalls vornehmlich solcher Festpreissysteme in Form von Katalogen. Katalogsysteme eignen sich besonders als angebotsseitig fixierte Festpreissysteme innerhalb von elektronischen Marktplätzen. Nachfrageseitig festgesetzte Preise in Form von Gesuchen sind demgegenüber eher selten zu finden, verbreiten sich aber im Electronic Commerce zunehmend. Als prominentestes Beispiel sei hier priceline.com genannt, wo Nachfrager ihre Zahlungsbereitschaft für Güter wie Flugtickets nennen und priceline.com versucht, zu diesem nachfrageseitig festgesetzten Preis ein entsprechendes Angebot von Verkäufern zu finden.[218]

3.3.2 Modelle mit flexibler Preisfindung

Weitaus komplexer sind dagegen die Preisbildungssysteme mit flexiblen Preisen. Dabei ist zunächst zu unterscheiden, ob es sich um nur einseitig oder beidseitig flexible Preissysteme handelt.

3.3.2.1 Einseitig flexibler Preis:

Bei den einseitig flexiblen Preissystemen wird der Preis entweder angebots- seitig oder nachfrageseitig variiert, bis keine Preisveränderung mehr festgestellt wird. Zum so gefundenen Preis wird die Transaktion dann durchgeführt, sofern der Reservationspreis der jeweils anderen Partei nicht unter- bzw. überschritten wird. Es handelt sich also um eine Preisfindung mittels Auktion (nachfrageseitig) bzw. umgekehrter Auktion („reverse auction" oder Ausschreibung).[219] Eine Auktion ist definiert als

> „ (...) a market institution with an explicit set of rules determining resource allocation and prices on the basis of bids from the market participants."[220]

Auktionen eignen sich als Preisfindungsmechanismus besonders dann, wenn keine allgemeine Wertvorstellung für ein Gut existiert.[221] Dies ist häufig bei Einzel- stücken der Fall oder Gütern, deren Wert sehr stark von der spezifischen Situation

---

[218]   Siehe auch http://www.priceline.com. Im Moment bietet priceline.com diese Funktion für Standardreiseleistungen wie Flugtickets, Hotelübernachtungen und Mietwagen an. Zusätzlich können Kunden auch Angebote für Telefon- und Finanzdienstleistungen sowie Neuwagen abgeben.

[219]   Im allgemeinen Sprachgebrauch ist der Begriff der Auktion meist mit dem *Verkauf* von Gütern verbunden. Das Wort Auktion stammt vom lateinischen „augere" oder „auctio" was lediglich „steigern" bzw. „Steigerung" bedeutet und damit irreführend ist, da Auktionen eben nicht immer einen ansteigenden Preisfindungsmechanismus darstellen, vgl. Cassady (1967), S.7. Wie MCAFEE/MCMILLAN zeigen, passt der Begriff genauso auf den Fall, in dem ein Nachfrager die Erstellung einer bestimmten Leistung oder eines Gutes ausschreibt und somit an den Anbieter mit dem niedrigsten Gebot vergibt, vgl. McAfee/McMillan (1987), S. 701. Historisch wurden Auktionen bereits gegen 500 v.Chr. in Babylonien erwähnt. Sie entwickelten sich zu einer weit verbreiteten Form der Preisfindung sowohl zu Zeiten des römischen Reiches als auch im Mittelalter. Auch in China waren auktionsähnliche Formen zur Mittelbeschaffung für buddhistische Tempel bekannt. Einen guten Überblick über die historische Entwicklung von Auktionen gibt Cassady (1967), S. 26ff.

[220]   McAfee/McMillan (1987), S. 701.

[221]   Vgl. Cassady (1967), S. 20, McAfee/McMillan (1987), S. 701. ROTHKOPF/PARK erläutern darüber hinaus weitere Vorteile von Auktionen wie z.B. die empfundene Fairness des Auktionsmechanismus, vgl. Rothkopf/Park (2001), S. 84ff.

(z.B. hinsichtlich Knappheit oder Anzahl der Interessenten) abhängt. Beispiele sind Kunstgegenstände oder andere Sammlerstücke.

Auktionen können auf unterschiedliche Art und Weise durchgeführt werden. Neben den fünf Standardformen Englische Auktion, Holländische Auktion, verdeckte Höchstpreisauktion, Vickrey-Auktion und Japanische Auktion existieren eine Vielzahl von Varianten[222], zur Klassifizierung elektronischer Marktsysteme reicht jedoch eine kurze Darstellung der fünf Hauptformen.[223]

- Englische Auktion: Eine offene Auktion, das heißt das Bietverhalten der Teilnehmer ist für alle anderen Teilnehmer ersichtlich. Die Bieter geben, ausgehend von einem Mindestpreis, sukzessive höhere Gebote ab. Die Anzahl der Gebote pro Bieter ist beliebig, jedes Gebot muss das vorher genannte übersteigen. Den Zuschlag erhält der Bieter, dessen Gebot nicht mehr überboten wird, als Preis wird sein letztes Gebot festgesetzt.

- Holländische Auktion: Eine offene Auktion, bei der ausgehend von einem vom Verkäufer festgesetzten Anfangspreis der Preis schrittweise gesenkt wir, bis ein Bieter bereit ist, den aktuellen Preis zu zahlen. Dies impliziert, dass bei einer solchen Auktion insgesamt nur ein Gebot abgegeben wird.

- Verdeckte Höchstpreisauktion: Jeder Bieter gibt ein Gebot, meist schriftlich, ab, ohne dass dieses den anderen Bietern bekannt ist. Derjenige mit dem höchsten Gebot erhält den Zuschlag und zahlt den Preis in Höhe seines Gebotes.

- Vickrey-Auktion: Der Ablauf entspricht der verdeckten Höchstpreisaktion, der Unterschied liegt darin, dass derjenige mit dem höchsten Gebot lediglich einen Preis in Höhe des zweithöchsten Gebotes zu zahlen hat.[224]

- Japanische Auktion (simultane Höchstpreisauktion): Alle Bieter geben zum selben Zeitpunkt ein öffentliches Gebot für die angebotene Ware ab. Der Bieter mit dem höchsten Gebot erhält den Zuschlag und zahlt einen Preis in Höhe seines Gebots.[225]

Bezüglich der Vorteilhaftigkeit der verschiedenen Auktionsformen ist es zunächst wichtig, zu vergleichen, wie hoch der Informations- und Kommunikationsbedarf sowie der Grad der Informationsoffenbarung bei den einzelnen Methoden

---

[222] Einen sehr guten Überblick über die Standardformen geben McAfee/McMillan (1987), Kräkel (1992) oder Erdmann (1999). Amor (2000) beschäftigt sich mit der Anwendbarkeit dieser im Internet.

[223] Für Varianten der Standardformen und andere, weniger verbreitete Formen siehe z.B. Cassady (1967), Smith (1987) oder Amor (2000).

[224] Vgl. Vickrey (1961) oder Amor (2000), S. 52ff.

[225] Vgl. Cassady (1967), S. 63ff.

ist.[226] Unter Informationsbedarf wird dabei verstanden, inwiefern die Teilnehmer Informationen über die anderen Teilnehmer brauchen, um die Höhe des Gebots festzusetzen. Er ist bei der englischen Auktion sehr gering, da die Identität aller Teilnehmer bekannt ist und ihr Gebotsverhalten für alle anderen ersichtlich ist. Bei der holländischen Auktion wie auch bei der verdeckten Höchstpreisauktion sind diese Voraussetzungen nicht gegeben, was einen erhöhten Informationsbedarf impliziert.[227] Die Vickrey-Auktion zeichnet sich dagegen dadurch aus, dass bei ihr keinerlei Informationsbedarf entsteht. Dies erscheint auf den ersten Blick unlogisch, da ja die Vickrey-Auktion vom Ablauf her mit der verdeckten Höchstpreisauktion identisch ist. Es besteht aber in dem Sinne kein Informationsbedarf, als dass - rationales Verhalten und keine Absprachen zwischen den Bietern vorausgesetzt - jeder Teilnehmer einfach den Preis bieten wird, bei dem sein Gewinn gleich null ist, also ein Gebot in der Höhe des Wertes, den das Gut für ihn hat, abgeben wird. Denn dadurch, dass bei einem eventuellen Zuschlag der Preis nur in Höhe des zweithöchsten Gebotes festgesetzt wird, kann jeder Bieter nur seine eigenen Wertvorstellungen in die Gebotsfindung einbringen und erreicht ohne Berücksichtigung der anderen Teilnehmer im Zuschlagsfall dennoch einen Gewinn.[228] Auch die japanische Auktion hat einen hohen Informationsbedarf für die Bieter, da sie genau wie bei der verdeckten Höchstpreisauktion die Zahlungsbereitschaft der Mitbieter im Vorfeld berücksichtigen muss.

Demgegenüber ist der Kommunikationsbedarf bei holländischen, japanischen und verdeckten Auktionen gering, da keinerlei Informationen über die Höhe der Gebote weitergegeben werden müssen[229], während bei der englischen Auktion alle Teilnehmer ständig über den Gebotsverlauf informiert werden müssen. Schließlich müssen bei der englischen und der japanischen Auktion alle Teilnehmer ihre individuelle Zahlungsbereitschaft offenbaren, während bei der holländischen und der verdeckten Auktion nur der jeweils Höchstbietende seine Zahlungsbereitschaft offenbart. Die Vickrey-Auktion erweist sich auch hier als überlegen, da bei ihr kein Teilnehmer seine Zahlungsbereitschaft offenbaren muss, weil ja nur das Gebot des anonym bleibenden Bieters des zweithöchsten Gebots veröffentlicht wird.

---

[226] Vgl. Erdmann (1999), S. 76f.

[227] Vgl. Vickrey (1961), S. 14 und S. 20 oder Erdmann (1999), S. 76f. Der Informationsbedarf besteht hier in der Form, dass jeder Teilnehmer bei der Abgabe seines Gebotes berücksichtigen muss, wie hoch die Gebote der anderen sein könnten. Da die maximale Gebotshöhe begrenzt ist durch den Preis, bei dem der Gewinn durch das Erlangen des Auktionsobjektes null ist, bedeutet dies, dass Informationen über Kostenstrukturen und Margen der Konkurrenten benötigt würden. Vgl. hierzu auch Vickrey (1961), S 14.f.

[228] Vgl. dazu Vickrey (1961), S. 20f.

[229] Beziehungsweise nur über die Höhe des momentan vom Auktionator ausgerufenen Preises im Fall der holländischen Auktion.

Ein weitere wichtiger Aspekt zur Beurteilung von Auktionsformen ist die Frage nach der Effizienz[230] der Ressourcenallokation. Hier muss unterschieden werden, ob es sich um gleichartige Bieter handelt oder nicht.[231] Ist dies nicht der Fall, das heißt es handelt sich zum Beispiel um Sammler und Händler als Teilnehmer einer Auktion mit den entsprechenden unterschiedlichen Präferenzen[232], so kann gezeigt werden, dass die Auktionen, bei denen das Höchstgebot auch als Preis festgesetzt wird, nicht zu einer optimalen Ressourcenallokation führen.[233] Geht man dagegen von gleichartigen, sich rational verhaltenden Teilnehmern aus, so führen alle Auktionsform zu einer optimalen Ressourcenallokation:[234]

> „(...) each of the English auction, the Dutch auction, the first-price sealed-bid auction, and the second-price sealed-bid auction yields the same price on average."[235]

Hinsichtlich der Vorteilhaftigkeit der verschiedenen Formen kann dann nur noch mit Hilfe der Kriterien Informations- und Kommunikationsbedarf sowie Informationsoffenbarung entschieden werden.

---

[230] Vgl. zum Begriff der effizienten Auktion z.B. Dasgupta/Maskin (2000), S. 341.

[231] Vgl. z.B. Milgrom (1989), S. 9, Erdmann (1999), S. 77, McAfee/McMillan (1987) oder Vickrey (1961), S. 21.

[232] Vgl. Erdmann (1999), S. 77. Für einen Überblick über die Probleme, die auftreten, wenn unterschiedliche Präferenzen bzw. unterschiedliche Informationen vorliegen, siehe Dasgupta/Maskin (2000), S. 341ff.

[233] Vgl. McAfee/McMillan (1987), S. 714.

[234] Vgl. z.B. Milgrom (1989), S. 9 oder Erdmann (1999), S. 77ff. Dies liegt daran, dass dann auch bei den Höchstpreisauktionen die Bieter in ihr Gebot eine Prämie „einbauen" werden, das heißt sie werden nicht ihre maximale Zahlungsbereitschaft bieten. So gilt besonders bei der englischen Auktion: „The normal result (among rational bidders!) is that the bidding will stop at a level approximately equal to the second highest value among the values that the purchasers place on the item, since at that point there will be only one interested bidder left; the object will then be purchased at that price by the bidder to whom it has the highest value.", Vickrey (1961), S. 14.

[235] McAfee/McMillan (1987), S. 710. Einige Autoren vertreten allerdings den Standpunkt, dass holländische Auktionen tendenziell zu höheren Preisen führen als die anderen Auktionsformen. Begründet wird dies wie folgt: „To avoid losing a particular lot, buyers will often stop the clock at a higher price than they would have offered in competitive bidding.", van Heck (2000), S. 19.

	Kriterium			
Auktions-form	Informations-bedarf	Kommunika-tionsbedarf	Informations-offenbarung	Ressourcen-allokation
Englische Auktion	keiner	hoch	notwending	effizient
Holländische Auktion	sehr hoch	sehr niedrig	nicht notwendig	effizient
Verdeckte Höchst-preisauktion	sehr hoch	sehr niedrig	nicht notwendig	effizient
Vickrey-Auktion	keiner	sehr niedrig	nicht notwendig	effizient
Japanische Auktion	sehr hoch	sehr niedrig	notwendig	effizient

Tabelle 10: **Beurteilung der Standardauktionsformen**[236]

Betrachtet man die in Tabelle 10 aufgeführten Kriterien, so zeigt sich, dass die Vickrey-Auktion die dominante Auktionsform ist, da sie hinsichtlich keines der Kriterien ein schlechteres und mindestens bezüglich eines Kriteriums ein besseres Ergebnis zeigt als die anderen Auktionsformen:[237]

„Anhand allgemeiner Abschätzungen hinsichtlich des Verwaltungs- und Kommunikationsaufwands, der zur Realisierung von Auktions- verfahren jeweils erforderlich ist, lässt sich zeigen, dass ´verdeckte´ Auktionen wie die (...) Vickrey-Auktion zu wirtschaftlich vorteilhafteren Prozesskoordinierungen als ´offene´ Auktionen wie die Englische und die Holländische Auktion führen.“[238]

Die Feststellung, dass die Vickrey-Auktion anderen Auktionsformen aus theoretischer Sicht überlegen ist, ist vor allem vor dem Hintergrund, dass die englische Auktionsform sowohl bei physischen als auch bei elektronischen Auktionen am häufigsten verwendet wird, sehr interessant und weist auf aus ökonomischer Sicht

---

[236] Quelle: In Erweiterung des auf lediglich vier Auktionsformen bezogenen Schemas von ERDMANN, vgl. Erdmann (1999), S. 80.

[237] Vgl. Erdmann (1999), S. 80.

[238] Zeleweksi (1998), S. 321.

vorhandene Effizienzsteigerungspotenziale hin.[239] Die Internetseite www.internetauctionlist.com gibt einen Überblick über eine Vielzahl von internet-basierten (und traditionellen) Auktionen.[240] Demnach verwenden neben ebay.com als bei weitem größte Internetauktionsplattform ein Großteil der Marktsysteme im b-t-c und c-t-c Bereich die englische Auktionsform.[241] Im b-t-b Bereich finden sich dagegen etwas häufiger verdeckte Höchstpreisauktionen als Nachfolger der traditionellen Ausschreibungen. In Bereichen, wo es um eine sehr schnelle Preis-findung per Auktion geht, werden holländische Auktionen verwendet.[242] Die folgende Tabelle 11 zeigt einige Beispiele für Auktionen im Internet.

---

[239] Vgl. hierzu Cassady (1967), S. 57: „The most familiar type of auction – at least in the United States – is the English system; it is the most commonly used auction scheme in English-speaking countries. Interestingly enough, many Americans, even those actively engaged in auctioning, are not aware of the existence of other systems." Es bedarf einer empirischen Untersuchung, um zu prüfen, ob sich dies seitdem geändert hat.

[240] TURBAN datiert den Beginn von Auktionen im Internet auf 1995 und verweist auf einige frühere elektronische Auktionen, die allerdings regional begrenzt waren. Vgl. Turban (1997), S.7.

[241] Wichtige Beispiele sind hier die von ebay.com und yahoo.com angebotenen c-t-c Plattformen. In Deutschland setzt ricardo.de ebenfalls englische Auktionen ein.

[242] Vgl. van Heck (2000), S. 18.

Anbieter	Transaktions-partner	Auktions-form	Güter
www.govassets4sale.com	a-t-b, a-t-c, a-t-a	englisch	Bestände amerikanischer Behörden
www.constructiontraders.com	b-t-b	englisch	Baumaschinen, Baumaterial
www.liquidation.com	b-t-b	englisch	Liquidationsobjekte aller Art
www.salvagedirect.com	b-t-b	englisch	Unfallwagen
www.dovebid.com	b-t-b	verdeckter Höchstpreis, englisch	Industrieanlagen
www.tfa.nl	b-t-b	holländisch	Blumen
www.eoilfield.com	b-t-b	englisch	Ölförderungsmaschinen und -zubehör
www.auctionmart.com	b-t-b	verdeckter Höchstpreis, englisch	Medizintechnik
www.winebid.com	b-t-b, b-t-c	englisch	Wein
www.swedishartglass.com	b-t-b, b-t-c,	englisch	Glasartikel
www.afternic.com	b-t-b, b-t-c, c-t-c	englisch	Internetadressen
www.boatauctions.com	b-t-b, b-t-c, c-t-c	englisch	Boote
www.autobyauction.co.uk	b-t-b, b-t-c, c-t-c	englisch	neue und gebrauchte Automobile
www.driveitaway.com	b-t-c	englisch	gebrauchte Automobile
www.ubid.com	b-t-c	englisch	Computer, Elektronik
www.awardmasters.com	c-t-c	englisch	Briefmarken

**Tabelle 11:   Beispiele für unterschiedliche Auktionsformen bei inter-
netbasierten elektronischen Marktsystemen**

Die Effizienz des Auktionsmechanismus kann jedoch durch
Bieterabsprachen und Schenbieten beeinträchtigt werden:[243]

- Bieterabsprachen: Für die Bieter besteht eventuell je nach Auktionsform die
Möglichkeit, durch Absprachen bzw. Kompensationszahlungen den Preis niedrig
zu halten (bei nachfrageseitiger Auktion) bzw. ihn so weit wie möglich sinken zu
lassen (bei angebotsseitiger Auktion).

---

[243]   Vgl. Ströbl (2000), S. 42 oder Guttman/Maes (1998).

- Scheinbieten: Für Anbieter besteht bei nachfrageseitigen Auktionen die Möglichkeit, selber oder durch Agenten zum Schein an der Auktion teilzunehmen, um den Preis in die Höhe zu treiben. Dieses Problem wirft bei Auktionen über elektronische Medien, bei denen keine persönliche Anwesenheit erforderlich ist, zusätzliche Kontrollprobleme auf.

Eine interessante Frage im Zusammenhang mit internetbasierten Auktionen ist, inwiefern diese zu anderen Preisen als Festpreissysteme führen. Da im Internet im Gegensatz zu traditionellen Auktionen auch sehr homogene Güter, z.B. Elektronik-produkte, gehandelt werden, ist ein solcher Vergleich hier möglich.[244] ALBERS/SCHÄFER kommen in einer empirischen Studie zu dem Ergebnis, dass bei business-to-consumer Auktionen der Zuschlagspreis im Mittel bei nur 72% der unverbindlichen Preisempfehlung des Herstellers des versteigerten Gutes liegt.[245] Auch VAKRAT/SEIDMANN finden deutliche Hinweise darauf, dass bei Online-Auktionen der Preis unter dem bei Online-Festpreissystemen in Form von Katalogen liegt, im Durchschnitt beobachten sie einen Preisvorteil von 25%.[246] Demgegenüber finden MEHTA/LEE zumindest für unerfahrene Käufer empirische Belege für das Phänomen des „winner´s curse" bei Internet-Auktionen, also die Tatsache, dass der Zuschlag zu einem zu hohen Preis erfolgt.[247] Dies ist umso erstaunlicher, als dass ja gerade dass Internet die Möglichkeit zu Preisvergleichen mit katalogbasierten Verkaufssystemen bietet, so dass ein Überschreiten der Katalogpreise als irrational bezeichnet werden kann. MEHTA/LEE führen dies u.a. auf die große Anzahl der (z.T. unerfahrenen) Bieter im Internet zurück.[248] Das beschriebene Phänomen des „winner´s curse" kann als Folge von begrenzter Rationalität interpretiert werden, das es den Auktionsteilnehmern nicht möglich ist, die vorhandenen Informationen komplett in ihr Entscheidungskalkül zu übernehmen und sie folglich falsche Entscheidungen treffen.

3.3.2.2 Beidseitig flexibler Preis

Je nach Anzahl der Teilnehmer spricht man von börsenartigen Preisbildungssystemen (mehrere Teilnehmer auf beiden Seiten) oder bilateralen Verhandlungen (je ein Teilnehmer auf Anbieter- und Nachfragerseite). Die bilaterale

---

[244] Diese Erkenntnis steht in Widerspruch zu der allgemeinen Überzeugung, dass sich Auktionen besonders zur Preisfindung bei Gütern eignen, über deren Wert keine allgemeine Einigkeit herrscht, weil es sich um Einzelstücke o.ä. handelt. Auch ALBERS/SCHÄFER weisen auf dieses Phänomen hin, vgl. Albers/Schäfer (2002), S. 126.

[245] Vgl. Albers/Schäfer (2002), S. 135 und S. 140.

[246] Vgl. Vakrat/Seidmann (1999), S. 132 und 136.

[247] Vgl. Mehta/Lee (1999), S. 470. Für eine detailliertere Abhandlung des „winner´s curse" siehe z.B. Thaler (1992), insbesondere S. 50ff.

[248] Vgl. Mehta/Lee (1999), S. 465.

Verhandlung ist wahrscheinlich die älteste Form der Preisbildung. Verkäufer und Käufer versuchen durch Verhandlungen einen Preis auszuhandeln, der für sie persönlich eine Nutzenmaximierung bedeutet. Dabei wird der Verkäufer einen gewissen Mindestpreis nicht unterschreiten, während der Käufer einen bestimmten Maximalpreis aus seiner Sicht nicht überschreiten wird. Liegt der Maximalpreis des Käufers unter dem Minimalpreis des Verkäufers, kann in einer bilateralen Verhandlung kein Preis festgesetzt werden.[249] Börsenpreisbildung erlaubt es, einen Preis festzusetzen, wenn sowohl auf Anbieter- als auch auf Nachfragerseite mehr als ein Teilnehmer Gebote abgibt. Der Börsenkurs ist dabei das Ergebnis einer Vielzahl von individuellen Entscheidungsprozessen.[250] Er wird dadurch festgestellt, dass ein Kursmakler zu einem bestimmten Zeitpunkt[251] auf Basis der ihm vorliegenden Angebote und Kaufgesuche einen Preis festsetzt, der den höchstmöglichen Umsatz ermöglicht:[252]

> „Als Börsenpreis ist derjenige Preis amtlich festzustellen, welcher der wirklichen Geschäftslage des Handels an der Börse entspricht. Der Kursmakler hat alle zum Zeitpunkt der Feststellung vorliegenden Aufträge bei ihrer Ausführung (...) gleichzubehandeln (...). Die Börsenkurse werden entweder börsentäglich nur einmal festgesetzt (Einheitsmarkt) oder für Wertpapiere mit größeren Umsatzvolumina fortlaufend mehrmals während der Börsenzeit notiert (variabler Markt, Schwankungsmarkt, Markt der fortlaufenden Notierungen)."[253]

Das heißt all diejenigen Käufer kommen zum Zuge, die durch ihre Angebote signalisiert haben, dass sie mindestens den festgesetzten Preis zu zahlen bereit sind - sofern es eine ausreichende Menge an Verkäufern gibt. Der hinter diesem recht einfachen Prozess der Börsenpreisbildung ablaufende Prozess aus Informations-, Bewertungs- und Entscheidungsprozessen ist jedoch höchst komplex. Die Börsenkursbildung entspricht in vielen Gesichtspunkten nicht den Grundüberlegungen der klassischen Preistheorie. So gilt z.B. das Gesetz des abnehmenden Grenznutzens im Kapitalanlagebereich nicht. Deshalb existiert zur Börsenkursbildung eine von der klassischen ökonomischen Preistheorie weitgehend unabhängige Spezialliteratur.[254]

---

[249]   Daher würde es auf den ersten Blick sinnvoll erscheinen, wenn Verkäufer und Käufer zu Beginn der Verhandlungen ihren jeweiligen Reservationspreis nennen würden, um langwierige Verhandlungen ohne Ergebnis zu verhindern. Da aber gerade diese dem Verhandlungspartner nicht bekannten Reservationspreise den Spielraum für Verhandlungen aufspannen, ist ihre Publizierung nicht sinnvoll.

[250]   Vgl. Hielscher (1976), S. 215.

[251]   Diese Vorgehensweise bezieht sich auf den Kassakurs, vgl. Bruns (1976), S. 212.

[252]   Vgl. Bruns (1976), S. 212.

[253]   Büschgen (1998), S. 210.

[254]   Vgl. Hielscher (1976), S. 215ff.

Bevor im nächsten Abschnitt mit der Anzahl der Teilnehmer das letzte Klassifizierungsmerkmal für elektronische Marktsysteme erläutert wird, soll als Zusammenfassung der Ausführungen zu den Preisbildungsmechanismen kurz die Frage gestellt werden, welche Form der Preisfindung sich für welche Art von Gütern eignet.

Festpreismodelle, sowohl angebots- als auch nachfrageseitig, eignen sich besonders für solche Güter, bei denen durch ihre Homogenität und Häufigkeit bereits eine relativ enge Preisspanne, also ein standardisierter Wert, existiert, der als allgemein akzeptiert gelten kann. Beispielhaft wären hier z.B. Schrauben zu nennen. Flexible Preissysteme hingegen finden sich eher dort, wo kein standardisierter Wert für ein Gut existiert. Der Grund dafür kann sein, dass es sich um sehr heterogene Güter oder Einzelanfertigungen handelt. In diesem Fall wird die Auktion als optimaler Preisbildungsmechanismus angesehen.[255] Weiterhin kann ein standardisierter Wert auch dadurch fehlen, dass ein Gut in Abhängigkeit spezifischer Angebots- oder Nachfrageschwankungen zu unterschiedlichen Zeitpunkten unterschiedlich viel Wert ist, als Beispiel kann hier Rohöl genannt werden. In diesem Fall finden sich häufig börsenähnliche Preisbildungssysteme. Es muss aber abschließend darauf hingewiesen werden, dass dies nur idealtypische Aussagen sind und sich in der Realität erhebliche Abweichungen davon beobachten lassen.[256]

Implizit ist bei den gerade erfolgten Ausführungen bereits das letzte noch ausstehende Klassifizierungsmerkmal für elektronische Marktplätze erwähnt worden: Die Anzahl der Teilnehmer am Marktgeschehen. Denn auf Basis der verschiedenen Preisbildungsmechanismen lassen sich bereits Aussagen hinsichtlich der Anzahl der Marktteilnehmer treffen. Bezeichnet man die Menge der möglichen Teilnehmer auf der Angebotsseiten als $A = 1,....,a$ und die der Teilnehmer auf der Nachfrageseite als $N = 1,...,n$; wobei a bzw. n für eine ganzzahlige Anzahl von Marktteilnehmer steht, die größer oder gleich zwei ist, so lassen sich für die verschiedenen Preisbildungsmechanismen jeweils Ausdrücke der Form $A:N$ bilden, die die Anzahl der Teilnehmer auf beiden Seiten beschreiben. Damit ergibt sich in Anlehnung an Abbildung 27 folgendes Bild:

---

[255]   Vgl. z.B. Cassady (1967), S. 20 oder McAfee/McMillan (1987), S. 701.

[256]   So werden auch Rohstoffe häufig versteigert, während Einzelstücke durchaus zu Festpreisen angeboten werden, wenn der Besitzer eine feste Wertvorstellung hat und deshalb nicht bereit ist, den Preis durch die Zahlungsbereitschaft der Kunden bestimmen zu lassen.

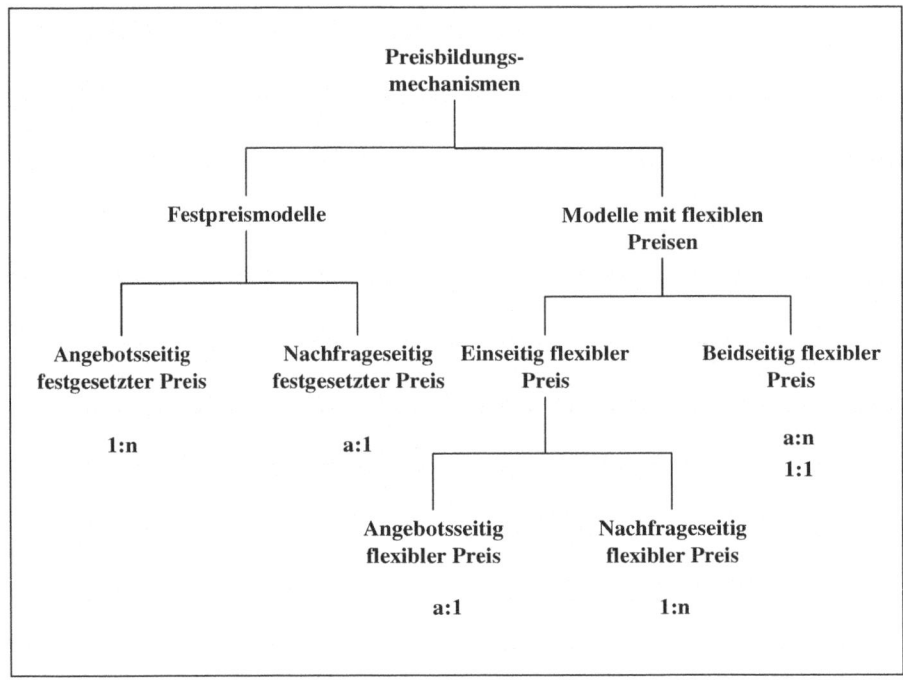

**Abbildung 28:   Preisbildungsmechanismen und Anzahl der Markt-
                   teilnehmer**

So zeichnet sich ein angebotsseitig festgesetzter Preis (z.B. Katalog) dadurch aus, dass ein Anbieter vielen Nachfragern seine Güter oder Leistungen offeriert (1:n). Ein Nachfrager sucht hingegen unter vielen Anbietern zu einem festgesetzten Preis ein Gut oder eine Leistung (a:1). Bei den flexiblen Preissystemen sucht ein Nachfrager unter vielen Anbietern per Ausschreibung oder reverse auction das günstigste Angebot (a:1), während in der klassischen Auktion ein Anbieter unter vielen Nachfragern seine Güter/Leistungen versteigert (1:n). Schließlich können beidseitig flexible Preissysteme entweder in Form von bilateralen Verhandlungen (1:1) oder als Börse mit vielen Teilnehmern auf beiden Seiten (a:n) organisiert sein. Der nächste Abschnitt befasst sich intensiver mit der Anzahl der Teilnehmer auf beiden Marktseiten als ein weiteres Klassifizierungskriterium für elektronische Marktplätze.

3.4   Anzahl der Marktteilnehmer und Offenheit der Systeme

Zwischen der Anzahl der Transaktionspartner, die an ein elektronisches Marktsystem angeschlossen sind und der Offenheit eines solchen Systems besteht ein unmittelbarer Zusammenhang. In der Literatur wird jedoch häufig weder die Anzahl der Teilnehmer thematisiert, noch der Zusammenhang zur Offenheit von Systemen.[257] Es lässt sich allerdings eine Zweiteilung der Auffassungen hinsichtlich der Anzahl der Teilnehmer als Klassifizierungsmerkmal in der Literatur feststellen. Während einige Autoren nur solche Systeme als elektronische Marktplätze bezeichnen, die auf beiden Seiten eine Vielzahl von Teilnehmern zulassen[258] (a:n Systeme, siehe Abbildung 28), nehmen andere Autoren eine grobe Unterscheidung nach jeweils nur einem oder vielen Teilnehmern auf den beiden Marktseiten vor.[259] Daraus ergibt sich eine Aufteilung in sogenannte „one-to-many" Systeme aus Sicht von Anbietern oder Nachfragern sowie „many-to-many" Systeme mit vielen Teilnehmern auf beiden Seiten.[260]

Für eine tiefergehende Analyse elektronischer Marktsysteme erscheint eine genauere Unterscheidung sinnvoll. Dabei werden offene Systeme gleichgesetzt mit den oben beschriebenen Systemen mit „vielen" Teilnehmern. Dies geschieht aus folgenden Gründen:

Offene Systeme sind prinzipiell so gestaltet, dass jeder sich an sie anschließen kann, ohne dass es Beschränkungen von Seiten der bereits an das System angeschlossenen Transaktionspartner gibt. Denkbar ist eine gewisse Zutritts- bzw. Anschlussgebühr. Es kann jedoch keinem Neuling der Zutritt durch bereits etablierte Teilnehmer verwehrt werden, z.B. weil es sich um direkte Konkurrenten handelt. Damit sind offene Systeme prinzipiell dazu geeignet, eine große Anzahl von Teilnehmern auf Anbieter- wie auf Nachfragerseite anzuziehen.

Geschlossenen Systeme hingegen erlauben es nur einem ausgewählten Teilnehmerkreis, daran teilzunehmen. Hintergrund ist meist, dass ein oder mehrere Unternehmen als Träger eines Marktplatzes auftreten und sich durch den Aufbau dieses Systems Vorteile gegenüber ihren Konkurrenten versprechen. Daher wird der Zugang zu einem solchen System nur ausgewählten Partnern gewährt. Die Anzahl der Teilnehmer eines solchen Systems kann stark variieren, es ist jedoch davon auszugehen, dass sie in den seltensten Fällen höher ist als bei komplett offenen Systemen. Sie soll daher hier mit dem Begriff „mehrere" bezeichnet werden. Die Extremausprägung stellen geschlossene Systeme dar, die auf Anbieter- und/oder Nachfragerseite jeweils nur einen Teilnehmer zulassen.

Es ist zu unterscheiden, ob Systeme auf Anbieter- und/oder auf Nachfragerseite offen oder geschlossen sind. Aus der Kombination der möglichen Ausprägungen ergibt sich dann der folgende Überblick möglicher elektronischer Marktsysteme:

---

[257] Vgl. z.B. Senn (2000), Tumolo (2001) oder Kerrigan et al. (2001), die auf eine solche Klassifizierung verzichten.

[258] Vor allem SCHMID vertritt diese Meinung, vgl. z.B. Schmid (1993), S. 468f.

[259] Vgl. z.B. Bretzke (2000), S. 8f.

[260] Vgl. Bretzke (2000), S. 8.

		einer	mehrere	viele
Anzahl Verkäufer	viele	offenes einzelnes Beschaffungssystem	offenes konsortiales Beschaffungssystem	offener Marktplatz
	mehrere	geschlossenes Beschaffungssystem	geschlossener Marktplatz	offenes konsortiales Verkaufssystem
	einer	bilaterales System	geschlossenes Verkaufssystem	offenes einzelnes Verkaufssystem

Anzahl Käufer

Abbildung 29:   Formen elektronischer Marktsysteme in Abhängigkeit ihrer Offenheit und der Anzahl der Teilnehmer

Abbildung 29 verdeutlicht, dass erst durch die technischen Möglichkeiten des Internets wirklich offene Systeme entstehen konnten (grau hinterlegt), da eine kostengünstige Vernetzung vieler Teilnehmer ohne hohe Anschlusskosten zuvor bei der Nutzung traditioneller EDI-Systeme nicht möglich war. Allerdings ist hervorzuheben, dass auch die hier weiß hinterlegten Marktsysteme verstärkt über Internet-Technologie abgewickelt werden. Für die vorgestellten offenen internet-basierten Systeme lassen sich in der Praxis eine Vielzahl von Beispielen finden, Abbildung 30 zeigt einige prominente Marktsysteme.

		einer	mehrere	viele
Anzahl Verkäufer	viele	Unilever BMW Dell	Covisint Cpgmarket e2open	Balticexchange Chemconnect Aeroxchange
	mehrere	geschlossenes Beschaffungssystem	geschlossener Marktplatz	e2open
	einer	bilaterales System	geschlossenes Verkaufssystem	Dell Compact Cisco

Anzahl Käufer

Abbildung 30: Beispiele für elektronische Marktsysteme

Es fällt auf, dass Firmen aus der gleichen Branche unterschiedliche Strategien hinsichtlich der Verwendung elektronischer Marktsysteme verfolgen. So haben Unternehmen wie der Computerproduzent Dell, der Konsumgüterhersteller Unilever oder der Automobilhersteller BMW offene elektronische Beschaffungssysteme eingerichtet, an die sich ihre Zulieferer anschließen können. Demgegenüber schließen sich andere Firmen aus den gleichen Branchen zu konsortialen Beschaffungssystemen zusammen, um Beschaffungsvorgänge durchzuführen. Beispiele sind Covisint[261] aus der Automobilbranche oder CPGmarket[262] als gemeinsames Projekt führender europäischer Konsumgüterhersteller. Offene elektronische Marktsysteme finden sich in den unterschiedlichsten Branchen. So ist Balticexchange[263] ein elektronischer Transportmarkt im Seefrachtbereich, Aeroexchange[264] dient Luftverkehrsunternehmen und ihren Zulieferern als Plattform und Chemconnect[265] ermöglicht die elektronische Abwicklung von Transaktionen in der chemischen Industrie.

Abbildung 30 zeigt, dass über die bereits existierenden EDI-basierten Systeme hinaus eine Vielzahl von Marktsystemen entstanden sind, die sich die Vorteile der Internettechnologie zu Nutze machen. Im Vordergrund steht dabei vor allem die Möglichkeit, sehr viele Transaktionspartner flexibel bei geringen Verbindungskosten zusammenzubringen. Mittelpunkt. Untersucht man die Motive der Nutzung elektronischer Marktsysteme, so lässt sich die Einsparung von Kosten als Leitmotiv besonders der offenen Beschaffungssysteme identifizieren:

„The Ariba [führender Anbieter von b-t-b Marktsystemen] solution is the enabling technology for procurement in the 21st century. We expect to generate, at a minimum, 3 to 15 percent additional savings on several hundred million dollars in expenditures as a result of the Ariba implementation."[266]

Eine interessante Frage, die sich vor dem Hintergrund der Teilnehmerzahl von elektronischen Marktplätzen stellt, ist, inwiefern sich bei den sowohl auf Käufer- als auch auf Verkäuferseite offenen Systemen eine Vielzahl von elektronischen Marktplätzen herausbildet oder ob eher ein Trend zu wenigen, großen Systemen besteht. Für eine Herausbildung nur weniger großer Systeme spricht, dass Marktplätze

---

[261]   http://www.covisint.com. Gegründet wurde Covisint von DaimlerChrysler, Ford, Nissan, Peugeot, General Motors und Renault.

[262]   http://www.cpgmarket.com. Gegründet wurde CPGmarket von Nestlé, Danone und Henkel.

[263]   http://www.balticexchange.com.

[264]   https://www.aeroxchange.com.

[265]   http://www.chemconnect.com.

[266]   Aussage des Vice President Corporate Supply Chain Management von Advanced Microdevices (AMD). Zitiert von der Internet-Homepage des b-t-b Softwareherstellers Ariba vom 6.12.2000. http://www.ariba.com/corporate/customers.cfm?customerid=3.

starke direkte Netzwerkexternalitäten aufweisen. Von einer direkten Netzwerk-externalität spricht man, wenn der Nutzen eines Gutes für den Nutzer überproportional mit der Anzahl der weiteren Nutzer ansteigt.[267] Klassisches Beispiel ist das Telefonnetz, bei dem die Anzahl der potenziellen Gesprächsmöglichkeiten mit jedem zusätzlichen Teilnehmer n um 2(n-1) ansteigt. Denn in einem Netzwerk mit n Teilnehmern gibt es n(n-1) mögliche Verbindungen zwischen den Teilnehmern. Damit besteht für einen neuen Nutzer, der vor der Wahl steht, welchem existierenden Netzwerk er beitreten soll, ein starker Anreiz, sich dem größten existierenden Netz-werk anzuschließen, da er dort die größtmögliche Anzahl an potenziellen Netzwerk-partner vorfindet:

> „The utility that a consumer derives from purchasing a telephone, for example, clearly depends on the number of other households or businesses that have joined the telephone network."[268]

Übertragen auf elektronische Marktsysteme lässt sich der Schluss ziehen, dass es für einen Verkäufer/Käufer sinnvoll ist, die Marktplattform zu wählen, auf der er die meisten potenziellen Transaktionspartner erreichen kann. Für Marktplatz-betreiber entsteht aufgrund der Netzwerkeigenschaft von elektronischen Marktplätzen dagegen die Notwendigkeit, möglichst schnell eine große Anzahl von Verkäufern und Käufern zu attrahieren, um so neuen Kunden größere Netzwerkeffekte zu bieten.[269] Aus dem gleichen Grund bedeutet die Existenz einer Marktplattform mit einer vorhandenen großen Anzahl an Nutzern eine Markteintrittsbarriere für weitere Anbieter von Marktsystemen. Die Hypothese, dass Netzwerkeffekte bei elektronischen Marktsystemen dazu führen, dass sich nur wenige Plattformen etablieren lassen, kann auch durch erste Praxisbeobachtungen gestützt werden. So konnte sich im c-t-c Bereich lediglich Ebay etablieren, während eine Vielzahl von Konkurrenzplattformen gescheitert ist.

Als Abschluss der Klassifizierung elektronischer Marktsysteme wird im nächsten Abschnitt ein zusammenfassender Überblick über die vorgestellten Klassifizierungsmerkmale gegeben.

3.5 Zusammenfassender Überblick über elektronische Markt-systeme

Auf Basis der vier vorgestellten Dimensionen zur Typologisierung von elektronischen Marktsystemen und ihrer jeweils möglichen Merkmalsausprägungen

---

[267] Vgl. Katz/Shapiro (1985), S. 424. Weitere Darstellung zur Thematik der Netzwerkexternalitäten finden sich z.B. bei Wiese (1990), Katz/Shapiro (1994) und Economides (1996).

[268] Katz/Shapiro (1985), S. 424.

[269] Vgl. Wiese (1990), S. 5f.

ergeben sich insgesamt 90 denkbare Formen von elektronischen Marktsystemen. Es ist jedoch sofort ersichtlich, dass nicht jede dieser Kombinationen sinnvoll ist, da die vorgestellten Dimensionen nicht unabhängig voneinander sind. So besteht z.B. ein Zusammenhang zwischen der Anzahl der Teilnehmer auf einer Marktseite und den möglichen Preisbildungssystemen.[270] Einige Preissysteme eignen sich nicht für Marktsysteme, bei denen die Anzahl der Teilnehmer begrenzt ist. Ebenso lassen sich bestimmte Kombinationen von Trägermodell und den durch die Anzahl der Teilnehmer gekennzeichneten Marktsystemen identifizieren. Einzelne offene Beschaffungs- bzw. Verkaufssysteme sind idealerweise käufer- bzw. verkäuferinitiiert, während sich für offene Marktplätze eine neutrale Betreiberstruktur empfiehlt, um so eine möglichst große Anzahl an Käufern und Verkäufern zu attrahieren. Somit reduziert sich die Anzahl potenzieller Marktsysteme auf eine Menge von sinnvollen Kombinationen. Abbildung 31 stellt die vier erarbeiteten Dimensionen zur Typologisierung von elektronischen Marktsystemen mitsamt den relevanten Merkmalsausprägungen in den Dimensionen noch einmal zusammenfassend dar.

---

[270]   Vgl. Abbildung 28, S. 158.

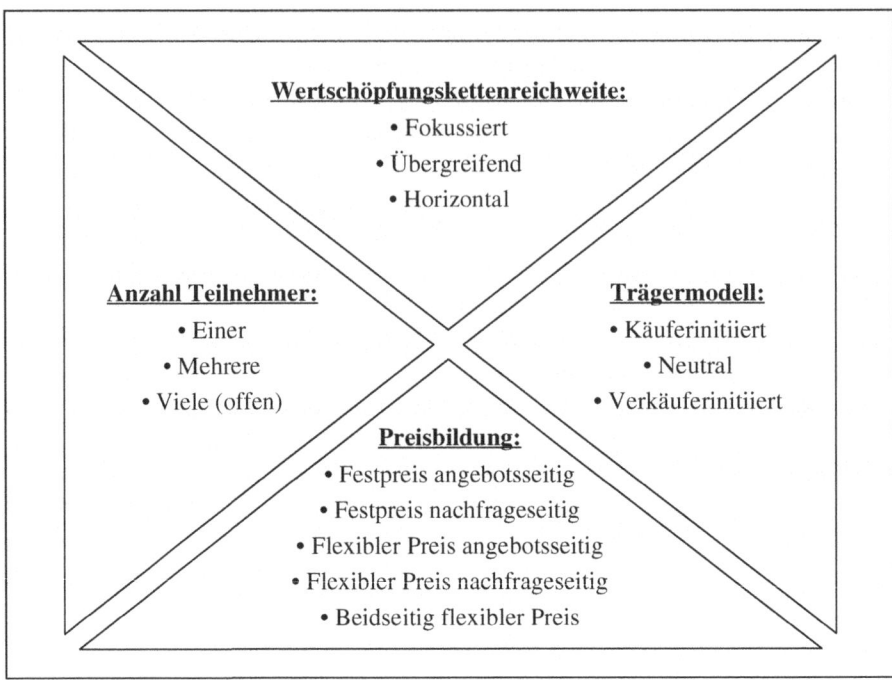

Abbildung 31: **Typologisierungsdimensionen elektronischer Marktsysteme**

Nachdem damit die Frage nach einer verstärkten marktlichen Abwicklung
von Transaktionen in Folge des Einsatzes internetbasierter IKT sowie die möglichen
Formen elektronischer Marktplätze diskutiert worden sind, beschäftigt sich der
nächste Abschnitt mit der Frage der Disintermediation in Wertschöpfungssystemen.

II   Disintermediation in Wertschöpfungsstrukturen durch Internet-technologie

Sowohl die Ergebnisse der „Electronic Market Hypothesis" als auch der
„move-to-the-middle Hypothesis" weisen auf eine Abkehr von hierarchischer
Koordination sowie eine stärkere Fremdvergabe von Leistungen und damit eine
geringere Wertschöpfungstiefe hin. Ein Phänomen, das mit der zunehmenden
Fremdvergabe in Verbindung steht, ist das der (Dis-)Intermediation.[271] Dies liegt
unmittelbar in der Tatsache begründet, dass die Frage nach der (Dis-)Intermediation
von Wertschöpfungsstrukturen ebenfalls eng mit der Frage nach der optimalen
Koordinationsform zusammenhängt, wie sie die Transaktionskostentheorie stellt.

---

[271]   Vgl. beispielsweise Benjamin/Wigand (1995) oder Wigand/Benjamin (1995).

Denn es ist, wie STIGLITZ bemerkt, Aufgabe der Wirtschaftswissenschaften, neben der klassischen Frage

> „[W]hat shall be produced, how shall it be produced, and for whom should it be produced?"[272]

auch zu klären

> „[H]ow should these decisions be made, and who should make them?"[273]

Es ist also zu klären, welche Institutionen die im Wirtschaftsprozess anfallenden Aufgaben sowohl bei marktlicher als auch bei hierarchischer Koordination übernehmen. Eine Institutionsform sind die Mittler oder auch Intermediäre[274], deren Funktionen in Distributionssystemen in Abschnitt B.II.2.1 erläutert wurden. Eine Hypothese vor dem Hintergrund möglicher Effizienzsteigerungen durch IKT ist, dass durch die Eigenschaften insbesondere von Internettechnologie der Einsatz solcher Intermediäre z.T. überflüssig wird und es zu einer Disintermediation von Wertschöpfungsstrukturen bzw. zum Auftreten neuer elektronischer Intermediäre kommt.[275] Basierend auf den Erkenntnissen von MALONE ET AL. wird von einigen Autoren die Möglichkeit der kompletten Disintermediation von Wertschöpfungsketten gesehen[276], während andere nur bestimmte Funktionen der Intermediäre als gefährdet erachten[277] und eine dritte Fraktion zwar einen Wegfall klassischer Intermediäre voraussagt, gleichzeitig aber das Entstehen neuer elektronischer Intermediäre prophezeit.[278] Im Folgenden werden die Beiträge zu diesen drei verschiedenen Hypothesen kurz vorgestellt. Im Mittelpunkt steht dabei die Frage, was im Fall der unterschiedlichen Disintermediationsszenarien mit den Intermediärsfunktionen geschieht sowie ob und wenn von welchen Akteuren sie übernommen werden:

---

[272]   Stiglitz (1994), S. 5.

[273]   Stiglitz (1994), S. 6.

[274]   Vgl. z.B. Cosimano (1996), S. 131, Spulber (1996), S. 135 oder Bailey/Bakos (1997), S. 8.

[275]   Vgl. zu dieser These und unterschiedlichen Argumentationen hinsichtlich ihrer Berechtigung z.B. Sarkar/Butler/Steinfield (1995), Benjamin/Wigand (1995), Gellman (1996), Bailey/Bakos (1997), Hawkins/Mansell/Steinmueller (1999), Berghel (2000) oder Voigt (2001).

[276]   Vgl. z.B. Benjamin/Wigand (1995), Wigand/Benjamin (1995), Gellman (1996) oder Wigand (1997).

[277]   Vgl. z.B. Voigt (2001).

[278]   Vgl. z.B. Sarkar/Butler/Steinfield (1995), Bailey/Bakos (1997), Sarkar/Butler/Steinfield (1998), Hawkins/Mansell/Steinmueller (1999), Palmer/Bailey/Faraj (2000).

„It is an old axiom of marketing that it is possible to eliminate the wholesaler but it is not possible to eliminate the functions performed by the wholesaler."[279]

1 Komplette Disintermediation

Die Hypothese einer kompletten Disintermediation der Distributionsstufen zwischen Hersteller und Konsument haben vor allem BENJAMIN/WIGAND aufgestellt. Ihre Überlegungen basieren auf den technischen Möglichkeiten der bereits erwähnten, zu Beginn der 90er Jahre in den USA diskutierten National Information Infrastructure (NII):[280]

- Vernetzung sämtlicher Unternehmen und Privathaushalte

- mit einer für multimediale, interaktive Inhalte geeigneten Bandbreite

- zu relativ geringen Anschluss- und Nutzungsgebühren.[281]

Die Autoren sehen neben dem bereits geschilderten Übergang zu mehr marktlicher Koordination[282] die Möglichkeit von erheblichen Kosteneinsparungen für Produzenten und Konsumenten durch die Elimination des Groß- und Einzelhandels.

Ihre Argumentation fundiert auf dem ihrer Meinung nach wachsenden Trend zu „Homeshopping", also katalogbasiertem Einkaufen des Konsumenten direkt von zu Hause aus[283], dem auch im deutschsprachigen Raum schon in der 1980er Jahren in Zusammenhang mit IKT ein großes Wachstum vorhergesagt wurde.[284] Daraus leiten BENJAMIN/WIGAND ab, dass Konsumenten zunehmend bereit sind, Produkte mit einer niedrigen Spezifität und einer einfachen textbasierten oder grafischen Beschreibbarkeit zu kaufen, ohne diese tatsächlich persönlich begutachten zu können. Die Möglichkeiten der Darstellung und Beschreibung von Produkten würden durch die NII noch um ein Vielfaches zunehmen, weshalb mit einer starken Zunahme an im Versandhandel verkaufbaren Produkten zu rechnen sei.[285] BENJAMIN/WIGAND haben damit die Chancen, die IKT besonders durch den Fort-

---

[279] Michman (1990), S. 33.

[280] Vgl. Benjamin/Wigand (1995), S. 62, Wigand/Benjamin (1995) oder die Ausführungen in Abschnitt C.I.1.3.

[281] Vgl. Benjamin/Wigand (1995), S. 64, Wigand/Benjamin (1995), S. 1. (Bei diesem Artikel handelt es sich um einen Beitrag, der im Journal of Computer-Mediated Communication erschienen ist. Dieses Journal erscheint ausschließlich online, weshalb sich die angegebenen Seitenzahlen auf den Ausdruck des Artikels beziehen. Die URL des Artikels lautet: http://www.ascusc.org/jcmc/vol1/issue3/wigand.html, letzter Abruf am 23.04.2003. Die URL des Journals ist: http://www.ascusc.org/jcmc/.)

[282] Vgl. Benjamin/Wigand (1995), S. 64f. oder Abschnitt C.I.1.3.

[283] Vgl. Benjamin/Wigand (1995), S. 67, Wigand/Benjamin (1995), S. 2.

[284] Vgl. z.B. Delfmann/Waldmann (1987).

[285] Vgl. Benjamin/Wigand (1995), S. 67, Wigand/Benjamin (1995), S. 3.

schritt bei grafischen Darstellungen und ihrer Übertragbarkeit bietet, sehr gut vorausgesagt. Sie übersehen allerdings die Tatsache, dass Versandhändler weiterhin Intermediäre sind. Der Versandhändler existiert, weil er die beschriebenen Intermediärsfunktionen erfüllt, es findet höchstens eine Teildisintermediation in dem Sinne statt, dass der Einzelhandel übersprungen wird.

BENJAMIN/WIGAND untersuchen die Potenziale einer Disintermediation detailliert, indem sie eine kostenbasierte Analyse der Wertschöpfung in der Textil-industrie vornehmen. Dabei analysieren sie die Verkaufspreise zwischen den einzelnen Wertschöpfungsstufen, angefangen beim Produzenten über Groß- und Einzelhandel bis zum Konsumenten. Anhand dieser Verkaufspreise bestimmen sie die Wertschöpfung, die auf den einzelnen Stufen erzielt wird (inklusive Gewinn) in Form der Differenz aus Eingangs- und Ausgangspreis. Abbildung 32 zeigt ihre Vorgehens-weise.

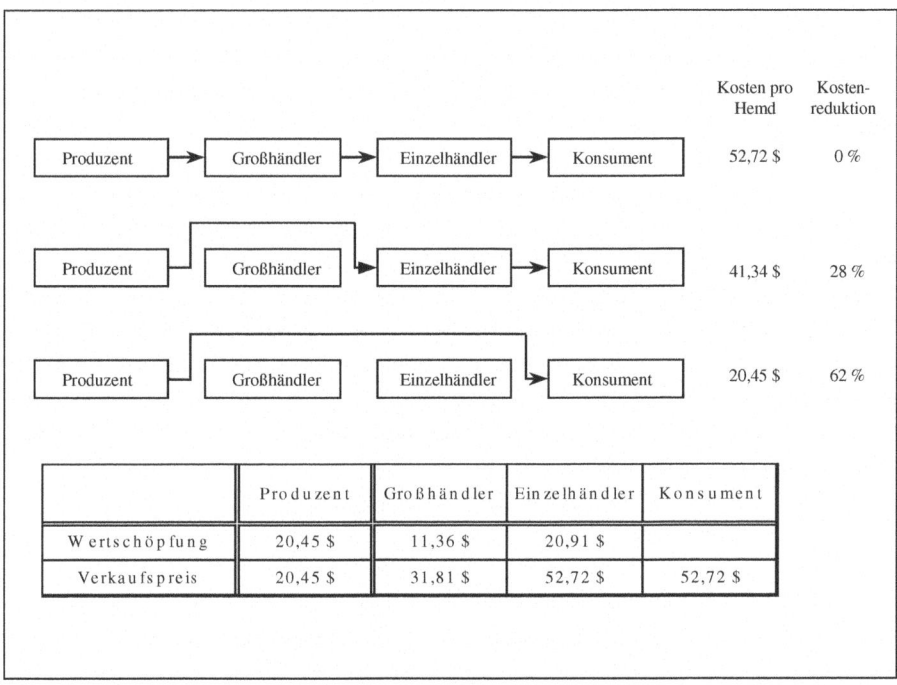

Abbildung 32:   Beispielrechnung einer Disintermediation in der Textil-branche[286]

286   Quelle: Benjamin/Wigand (1995), S. 68.

Sie folgern aus dieser Analyse, dass bei Weglassen des Großhandels eine Kosteneinsparung um 28%, bei Weglassen von Groß- und Einzelhandel sogar um bis zu 62% möglich wäre, die dann als größere Marge bzw. in Form niedrigerer Preise zur Verfügung stünde.[287] WIGAND argumentiert in einem späteren Beitrag genauso, er gibt zusätzlich noch eine genauere Aufspaltung der einsparbaren Kosten. Bei diesen handelt es sich ausnahmslos um Transaktionskosten in Form von Such-, Vereinbarungs-, Überwachungs- und Anpassungskosten, die bei Groß- und Einzelhändler anfallen.[288] Ein Wegfall der Intermediäre würde demnach Transaktionskosten in der genannten Höhe einsparen und so zu einem deutlich verbesserten Marktergebnis führen. WIGAND kommt, auch unter Rückgriff auf die Ergebnisse von BENJAMIN/WIGAND, zu dem Schluss:

> „(...) this example demonstrates nicely how the potential elimination
> of entire levels within the market hierarchy (e.g., wholesaler, retailer)
> may occur."[289]

Das Bild, das BENJAMIN/WIGAND und WIGAND von Intermediären, hier den Groß- und Einzelhändlern in der Textilbranche, zeichnen, erinnert stark an die Darstellungen von MARX.[290] Obwohl von Wertschöpfung die Rede ist, wird den Aktivitäten der Intermediäre kein eigener Wert beigemessen. Sie erbringen keine Leistungen, sondern verursachen nur Kosten in Form von Transaktionskosten und Gewinnmarge. Die Autoren berücksichtigen bei ihrer Kostenbetrachtung weder die Leistungen von Intermediären z.B. in Form der Intermediärsfunktionen noch die Kosten, die die vorgeschlagene Komplettdisintermediation verursachen könnte. Dabei handelt es sich neben den erheblichen Opportunitätskosten für entgangene Leistungen beim Konsumenten vor allem um neue Distributionskosten, die bei direkten Austauschbeziehungen zwischen Produzent und Konsument anfallen. An die Stelle gebündelter Lieferungen und der Selbstabholung durch den Endkunden tritt die Direktlieferung von Einzelsendungen bis an die Haustür. BENJAMIN/WIGAND halten diese Umstellungen für durchführbar:

> „The future delivery system might resemble the process that catalog
> vendors use now, mostly via Federal Express and United Parcel
> Service. When next-day delivery is satisfactory, such companies can
> provide the desired service."[291]

Als Fazit zu den Beiträgen von BENJAMIN/WIGAND kann festgehalten werden, dass ihre Ausführungen jedwede Berücksichtigung der Intermediärsfunktionen vermissen lassen und vor allem ein sehr geringes Verständnis der

---

287   Vgl. Benjamin/Wigand (1995), S. 68, Wigand/Benjamin (1995), S. 5f.

288   Vgl. Wigand (1997), S. 8f.

289   Wigand (1997), S. 8.

290   Vgl. dazu das Zitat von MARX auf Seite 82.

291   Benjamin/Wigand (1995), S. 69.

logistischen Herausforderungen der vorgeschlagenen Disintermediation erkennbar ist. Insbesondere verkennen sie die Problematik der vorgeschlagenen Direktbelieferung des Endkonsumenten. Ihre Kostenberechnungen sind ökonomisch nicht fundiert, da weder entgangene Leistungen noch neu entstehende Kosten gegengerechnet werden. Sie können damit nicht als Argument für eine Disintermediation von Handelsstufen durch den Einsatz von IKT dienen.

Einen Spezialfall der Komplettdisintermediation beschreibt GELLMAN für den Finanz- und Verlagsbereich.[292] Seine Argumentation basiert allerdings nur auf Beispielen. Eine Auseinandersetzung mit den Funktionen von Intermediären und mit der Frage, wie ein Wegfall dieser bei der geschilderten Disintermediation kompensiert wird, erfolgt nicht. Implizit lässt sich aus GELLMANS Ausführungen allerdings ableiten, dass Disintermediation eher bei solchen Gütern auftritt, die sich einfach digitalisieren lassen, wie es bei Finanzdienstleistungen oder im Verlagswesen der Fall ist.

Dies ist ein wichtiger Hinweis darauf, dass auch bei Untersuchungen hinsichtlich der Disintermediation, genau wie bei der Frage nach der optimalen Koordinationsform, die Eigenschaften der Güter eine entscheidende Rolle spielen. Zu beachten sind vor allem die Auswirkungen der Gütereigenschaften auf die Möglichkeit der elektronischen Durchführbarkeit von Intermediärsfunktionen. Diese Fragestellung nach den für Disintermediation bzw. elektronische Reintermediation geeigneten Gütern wird in Kapitel D beantwortet.

2 Teilweise Disintermediation einzelner Funktionen

Als größter Kritikpunkt an den Beiträgen zur kompletten Disintermediation muss neben der fehlenden Beachtung der Leistungen von Intermediären in Form der Intermediärsfunktionen die insgesamt zu pauschale Betrachtung gelten.[293] Anstatt eine detaillierte Untersuchung der Auswirkungen von IKT auf die einzelnen Funktionen vorzunehmen, stellen insbesondere BENJAMIN/WIGAND nur verschiedene Szenarien dar, in denen ganze Intermediärsstufen wegfallen. Demgegenüber ist davon auszugehen, dass IKT unterschiedlichen Einfluss auf die Intermediärsfunktionen hat. Es ist deshalb im Einzelnen zu prüfen, welche der Funktionen eventuell von vor- oder nachgelagerten Wertschöpfungsstufen übernommen werden können und welche eventuell in Zukunft Gegenstand einer rein elektronischen Intermediation sein

---

[292] Vgl. Gellman (1996), S. 3f.

[293] Vgl. z.B. Schmitz (2000), S. 1. (Bei diesem Artikel handelt es sich um einen Beitrag, der im Journal of Computer-Mediated Communication erschienen ist. Dieses Journal erscheint ausschließlich online, weshalb sich die angegebenen Seitenzahlen auf den Ausdruck des Artikels beziehen. Die URL des Artikels lautet: http://www.ascusc.org/jcmc/vol5/issue3/schmitz.html, letzter Abruf am 4.12.2002. Die URL des Journals ist: http://www.ascusc.org/jcmc/.)

werden. Letztere Fragestellung wird im Abschnitt C.II.3 behandelt; zunächst werden Ansätze, die sich mit der teilweisen Disintermediation einzelner Funktionen beschäftigen, vorgestellt.

2.1   Der Beitrag von VOIGT

Am Beispiel des Produktionsverbindungshandels (PVH)[294], also eines Intermediärs zwischen zwei Stufen des Produktionsprozesses, untersucht VOIGT detailliert die Frage nach den Auswirkungen von internetbasierter IKT auf Intermediäre.[295] Dabei spaltet VOIGT die Funktionen des PVH in zwei Kategorien auf, solche, die primär dem anbietenden Produzenten (AP) und solche, die primär dem nachfragenden Produzenten (NP) Nutzen stiften. Er untersucht, inwiefern Internettechnologie Auswirkungen auf die Funktionen des PVH haben könnte, und ob eine Verlagerung auf den nachfragenden bzw. anbietenden Produzenten oder auf einen neu entstehenden elektronischen Intermediär (EI) möglich erscheint. Tabelle 12 fasst die Ergebnisse dieser Untersuchung zusammen.

---

[294]   Vgl. zum Produktionsverbindungshandel z.B. Kleinaltenkamp (1995) oder Müller-Hagedorn (1997).

[295]   Vgl. Voigt (2001), S. 59ff.

Funktionen des PVH für den nachfragenden Produzenten	Auswirkungen von IKT auf diese Funktion	Begründung
Information und Beratung	Verlagerung auf NP	IKT erleichtert Selbstinformation für nachfragenden Produzenten, zumindest bei Standardware
Sortimentierung	Verlagerung auf EI	IKT erlaubt ein physischen Sortimenten überlegenes digitales Sortiment
Service	Teilweise Verlagerung auf EI/NP	IKT erlaubt Schulungen und Fernberatungen, jedoch nur eingeschränkt bei erklärungsbedürftigen Produkten
Sicherheit	Teilweise Verlagerung auf EI/NP	IKT erlaubt Verfügbarkeitskontrollen und Qualitätssicherung
Komplexitätsreduktion der Beschaffung	Teilweise Verlagerung auf EI/NP	IKT ermöglicht vereinfachte Steuerung von Einkaufsprozessen und bessere Produktbeschreibungen
Mengenbündelung	Verlagerung auf NP	IKT ermöglicht Bildung von Einkaufs-plattformen, sowohl unternehmensintern als auch -übergreifend
Raum- und Zeitüberbrückung	Verlagerung auf EI	In Verbindung mit einem Logistikdienstleister kann ein EI diese Funktion übernehmen
Funktionen des PVH für den anbietenden Produzenten	**Auswirkungen von IKT auf diese Funktion**	**Begründung**
Markterkundung und -erschliessung	Keine Veränderung	Bleibt Kernkompetenz des Händlers
Anarbeitung / Warenvollendung	Keine Veränderung	Physischer Charakter macht Verlagerung auf EI wenig wahrscheinlich
Komplexitätsreduktion der Distributionsaufgabe	Keine Veränderung	Feinverteilung ist Kernkompetenz des Händlers
Risikominderung / Mengenauflösung	Keine Veränderung	Können nicht durch IKT oder Dienstleister übernommen werden
Sortimentseffekt / Logistik	Teilweise Verlagerung auf EI/AP	In Verbindung mit einem Logistikdienstleister kann ein EI diese Funktion übernehmen

Tabelle 12:   Auswirkungen von internetbasierter IKT auf die Funktionen des Produktionsverbindungshandels[296]

Es fällt auf, dass VOIGT eine starke Verlagerung von bisherigen Funktionen des PVH auf den nachfragenden Produzenten durch den Einsatz von Internettechnologie sieht. Das heißt es besteht ein Trend hin zur Disintermediation des PVH aus Sicht des nachfragenden Produzenten; zudem kommt es begrenzt zu einer

---

[296]   Quelle: In Anlehnung an Voigt (2001), S. 60ff.

Verlagerung von Funktionen des traditionellen PVH auf neue, elektronische Intermediäre.[297] Im Gegensatz dazu sieht er die Veränderungen aus Sicht des anbietenden Produzenten als nicht ganz so gravierend an, hier besteht seiner Meinung nach weiterhin Bedarf für den klassischen PVH, da dessen Kernkompetenzen gerade in den Funktionen Markterkundung, Anarbeitung und Komplexitätsreduktion der Distributionsaufgabe liegen.[298] Es muss jedoch die Frage gestellt werden, warum nicht auch hier die Markterkundung, unterstützt durch das Internet, verstärkt durch den anbietenden Produzenten selber durchgeführt werden kann. Denn gerade die Schaffung von mehr Markttransparenz ist eine der Stärken z.B. von elektronischen Marktplätzen oder internetbasierten Suchagenten. Zusammen mit diesen könnten dann auch andere Dienstleister die physischen Funktionen der Anarbeitung und Distribution übernehmen, wie es für den nachfragenden Produzenten von VOIGT vorgeschlagen wird. Letztendlich kommt VOIGT zu dem Ergebnis, dass IKT in Form des Internets einige schwerwiegende Auswirkungen auf die Funktionen des PVH und deren Durchführung haben wird:

> „Einige Funktionen verlagern sich auf den anbietenden und (mehr noch) auf den nachfragenden Produzenten, andere auf (neue) Intermediäre, die sich auf die Ausübung einzelner Funktionen spezialisiert haben. Nur einige wenige Funktionen, die die (...) Kernkompetenzen des Händlers repräsentieren, bilden die Grundlage für eine dauerhaft erfolgreiche Existenz [des Händlers]."[299]

Den Ergebnissen seiner Überlegungen stellt VOIGT schließlich noch eine empirische Untersuchung gegenüber, die er unter den 100 umsatzstärksten Automobilzulieferern in Deutschland durchgeführt hat. Aufgrund der geringen Rücklaufquote dieser Studie haben die Ergebnisse jedoch nur Stichprobencharakter.[300] Danach sprechen aus Sicht der befragten Zulieferer weiterhin einige Argumente für die Existenz des PVH, vor allem die Sicherheit hinsichtlich Qualität, Menge und Verfügbarkeit von Produkten. Weiterhin wird der Sortimentsfunktion des PVH eine hohe Bedeutung zugemessen.[301]

Im Fall einer Verlagerung von Intermediärsfunktionen sehen die befragten Unternehmen diese vor allem auf neue elektronische Intermediäre, weniger auf anbietende bzw. nachfragende Produzenten[302], das heißt es wird eine Reintermediation an Stelle einer reinen Disintermediation vorhergesagt. Betroffen von dieser Reintermediation ist demnach vor allem die Sortimentsfunktion, wobei nicht

---

[297]   Vgl. Voigt (2001), S. 60.
[298]   Vgl. Voigt (2001), S. 61.
[299]   Voigt (2001), S. 62. Anmerkungen in [ ] durch Verfasser hinzugefügt.
[300]   Vgl. Voigt (2001), S. 66ff.
[301]   Vgl. Voigt (2001), S. 67.
[302]   Vgl. Voigt (2001), S. 69.

vergessen werden darf, dass es zwar einfach ist, per IKT ein sehr großes Sortiment zu erfassen und darzustellen, dieses jedoch trotzdem einer physischen Basis bedarf. Neben reinen elektronischen Intermediären spielen mithin verstärkt auch Logistik-dienstleister eine Rolle, die die bisher vom Handel durchgeführten physischen Funktionen übernehmen müssen.[303]

2.2 Der Beitrag von PETERSON ET AL.

Aus einer marketingorientierten Perspektive gehen PETERSON ET AL. der Frage nach, inwieweit das Internet Einfluss auf die Funktionen von Intermediären hat.[304] Sie identifizieren drei Funktionen von Intermediären - Distribution, Transaktion und Kommunikation - und untersuchen, ob Electronic Commerce eine ernstzunehmende Alternative zu traditionellen Intermediären ist.[305] Dabei kommen sie zu dem Ergebnis, dass IKT in Form des Internets vor allem die Transaktions- und Kommunikationsfunktion traditioneller Intermediäre substituieren kann, während sie auf der Distributionsseite nur dann Veränderungen sehen, wenn es sich um digitale bzw. digitalisierbare Güter handelt. Tabelle 13 zeigt die zusammengefassten Ergebnisse von PETERSON ET AL.

---

[303] Vgl. Voigt (2001), S. 68. Vgl. zur Rolle von Logistikdienstleistern bei Disintermediation durch Internettechnologie auch Delfmann/Albers/Gehring (2002), S. 203ff.

[304] Vgl. Peterson/Balasubramanian/Bronnenberg (1997), S. 330.

[305] Vgl. Peterson/Balasubramanian/Bronnenberg (1997), S. 334.

Marketing-kanal	Intermediations-funktion	Internet als mögliches Substitut?	Internet als dominante Form?
Distribution	Logistische Standardfunktionen wie Lagerung, Sortierung und Abwicklung	Nein, nur bei digitalen Produkten	Nein, nur bei digitalen Produkten
Transaktion	Verkaufsabwicklung	Wahrscheinlich	Hängt von den Produkteigenschaften ab
Kommuni-kation	Informationsherstellung	Möglich	Möglich
	Informationsverteilung	Sehr wahrscheinlich	Sehr wahrscheinlich

Tabelle 13:   **Wirkungen des Internets auf Intermediärsfunktionen**[306]

PETERSON ET AL. sehen also große Veränderungen im Bereich der Informationsverteilung wie auch der Verkaufsabwicklung durch den Einsatz von Internettechnologie. Übertragen auf das Transaktionsphasenschema bedeutet dies, dass insbesondere die Anbahnungs- und Vereinbarungsphase von Transaktionen zukünftig stärker über internetbasierte IKT abgewickelt wird bei einer gleichzeitigen Disintermediation der diese Funktionen bisher durchführenden traditionellen Intermediäre. Sehr wichtig ist der Hinweis von PETERSON ET AL., dass die Produkteigenschaften eine entscheidende Rolle bei der Frage spielen, ob es Veränderungen in den einzelnen Transaktionsphasen geben wird.

2.3   Der Beitrag von SCHMITZ

Basierend auf der Prinzipal-Agent-Theorie untersucht SCHMITZ die Auswirkungen des Einsatzes von internetbasierter IKT auf drei von ihm identifizierte Intermediärsfunktionen: Das Vorhalten von Beständen, die Reduktion asymmetrischer Information durch Reputationsaufbau sowie die Sammlung, Aufbereitung und Bereitstellung von Informationen.[307] Vergleicht man diese Funktionen mit den in Abschnitt B.II.2.1.3 vorgestellten Intermediärsfunktionen, so ist die Bestandshaltung

---

[306]   Quelle: In Anlehnung an Peterson/Balasubramanian/Bronnenberg (1997), S. 335.

[307]   Vgl. Schmitz (2000), S. 2.

in der von SCHMITZ verwendeten Bedeutung ein Teil der Überbrückungsfunktion, der Reputationsaufbau eine Form der Qualitätssicherungsfunktion, wie sie auch schon in Abbildung 18 aus Seite 91 beschrieben wurde, und die Informationssammlung weist Bezüge zur Marktbildungsfunktion auf.

SCHMITZ kommt zu dem Ergebnis, dass IKT keinen Einfluss auf diese Intermediärsfunktionen hat.[308] Im Fall der Bestandshaltung begründet er dies mit dem Hinweis, dass IKT weder die Grenzkosten der internen Bereitstellung bei den vor- und nachgelagerten Wertschöpfungsstufen des Intermediärs verringert noch die Grenzkosten der Bereitstellung durch einen Intermediär erhöht. Zudem führe IKT auch nicht zu einer Erhöhung der Agency-Kosten in der Beziehung zwischen Intermediär und vor- bzw. nachgelagerter Wertschöpfungsstufe. Somit bestehe bei der Bestandshaltung durch einen Intermediär keine Möglichkeit, durch den Einsatz von IKT eine ceteris paribus transaktionskostengünstigere Lösung ohne Intermediär herbeizuführen.[309] Auch für die Qualitätssicherungsfunktion des Intermediärs durch Reputationsaufbau sieht SCHMITZ trotz der Reduzierung von Such- und Informationskosten durch IKT weiterhin eine Existenzberechtigung. Er begründet dies dadurch, dass die gesunkenen Informationskosten nicht nur für vor- und nachgelagerte Wertschöpfungsstufen gelten, sondern auch für den Intermediär, der damit seinen Wettbewerbsvorteil behalten könne.[310] Der Argumentation von SCHMITZ bezüglich der Bestandshaltung kann zugestimmt werden, da sie zumindest bei physischen Beständen weiterhin erforderlich sein wird und damit die Existenz eines Intermediärs gerechtfertigt werden kann. Im Fall der Qualitätssicherungsfunktion muss jedoch bezweifelt werden, dass die Informationskosten für den Intermediär im gleichen absoluten Umfang sinken wie für die vor- bzw. nachgelagerte Wertschöpfungsstufe. Und sobald durch den Einsatz von IKT die Informationskosten des Intermediärs nicht im gleichen Maße sinken wie für die vor- und nachgelagerte Stufe, verliert sein Einsatz zur Qualitätssicherung an Relevanz.

Auch hinsichtlich der Frage nach der Informationssammlung, Aufbereitung und Bereitstellung ist den Ergebnissen von SCHMITZ nur teilweise zuzustimmen. Er argumentiert hier, dass IKT-Einsatz zwar wiederum die Informationskosten senken wird und so Anbieter und Nachfrager verstärkt an Informationen kommen könnten, die bisher durch Intermediäre bereitgestellt wurden. Die reine Möglichkeit, diese Informationen – z.B. über das Internet – zu sammeln, reiche jedoch nicht aus, es müsse vielmehr weiterhin eine Aufbereitung und gezielte Bereitstellung erfolgen, was nur durch spezialisierte Intermediäre möglich sei.[311] Dem muss entgegengehalten

---

[308]   Vgl. Schmitz (2000), S. 1.

[309]   Vgl. Schmitz (2000), S. 8.

[310]   Vgl. Schmitz (2000), S. 10.

[311]   Vgl. Schmitz (2000), S. 12f.

werden, dass gerade moderne internetbasierte IKT diese Aufbereitung und Bereitstellung von Informationen gewährleisten und damit einen Teil der Marktbildungsfunktion übernehmen kann. Das heißt es besteht entgegen der Ansicht von SCHMITZ
eine hohe Wahrscheinlichkeit, dass es in diesem Bereich zu einer Disintermediation
kommt. Noch wahrscheinlicher und von SCHMITZ auch implizit vorhergesehen ist
jedoch, dass besonders die informatorischen Intermediärsfunktionen Gegenstand einer
elektronischen Reintermediation werden in dem Sinne, dass sie verstärkt von rein
elektronischen Anbietern übernommen werden.

2.4   Der Beitrag von PALVIA UND VEMURI

PALVIA/VEMURI[312] beschäftigen sich in zwei Untersuchungsschritten mit der
Frage, ob internetbasierte elektronische Märkte zu einer Disintermediation von
Distributionsstrukturen führen. Zunächst weisen sie auf die Notwendigkeit hin, die
Effizienzvorteile, die der Einsatz internetbasierter IKT mit sich bringt, auf Basis
fundierter theoretischer Ansätze zu untersuchen.[313] Dazu beziehen sie sich auf
Modelle zur Reduzierung von Suchkosten, die Analyse von Gütereigenschaften sowie
die Transaktionskostentheorie. Hinsichtlich der Suchkosten verweisen sie auf die
Ergebnisse von BAKOS, der, wie in Abschnitt C.I.1.5 erläutert, die potenziellen
Suchkostenersparnisse des IKT-Einsatzes untersucht. Als wichtige Güter-
eigenschaften identifizieren PALVIA/VEMURI in Anlehnung an MALONE ET AL. die
Spezifität des Transaktionsgegenstandes sowie die Komplexität der Produkt-
beschreibung. Sie greifen die Argumentation von MALONE ET AL. bezüglich der
Auswirkungen von IKT auf diese Eigenschaften auf und schließen sich deren
Ergebnissen an, dass der IKT-Einsatz zu einer verstärkten Nutzung von marktlicher
Koordination führt.[314] Schließlich argumentieren sie auf Basis der allgemeinen
Transaktionskostentheorie nach WILLIAMSON, dass internetbasierte IKT zu einer
Senkung von Transaktionskosten und somit ebenfalls zu einer Zunahme marktlicher
Koordination führt.[315] PALVIA/VEMURI weisen allerdings nicht darauf hin, dass die
drei von ihnen präsentierten theoretischen Ansätze in einer engen Beziehung stehen.
Denn Suchkosten sind nichts anderes als informatorische Transaktionskosten der
Anbahnungsphase, und auch die Spezifität des Transaktionsgegenstandes sowie die
Komplexität seiner Beschreibung sind, wie in den theoretischen Grundlagen dieser
Arbeit und bei der Präsentation des Ansatzes von MALONE ET AL. beschrieben,
Faktoren, die über die Höhe der informatorischen Transaktionskosten entscheiden.
PALVIA/VEMURI kommen zu dem Schluss, dass durch die verstärkte marktliche

---

[312]   Vgl. Palvia/Vemuri (1999).
[313]   Vgl. Palvia/Vemuri (1999), S. 119.
[314]   Vgl. Palvia/Vemuri (1999), S. 119.
[315]   Vgl. Palvia/Vemuri (1999), S. 119.

Koordination zwar ein zusätzlicher Bedarf für marktbildende Intermediäre zu vermuten ist, eine genaue Feststellung der Auswirkungen des internetbasierten Electronic Commerce auf Intermediäre in Distributionssystemen aber nur durch eine Betrachtung der einzelnen Intermediärsfunktionen möglich ist.[316]

Als Intermediärsfunktionen identifizieren sie die Senkung von Kommunikations-, Koordinations- und Austauschkosten, Sortimentsbildung, Lagerhaltung und Transport sowie finanzielle Risikoreduktion und Werbung.[317] Damit beziehen sie sich, wenn auch in weniger strukturierter Form, auf die in Abschnitt B.II.2 vorgestellten Intermediärsfunktionen. Leider nehmen PALVIA/VEMURI im weiteren Verlauf ihres Beitrags keine fundierte Analyse der Auswirkungen von internetbasierter IKT auf die genannten Funktionen vor, sondern beschränken sich auf eine Darstellung einzelner Fallstudien. Damit führen sie die angekündigte theoretisch fundierte Analyse der Disintermediationshypothese trotz guter methodischer Vorarbeiten nicht aussagekräftig durch. Sie kommen auf Basis der Fallstudien lediglich zu einigen Hypothesen hinsichtlich der Disintermediation von Distributionsstrukturen durch das Internet:[318]

- Die Anzahl an Intermediären wird sich in allen Industrien verringern, am stärksten dort, wo Intermediäre nur Kommunikations- und Koordinationsfunktionen ausüben.

- In Dienstleistungsbranchen wird sich die Anzahl der intermediären Stufen stärker verringern als in Produktionsbranchen, da im Dienstleistungssektor die Intermediärsfunktion Lagerhaltung und Transport nur in seltenen Fällen benötigt wird.

- Die Möglichkeiten der Disintermediation hängen stark von der Art des Produkts ab. Für Güter, bei denen die Produkteigenschaften einfach zu kommunizieren sind, ist mit einer verstärkten Disintermediation zu rechnen.

- Neue Formen von Informationsintermediären werden entstehen. Sie sind aufgrund niedriger Markteintrittskosten (geringe spezifische Investitionen) allerdings starkem Wettbewerb ausgesetzt.

- Die raum-zeitlichen Intermediärsfunktionen Lagerhaltung und Transport gewinnen an Bedeutung, da informatorische Funktionen zunehmend kostengünstiger elektronisch abgewickelt werden können und nicht mehr zur Differenzierung von der Konkurrenz geeignet sind.

Die von PALVIA/VEMURI vorgestellten Hypothesen können als Bestätigung der in dieser Arbeit geplanten Untersuchungen angesehen werden. Sie weisen auf die

---

[316] Vgl. Palvia/Vemuri (1999), S. 119f.
[317] Vgl. Palvia/Vemuri (1999), S. 121f.
[318] Vgl. Palvia/Vemuri (1999), S. 124.

Möglichkeiten von Disintermediation durch Transaktionskostensenkungen in der Anbahnungs- und Vereinbarungsphase hin und heben auch die Bedeutung der logistischen Intermediärsfunktionen hervor, ohne jedoch die logistischen Implikationen, die eine eventuelle Disintermediation hat, zu beachten. Auch erkennen sie die Wichtigkeit von Gütereigenschaften an, fokussieren aber nur auf informatorische Merkmale und vernachlässigen die physischen, für die logistischen Prozesse relevanten Eigenschaften. Schließlich weisen sie auf die Möglichkeit neuer elektronischer Intermediäre hin.

2.5   Der Beitrag von TOPOROWSKI

Die von PALVIA/VEMURI angestrebte, letztendlich aber wegen der nur auf Fallstudien beruhenden Argumentation nicht erreichte theoretisch fundierte Betrachtung der Disintermediationshypothese gelingt TOPOROWSKI.[319] Er untersucht die Auswirkungen des Electronic Commerce auf den Einzelhandel und bedient sich dabei der Transaktionskostentheorie als theoretischer Grundlage. Diese stellt er mit ihren grundlegenden Verhaltensannahmen der begrenzten Rationalität und des opportunistischen Verhaltens kurz dar.[320] Er schließt sich der rein informatorischen Betrachtung von Transaktionskosten an[321] und hebt die Notwendigkeit der Betrachtung von Transaktions- und Produktionskosten für eine Entscheidung über die optimale Koordinationsform hervor.[322] Wichtig ist auch sein Hinweis, dass die Produktionskosten verschiedener Koordinationsformen unterschiedlich hoch sind. Die Annahme gleich hoher Produktionskosten nennt TOPOROWSKI

„ (...) problematisch und strenggenommen unhaltbar (...)"[323]

und verweist auf die auch in dieser Arbeit verwendeten Erkenntnisse von WINDSPERGER.[324] Überraschend ist dagegen die von ihm vorgenommene Zurechnung der Lager- und Transportkosten, also der raum-zeitlichen Transferkosten in der Terminologie dieser Arbeit, zu den Produktionskosten.[325] TOPOROWSKI sieht in den Kosten der physischen Distribution die Produktionskosten des Handels. Dem ist entgegenzuhalten, dass durch eine Trennung der raum-zeitlichen Transferkosten von den Produktionskosten als den Kosten der physischen Erstellung von Gütern deutlich klarere Aussagen gewonnen werden können. So geht, wie in Abschnitt B.II.1.3 erläutert, eine Spezialisierung in der Produktion oft mit der Verteilung der

---

[319]   Toporowski (2000a).

[320]   Vgl. Toporowski (2000a), S. 78. Siehe auch Abschnitt B.II.1 dieser Arbeit.

[321]   Vgl. Toporowski (2000a), S. 79f.

[322]   Vgl. Toporowski (2000a), S. 91f. und S. 109.

[323]   Toporowski (2000a), S. 91.

[324]   Vgl. Windsperger (1983). Siehe auch Abschnitt B.II.1.

[325]   Vgl. Toporowski (2000a), S. 109.

Produktionsaktivitäten auf unterschiedliche Standorte einher, so dass bei größeren Entfernungen zwischen den Standorten die Spezialisierungsvorteile durch entstehende raum-zeitliche Transferkosten wieder kompensiert würden, wie z.B. DELFMANN anmerkt.[326]

Im Fall des von TOPOROWSKI untersuchten Einzelhandels bzw. des Handels allgemein spielt diese Gleichsetzung von Transfer- und Produktionskosten allerdings kaum eine Rolle, da sich die gesamten Koordinationskosten des Handels zu einem großen Teil aus informatorischen Transaktionskosten (z.B. im Sinne der Marktbildungsfunktion durch Abbau von Suchkosten oder im Sinne der Qualitätssicherungsfunktion durch Vermittlung von Qualitätsinformationen) und aus raum-zeitlichen Transferkosten (im Sinne von Lager- und Transportkosten) zusammensetzen. Eigentliche Produktionskosten fallen im Handel nicht an, die Unterscheidung von Transfer- und Produktionskosten ist nur beim tatsächlichen Vorliegen von Produktionskosten relevant. Wenn also TOPOROWSKI von einer Analyse des Einflusses elektronischer Koordinationsformen auf die Transaktions- und Produktionskosten der Distribution spricht[327], untersucht er in der Terminologie dieser Arbeit die informatorischen Transaktions- und die raum-zeitlichen Transferkosten.

Viel wichtiger als dieses wegen der fehlenden echten Produktionskosten rein definitorische Problem ist TOPOROWSKIS Hinweis, dass in den bisher durchgeführten transaktionskostenbasierten Untersuchungen zur Disintermediation nur die informatorischen Transaktionskosten berücksichtigt werden:

> „Werden Transaktionskosten, wie in den meisten Beiträgen zur Transaktionskostentheorie, in Anbahnungs-, Vereinbarungs-, Kontroll- und Anpassungskosten untergliedert, so ist zu klären, welche Kosten sonst noch im Distributionskanal anfallen. Es drängt sich nämlich der Verdacht auf, dass wesentliche Kostenelemente aus der Analyse ausgeblendet werden. (...). Die Wahl der Koordinationsform beeinflusst (...) die Lager- und Transportkosten des Herstellers und des Händlers.[328]

TOPOROWSKI deckt damit die Schwäche der meisten Beiträge zur Disintermediation, die mangelnde oder nur oberflächliche Betrachtung der Transferkosten, auf. Vor allem der Beitrag von BENJAMIN/WIGAND zeigt dieses Manko. Um zu einer fundierteren Aussage zu kommen, untersucht TOPOROWSKI den Einfluss elektronischer Koordination auf die informatorischen Transaktionskosten (bei ihm Transaktionskosten genannt). Er nimmt eine Aufspaltung in informationsbedingte, aus der begrenzten Rationalität der Wirtschaftssubjekte resultierende, und verhaltens-

---

[326] Vgl. Delfmann (1989), S. 99f. Siehe auch Abschnitt B.II.1.

[327] Vgl. Toporowski (2000a), S. 98.

[328] Toporowski (2000a), S. 88.

bedingte, durch opportunistisches Verhalten ausgelöste Transaktionskosten vor[329] und untersucht, wie sich diese bei Endverbrauchern, Herstellern und Intermediären durch den Einsatz internetbasierter IKT verändern. Es ergibt sich, wie von BAKOS dargestellt[330], dass Internettechnologie vor allem die Suchkosten der Endverbraucher reduziert. Sie können sich schneller, umfangreicher und auch kostengünstiger über Produkte und Anbieter informieren.[331] Dies bedeutet eine Senkung der aus begrenzter Rationalität entstehenden Suchkosten, die Konsumenten erhalteneen einen besseren Marktüberblick. Gesenkt werden ebenfalls die aus opportunistischem Verhalten entstehenden, auf Informationsasymmetrien beruhenden Suchkosten nach Informationen über Produkteigenschaften und Eigenschaften der Marktpartner.[332] Internettechnologie kann hier helfen, Suchkosten, die aus den Problemen der „hidden information" und „hidden characteristics" (siehe auch Tabelle 3 auf Seite 33) resultieren, zu senken. TOPOROWSKI verweist in diesem Zusammenhang auf die Abhängigkeit der Höhe der Suchkosten von Gütereigenschaften, so die von MALONE ET AL. thematisierte Komplexität der Produktbeschreibung[333] oder die in der Informationsökonomik betrachteten Such-, Erfahrungs- und Vertrauenseigenschaften von Gütern.[334]

Interessant ist, dass TOPOROWSKI für die Hersteller demgegenüber nur eine geringe Veränderung der Transaktionskosten erwartet.[335] Dies ist vor dem Hintergrund, dass auch für die Hersteller, z.B. durch den von EVANS/WURSTER beschriebenen verbesserten trade-off zwischen Reichweite und Reichhaltigkeit von Informationen, die Suche nach Kunden und deren Ansprache durch Internettechnologie vereinfacht wird, nicht unmittelbar nachvollziehbar.[336]

Insgesamt identifiziert TOPOROWSKI folgende informatorische Transaktionskostenwirkungen des Einsatzes von internetbasierter IKT: Die Kosten der Suche nach Partner-, Preis- und Produktqualitätsinformationen reduzieren sich. Ebenso reduzieren sich die Kontaktkosten, da die Kontaktaufnahme über standardisierte elektronische

---

[329]   Vgl. Toporowski (2000a), S. 99. Diese Trennung erscheint vor dem Hintergrund der Grundlagen der Transaktionskostentheorie nicht unbedingt gerechtfertigt. Denn erst das gemeinsame Auftreten von begrenzter Rationalität und Opportunismus führt zu mit marktlicher Koordination nicht mehr handhabbaren Transaktionskosten, vgl. Abbildung 9, S. 51 und die dort dargestellte Argumentation von WILLIAMSON.

[330]   Vgl. Bakos (1991). Siehe auch Abschnitt C.I.1.1.

[331]   Vgl. Toporowski (2000a), S. 99.

[332]   Vgl. Toporowski (2000a), S. 105.

[333]   Vgl. Malone/Yates/Benjamin (1987) und (1989).

[334]   Vgl. insbesondere Nelson (1970), S. 312f. und Nelson (1974), S. 729ff. Eine genauere Darstellung dieses Ansatzes erfolgt in Kapitel D, vgl. Abbildung 47.

[335]   Vgl. Toporowski (2000a), S. 108.

[336]   Vgl. Evans/Wurster (1997), S. 73f. und Evans/Wurster (1999), S.87. Siehe auch Abschnitt B.I.1, insbesondere Abbildung 2, S. 8.

180

Schnittstellen möglich ist.[337] Da sowohl die Bereitstellung von Partner-, Preis- und Produktqualitätsinformationen (Sortimentsfunktion) als auch die Reduzierung von Kontaktkosten (Marktbildungsfunktion) klassische Intermediärsfunktionen sind, kann ein Vorteil für direkte internetbasierte Vertriebswege festgestellt werden. Auf der anderen Seite erhöht das Internet auch die Anzahl potenzieller Kontakte erheblich, so dass hier eventuell das Potenzial für neue elektronische Intermediäre entsteht.[338]

Bei seiner Untersuchung der Produktionskosten, wobei es sich, wie bereits dargelegt, genauer gesagt um raum-zeitliche Transferkosten handelt, geht TOPOROWSKI ähnlich methodisch fundiert vor und untersucht mögliche Veränderungen der logistischen Gestaltungsvariable „Bündeln oder Vereinzeln" im Rahmen des Electronic Commerce.[339] Als Vorteile der Einschaltung eines traditionellen Intermediärs identifiziert er vor allem die mögliche Bündelung von Warenströmen. So können Produkte des Herstellers, die für verschiedene Endverbraucher bestimmt sind, gebündelt zum Intermediär transportiert werden. Ebenso kann der Endverbraucher als Folge der Sortimentsfunktion des Intermediärs Produkte verschiedener Hersteller gebündelt beim Intermediär nachfragen. Im Fall der Ausschaltung des Intermediärs durch einen elektronisch gestützten Direktvertrieb entfallen solche Bündelungsvorteile vollständig. Stattdessen kommt es zu einer Vereinzelung der Warenströme, da nun Produkte von einzelnen Herstellern zu einzelnen Verbrauchern versendet werden müssen. Mit dieser Form der Distribution geht einher, dass der Verbraucher nun nicht mehr die sogenannte „letzte logistische Meile"[340] selber übernimmt, wie er es durch seinen Besuch im Einzelhandel traditionell tut, sondern diese vom Anbieter übernommen wird.[341] Insgesamt bedeutet der Übergang von gebündelten zu vereinzelten Transporten im Fall der Disintermediation also einen potenziellen Anstieg der Transportkosten pro Stück. Demgegenüber bietet die Disintermediation aber auch Vorteile bei den raumzeitlichen Transferkosten. Denn durch den Wegfall des Intermediärs wird eine komplette Lagerstufe eingespart. Zudem bedeutet der Übergang zu einem zentralen Ausganglager beim Hersteller eine Lagerkostenersparnis gegenüber einem

---

[337]   Vgl. Toporowski (2000a), S. 100.

[338]   Vgl. Toporowski (2000a), S. 103.

[339]   Vgl. Toporowski (2000a), S. 109 und 112. Die Frage nach der Bündelung oder Vereinzelung von Warenströmen ist eine der zentralen Gestaltungsdimensionen von logistischen Systemen. Eine genauere Darstellung dieser und weiterer Dimensionen erfolgt in Kapitel D.

[340]   Der Begriff der „letzten Meile" ist aus der Energieversorgungs- und Telekommunikationsbranche übernommen und bezeichnet die kostenintensive Feinverteilung an den Endkonsumenten auf der letzten Stufe eines Versorgungsnetzwerks.

[341]   Vgl. Toporowski (2000a), S. 110. Diese Tatsache spielt auch bei der Preisgestaltung von direkt versendeten Gütern eine wichtige Rolle.

mehrstufigen Lagersystem, da geringere Sicherheitsbestände erforderlich sind.[342]
Dieser Effekt wurde unter der Bezeichnung des „Square Root Laws" bereits bei der
Darstellung der Überbrückungsfunktion von Intermediären in Abschnitt B.II.2
beschrieben. Den geringeren Kosten für Sicherheitsbestände müssen allerdings die
aufgrund der Vereinzelung im Lagerbereich anfallenden höheren Kosten der
Kommissionierung gegengerechnet werden. Insgesamt sieht TOPOROWSKI leichte
Vorteile bei den raum-zeitlichen Transferkosten durch die Einschaltung von Inter-
mediären gegenüber einer Disintermediation, begründet durch die beschriebenen
Möglichkeiten zur Bündelung der Warenströme durch einen Intermediär. In diesem
Zusammenhang hebt er die Bedeutung der Analyse von Logistikkosten bei der
Diskussion der Disintermediationshypothese hervor:

> „Die Diskussion zeigt, dass den Logistikkosten eine bedeutende Rolle
> bei der Beurteilung der Effizienz elektronischer Vertriebsformen
> zukommt. Die Erfordernis, Warenströme unternehmensübergreifend
> zu bündeln, um die Transportaufgabe effizient zu lösen, deutet auf die
> Vorteilhaftigkeit von Intermediären hin."[343]

Mit Hinblick auf die gesamten Koordinationskosten kommt TOPOROWSKI zu
dem Ergebnis, dass sich auf Basis der geschilderten Transaktionskostenvorteile
internetbasierter Direktvertriebsmodelle vor allem im Bereich der Suchkosten
Gefahren für den stationären Einzelhandel ergeben. Dies führt aber wegen der
ebenfalls dargestellten Bündelungsvorteile, sowohl aus informatorischer als auch vor
allem aus logistischer Sicht im Rahmen der Sortimentbildungs- und Überbrückungsfunktion des Handels nicht grundsätzlich zu einer Bedrohung der Intermediärstufe im
Distributionskanal.[344] Stattdessen sieht TOPOROWSKI Potenziale für elektronische
Intermediäre, die einerseits ebenfalls die geschilderte Ersparnis von Transaktionskosten ermöglichen und die Sortimentbildungsfunktion aus informatorischer Sicht
übernehmen und andererseits durch die Zusammenarbeit mit spezialisierten Logistikdienstleistern die gleichen Bündelungseffekte bei den Transferkosten wie der
traditionelle Handel erreichen können.[345] Mit der Darstellung der elektronischen
Intermediäre als eine Form der elektronischen Reintermediation beschäftigt sich der
folgende Abschnitt.

---

[342] Vgl. Toporowski (2000a), S. 112. Der geringere Sicherheitsbestand der
Zentrallagerlösung ergibt sich nach dem in Abschnitt B.II im Rahmen der
Überbrückungsfunktion von Intermediären beschriebenen „Square Root Law".

[343] Toporowski (2000a), S. 114.

[344] Vgl. Toporowski (2000a), S. 115.

[345] Vgl. Toporowski (2000a), S. 114 und 116.

3   Elektronische Reintermediation

Mit neuen elektronischen Intermediären, die z.B. bei VOIGT und TOPOROWSKI erwähnt, aber nicht weiter thematisiert werden, beschäftigen sich eine Reihe von Beiträgen. Grundaussage ist, dass zwar traditionelle Intermediäre durch Internettechnologie wegfallen werden, es aber an Stelle einer Disintermediation zu einer Reintermediation durch neue Intermediäre kommen wird, die ihre Intermediärs-funktionen allein auf Basis elektronischer Netzwerke anbieten.

3.1   Die Beiträge von SARKAR ET AL.

Die ersten und gleichzeitig umfassendsten Beiträge zur elektronischen Reintermediation stammen von SARKAR ET AL.[346] Diese greifen die Argumente von Vertretern der Disintermediationshypothese, vor allem von BENJAMIN/WIGAND, auf und kritisieren sie auf Basis transaktionskostentheoretischer Überlegungen.[347] Ansatzpunkt ist die Annahme von BENJAMIN/WIGAND, dass mit Entstehen einer National Information Infrastructure sämtliche Transaktionskosten drastisch reduziert werden. SARKAR ET AL. argumentieren dagegen, dass eine stärkere Differenzierung getroffen werden müsse zwischen solchen Transaktionen, bei denen eine starke Senkung von Transaktionskosten möglich ist und solchen, bei denen diese Senkung moderat ausfällt bzw. nicht stattfindet. Dazu vergleichen sie die Transaktionskosten bei Direktvertrieb ohne Intermediär mit denen bei Vertrieb über einen Intermediär, jeweils vor und nach der Einführung von Internettechnologie.[348] Als Ergebnis entstehen vier Szenarien, je nachdem, ob der Interneteinsatz stärker die Kosten des Direktvertriebs oder des Intermediäreinsatzes senkt. Abbildung 33 zeigt die vier Szenarien.

---

[346]   Vgl. Sarkar/Butler/Steinfield (1995) und Sarkar/Butler/Steinfield (1998).

[347]   Vgl. Sarkar/Butler/Steinfield (1995), S. 2. (Bei diesem Artikel handelt es sich um einen Beitrag, der im Journal of Computer-Mediated Communication erschienen ist. Dieses Journal erscheint ausschließlich online, weshalb sich die angegebenen Seitenzahlen auf den Ausdruck des Artikels beziehen. Die URL des Artikels lautet: http://www.ascusc.org/jcmc/vol1/issue3/sarkar.html, letzter Abruf am 4.12.2002. Die URL des Journals ist: http://www.ascusc.org/jcmc/.)

[348]   Vgl. Sarkar/Butler/Steinfield (1995), S. 3ff. oder Voigt (2001), S. 55f.

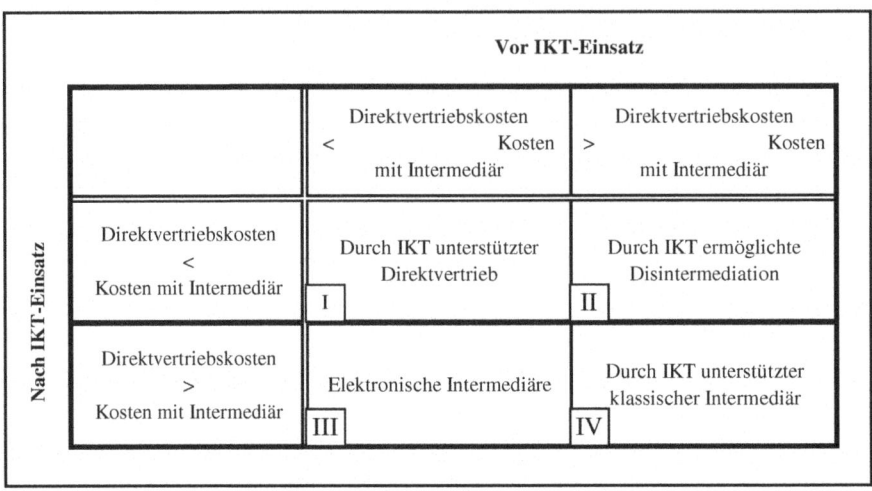

	Vor IKT-Einsatz	
	Direktvertriebskosten < Kosten mit Intermediär	Direktvertriebskosten > Kosten mit Intermediär
Direktvertriebskosten < Kosten mit Intermediär	Durch IKT unterstützter Direktvertrieb I	Durch IKT ermöglichte Disintermediation II
Direktvertriebskosten > Kosten mit Intermediär	Elektronische Intermediäre III	Durch IKT unterstützter klassischer Intermediär IV

Abbildung 33:   Disintermediationsszenarien nach SARKAR ET AL.[349]

Der erste Quadrant stellt die Situation dar, in der bereits ohne Internettechnologie die Transaktionskosten des Direktvertriebs niedriger sind als bei Nutzung eines Intermediärs. Beispiele hierfür sind Versandhändler. Es kommt lediglich zu einer elektronischen Unterstützung des bereits existierenden Direktversands. Im zweiten Quadranten ist der Disintermediationsfall dargestellt, die Transaktionskosten sinken durch IKT-Einsatz bei Direktvertrieb unter die des Vertriebs über einen Intermediär. Der dritte Quadrant stellt einen besonders interessanten, weil bisher noch nicht thematisierten Fall dar: Die Kosten des Vertriebs über einen Intermediär, die vor Einführung von IKT über denen des Direktvertriebs lagen, sinken überproportional, so dass es zur Herausbildung neuer elektronischer Intermediäre kommt. Der vierte Quadrant schließlich bildet den Fall ab, in dem trotz Einführung von IKT der Einsatz eines Intermediärs lohnend bleibt. In diesem Fall stellt sich die Frage, ob es sich weiterhin um einen traditionellen Intermediär handeln wird, ob dieser seine Tätigkeiten durch elektronische Funktionen unterstützen wird oder ob sich neue elektronische Intermediäre herausbilden.

Besonders für die im dritten Quadranten identifizierten elektronischen Intermediäre, „Cybermediaries" genannt, identifizieren SARKAR ET AL. einige Abwandlungen der klassischen Intermediärsfunktionen:[350]

-   Verzeichnisse und Suchdienste: Diese Angebote können bei der Reduzierung von Such- und Informationskosten helfen. Internettechnologie ermöglicht bisher nicht bekannte Optionen zum Auffinden und

---

[349]   Quelle: In Anlehnung an Sarkar/Butler/Steinfield (1995), S. 4.

[350]   Vgl. Sarkar/Butler/Steinfield (1995), S. 5.

Klassifizieren von Informationen. Dies bedeutet die Möglichkeit zur Reduzierung von Transaktionskosten in der Anbahnungsphase einer Transaktion. Allerdings ist hierzu anzumerken, dass besonders zu Beginn der Internetnutzung solche Dienste eher zu einem Anstieg der Suchkosten geführt haben, da sie zwar eine Unmenge an Informationen lieferten, welche jedoch die - im Sinne begrenzter Rationalität - eingeschränkte Aufnahmefähigkeit des Suchenden überforderten. Beispiele für Suchdienste sind Yahoo![351] und Google[352].

- Intelligente Agenten: Diese helfen dabei, das bei den Verzeichnissen und Suchdiensten auftretende Problem der Informationsüberflutung einzudämmen. Sie werden verstärkt von den Anbietern der Suchdienste eingesetzt.[353]

- Usergroups und Foren: Aus der Idee solcher ursprünglich zu rein privaten Zwecken gegründeten Internetdienste sind einige Plattformen entstanden, die helfen, die Kosten der Suche nach Preis- und vor allem Qualitätsinformationen zu senken, indem die Erfahrungen einer großen Menge von Konsumenten dargestellt werden. Beispiele aus dem deutschsprachigen Raum sind Ciao[354] und Dooyoo[355].

- Marktplatzanbieter: Besonders für den Handel zwischen Endverbrauchern haben sich im Internet erfolgreiche Geschäftsmodelle durchgesetzt, die die Idee des Anzeigenteils der Zeitung auf die überregionale oder gar internationale Plattform des Internets übertragen und mit Preisfindungsmodellen wie Auktionen verbinden. Einige dieser neuen Intermediäre gehören zu den erfolgreichsten Internetunternehmen überhaupt. Als Beispiel ist an erster Stelle Ebay[356] zu nennen, im Automobilbereich haben sich Autoscout24[357] und mobile.de[358] etabliert.

- Finanz- und Verlagsintermediäre: Neue Formen der Vermittlung von Finanzdienstleistungen gehören, neben neuen Formen der Nachrichtendarstellung, zu den sehr erfolgreichen neuen Intermediären. Charles

---

[351] http://www.yahoo.com.

[352] http://www.google.com.

[353] Einen Überblick über intelligente Agenten bzw. Suchagenten („Bots" im Englischen) gibt http://www.botspot.com.

[354] http://www.ciao.de.

[355] http://www.dooyoo.de.

[356] http://www.ebay.com.

[357] http://www.autoscout24.de.

[358] http://www.mobile.de.

185

Schwab[359] hat sich als Anbieter von Finanzinformationen im amerikanischen Raum einen Namen gemacht, in Deutschland bietet Onvista[360] ein ähnliches Angebot an.

SARKAR ET AL. liefern gerade durch diese differenzierte Darstellung der verschiedenen Disintermediations- und Reintermediationstendenzen einen wichtigen Beitrag zur Diskussion der Auswirkungen von IKT auf Wertschöpfungsstrukturen. Besonders ihre Beispiele geben einen Hinweis auf einen weiteren wichtigeren Faktor, um den ihre „Vier-Quadranten-Matrix" erweitert werden sollte: Die Art der gehandelten Güter, die einen großen Einfluss auf die zu beobachtende Form der Intermediation zu haben scheint.

3.2 Weitere Beiträge zur elektronischen Reintermediation

Zu ähnlichen Ergebnissen wie SARKAR ET AL. kommen HAWKINS ET AL. bei ihren Untersuchungen.[361] Auch sie erklären die Idee einer völligen Disintermediation durch internetbasierte IKT für wenig wahrscheinlich und verweisen auf die Funktionen von Intermediären. Darüber hinaus sprechen sie den Intermediären in bestimmten Branchen, so z.B. der Finanzbranche, einen hohen Anteil an Innovationen zu, so dass ihr Wegfall eine Rückgang an Innovationen bewirken könnte.[362] Insgesamt erwarten HAWKINS ET AL. eine Verschiebung der Intermediärsfunktionen von klassischen Mittlern auf elektronische Intermediäre, die sich bei der Ausübung ihrer Funktionen stärker der Internettechnologie bedienen werden:

> „What appears to be disintermediation is often in fact 're-intermediation' (...). The intermediation function remains even though the sources and/or nature of the intermediation are changing. On balance, there is greater evidence to support the argument that intermediation will grow and become a strategic source of economic opportunity. There is less evidence supporting the view that economic gains (...) will be made through efficiency gains from disintermediation."[363]

Leider versäumen sie es, die angesprochenen Beweise, sei es in empirischer oder theoretischer Form, stichhaltig zu liefern. Auch bei ihnen bleibt unklar, für welche Arten von Gütern sich Disintermediation durchsetzen wird und vor allem in welchen Fällen eher eine Reintermediation stattfinden wird.

---

[359] http://www.schwab.com.

[360] http://www.onvista.de.

[361] Vgl. Hawkins/Mansell/Steinmueller (1999).

[362] Vgl. Hawkins/Mansell/Steinmueller (1999), S. 386f.

[363] Hawkins/Mansell/Steinmueller (1999), S. 389.

186

Eine genauere Abgrenzung des Untersuchungsgegenstandes nehmen KANNAN ET AL. vor, sie konzentrieren sich auf Informationsprodukte, das heißt digitalisierbare Güter, die keiner physischen Handhabung bedürfen.[364] Weiterhin untersuchen sie bestimmte Segmente der Wertschöpfungskette getrennt, zunächst business-to-business Beziehungen (b-t-b) und dann business-to-consumer Beziehungen (b-t-c).[365]

Für den Informationsintermediär in b-t-b Beziehungen identifizieren KANNAN ET AL. über typische Mittlerfunktionen wie die Suche nach Produktinformationen hinaus einige spezifische Funktionen, z.B. das Management intellektuellen Eigentums oder die Verifizierung von Informationen.[366] Sie messen Intermediären damit besonders in Märkten mit digitalisierbaren Gütern eine sehr wichtige Funktion bei, und halten, im Gegensatz zur allgemeinen Überzeugung, eine Disintermediation bei digitalisierbaren Gütern für unwahrscheinlich. Ähnlich argumentieren sie im b-t-c Sektor, wo sie das Entstehen spezieller, auf das Sammeln von Konsumenteninformationen spezialisierter Intermediäre vorhersagen.[367] Es wird allerdings nicht klar, warum nicht auch der Anbieter von Konsumgütern diese Informationen sammeln kann. Letztendlich stellt der Beitrag von KANNAN ET AL. eine interessante Betrachtung des Marktes für digitalisierbare Güter dar, er lässt jedoch ein fundiertes theoretisches Gerüst vermissen, auf dessen Basis die Notwendigkeit von elektronischen Intermediären aufgezeigt werden könnte. Stattdessen erfolgt die Argumentation fast ausschließlich über Beispiele neu entstandener Intermediäre.

Eine besondere Perspektive nehmen PALMER ET AL. bei ihren Untersuchungen ein.[368] Auf Basis der Erkenntnis, dass bei im Internet abgewickelten Transaktionen eine hohe Anonymität der Transaktionspartner besteht, betonen sie die Notwendigkeit von unabhängigen Institutionen, die eingeschaltet werden, um ein höheres Vertrauen in das Internet als Transaktionsmedium durchzusetzen.[369] Sie konzentrieren sich damit ganz auf die in Abschnitt B.II.2 dargestellte Funktion von Intermediären als Qualitätssicherungsinstanz. Ihre Hypothese ist es, dass es gerade vor diesem Hintergrund zu einer verstärkten Herausbildung von elektronischen Inter-

---

[364]   Vgl. Kannan/Chang/Whinston (2000).

[365]   Vgl. Kannan/Chang/Whinston (2000), S. 573.

[366]   Vgl. Kannan/Chang/Whinston (2000), S. 575f.

[367]   Vgl. Kannan/Chang/Whinston (2000), S. 580.

[368]   Vgl. Palmer/Bailey/Faraj (2000). (Bei diesem Artikel handelt es sich um einen Beitrag, der im Journal of Computer-Mediated Communication erschienen ist. Dieses Journal erscheint ausschließlich online, weshalb sich die angegebenen Seitenzahlen auf den Ausdruck des Artikels beziehen. Die URL des Artikels lautet: http://www.ascusc.org/jcmc/vol5/issue3/palmer.html, letzter Abruf am 4.12.2002. Die URL des Journals ist: http://www.ascusc.org/jcmc/.)

[369]   Vgl. Palmer/Bailey/Faraj (2000), S. 1.

mediären im Internet kommen wird.[370] Zur Überprüfung ihrer Hypothese untersuchen sie 102 Internet-Unternehmen hinsichtlich der Fragestellung, ob sie unabhängige Drittparteien als Vertrauensparteien einsetzen, um ihren Kunden eine höhere Sicherheit zu signalisieren. Sie kommen zu dem Ergebnis, dass für die meisten Internethändler der Einsatz von Intermediären als Qualitätssicherungsinstanz von strategischer Bedeutung ist.[371]

Daraus leiten PALMER ET AL. schließlich ihre Folgerung ab, dass es im Internet gerade wegen der Vertrauensproblematik zur Herausbildung spezialisierter Intermediäre kommen wird. Völlig offen bleibt jedoch die betriebswirtschaftlich sehr interessante Frage, womit solche Parteien ihre Existenz monetär verdienen können. Das Beispiel bestehender traditioneller unabhängiger Drittparteien wie z.B. des TÜV zeigt, dass sie zumeist zunächst aus öffentlichen Geldern finanziert werden müssen, da gerade das „Gut" Vertrauen Charakteristika eines öffentlichen Gutes aufweist und deshalb keine privatwirtschaftliche Bereitstellung erfolgen kann.

Auch BAKOS beschäftigt sich in seinen in Abschnitt C.I.1.5 vorgestellten Beiträgen zur Reduktion von Suchkosten durch IKT kurz mit der Möglichkeit einer Disintermediation bzw. Reintermediation von Wertschöpfungsstufen. Er sieht generell das Potenzial für eine Disintermediation von Groß- bzw. Einzelhändlern gegeben[372], glaubt aber, dass insbesondere im Bereich der digitalisierbaren Güter eine Anzahl von neuen Intermediären entstehen wird, die Informationsprodukte aus verschiedenen Quellen aggregieren und zu neuen Informationspaketen nach individuellen Kundenwünschen zusammenstellen.[373]

4 Fazit zur Disintermediation und Reintermediation in Wertschöpfungsstrukturen

Insgesamt zeigen die dargestellten Beiträge ein breites Spektrum möglicher Disintermediations- und Reintermediationspotenziale. In diesem Abschnitt soll zusammenfassend dargestellt werden, welche Effekte auf die Kosten der einzelnen Transaktionsphasen die verschiedenen Autoren durch den Einsatz internetbasierter IKT erwarten und wie sich diese Effekte auf die Intermediärsfunktionen auswirken. Als Grundlage der Argumentation dient Abbildung 20 auf Seite 98, in der die Effekte der Einschaltung von Intermediären anhand der Intermediärsfunktionen dargestellt sind.

---

[370] Vgl. Palmer/Bailey/Faraj (2000), S. 2.
[371] Vgl. Palmer/Bailey/Faraj (2000), S. 15.
[372] Vgl. Bakos (1998), S. 40.
[373] Vgl. Bakos (1998), S. 38.

Die vorgestellten Beiträge sprechen internetbasierter IKT allesamt das Potenzial zur Senkung von Such-, Informations- und Kontaktkosten zu. Insbesondere für den Endkonsumenten kann das Internet die Suche nach Anbietern, Produkten und Produktinformationen erheblich erleichtern und übernimmt so Marktbildungs-, Sortimentbildungs- und begrenzt auch Qualitätssicherungsfunktionen. Dies insbesondere, wenn sich die von TOPOROWSKI angesprochenen und bei SARKAR ET AL. ausführlich dargestellten elektronischen Intermediäre herausbilden und die informatorischen Intermediärsfunktionen erfüllen. Es besteht somit aus informatorischer Sicht ein Potenzial für eine Disintermediation und den elektronisch unterstützten Direktvertrieb, da es den Konsumenten möglich ist, mit Hilfe des Internets sehr schnell Informationen über Anbieter zu finden und zu vergleichen. Noch größer ist das Potenzial für die Einschaltung elektronischer Intermediäre, wie sie insbesondere von SARKAR ET AL. beschrieben werden. Denn sie können sich ebenfalls die in C.I. beschriebenen Effizienzvorteile der Internettechnologie zunutze machen und z.B. Anbieter den Kundenwünschen entsprechend suchen und einen Kontakt herstellen oder elektronisch Sortimente abbilden. Das bedeutet elektronische Intermediäre können die informatorischen Intermediärsfunktionen anbieten und bedrohen damit einen Teil der Existenzgrundlage von traditionellen Intermediären.

Allein daraus den Schluss zu ziehen, dass internetbasierter Electronic Commerce zu einer Disintermediation bzw. elektronischen Reintermediation führt, wie es z.B. BENJAMIN/WIGAND tun, bedeutet jedoch, einen wichtigen Teil der Intermediärsfunktionen in Form der Überbrückungsfunktion mit den von ihr betroffenen raum-zeitlichen Transferkosten außer Acht zu lassen. Damit würde der auch von TOPOROWSKI geforderten Betrachtung aller Kosten im Distributionskanal nicht Rechnung getragen.[374] TOPOROWSKI ist allerdings von den vorgestellten Autoren der einzige, der sich systematisch mit den Auswirkungen einer potenziellen internet-basierten Disintermediation auf die logistischen Funktionen von Intermediären im Rahmen der raum-zeitlichen Überbrückungsfunktion auseinandersetzt und darauf hinweist, dass durch die wahrscheinlich steigenden raum-zeitlichen Transferkosten die möglichen informatorischen Transaktionskostenvorteile einer kompletten Disintermediation wieder kompensiert werden könnten. Der große Schwachpunkt aller präsentierten Ansätze mit Ausnahme des von TOPOROWSKI liegt folglich in der fehlenden Berücksichtigung der Überbrückungsfunktion des Handels und der damit verbundenen Reduktion von raum-zeitlichen Transferkosten. Die meisten Beiträge betrachten also aus Sicht der Transaktionskostentheorie nur die rein informatorischen Transaktionskosten. Wie in Abschnitt B.II.1.3 dargestellt, bedarf es aber einer Betrachtung aller Koordinationskosten, die bei bestimmten grundlegenden Annahmen

---

[374] Vgl. Toporowski (2000a), S. 94.

hinsichtlich der Produktionskosten aus informatorischen Transaktionskosten und raum-zeitlichen Transferkosten bestehen, wie Abbildung 8 zeigt.

Einen solchen umfassenden Ansatz zur Disintermediation präsentieren MÜLLER-HAGEDORN/SPORK.[375] Sie weisen darauf hin, dass die meisten Beiträge zur Disintermediationsfrage sich nur mit informatorischen Transaktionskosten allgemein und der Kontaktkostenreduktion nach BALIGH-RICHARTZ[376] als eine spezielle Form informatorischer Transaktionskosten befassen und die Logistikkosten vernachlässigen.[377] Da sich der Beitrag von MÜLLER-HAGEDORN/SPORK nicht mit den Auswirkungen des Einsatzes internetbasierter IKT auf die Frage der Disinter-mediation beschäftigt, wurde er im Rahmen dieser Arbeit bisher nicht berücksichtigt. Er soll aber nun zumindest kurz vorgestellt werden als eine Möglichkeit, raum-zeitliche Transferkosten zusätzlich zu den informatorischen Transaktionskosten zu berücksichtigen.

Ausgangspunkt für MÜLLER-HAGEDORN/SPORK ist, dass insbesondere die Kontaktkostenreduktionsansätze nur die reine Zahl der Anbieter und Nachfrager berücksichtigen[378] und dabei die Standorte der Teilnehmer und damit die Entfernung zwischen ihnen vernachlässigen.[379] Zur Veranschaulichung der von ihnen geplanten Integration von (informatorischen) Transaktionskosten und raum-zeitlichen Transfer-kosten[380] greifen MÜLLER-HAGEDORN/SPORK auf eine modellbasierte Analyse zurück. Sie bestimmen zunächst auf Basis des sogenannten „Warehouse-Location-Problems" der diskreten Standortplanung[381] für eine angenommene Ausgangsituation mit zwei Herstellern und sechzehn Abnehmern die in Abhängigkeit der Transport- und stand-ortfixen Kosten optimale Anzahl von Intermediären, in diesem Fall vier.[382] Das Ergebnis des rein komparativ-statischen Modells kontrastieren sie dann mit einer dynamischen Analyse, bei der sich die Intermediäre sukzessiv aufgrund der möglichen erzielbaren Gewinne einschalten. Dadurch sinkt die Anzahl der optimalen Standorte auf zwei, es schalten sich also zwei Intermediäre ein.[383] Im Anschluss an diese rein logistikkostenorientierte Bestimmung der optimalen Intermediäranzahl erweitern MÜLLER-HAGEDORN/SPORK ihre Analyse um das in Abschnitt B.II.2.1

---

[375] Vgl. Müller-Hagedorn/Spork (2002).

[376] Vgl. Baligh/Richartz (1964), S. 667ff. und Baligh/Richartz (1967).

[377] Vgl. Müller-Hagedorn/Spork (2002), S. 548 und 566.

[378] Vgl. die Ausführungen zum Baligh-Richartz-Effekt in Abschnitt B.II.2.1

[379] Vgl. Müller-Hagedorn/Spork (2002), S. 553f.

[380] MÜLLER-HAGEDORN/SPORK sprechen von Transaktionskosten und Logistikkosten, da sie die Logistikkosten nicht als Transaktionskosten, sondern als Teil der Produktionskosten des Handels ansehen. Vgl. Müller-Hagedorn/Spork (2002), S. 566.

[381] Vgl. z.B. Domschke/Drexl (1985), S. 32ff.

[382] Vgl. Müller-Hagedorn/Spork (2002), S. 559.

[383] Vgl. Müller-Hagedorn/Spork (2002), S. 561.

dargestellte Modell von BALIGH/RICHARTZ zur Kontaktkostenreduktion. Unter Annahme eines bestimmten Kontaktkostenfaktors (25 Geldeinheiten pro Kontakt) ergibt sich auch hier eine optimale Anzahl von zwei Intermediären.[384]

Der Ansatz von MÜLLER-HAGEDORN/SPORK zeigt auf einfache quantitative Weise, wie die nötige Integration von informatorischen Transaktionskosten und raum-zeitlichen Transferkosten gehandhabt werden kann. Unabhängig von den sehr einfachen Modellannahmen und der großen Abhängigkeit von der Wahl der Restriktionen und Kostensätze stellt der Beitrag damit eine Bereicherung der Diskussion zur Disintermediation von Wertschöpfungsstufen dar, da er das im Zusammenhang mit den Literaturbeiträgen zum Einfluss des Internets auf Distributionsstrukturen aufgezeigte Defizit der fehlenden Integration von Transfer-kosten aufgreift.

Aufgabe des folgenden Kapitels D ist es nun, ein entscheidendes Defizit aller präsentierten Ansätze aufzugreifen: Die fehlende Berücksichtigung der Güter-eigenschaften, die über die mögliche Einsparung von informatorischen Transaktions-kosten einerseits und die Höhe der raum-zeitlichen Transferkosten andererseits entscheiden. Zuvor fasst der nächste Abschnitt noch einmal die bisher gewonnenen wesentlichen Aussagen hinsichtlich des Einflusses von internetbasierter IKT auf Wertschöpfungs- und insbesondere Distributionsstrukturen zusammen.

III   Zwischenfazit: Veränderung von Wertschöpfungsstrukturen durch den Einsatz von Internettechnologie

Ziel des Zwischenfazits ist es, die durch Internettechnologie ermöglichten Veränderungspotenziale in Wertschöpfungsstrukturen, das heißt vor allem eine mögliche verstärkte marktliche Koordination über elektronische Marktplätze sowie die unterschiedlichen Formen der Disintermediation, zusammenfassend darzustellen. Als Grundlage wird die in Abbildung 21 entworfene generische Wertschöpfungskette herangezogen, die als Basis für die in den folgenden Abbildungen 36 und 37 dargestellten generischen Wertschöpfungsstrukturen für den Upstream- und Down-streambereich dient. Im Upstreambereich kann unterschieden werden, ob zwischen die einzelnen Ebenen der Rohstoff- und Vorproduktlieferanten noch der Produktions-verbindungshandel (PVH in der Abbildung) geschaltet ist oder aber ob die Unternehmen direkt miteinander in Kontakt treten.

---

[384]   Vgl. Müller-Hagedorn/Spork (2002), S. 563.

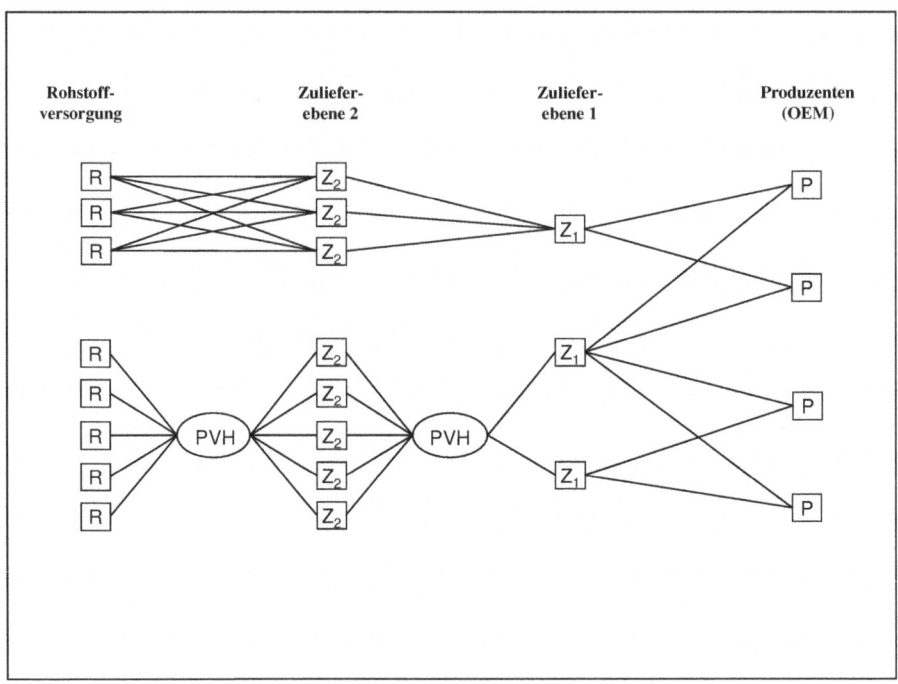

Abbildung 34: **Generische Wertschöpfungsstruktur des Upstreamsegments**

Demgegenüber wird in der generischen Struktur des Downstreamsegments immer von der Einschaltung des Handels mit den Stufen Groß- und Einzelhandel ausgegangen.

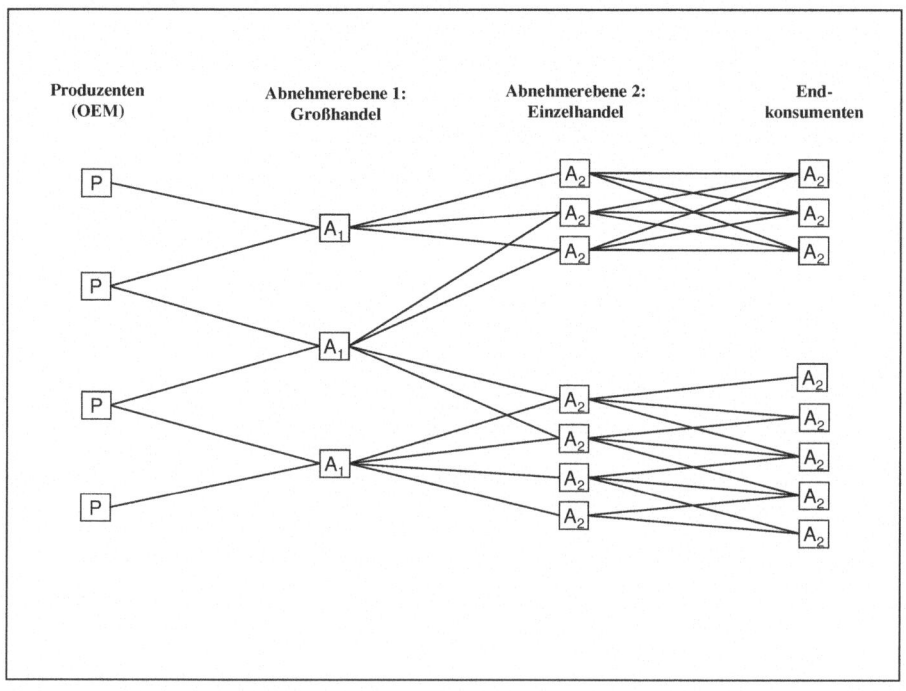

Abbildung 35: **Generische Wertschöpfungsstruktur des Downstream-segments**

Die folgenden Abschnitte zeigen, inwiefern sich die diskutierten Phänomene zunehmender marktlicher Koordination über elektronische Marktsysteme und Disintermediation, jeweils ausgelöst durch den Einsatz internetbasierter IKT, auf diese generischen Wertschöpfungsstrukturen auswirken können.

1 Elektronische Marktplätze in Wertschöpfungsstrukturen

In Abschnitt C.I wurden aus theoretischer - meist transaktions-kostentheoretischer - Sicht Argumente für eine zunehmende Verlagerung ökonomischer Aktivitäten hin zu marktlicher oder zumindest kooperativer an Stelle von hierarchischer Koordination als Folge des Einsatzes von IKT beschrieben. Als Koordinationsinstrument wurden in Abschnitt C.I.3 dazu elektronische Marktsysteme vorgestellt und klassifiziert. Es stellt sich nun die Frage, an welcher Stelle der Wert-schöpfungskette solche elektronischen Marktsysteme eingesetzt werden können. Die in Abschnitt C.I vorgestellten Ansätze geben keine Anhaltspunkte, ob elektronische Marktsysteme eher im Upstream- oder Downstreambereich eingesetzt werden können und ob sie besser für business-to-business oder business-to-consumer Beziehungen geeignet sind. In den letzten Jahren wurde auf jeder Stufe der hier verwendeten generischen Wertschöpfungsstruktur versucht, elektronische Marktsysteme zu etablieren. Abbildung 36 zeigt die mögliche Nutzung von elektronischen Marktsystemen im Upstreambereich einer Wertschöpfungsstruktur. Die in Abbildung 29 vorgestellten Formen elektronischer Marktplätze finden sich hier wieder:

M_1:   Bilaterales elektronisches Marktsystem (ein Käufer, ein Verkäufer)

M_2:   Geschlossenes Beschaffungssystem (ein Käufer, begrenzt viele Verkäufer)

M_3:   Offenes einzelnes Beschaffungssystem (ein Käufer, unbegrenzt viele Verkäufer)

M_4:   Geschlossenes Verkaufssystem (ein Verkäufer, begrenzt viele Käufer)

M_5:   Geschlossener Marktplatz (begrenzt viele Käufer und Verkäufer)

M_6:   Offenes konsortiales Beschaffungssystem (begrenzt viele Käufer, unbegrenzt viele Verkäufer)

M_7:   Offener Marktplatz (unbegrenzt viele Verkäufer und Käufer)

M_8:   Offenes konsortiales Verkaufssystem (begrenzt viele Verkäufer, unbegrenzt viele Käufer)

M_9:   Offenes einzelnes Verkaufssystem (ein Verkäufer, unbegrenzt viele Käufer)

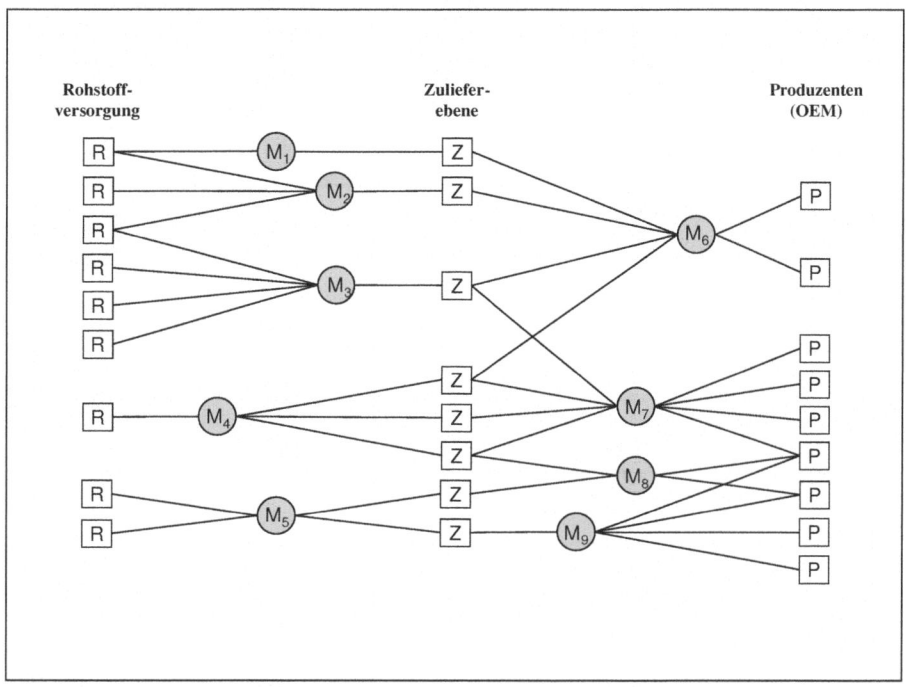

Abbildung 36:   Elektronische Marksysteme im Upstreambereich

Dabei handelt es sich, wie durch die unterschiedliche Position zwischen den Wertschöpfungsstufen dargestellt ist, jeweils um käuferinitiierte, neutrale oder verkäuferinitiierte Marktsysteme. Dazu muss angemerkt werden, dass die hier dargestellte Positionierung willkürlich und nur als beispielhaft anzusehen ist. So könnte ein bilaterales Marktsystem genau so gut zwischen Zulieferer und OEM errichtet werden. Allerdings lässt sich in Bezug auf die in Abschnitt C.I.3 vorgestellten Typologisierungsmerkmale elektronischer Marktsysteme feststellen, dass es hinsichtlich der in Abbildung 36 dargestellten Kriterien „*Trägermodell*" und „*Offenheit/Anzahl Teilnehmer*" einige Kombinationen gibt, die als nicht sinnvoll erachtet werden können. So ist z.B. nicht zu erwarten, dass Beschaffungssysteme, ob offen oder geschlossen, von der Verkäuferseite initiiert werden oder analog Verkaufs-systeme von der Käuferseite. Die folgende Tabelle 14 gibt einen Überblick über die sinnvollen Kombinationen aus den beiden Kriterien.

Marktsystem		käufer- initiiert	neutral	verkäufer-initiiert
M_1	bilaterales System	X	X	X
M_2	geschlossenes Beschaffungssystem	X	-	-
M_3	geschlossenes Verkaufssystem	-	-	X
M_4	geschlossener Marktplatz	-	X	-
M_5	offenes einzelnes Beschaffungssystem	X	-	-
M_6	offenes konsortiales Beschaffungssystem	X	-	-
M_7	offenes einzelnes Verkaufssystem	-	-	X
M_8	offenes konsortiales Verkaufssystem	-	-	X
M_9	offener Marktplatz	-	X	-

Tabelle 14: Kombinationen aus den Kriterien Trägermodell und Offenheit bei elektronischen Marktsystemen

Ein X bezeichnet eine mögliche Kombination, während die mit einem Minuszeichen versehenen Kombinationen als nicht tragfähig gelten können. Das grundlegende Argument ist, dass es zu Verzerrungen führen würde, wenn Beschaffungssysteme (Verkaufssysteme) von einer anderen Partei, als der beschaffenden (verkaufenden) betrieben würden. Auch eine neutrale Lösung wäre in solchen Fällen schwer vorstellbar und würde dieser Bezeichnung auch nicht gerecht, da gleichwohl die Interessen der Verkäufer/Käufer im Vordergrund ständen. Diese Argumentation gilt in umgekehrter Richtung auch für die reinen Marktsysteme, geschlossen und offen. Zwar ist hier eine Trägerschaft durch Käufer- oder Verkäufer-seite denkbar, eine solche würde aber die Idee einer neutralen Marktplattform ad absurdum führen. Es lassen sich Parallelen zum Konzept von MALONE ET AL. ziehen, die zwischen *biased* und *unbiased market systems* unterscheiden.[385]

---

[385]   Vgl. Malone/Yates/Benjamin (1987), S. 492 oder Malone/Yates/Benjamin (1989), S. 167f.

Für den Downstreambereich können die Einsatzmöglichkeiten elektronischer Marktsysteme analog dargestellt werden, wie Abbildung 37 zeigt.

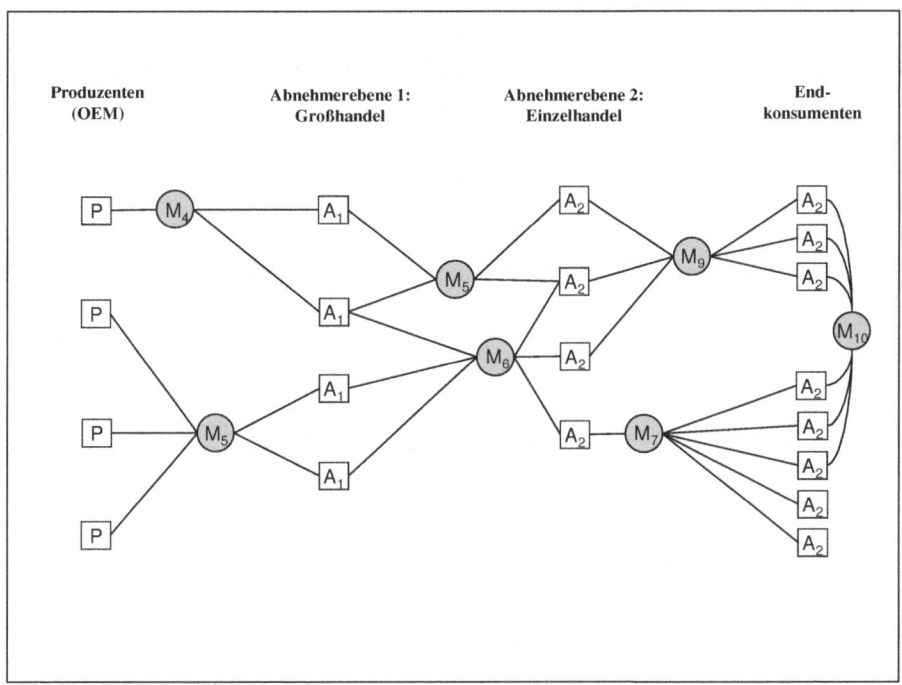

Abbildung 37:   Elektronische Marksysteme im Downstreambereich

Auch hier ist die Anordnung der verschiedenen Marktsysteme hinsichtlich ihrer Trägerschaft (gekennzeichnet durch die Positionierung zwischen den Wertschöpfungsstufen) willkürlich und in anderen Ausprägungen denkbar. Als Besonderheit sind zusätzlich Marktsysteme im consumer-to-consumer Bereich dargestellt (Typ M_{10}), die als eine der erfolgreichsten Applikationen elektronischer Marktsysteme auf Basis von Internettechnologie gelten können. Interessant ist, dass der mit Abstand erfolgreichste Marktplatz vom Typ M_{10}, Ebay, nicht mehr länger nur im consumer-to-consumer Bereich tätig ist. Ebay ist mittlerweile erfolgreich als neutraler elektronischer Marktplatz (Typ M_9) im b-t-c Segment etabliert. Gewerbliche Anbieter verkaufen über Ebay Neuware. Prominentes Beispiel in Deutschland ist Quelle, das als sogenannter „Powerseller" bei Ebay auftritt und dort ein Sortiment von zunächst ca. 300 – 400 Artikel, größtenteils aus Restbeständen, versteigert. In den USA tritt Ebay zudem seit kurzem als neutraler Marktplatz im business-to-business Bereich auf (Typ M_7).

Insgesamt bleibt als Zwischenfazit festzuhalten, dass elektronische Markt-systeme aus transaktionskostentheoretischer Sicht auf jeder Stufe von Wertschöpfungsstrukturen eingesetzt werden können. Ob sich diese verstärkte Nutzung marktlicher Koordination eignet, hängt davon ab, ob wirklich eine Reduzierung von Transaktionskosten durch den Einsatz von IKT stattfinden kann. Diese Aussage kann so pauschal wie in den bisher dargestellten Beiträgen nicht getroffen werden. Es muss vielmehr differenziert werden, für welche Güter eine solche Transaktionskostenreduktion durch IKT in der Anbahnungs- und Vereinbarungsphase möglich ist.

2   Disintermediation von Wertschöpfungsstrukturen

Bei den in den Literaturbeiträgen dargestellten Disintermediationsszenarien lässt sich ebenfalls zwischen dem Upstream- und dem Downstreambereich von Wertschöpfungsstrukturen unterscheiden. Für den Upstreambereich hat VOIGT umfangreich dargelegt, wann eine Disintermediation des Produktionsverbindungs-handels denkbar ist, und wer in einem solchen Fall dessen Funktionen übernehmen könnte. Aus institutioneller Sicht heißt das, dass der in Abbildung 34 zwischen die einzelnen Produktionsstufen geschaltete Produktionsverbindungshandel durch eines der neun dargestellten elektronischen Marktsysteme, wie Abbildung 36 zeigt, substituiert wird. Es erfolgt also entweder eine Übernahme der Handelsfunktionen durch Verkäufer und Käufer bei bilateralen Systemen oder aber eine zumindest teilweise elektronische Reintermediation durch mögliche andere elektronische Markt-systeme. Die Auswirkungen im Upstreambereich sind somit aus institutioneller Sicht relativ gering, da eine Disintermediation der verschiedenen Zulieferer wegen deren Beitrag zur physischen Wertschöpfung durch elektronische Intermediäre nicht möglich ist.

Im Downstreambereich lassen sich dagegen aus institutioneller Sicht auf Basis der Literaturbeiträge drei an das generische Modell für diesen Sektor angelehnte Disintermediationsszenarien identifizieren. Diese sind in Abbildung 38 dargestellt.

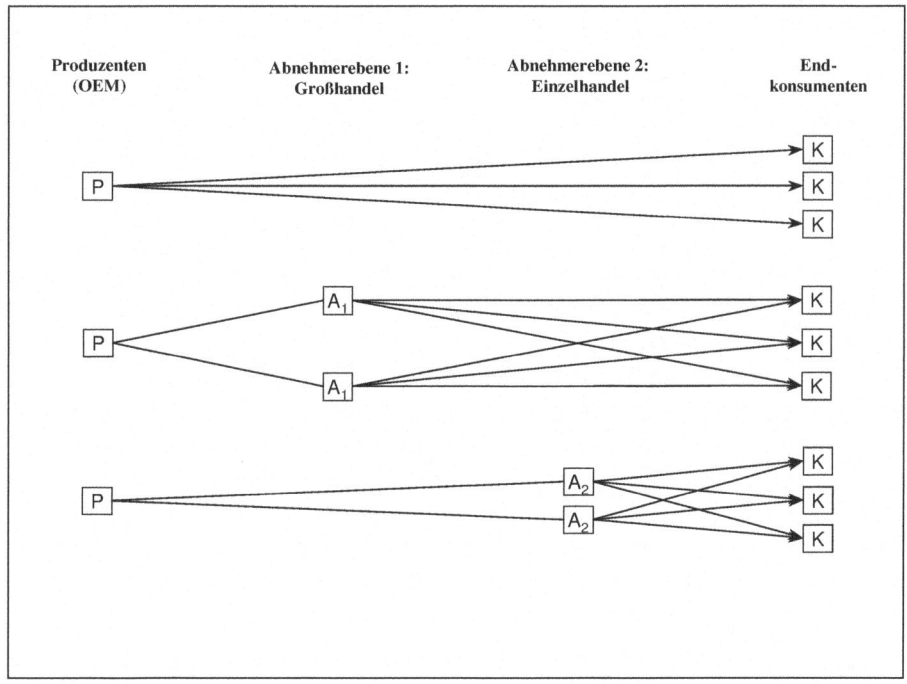

| Produzenten (OEM) | Abnehmerebene 1: Großhandel | Abnehmerebene 2: Einzelhandel | Endkonsumenten |

Abbildung 38:   Disintermediationsszenarien für den Downstreambereich

Das erste Szenario, der Herstellerversand, stellt die auch von BENJAMIN/WIGAND beschriebene Ausschaltung aller Handelsstufen dar. Der Hersteller nutzt die Möglichkeiten des Internets dazu, Kunden einzeln und z.T. mit personalisierten Angeboten anzusprechen.[386] Dabei fallen die Leistungen des Handels im Sinne seiner in Kapitel B beschriebenen Funktionen größtenteils weg bzw. müssen vom Hersteller oder anderen Dienstleistern übernommen werden. So erfolgt keine Marktbildung mehr, und auch die Sortimentsfunktion entfällt. Dies bedeutet einen erheblichen Anstieg der Such- und Informationskosten für die Kunden und Anbieter. Auch die Qualitätssicherungsfunktion des Handels entfällt bzw. kann vom Hersteller auf eigene Kosten übernommen werden, oder es besteht die Möglichkeit der Einschaltung spezialisierter Dritter. Die physische Überbrückungsfunktion im Sinne der Bereitstellung der Ware beim Kunden muss zudem nun auch vom Hersteller selber übernommen werden. Durch die dann notwendige Direktbelieferung des Endkunden

---

[386]   Vgl. dazu Evans/Wurster (1997) und Evans/Wurster (1999), die ausführlich auf die Möglichkeiten der Verschiebung der trade-off-Kurve zwischen der Reichweite (Anzahl der Adressaten) und des Inhalts (Umfang der Information) von Werbebotschaften hinweisen.

(„letzte logistische Meile") entstehen erhebliche neue Logistikkosten, die den Einsparungen an Logistikkosten durch die Disintermediation gegengerechnet werden müssen. Insbesondere die Frage nach der Durchführbarkeit von Direktbelieferungsmodellen ist kritisch für den Erfolg des Herstellerversands und bedarf einer umfangreicheren Prüfung hinsichtlich der Eignung unterschiedlicher Güter und der erforderlichen Struktur der Wertschöpfungskette, als dies von BENJAMIN/WIGAND und anderen Verfechtern der Disintermediationsthese geleistet wird.

Auch für das zweite Szenario in Abbildung 38, den Großhandelsversand, gilt, dass hier entsprechend den Ideen der Disintermediationsbefürworter eine direkte Belieferung des Endkonsumenten und damit die Übernahme der „letzten logistischen Meile" erforderlich ist. Der Großhändler[387] erfüllt hier die Marktbildungs- und Sortimentsfunktion, indem er die Angebote unterschiedlicher Hersteller bündelt und über elektronische Medien anbietet und so den Konsumenten erhebliche Such- und Informationskostenvorteile verschafft. Die Produkte müssen dann an den Endkonsumenten geliefert werden. Auch bei diesem Modell ist eine genaue Prüfung hinsichtlich der Merkmale von Produkten erforderlich, die sich einerseits zur elektronischen Durchführung der Anbahnungsphase, andererseits aber auch für die direkte Belieferung vom zentralen Großhändler an den Endkonsumenten eignen.

Das dritte diskutierte Modell stellt, auch wenn dies in den Beiträgen nicht deutlich wird, implizit schon einige besondere Gütereigenschaften in Rechnung, die dazu führen, dass die Produkte näher beim Kunden gelagert werden. Dieses Modell soll hier als Einzelhandelsversand bezeichnet werden und zeichnet sich ebenfalls dadurch aus, dass die „letzte logistische Meile" dem Konsumenten abgenommen wird. Es erfolgt also wiederum eine Einzelauslieferung der zuvor über elektronische Marktsysteme bestellten Produkte. Nicht dargestellt in Abbildung 38 ist der Einzelhandelsversand ohne Disintermediation. In diesem Fall erfolgt eine elektronische Bestellung des Endkunden und dessen Belieferung von der Einzelhandelsstufe aus.

Die hier auf Basis der Literaturbeiträge vorgestellten generischen Wertschöpfungssysteme für den Downstreambereich zeichnen sich durch eine hohe „Naivität" hinsichtlich der logistischen Anforderungen aus, denen solche Strukturen gerecht werden müssen. Größtenteils steht im Mittelpunkt der Betrachtungen lediglich die Frage, ob ein Produkt über elektronische Marktsysteme abgewickelt werden kann. Wenn ja, falls also insbesondere die Marktbildungs-, aber auch die Sortiments- und Qualitätssicherungsfunktion von elektronischen Systemen (Intermediären)

---

[387] Dabei kann es sich um einen bereits am Markt vertretenen Großhändler handeln, der nun auch mit Endkunden in Kontakt tritt; oder aber es etablieren sich neue Großhändler, die eben von den Möglichkeiten der IKT profitieren und ein sehr großes Sortiment präsentieren. In jedem Fall ist eine Direktbelieferung der Kunden nötig und damit verbunden eine Umgestaltung des logistischen Systems.

übernommen werden können, sehen die Verfechter der Disintermediationshypothese, allen voran BENJAMIN/WIGAND, die Möglichkeit der Elimination von Intermediären.

Insgesamt sind die in diesem Kapitel vorgestellten Untersuchungen nicht detailliert genug, um genaue Aussagen über mögliche Distributionsstrukturen im Electronic Commerce zu erlauben. Dazu bedarf es einer umfassenderen Betrachtung der Merkmale von Distributionsstrukturen einerseits und der Eigenschaften von Gütern andererseits. Ziel muss es sein, diejenigen Gütereigenschaften zu identifizieren, die die bisher sehr allgemein beschriebene Transaktionskostenreduktion in der Anbahnungs- und Vereinbarungsphase (akquisitorische Distribution) ermöglichen. In einem zweiten Schritt müssen weitere, die physische Struktur von Wertschöpfungssystemen determinierende Eigenschaften von Gütern berücksichtigt werden (physische Distribution), um sie dann in Einklang mit den verschiedenen möglichen Gestaltungsdimensionen von Wertschöpfungssystemen zu bringen. Dies ist das Anliegen des folgenden Kapitels D, dass auf den Downstreambereich von Wertschöpfungssystemen fokussiert, da dort die durch Internettechnologie ermöglichten Veränderungen als Folge der elektronischen Anbindung des Endkonsumenten größer sind als im Upstreambereich.

3 Transaktionskostentheoretisches Fazit

Aus transaktionskostenorientierter Perspektive haben die bisherigen Untersuchungen einen Überblick über die in der wirtschaftswissenschaftlichen Literatur, insbesondere im angloamerikanischen Raum, bislang durchgeführten Untersuchungen zum Einfluss des Internets als neues IKT-Medium auf die Koordination ökonomischer Aktivitäten gegeben. Im Mittelpunkt stand die Frage, inwiefern das Internet einen Einfluss auf die Höhe von Transaktionskosten hat und so eine Verschiebung zwischen den grundlegenden Koordinationsformen Markt, Kooperation oder Hierarchie herbeiführen kann. Als Ergebnis lässt sich festhalten, dass der Einsatz des Internets zur Abwicklung von Transaktionen Potenziale zur Senkung von informatorischen Transaktionskosten in Form von Such- und Informationskosten in der Anbahnungs- und Vereinbarungsphase bietet. Vor allem die Suchkosten nach Transaktionspartnern sowie die Kosten der Suche nach Qualitätsinformationen lassen sich im Electronic Commerce gegenüber einer konventionellen Abwicklung senken.

Dementsprechend spricht aus Sicht der Transaktionskostentheorie eine Vielzahl von Argumenten für eine Verlagerung von bisher hierarchischen Koordinationsformen hin zu entweder marktlicher („Electronic Market Hypothesis") oder kooperativer Koordination („Move-to-the-Middle-Hypothesis"). Allerdings muss darauf hingewiesen werden, dass die vorgestellten Beiträge durch die Orientierung am engen Rahmen der Transaktionskostentheorie nur die informatorischen Transaktionskosten betrachten; die raum-zeitlichen Transferkosten, die in der Güteraustauschphase einer Transaktion anfallen, werden ausgeblendet.

Der zweite Teil des Kapitels hat Beiträge vorgestellt, die sich ebenfalls mit Veränderungen der Koordination ökonomischer Aktivitäten beschäftigen, allerdings aus einer etwas anderen Perspektive. Ihre Fragestellung war, inwiefern der Einsatz von IKT, insbesondere des Internets, zu einer Veränderung der vertikalen Struktur von Wertschöpfungsketten führt, speziell, ob der IKT-Einsatz eine Ausschaltung von Intermediären im Downstreamsegment erlaubt. Ergebnis dieser Untersuchungen, die zum größten Teil zumindest implizit auch auf transaktionskostentheoretische Argumente zurückgreifen, war, dass z.T. eine völlige oder zumindest teilweise Disintermediation vorhergesagt wird, das heißt die Institutionen des Groß- und/oder Einzelhandels könnten durch Nutzung des Internets unter bestimmten Voraussetzungen entfallen. Einige Autoren argumentieren weiterhin, dass an die Stelle dieser „klassischen" Intermediäre neue internetbasierte Intermediäre treten werden.

Die dargestellten Beiträge weisen aus transaktionskostentheoretischer Perspektive eine signifikante Schwäche auf. Ihre Untersuchungen beziehen sich ausschließlich auf den informatorischen Teil einer Transaktion, das heißt auf die Vereinfachung des Informationsaustauschs mit Hilfe von internetbasierter IKT. Aus diesen erzielbaren Transaktionskostenvorteilen wird dann auf eine insgesamt mögliche Reduktion von Transaktionskosten geschlossen - mit bestimmten Auswirkungen auf die optimale Koordinationsform. Die Argumentation der vorgestellten Beiträgen bezieht sich lediglich auf die in der Anbahnungs- und Vereinbarungsphase einer Transaktion anfallenden informatorischen Transaktions-kosten. Es wird geprüft, inwiefern internetbasierte IKT hier zu Transaktionskosten-einsparungen führen kann. Völlig vernachlässigt wird dagegen, dass auch die Abwicklungsphase, insbesondere der Güteraustausch und die dort anfallenden raum-zeitlichen Transferkosten, betrachtet werden müssen.[388] Nur so können, gemäß dem in Abschnitt B.II.1.3 vorgestellten Gesamtkalkül der Transaktionskostentheorie, Aussagen über Koordinationsformen getroffen werden.

Es könnte angenommen werden, dass die Autoren die raum-zeitlichen Transferkosten in der Güteraustauschphase als gleich hoch bei internetbasierten und nicht-internetbasierten Transaktionen ansehen. Dem kann nicht zugestimmt werden, denn bei einem Vergleich von alternativen Koordinationsformen müssen immer die gesamten Transaktionskosten (informatorische Transaktionskosten und raum-zeitliche Transferkosten, vgl. Abbildung 8, Seite 43) und Produktionskosten der beiden zum Vergleich anstehenden Alternativen berücksichtigt werden. Das heißt es muss auch berücksichtigt werden, dass sich bei einer Veränderung der Koordinationsform

---

[388] Einzig TOPOROWSKI hat, wie bereits beschrieben, die raum-zeitlichen Transferkosten explizit berücksichtigt. Vgl. die Darstellungen auf S. 178ff.

eventuell auch die Kosten der Güteraustauschphase verändern. Die Argumentationskette in den vorgestellten Beiträgen ist sozusagen zu kurz. Sie lautet

1. Internetbasierte IKT ermöglicht eine Einsparung von informatorischen Transaktionskosten in der Anbahnungs- und Vereinbarungsphase.

2. Eine Reduktion von Transaktionskosten ermöglicht ceteris paribus den Übergang zu marktlicher oder kooperativer Koordination bzw. zur Disintermediation.

Bei dieser Art der Argumentation erfolgt nicht der von der Transaktionskostentheorie geforderte vollständige Vergleich zweier Alternativen. Denn sie setzt voraus, dass bei einem Übergang zu marktlicher oder kooperativer Koordination die Kosten des Güteraustauschs gleich bleiben. Wegen der geänderten Wertschöpfungsstruktur ist damit aber im Allgemeinen nicht zu rechnen. Die Argumentation müsste also lauten:

1. Internetbasierte IKT ermöglicht eine Einsparung von informatorischen Transaktionskosten in der Anbahnungs- und Vereinbarungsphase.

2. Eine Reduktion von Transaktionskosten ermöglicht ceteris paribus den Übergang zu marktlicher oder kooperativer Koordination.

3. Ein Übergang zu einer anderen Koordinationsform bewirkt veränderte raum-zeitliche Transferkosten in der Güteraustauschphase.

Der Wechsel der Koordinationsform ist nur dann sinnvoll, wenn der informatorische Transaktionskostenvorteil in Anbahnungs- und Vereinbarungsphase nicht durch einen eventuellen Anstieg der raum-zeitlichen Transferkosten in der Güteraustausch- sowie eventuell in der Anpassungs- und Kontrollphase kompensiert wird.

Die in Schritt zwei eingefügte ceteris paribus Bedingung wird also in den Schritten drei und vier wieder aufgehoben, da sich eben nicht nur die informatorischen Transaktionskosten der Anbahnungs- und Vereinbarungsphase ändern.

Es ist also zu überprüfen, inwieweit sich die raum-zeitlichen Transferkosten in der Güteraustausch- und Kontrollphase ändern, und zwar einerseits beim eventuellen Übergang zu anderen Koordinationsformen, andererseits aber auch allgemein durch den Einsatz von IKT. Eine stärkere Betrachtung der von der Transaktion betroffenen Güter, vor allem ihrer physischen Eigenschaften, ist nötig, als dies bei der rein informatorischen Betrachtung geschehen ist. Auch die rein informatorische Betrachtungsweise berücksichtigt zwar Gütereigenschaften, z.B. die *Komplexität der Produktbeschreibung* oder auf einem höheren Abstraktionsgrad die *Spezifität der Transaktion*. Die physischen Eigenschaften, die besonders Einfluss auf die Güteraustauschphase haben, werden jedoch nicht bzw. nur mit Bezug auf die

Anbahnungs- und Vereinbarungsphase[389] berücksichtigt. Es ist deshalb notwendig, diese physischen Implikationen in der Güteraustausch- und Kontrollphase, die bei einem potenziellen Wechsel der Koordinationsform auftreten, genauer zu untersuchen. Dazu bedarf es eines umfangreicheren Verständnisses von Distributionsstrukturen und Gütereigenschaften, als es die vorgestellten Beiträge zeigen. Das folgende Kapitel D greift diese identifizierte Schwäche auf und zielt auf die Bildung von Konfigurationen aus Distributionsstrukturen und Gütereigenschaften im Electronic Commerce ab.

---

[389] Implizit stecken ja auch physische Gütereigenschaften in der Komplexität der Produktbeschreibung, wenn es z.B. um Eigenschaften geht, die nicht als Informationen übermittelt werden können und deshalb eine persönliche Inspektion durch den Käufer erfordern. Auch in den Betrachtungen zu potenziellen Informationsasymmetrien, die durch IKT eventuell gesenkt werden können, werden physische Eigenschaften implizit berücksichtigt.

D Konfigurationen aus Distributionsstrukturen und Gütertypen

Die Untersuchungen in Kapitel C haben ergeben, dass es in der Literatur zur „Electronic Market Hypothesis" und zur Disintermediation an einer Berücksichtigung von Gütereigenschaften, und zwar sowohl aus informatorischer als auch aus raum-zeitlicher Perspektive, mangelt. Dieser Kritikpunkt dient als der Ausgangspunkt für Kapitel D. Ziel ist es, Konfigurationen aus Distributionsstrukturen und Gütereigen-schaften zu bilden, die Aussagen darüber erlauben, bei welchen Gütern welche Strukturen im Electronic Commerce vorteilhaft sind. Dazu sollen informatorische Gütereigenschaften herausgearbeitet werden, die in der Anbahnungs- und Vereinbarungsphase relevant sind und die von den beschriebenen Effizienz-potenzialen der Internettechnologie betroffen sind. Zudem werden Gütereigenschaften berücksichtigt, die in der Abwicklungsphase von Bedeutung sind und somit Aussagen hinsichtlich der optimalen Struktur eines Distributionssystems erlauben. Die Zusammenführung der in der Anbahnungs- und der Abwicklungsphase relevanten Gütereigenschaften erfolgt dann in Form von Konfigurationen aus Gütereigenschaften und logistischen Gestaltungsdimensionen. Um dieses Ziel zu erreichen, wird in Abschnitt I zunächst die grundlegende Methodik zur Entwicklung solcher Konfigurationen vorgestellt. Zurückgegriffen wird dabei auf zwei Ansätze. Zum einen den bisher eher aus der Organisationsliteratur bekannten Konfigurationsansatz, zum anderen auf die damit eng verwandten Typologisierungsansätze in der deutschen betriebswirtschaftlichen Literatur. Dabei wird ersichtlich werden, dass es einer umfassenden Darstellung der einzelnen Klassifizierungsdimensionen von Distributionsstrukturen und Gütereigenschaften bedarf. Dieser Forderung wird in den Abschnitten II und III entsprochen, um dann in den Abschnitten IV und V konkrete Konfigurationen zu erarbeiten.

I Grundlegende Methodik der Konfiguration

Bevor mit der eigentlichen Bildung von Konfigurationen begonnen werden kann, ist zunächst zu erklären, wieso dieser Ansatz gewählt werden soll, was unter Konfigurationen zu verstehen ist und welche Methoden der Konfigurationsbildung existieren.

1 Begründung der Auswahl des konfigurationstheoretischen Ansatzes

Auf den ersten Blick könnte vermutet werden, dass es möglich sein müsste, deterministische Kausalbeziehungen zwischen den Gütereigenschaften als

© Springer Fachmedien Wiesbaden GmbH, ein Teil von Springer Nature 2004
M. Gehring, *Auswirkungen von Internettechnologie auf Wertschöpfungsstrukturen*,
Edition KWV, https://doi.org/10.1007/978-3-658-24074-5_4

unabhängige und den Gestaltungsdimensionen von Wertschöpfungssystemen als abhängige Variable zu identifizieren. Dies ist auch für einzelne Variablenpaare möglich. So wird z.B. gemeinhin akzeptiert, dass Produkte mit der Gütereigenschaft „geringe Unsicherheit der Nachfrage" eher in einem spekulativen Wertschöpfungs- prozess gefertigt werden können als solche mit einer hohen Unsicherheit, bei denen ceteris paribus ein Aufschieben (postponement) der Produktions- und Logistik- aktivitäten sinnvoll erscheint.[1] Im Rahmen der hier durchgeführten Untersuchungen sprechen allerdings zwei Gründe gegen eine auf solchen Kausalbeziehungen aufbauende Vorgehensweise. Zum einen kann bei einer größeren Anzahl von betrachteten Variablen bzw. auch bei einer nicht nur streng dichotomen Betrachtung der Variablenausprägung die Anzahl der Kombinationen sehr schnell unüberschaubar werden, so dass eine Beschränkung der Betrachtung auf wenige sinnvolle Kombinationen nötig wäre. Zum anderen kann im Untersuchungsfall nicht von den beschriebenen eindeutigen Kausalbeziehungen ausgegangen werden. Es treten viel- mehr in vielen Fällen Interdependenzbeziehungen zwischen Variablen auf. So bestehen, wie in Abschnitt D.II noch gezeigt wird, Interdependenzen zwischen den einzelnen Gestaltungsdimensionen von Wertschöpfungssystemen. Da auch zwischen den unterschiedlichen relevanten Gütereigenschaften (die in Abschnitt D.III erarbeitet werden) teilweise solche Interdependenzbeziehungen vorliegen, scheidet eine Betrachtung anhand einfacher Kausalbeziehungen aus, da so der Komplexität der Fragestellung nicht Rechnung getragen werden kann:

> „The design parameters form an integrated system in which each is linked to all the others as a dependent as well as independent variable: change one design parameter and all the others must be changed as well."[2]

> „Die betrachteten Attribute sind Teil eines *komplizierten, im Zeit- ablauf veränderlichen Beziehungsgeflechtes*, das sich nicht durch einfache lineare Ursache-Wirkungsbeziehungen beschreiben lässt."[3]

Ein Ansatz zur Betrachtung solcher interdependenter Systeme aus Struktur- und Kontextvariablen wurde in der Organisationstheorie mit dem Konfigurations- ansatz entwickelt.[4]

---

[1]   Vgl. z.B. Pfohl (1994), S. 143, Delfmann (1995), S. 175ff., Delfmann (1999b), S. 194, und Klaas (2002), S. 166. Eine genauere Erläuterung der logistischen Kontextvariablen „Aufschieben oder Spekulieren" erfolgt in Abschnitt D.II.

[2]   Mintzberg (1979), S. 181.

[3]   Scherer/Beyer (1998), S. 336.

[4]   Vgl. zum Konfigurationsansatz z.B. die Arbeiten von MINTZBERG (z.B. Mintzberg (1979), Mintzberg (1981), Mintzberg (1983) oder Mintzberg/Ahlstrand/Lampel (2001)), MILES and SNOW (Miles/Snow (1978)) oder MILLER (z.B. Miller (1981), Miller/Mintzberg (1983), Miller (1986), Miller (1987) oder Miller (1996)). Einen sehr guten deutschsprachigen Überblick über den Konfigurationsansatz geben Scherer/Beyer (1998).

2 Historische Vorläufer des Konfigurationsansatzes

Der Konfigurationsansatz kann als neuester Zweig der kontextorientierten Organisationsforschung gelten und wurde in den letzten 20 Jahren vor allem im anglo-amerikanischen Bereich vorangetrieben.[5] Seine historischen Vorläufer sind zunächst die sogenannten administrativen Managementansätze, repräsentiert durch TAYLOR, FAYOL und WEBER[6] mit ihrer Suche nach dem „One best way" der effizienten Organisation von Unternehmen, die ihre wohl markanteste Ausprägung im Bürokratiemodell WEBERS fanden.[7] Unter dem Hinweis, dass es nicht einen solchen „One best way", sondern verschiedene, in der Realität zu beobachtende Organisationstypen gibt[8], wurden dann die sogenannten situativen oder kontingenztheoretischen Ansätze entwickelt. Grundaussage ist hier, dass die Wahl der Organisationsform von situativen Faktoren (Kontingenzfaktoren) abhängt und somit in Erweiterung der administrativen Ansätze ein „One best way for each given situation" existiert.[9] Der situative Ansatz zeichnet sich durch die *Kongruenz-Effizienz-Hypothese* aus, nach der formale Strukturen gemäß der jeweiligen Kontextfaktoren zu gestalten sind. Es handelt sich hier um klare Kausalbeziehungen zwischen dem Kontext der Organisation als unabhängige und der Strukturgestaltung als abhängige Variable, was eine hervorragende Ausgangsposition für die empirische Erforschung der Wirkungsbeziehungen darstellt:

> „Da deterministische Kausalverknüpfungen zwischen den unabhängigen Kontexteigenschaften und den abhängigen Struktureigenschaften sowie eine eindeutige Repräsentierbarkeit dieser beiden Dimensionen mit Hilfe von Struktur- und Kontextvariablen unterstellt werden, kann die Erforschung der Wirkungszusammenhänge ohne Einschränkung mit Hilfe quantitativer statistischer Methoden auf Basis vergleichender empirischer Studien erfolgen."[10]

Die folgende Abbildung 39 verdeutlicht die Grundlogik des situativen Ansatzes. Der Kontext einer Organisation bestimmt deren Struktur und dadurch das Verhalten der Organisationsmitglieder sowie letztendlich die Effizienz des Unternehmens.

---

[5]   Vgl. Scherer/Beyer (1998), S. 332.

[6]   Vgl. Taylor (1923), Fayol (1929) und Weber (1980).

[7]   Vgl. Miller (1981), S. 11 oder Scherer/Beyer (1998), S. 333.

[8]   Vgl. Klaas (2002), S. 97.

[9]   Vgl. Scherer/Beyer (1998), S. 334 und die dort zum situativen Ansatz angegebene Literatur.

[10]   Klaas (2002), S. 99.

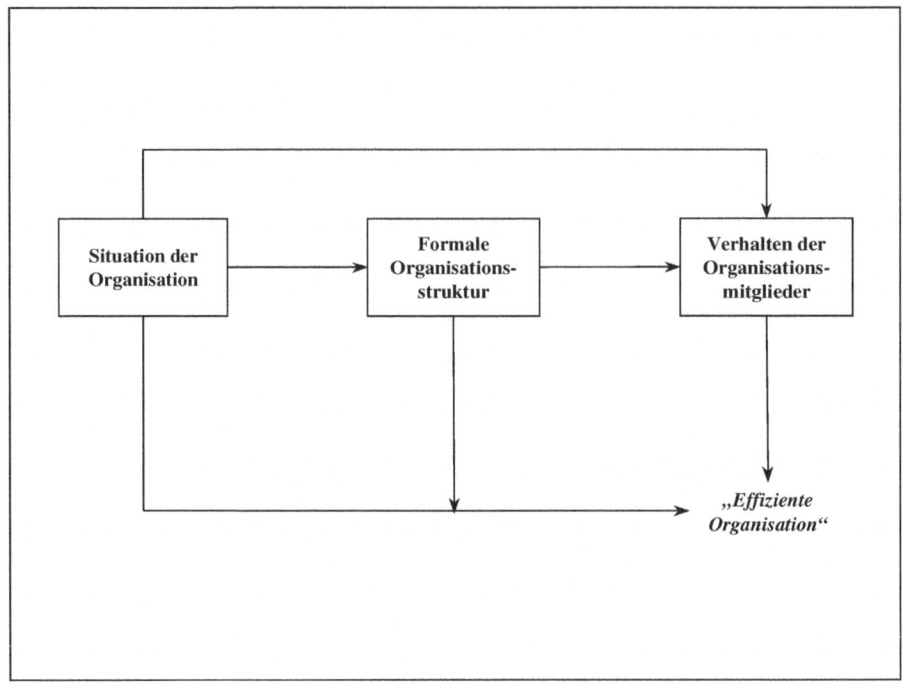

Abbildung 39:   Grundlogik des situativen Ansatzes[11]

Die dargestellten deterministischen Kausalverknüpfungen sind der größte Kritikpunkt am situativen Ansatz, da sie einerseits eventuell existierende Interdependenzbeziehungen vernachlässigen und außerdem bei genauerer Betrachtung in einen Determinismus der Organisationsgestaltung führen: Es gibt in jeder Situation nur eine passende Struktur, die ein Unternehmen wählen kann, wobei es keinerlei eigenen Einfluss auf die Situation ausüben kann (keine Interdependenzen zwischen Kontext- und Gestaltungsvariablen).[12] Aus diesen Gründen hat es zwar diverse Erweiterungen des situativen Ansatzes gegeben, eine dedizierte Berücksichtigung von Interdependenzbeziehungen nimmt jedoch erst der konfigurationstheoretische Ansatz vor, der direkt auf dem situativen Ansatz aufsetzt.

3   Der Konfigurationsansatz

Der Konfigurationsansatz hebt die einseitigen kausalen Wirkungsbeziehungen zwischen Kontext- und Strukturvariablen auf und bemüht sich um eine

---

[11]   Quelle: In Anlehnung an Klaas (2002), S. 99.
[12]   Vgl. Scherer/Beyer (1998), S. 335.

„(...) systematische Berücksichtigung nichtlinearer Interdependenz-beziehungen zwischen den im jeweiligen Untersuchungsfokus als relevant erachteten Kontext- und Strukturvariablen, zwischen den einzelnen Kontextvariablen sowie zwischen den organisatorischen Strukturvariablen (...).“[13]

Ziel ist die Identifikation von in sich stimmigen[14] Kombinationen aus Kontext- und Gestaltungsvariablen. Solche Kombinationen werden als Konfigurationen, harmonische Muster oder Gestalten bezeichnet.[15] Abbildung 40 stellt die Grundlogik des Konfigurationsansatzes dar und zeigt den Unterschied zum situativen Ansatz auf. Die wechselseitigen Beziehungen der Kontext- und Strukturgestaltungsvariablen untereinander sowie zwischen den beiden Variablentypen sind durch Pfeile symbolisiert. Unter Berücksichtigung dieser Interdependenzbeziehungen gilt es, Konfigurationen als harmonische Muster zu identifizieren, die effiziente Organisationsformen darstellen:[16]

„Configurations are inherently multidimensional entities in which key attributes are tightly interrelated and mutually reinforcing.“[17]

---

[13]   Klaas (2002), S. 103.

[14]   Dies bedeutet eine klare Abkehr von reiner Kombinatorik, bei der es bei p Elementen mit n Ausprägungen zu p^n möglichen Kombinationen kommen würde. Diese sollen gerade nicht alle betrachtet werden, sondern nur solche Kombinationen, die nach MINTZBERG harmonische Muster aufweisen. Vgl. Mintzberg (1983), S. 152. Nüchterner ausgedrückt werden nur solche Kombinationen betrachtet, die ökonomisch und technisch sinnvoll sind.

[15]   Vgl. z.B. Dess/Newport/Rasheed (1993), S. 776. Insbesondere Miller verwendet den Begriff der „Gestalt“, vgl. z.B. Miller (1981). In dieser Arbeit soll von Konfigurationen im Sinne der beschriebenen harmonischen Muster die Rede sein.

[16]   Dabei hat sich in der Literatur zum Konfigurationsansatz die sogenannte *Equifinalitätsthese* durchgesetzt, nach der es mehrere mögliche Konfigurationen geben kann, die bei gegebenen Kontextvariablen effizient sein können. Vgl. zur *Equifinalitätsthese* z.B. Doty/Glick/Huber (1993), S. 1196ff. oder Scherer/Beyer (1998), S. 336.

[17]   Dess/Newport/Rasheed (1993), S. 784.

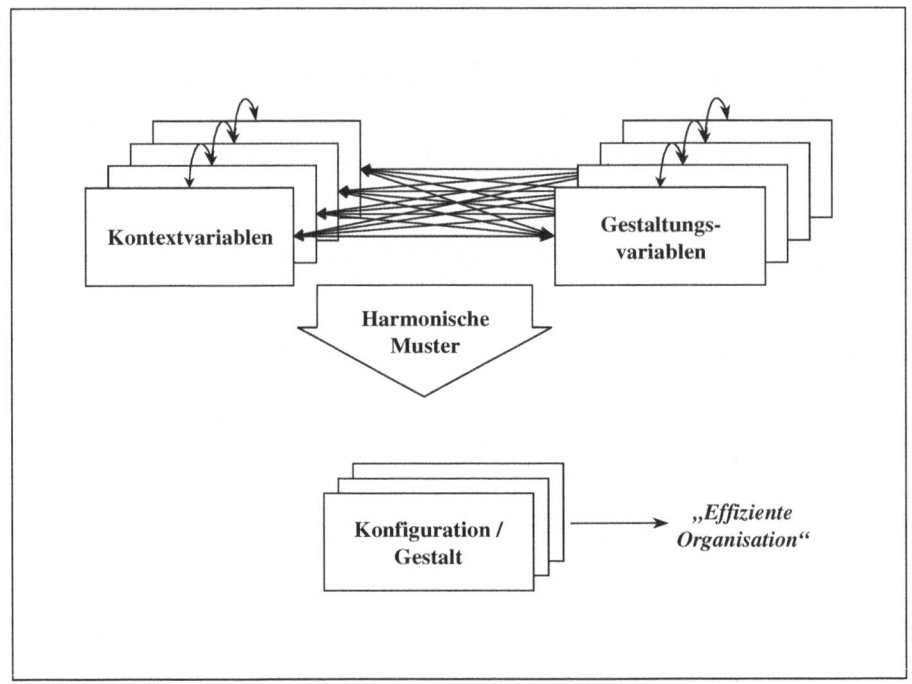

Abbildung 40: **Grundlogik des Konfigurationsansatzes**[18]

Die Identifikation solcher Konfigurationen stellt die zentrale Herausforderung des Konfigurationsansatzes dar. Im folgenden Abschnitt werden zunächst
einige allgemeine methodische Problemfelder bei der Bildung von Konfigurationen
beschrieben, bevor dann die beiden grundsätzlichen Methoden der Konfigurationsbildung kurz erläutert und die in dieser Arbeit angewendete typologische Vorgehensweise vorgestellt werden.

3.1 Methodische Problemstellungen des Konfigurationsansatzes

Bei der Bildung von Konfigurationen sind drei grundsätzliche Problem-
stellungen zu beachten: Die Anzahl der Dimensionen bei Kontext- und
Gestaltungsvariablen, die Problematik der Kausalbeziehungen zwischen den
Dimensionen und die Frage nach der zeitlichen Stabilität der Konfigurationen.[19]

Auf die Problematik der Anzahl der Dimensionen wurde bereits mehrfach
hingewiesen. Denn auch wenn der Konfigurationsansatz, wie beschrieben, nicht
kombinatorisch vorgeht und sämtliche möglichen Kombinationen der Ausprägungen

---

[18] Quelle: In Anlehnung an Klaas (2002), S. 105.
[19] Vgl. Dess/Newport/Rasheed (1993), S. 777ff.

von Kontext- und Gestaltungsvariablen untersucht, so erhöht doch eine große Anzahl an Dimensionen, eventuell noch kombiniert mit einer Vielzahl von Ausprägungen der Variablen, die Komplexität der Untersuchungen stark. Auf der anderen Seite führen die oft verwendeten Konfigurationen aus zwei Dimensionen mit zwei dichotomen Ausprägungen zu Vier-Felder-Matrizen mit stark vereinfachenden Aussagen.[20] Es bleibt also ein trade-off bestehen zwischen dem Versuch, ein möglichst umfassendes Bild von Kontext- und Gestaltungsvariablen und ihren sinnvollen Kombinationen zu zeichnen und dabei dennoch leicht nachvollziehbare Gestaltungsempfehlungen zu geben. DESS ET AL. sprechen sich deshalb dafür aus, eine überschaubare Anzahl an Dimensionen zu verwenden, bei ihnen aber über eine dichotome Betrachtung hinauszugehen und so eine hinreichend tiefgehende Untersuchung zu ermöglichen:

> „Therefore, if fewer domains are included in a configuration, the researcher is able to include more levels in each domain and still obtain a comparable level of parsimony."[21]

Ein weiteres Problem liegt in den Interdependenzbeziehungen zwischen den Variablen, die ja herausragendes Merkmal der konfigurationstheoretischen Methode sind, begründet.[22] Das Vorliegen eventueller gegenseitiger Abhängigkeiten der Variablen erfordert eine sehr genaue Beschreibung dieser. Es sollte deshalb genau aufgezeigt werden, inwiefern Interdependenzbeziehungen vorliegen. Insofern ist die Formulierung von eindeutigen Ursache-Wirkungszusammenhängen, wie sie für die Festlegung von einfachen normativen Aussagen vorteilhaft wären[23], eher nicht möglich.

Als drittes Problemfeld identifizieren DESS ET AL. die Stabilität von Konfigurationen im Zeitablauf. Während die Stabilität gemeinhin im organisatorischen Kontext als hoch angesehen wird[24], weisen sie darauf hin, dass einige der Kontext- und Gestaltungsvariablen organisatorischer Konfigurationen durchaus einem schnellen zeitlichen Wandel unterliegen, z.B. durch technischen Fortschritt. Dies gilt ebenso für die in der vorliegenden Arbeit beabsichtigten Konfigurationen. So hat z.B. die Digitalisierung von Produkten im Bereich der Musik oder Literatur zu einschneidenden Veränderungen geführt.

---

[20] Vgl. Dess/Newport/Rasheed (1993), S. 779.

[21] Dess/Newport/Rasheed (1993), S. 778.

[22] Vgl. Dess/Newport/Rasheed (1993), S. 780f. oder Scherer/Beyer (1998), S. 339.

[23] „Normative theory building is enhanced when the causal relationship between the performance construct and other constructs under consideration is supported." Dess/Newport/Rasheed (1993), S. 781.

[24] Vgl. z.B. Miller/Friesen (1984), die den Begriff des „Quantensprungs" für die Veränderung organisatorischer Konfigurationen verwenden, inkrementalen Wandel verneinen und damit Konfigurationen eine hohe zeitliche Stabilität attestieren.

Die folgende Tabelle 15 gibt einen Überblick über die beschriebenen wichtigsten Problemfelder der konfiguratorischen Methode und die daraus resultierenden Fragestellungen.

Problemfeld	Zu beachtende Fragestellungen
Anzahl der Dimensionen	Entspricht die gewählte Anzahl dem Untersuchungszweck? Sind die entstehenden trade-offs zwischen Übersichtlichkeit und Detailliertheit handhabbar? Wie detailliert sollen die einzelnen Dimensionen hinsichtlich ihrer Ausprägungen beschrieben werden? Lässt sich der "Fit" zwischen der gewählten Anzahl von Dimensionen noch herstellen?
Kausale Verknüpfung der Dimensionen	Gibt es bereits Untersuchungen bezüglich einzelner Interdependenzbeziehungen?
Zeitliche Stabilität	Lassen sich alle Interdependenzbeziehungen argumentativ darstellen? Was sind die externen (und internen) Einflussfaktoren auf die Stabilität der Konfiguration?

Tabelle 15:   Problemfelder der konfiguratorischen Methode[25]

3.2   Methoden der Konfigurationsbildung

Grundsätzlich werden in der Literatur zwei Möglichkeiten zur Ableitung von Konfigurationen beschrieben. Einerseits der induktive Ansatz, der auf Basis von empirischen Untersuchungen Muster identifiziert; man spricht dann auch von Taxonomien. Demgegenüber wird bei der deduktiven Vorgehensweise versucht, durch analytische Konstruktion Konfigurationen zu bilden, die dann als Typologien bezeichnet werden.[26]

Historisch dominant, vor allem im klassischen Bereich der Konfigurations-theorie, ist die induktiv-empirische Methode[27], bei der aus empirisch gewonnenem

---

[25]   Quelle: In Anlehnung an Dess/Newport/Rasheed (1993), S. 784.

[26]   Vgl. z.B. Dess/Newport/Rasheed (1993), S. 776f., Ketchen/Thomas/Snow (1993), S. 1280ff., Miller (1996), S. 506f. oder Scherer/Beyer (1998), S. 337f.

[27]   Vgl. Ketchen/Thomas/Snow (1993), S. 1280f. und die dort zahlreich angegebenen Beispiele aus der Organisationsforschung.

Datenmaterial mittels Clusteranalysen Muster identifiziert werden.[28] Die so identifizierten Konfigurationen spiegeln in der Realität tatsächlich vorhandene Muster wider. Für den Fall, dass das Datenmaterial über einen langen Zeitraum gewonnen werden konnte, können die Ergebnisse dieser empirischen Konfiguration Aufschluss hinsichtlich der Effizienz von Organisationsstrukturen geben. Allerdings handelt es sich nur um ein statisches Abbild der momentanen Situation, wie KETCHEN ET AL. feststellen:

> „However, our results with respect to the inductive approach support previous assertions that some approaches may provide configurations that are merely statistical artefacts."[29]

In dieser Arbeit soll dem deduktiv-analytischen Ansatz gefolgt werden. Er zielt auf die Bildung von Idealtypen ab und wird auch typologische Vorgehensweise genannt.[30] Konfigurationen sollen durch analytische Konstruktion, durch Betrachtung unterschiedlicher Kontext- und Gestaltungsvariablen und Identifikation möglicher Zusammenhänge, hergeleitet werden.[31] Allerdings ist die Bezeichnung „analytische Konstruktion" kein Hinweis darauf, dass es bestehende und erprobte Methoden zur Erstellung von Typologien gibt. Der typologische Ansatz kann vielmehr im Gegensatz zum taxonomischen Ansatz nicht auf existierende Methoden zurückgreifen:

> „Good typologies are more than anything products of inspired synthesis and a strong sense of conceptual esthetics. So there are no cookbooks for generating them."[32]

Dennoch gibt es nach MILLER einige Merkmale, durch die sich gelungene Typologien auszeichnen und an denen sich der Forscher bei ihrer Erstellung orientieren kann.[33] So sollten Typologien immer auf einem fundierten theoretischen Hintergrund aufgebaut werden, dies gilt insbesondere für die ausgewählten Dimensionen. Für diese Arbeit kann das als gewährleistet angesehen werden, da sowohl die logistischen Gestaltungsvariablen als auch die Gütereigenschaften gründlich diskutiert werden (in den folgenden Abschnitten D.II und D.III), bevor eine Auswahl der relevanten Dimensionen erfolgt. Weiterhin sollten Konfigurationen so entwickelt werden, dass sich die ermittelten Typologien gut voneinander trennen lassen, um als Ausgangsbasis späterer empirischer Arbeit dienen zu können. Als wichtigstes Merkmal erfolgreicher typologischer Konfigurationen sieht MILLER schließlich die schon angesprochene intensive argumentative Erläuterung der Variablen und ihrer Beziehungen untereinander. An diesen Anforderungen wird klar,

---

[28]   Vgl. Scherer/Beyer (1998), S. 338f.
[29]   Ketchen/Thomas/Snow (1993), S. 1306.
[30]   Vgl. z.B. Ketchen/Thomas/Snow (1993), Miller (1996) oder Scherer/Beyer (1998).
[31]   Vgl. Scherer/Beyer (1998), S. 337.
[32]   Miller (1996), S. 506.
[33]   Vgl. Miller (1996), S. 507.

dass der verfolgte typlogische Konfigurationsansatz vor allem darauf ausgerichtet ist, Bezugsrahmen für die Lösung konkreter praktischer Probleme zu liefern. Diese Bezugsrahmen sind

> „(...) begriffliche Raster, die mögliche Beziehungen zwischen den einzelnen Elementen aufzeigen, ohne diese fest vorzuschreiben (...). Bezugsrahmen [sind] dediziert *offen* angelegt und geben dem Benutzer Raum für eine auf die Situation zugeschnittene Interpretation und Lösung."[34]

Damit sind nun die grundlegende Zielsetzung der typologischen Konfigurationsmethode und auch ihre wichtigsten methodischen Grundsätze erläutert. Trotzdem fehlt es noch an einer klareren Vorgabe zu Erstellung von Typologien. Da die bisher als Grundlage zur Erläuterung des Konfigurationsansatzes benutzte Literatur aus dem Bereich der Organisations- und Strategieforschung hier nicht weiterführend ist, bietet es sich an, die Brücke zu den in der deutschen betriebs- wirtschaftlichen Literatur entwickelten Ansätzen zur Typologiebildung zu schlagen. Diese Ansätze wurden mit dem Ziel der Typologisierung von Betrieben und Gütern verfasst und zeichnen sich durch eine höhere methodische Präzision als die Ansätze aus dem angloamerikanischen Sprachraum aus. Sie können als die ideale methodische Erweiterung der bisher geschilderten Ansätze gelten.

4 Die Methodik der Typologiebildung

4.1 Typus, Typologie, Klassifikation und Konfiguration

Der Begriff des Typus stammt vom griechischen „typos" und steht in seiner ursprünglichen Bedeutung für einen Abdruck (impression) oder eine Gravur (ingraving), wird jedoch meistens verwendet als Gestalt (shape) oder Muster (pattern).[35] Auch in der betriebswirtschaftlichen Literatur wird der Typus als Muster oder Vorbild verwendet, so dass sich folgende Definition ergibt:

> „Ein Typus ist der ´Repräsentant´ einer Reihe von Erscheinungen (Objekten), die eine Anzahl gemeinsamer Merkmale (Eigenschaften) aufweisen, wobei die Auswahl und Zusammensetzung der den Typus charakterisierenden Merkmale vom jeweiligen Untersuchungszweck abhängt."[36]

---

[34]   Scherer/Beyer (1998), S. 344. Bemerkungen in [ ] durch Verfasser hinzugefügt. Die Idee der Konfiguration als Bezugsrahmen („framework") geht zurück auf PORTER, der diese Betrachtungsweise zuerst vorgeschlagen hat. Vgl. Porter (1991), S. 97f.

[35]   Vgl. Henry George Liddell, Robert Scott, *A Greek-English Lexicon*, abrufbar unter http://www.perseus.tufts.edu/cgi-bin/resolveform. Vgl. auch Knoblich (1969), S. 24.

[36]   Knoblich (1969), S. 25.

214

Hervorstechende Eigenschaften des Typus sind somit die Gebundenheit der Merkmalszusammensetzung an den Untersuchungszweck und die Charakterisierung durch mehrere Merkmale. Damit ist der Typus eindeutig abgegrenzt von der Klassifikation, die jeweils nur nach einem Merkmal erfolgt.[37] Dieser klaren Abgrenzung aus dem deutschen Sprachraum soll im weiteren Verlauf gefolgt werden, da sie eine deutlich höhere Schärfe aufweist als die in Teilen der angloamerikanischen Literatur vertretene Gleichsetzung von Klassifikation und Typus bzw. Typologie.[38] Eine Klassifikation ist vielmehr immer eine Vorstufe einer Typologisierung.[39] Unter Typologie wird allgemein die „Lehre von den Typen", die systematische Beschreibung von Typen, verstanden.[40]

4.2 Der Prozess der Merkmals- und Typologiebildung

Die Typologiebildung kann in drei Schritten durchgeführt werden.[41] Zunächst müssen die relevanten Merkmale ermittelt werden, um diese dann in einem zweiten Schritt zu verdichten und schließlich zu einer Typologie zu verknüpfen. Diese drei Schritte sollen in den folgenden Abschnitten kurz erklärt werden, basierend auf einer vorangestellten Erläuterung von Merkmalen und ihren Ausprägungen.

4.2.1 Merkmale und Formen der Merkmalsausprägung

Merkmale als die Kriterien, nach denen Untersuchungsobjekte eingeteilt (klassifiziert oder typologisiert) werden[42], können unterschiedliche Ausprägungen aufweisen. So kann ihre Ausprägung kontinuierlich oder nur diskret messbar sein, es besteht also zwischen zwei Extremwerten entweder ein Kontinuum möglicher Ausprägungen oder zumindest eine größere Anzahl an möglichen Ausprägungen. Den

---

[37] Vgl. Knoblich (1969), S. 27. CASTAN bringt diesen Gegensatz auf den Punkt, indem er feststellt: „Die Vorstellung ´eindimensionaler Typen´ lehnen wir ab, da ein Merkmal allein keine Anschauung vermitteln kann", Castan (1963), S. 26. Dieses Argument basiert auf der Forderung von EISFELD, dass es das Ziel von Typologisierungen sein muss, anschauliche, in der Realität beobachtbare Sachverhalte darzustellen, vgl. Eisfeld (1951), S. 292. Auch SCHERER folgt dieser Unterscheidung von Klassifikation und Typologie, vgl. Scherer (1991), S. 43. Eine Identifikation von Objekten hinsichtlich mehrerer Merkmale ohne die für den Typus geforderte Zweckgebundenheit kann nach SCHERER auch als Beschreibung bezeichnet werden.

[38] Vgl. z.B. Meyer/Tsui/Hinnings (1993), S. 1180ff.

[39] Vgl. Knoblich (1969), S. 27.

[40] Vgl. Knoblich (1969), S. 28 oder Knoblich (1972), S. 141ff. Grundlagen von Typenlehre und Typologisierung behandelt auch TIETZ ausführlich, vgl. Tietz (1960), S. 3ff.

[41] Andere Autoren verwenden eine ähnliche Prozessabfolge bei der Typenbildung, schalten aber teilweise noch die Phase des Entscheidungsbezugs vor. Vgl. z.B. Scherer (1991), S. 48 oder Algermissen (1975).

[42] PAASS spricht auch von Merkmalen als „Instrumente der Produktbeschreibung", Paass (1974), S. 30.

Extremfall der diskreten Messbarkeit stellt der Fall da, in dem es nur zwei alternative, bipolare Ausprägungen gibt. Die drei Formen der Merkmalsausprägungen sind in Abbildung 41 dargestellt.[43]

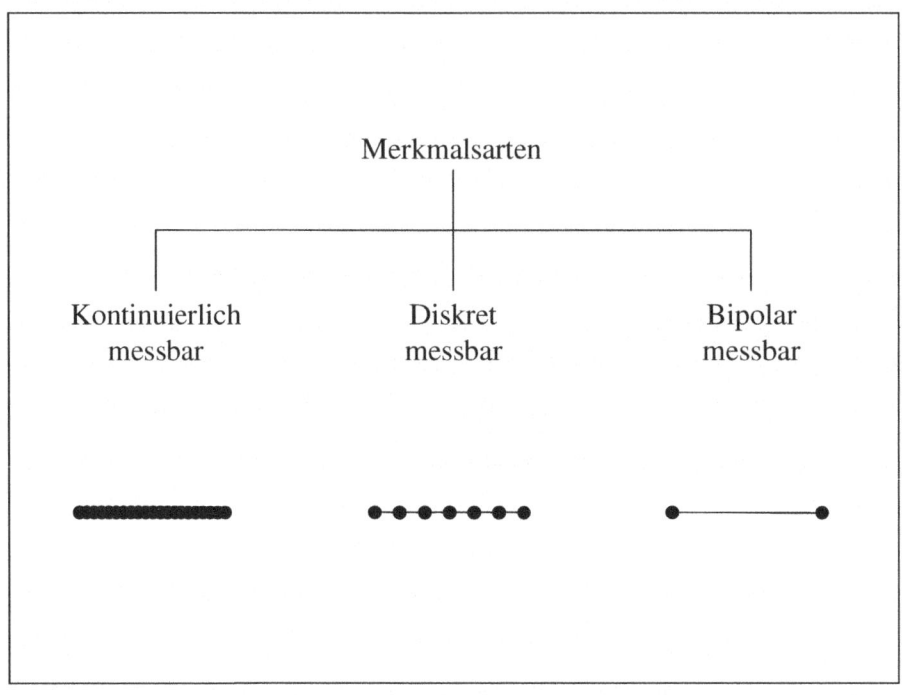

Abbildung 41:   Messbarkeit von Merkmalen

Als Beispiele für kontinuierlich messbare Merkmalsausprägungen können alle mit reellen Zahlen ermittelbaren Abstufungen dienen, so z.B. - hinreichend genaue Messinstrumente vorausgesetzt - die Länge oder Größe eines Objektes. Bei der diskreten Messung sind als Beispiele alle Objekte denkbar, deren Ausprägungen klar abzählbar bzw. abstufbar sind, beispielsweise Computerprozessoren mit ihren festen Taktfrequenzen oder Transportcontainer in festgelegten Größen. Bei diskret messbaren Objekteigenschaften handelt es sich häufig auch um solche, die prinzipiell kontinuierliche Ausprägungen aufweisen, aus Standardisierungs- oder Vereinfachungsgründen aber in Klassen zusammengefasst sind. Beispiele sind hier die Gewichtsklassen von Paketen. Besonders im Hinblick auf die Typenbildung ist eine solche Form der Vereinfachung wichtig, da ansonsten bei kontinuierlichen Merkmalsausprägungen keine klare Abgrenzung möglich wäre. Dies geht soweit, dass

---

[43]   SCHERER und auch TIETZ stellen ähnliche, auf Stufen- und Ausschließlichkeitsmerkmalen beruhende Abgrenzungen vor, vgl. Tietz (1960), S. 44 und Scherer (1991), S.41f.

für viele Güter die Ausprägungen hinsichtlich einer Eigenschaft auf bipolare Ausprägungen wie groß/klein reduziert werden, um bei einer Kombination mehrerer Merkmale nicht eine zu große Anzahl möglicher Typen zu erhalten.[44] Darüber hinaus existiert eine Fülle von Objekteigenschaften, deren Ausprägung nur alternativ bipolar messbar ist, so z.B. die Erfüllung von Lieferfristen im Logistikbereich: Eine Lieferung ist entweder zum vorgegebenen Liefertermin vor Ort oder nicht.

4.2.2 Merkmalsermittlung

Ziel des ersten Schrittes der Typologiebildung ist, die entscheidenden Merkmale zusammenzustellen, die für das zu untersuchende Forschungsobjekt von Bedeutung sind.[45] Für die vorliegende Arbeit heißt das, einen Überblick über mögliche relevante Klassifizierungen von Distributionsstrukturen und Güter-klassifizierungen zu erlangen, welche vor dem Hintergrund des Electronic Commerce von Relevanz sein können. Dies erfolgt in den Abschnitten II und III von Kapitel D. KOPPELMANN spricht in diesem Zusammenhang auch von der Bildung einer „Merkmalsbatterie"[46], SCHERER von einem „Merkmalspool".[47] Die Gewinnung von relevanten Kriterien kann außerdem durch die Betrachtung von bereits existierenden Typologien erfolgen, die für Untersuchungsgegenstände entworfen wurden, die dem eigenem Analysefeld ähnlich sind bzw. einen Teilbereich davon betrachten. Auch dies wird in den Abschnitten II und III durchgeführt.

Der so zusammengetragene, noch relativ unsystematische Merkmalspool sollte dann mit Hilfe geeigneter Strukturierungsinstrumente geordnet werden.[48] Dazu werden in der Literatur z.B. formale und materiale Unterscheidungskriterien[49] oder auch quantitative und qualitative Merkmale genannt.[50] In dieser Arbeit soll zum Zwecke der Systematisierung das im ersten Kapitel vorgestellte Transaktions-phasenschema (siehe Abbildung 1 auf Seite 7) benutzt werden, um direkt einen engeren Bezug zum Untersuchungsgegenstand herzustellen.

4.2.3 Merkmalsverdichtung

„(...) eines der Hauptziele jeder Typologie [besteht] gerade darin, die vieldimensionale Ordnung, von der sie ausgeht, durch eine (...)

---

[44] Dies ist jedoch nicht unbedingt erforderlich, da auch so vorgegangen werden kann, dass nur einige wenige, als sinnvoll erachtete Kombinationen betrachtet werden.

[45] Vgl. z.B. Knoblich (1965), S. 694 oder Tietz (1960), S. 35.

[46] Vgl. Koppelmann (1986), S. 309.

[47] Vgl. Scherer (1991), S. 50.

[48] Vgl. Algermissen (1975), S. 35 oder Scherer (1991), S. 50f.

[49] Vgl. Knoblich (1969), S. 49.

[50] Vgl. Tietz (1960), S. 38.

gleichwertige reduzierte Ordnung zu ersetzen, (...) die aber gleichwohl dieselben Tatbestände zu beschreiben gestattet wie die komplizierte ursprüngliche Ordnung."[51]

Dies gilt vor allem dann, wenn die beabsichtigte Typenbildung auf einem zuvor auf Basis anderer Literaturbeiträge erstellten Merkmalspool basiert. Aber auch wenn eine Mischung aus eigenen, auf Plausibilitätsüberlegungen beruhenden Merkmalen und literaturbasierten Merkmalen angestrebt wird, stellt sich das Problem, dass die Fülle der möglichen Merkmale verdichtet werden muss.[52] Wichtig bei der Verdichtung ist, dass eventuelle inhaltliche Überschneidungen verschiedener im Merkmalspool erfasster Klassifizierungen erkannt und durch Auswahl des jeweils prägnantesten Kriteriums bei der Verdichtung vermieden werden. Weiterhin ist, wie in den Grundlagen zur konfigurationstheoretischen Methode bereits erwähnt, auf Interdependenzen zwischen einzelnen Merkmalen zu achten, die z.B. in Form von kausalen Wirkungszusammenhängen zwischen einzelnen Merkmalsausprägungen bestehen können.[53] In der vorliegenden Arbeit wird die Merkmalsverdichtung mit Hilfe des Transaktionsphasenschemas durchgeführt, da so die jeweils wichtigsten Klassifizierungen für jede Phase einfach identifiziert werden können und damit dem Anspruch, eine alle Transaktionsphasen berücksichtigende Typologie zu entwerfen, entsprochen wird.

4.2.4 Bildung von Typen durch Merkmalsverknüpfung

Selbst nach der im vorhergehenden Schritt erfolgten Verdichtung auf einige wenige aussagekräftige Klassifizierungen würde eine kombinatorische Verbindung hinsichtlich aller möglichen Ausprägungen entlang der einzelnen Dimensionen schnell zu einer unüberschaubaren Menge an Typen führen. Deshalb ist es erforderlich, nur sinnvolle Kombinationen zuzulassen.[54] Diese Forderung der Typologiebildung entspricht den Forderungen der Konfigurationstheorie.

In der Literatur werden zwei gegensätzliche Methoden zur Bildung von Typen diskutiert, die synthetische und die analytische Methode.[55] Bei der synthetischen Methode wird ohne Blick auf den eigentlichen Untersuchungszweck die Kombination einiger ausgewählter Merkmale vorgenommen. Diese Kombinationen werden dann auf ihre Praxistauglichkeit überprüft und gegebenenfalls angepasst.[56] Zwar wird eine solche Art der Typenbildung auch mit dem Attribut „zweckneutral"

---

[51]   Hempel/Oppenheim (1936), S. 70.
[52]   Vgl. Tietz (1960), S. 35 und Scherer (1991), S. 53.
[53]   Vgl. Knoblich (1965), S. 695 und Scherer (1991), S. 53.
[54]   Vgl. Knoblich (1965), S. 698 und Scherer (1991), S. 54.
[55]   Vgl. Scherer (1991), S. 55.
[56]   Vgl. Knoblich (1969), S. 32.

bezeichnet, dies ist jedoch nur für die anfängliche Merkmalskombination zutreffend, da ja letztendlich auch eine ergebnisorientierte Plausibilitätsüberprüfung stattfindet.[57] Demgegenüber geht die analytische oder auch retrospektive Methode der Typenbildung so vor, dass sie von vornherein auf den Untersuchungszweck ausgerichtet ist. Das heißt es können aus praktischer Erfahrung heraus bereits feste Typen identifiziert werden, für die dann nur noch ein kennzeichnender Merkmalskatalog erstellt werden muss, der sie repräsentiert.[58] Einer solchen Methode soll, da sie keinerlei Spielraum für einen kreativen Konstruktionsprozess bei der Typenbildung lässt, in dieser Arbeit nicht gefolgt werden. Vielmehr erscheint die synthetische Methode sinnvoll, weil sie eine strukturierte Bildung von Typen in Verbindung mit einer anschließenden Überprüfung auf Praxistauglichkeit erlaubt. Zudem würde das Fehlen von existierenden Typen hinsichtlich des Untersuchungsziels die analytische Methode erschweren.[59]

Die im Folgenden durchzuführenden Untersuchungsschritte ergeben sich damit aus dem gerade vorgestellten Prozess, wie er in Abbildung 42 noch einmal zusammengefasst dargestellt ist. Es erfolgt in den nächsten Abschnitten zunächst die Merkmalsermittlung anhand eines Überblicks über existierende Klassifikationen und Typologisierungen. Dabei wird im Sinne des Konfigurationsansatzes eine Unterscheidung in Kontext- und Gestaltungsvariablen vorgenommen. Die Gestaltungsdimensionen von Distributionsstrukturen werden in Abschnitt D.II erläutert, um dann in Abschnitt D.III aus naturwissenschaftlich-technischer, volkswirtschaftlicher und betriebswirtschaftlicher Perspektive die Klassifizierungsmerkmale von Gütern vorzustellen, die als Kontextfaktoren der Typologiebildung dienen. Zusätzlich sollen in den jeweiligen Bereichen bereits existierende Gütertypologien dargestellt werden, da sich daraus Erkenntnisse hinsichtlich verwendeter Klassifizierungsmerkmale und ihrer möglichen Kombination ergeben können. Abschnitt D.IV widmet sich dann der Merkmalsverdichtung, indem die zuvor dargestellten Klassifizierungskriterien systematisch mit Hilfe des Transaktionsphasenschemas und einer Einteilung in vier Dimensionen geordnet werden. Den Abschluss der Untersuchungen stellt die Konfigurationsbildung in Abschnitt D.V dar.

---

[57]   Vgl. Knoblich (1965), S. 694 und Scherer (1991), S. 55.

[58]   Vgl. Knoblich (1969), S. 55.

[59]   In Abschnitt D.II.3.4, in dem bereits existierende Ansätze zur Typenbildung im Electronic Commerce vorgestellt werden, wird deutlich, dass mit Ausnahme des Beitrags von PASCHELKE/ROSELIEB noch keine fundiert theoretisch konstruierten oder empirisch beobachtbaren Typen für den Untersuchungszweck existieren.

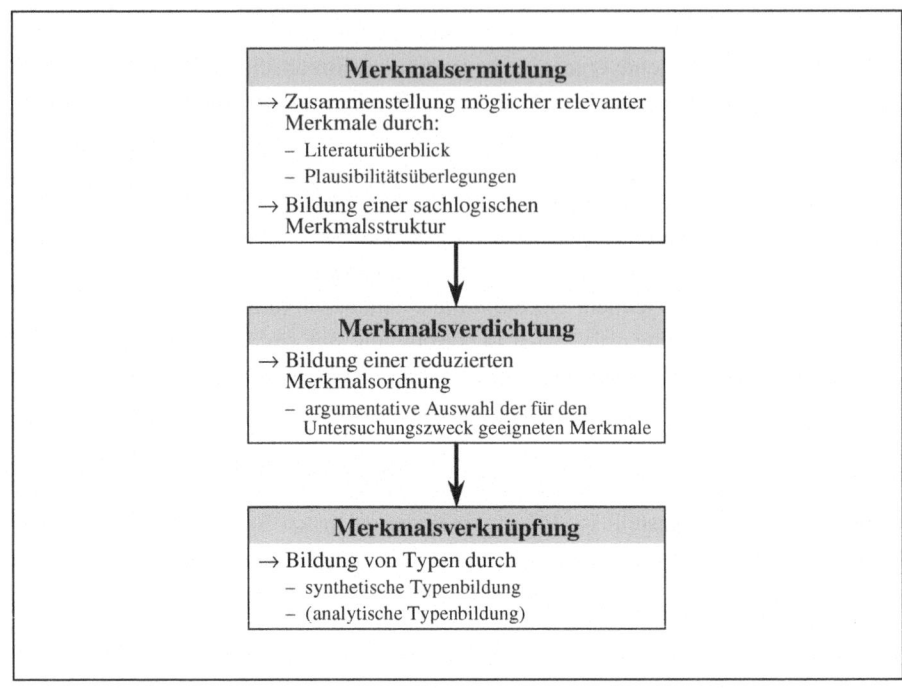

Merkmalsermittlung

→ Zusammenstellung möglicher relevanter
Merkmale durch:

  – Literaturüberblick

  – Plausibilitätsüberlegungen

→ Bildung einer sachlogischen
Merkmalsstruktur

Merkmalsverdichtung

→ Bildung einer reduzierten
Merkmalsordnung

  – argumentative Auswahl der für den
    Untersuchungszweck geeigneten Merkmale

Merkmalsverknüpfung

→ Bildung von Typen durch

  – synthetische Typenbildung

  – (analytische Typenbildung)

Abbildung 42: Der Prozess der Typologiebildung[60]

II   Identifikation von Gestaltungsvariablen: Gestaltungs-dimensionen von Distributionsstrukturen

Um eine über die in Abschnitt B.II.2 vorgestellten einfachen Abstufungen von Wertschöpfungs- und insbesondere Distributionsstrukturen hinausgehende Beschreibung solcher Systeme zu erhalten, müssen Überlegungen hinsichtlich ihrer möglichen Klassifizierungsdimensionen angestellt werden. Eine solche detailliertere Betrachtung von Distributionsstrukturen ist dringend geboten, um über die sehr einfachen Ergebnisse der Disintermediationshypothese (vgl. Abschnitt C.II) hinaus genauere Aussagen über mögliche harmonische Konfigurationen aus Gütertypen und Distributionsstrukturen gewinnen zu können.

Bei der Auswahl der Dimensionen zur Beschreibung von Distributions-strukturen ist ein Rückgriff auf die in der Logistikliteratur dargestellten Gestaltungs-variablen für logistische Systeme.[61] Dort werden drei Dimensionen der Struktur- und

---

[60]   Quelle: In Anlehnung an Scherer (1991), S. 58.

[61]   Vgl. z.B. die Darstellungen bei Klaas (2002), S. 150ff. oder auch Bowersox/Closs/Helferich (1986), S. 53ff., Pfohl (1994), S. 139 ff. und Delfmann (1999b), S. 191ff.

Prozessgestaltung unterschieden[62], die Frage nach *Zentralisation oder Dezentralisation,* die Frage nach *Aufschieben oder Spekulieren* und die Frage nach *Bündeln oder Vereinzeln.* Diese Dimensionen sollen im Folgenden vorgestellt werden, so dass zusammen mit den anschließend herausgearbeiteten Gütereigenschaften die Basis für die Bildung von Konfigurationen aus Gütern und Distributionsstrukturen hinsichtlich der Abwicklung im Electronic Commerce gelegt ist.

1   Zentralisation oder Dezentralisation

Der Begriff der Zentralisation von Wertschöpfungssystemen, insbesondere logistischen (Distributions-)Systemen, bezieht sich auf die räumliche Verteilung von Produktions- und Lagerstandorten.[63] DELFMANN spricht deshalb auch von der *räumlichen Dimension* der Struktur- und Prozessplanung.[64] Im Mittelpunkt steht die Frage, inwieweit die Wertschöpfung auf einen Standort konzentriert oder aber auf mehrere Standorte verteilt werden soll. Dabei kann unterschieden werden in eine vertikale und eine horizontale (De-) Zentralisation.[65] Die vertikale Perspektive untersucht die Stufigkeit des Wertschöpfungssystems, betrachtet wird, ob einzelne Schritte des Wertschöpfungsprozesses auf unterschiedliche Standorte verteilt sind, z.B. auf verschiedene Werke für aufeinanderfolgende Produktionsschritte bzw. ein mehrstufiges Lagersystem mit Werks-, Zentral-, Regional- und Auslieferungslager (vertikale Dezentralisation), oder ob die Wertschöpfungsschritte an einem Standort zusammengefasst sind (vertikale Zentralisation). Das heißt es bestehen gewisse Ähnlichkeiten zur Frage der Disintermediation, bei der auch untersucht wird, ob bisher vertikal dezentralisierte Wertschöpfungsschritte durch den Einsatz von internetbasierter IKT auf weniger Stufen aufgeteilt werden können. Von horizontaler Dezentralisation spricht man dagegen, wenn ein Wertschöpfungsschritt, z.B. aus Kapazitätsgründen[66], auf mehrere Standorte verteilt wird; die Durchführung dieses Wertschöpfungsschrittes an einem Ort wird als horizontale Zentralisation bezeichnet. Beide Formen der (De-)Zentralisation können miteinander kombiniert werden, wie

---

[62]   Vgl. zur Unterscheidung der Struktur- und Prozessdimension bei der Gestaltung logistischer Systeme z.B. Klaas (2002), S. 133ff. oder Delfmann (1999b), S. 191. DELFMANN spricht auch von Konfigurations- und Koordinationsentscheidungen.

[63]   Vgl. Klaas (2002), S. 150ff.

[64]   Vgl. Delfmann (1999b), S. 192f.

[65]   Wie KLAAS anmerkt, geht diese Unterscheidung zurück auf Überlegungen in der Distributionsforschung, vgl. z.B. Darr (1992), S. 42f. und 124f. Die Übertragung auf Produktionsstufen und ganz allgemein auf Wertschöpfungssysteme ist allerdings naheliegend, wie es z.B. auch Felsner (1980), S. 68ff, Pfohl (1994), S. 139ff. und Ihde (2001), S. 86, zeigen.

[66]   Denkbar ist auch eine Streuung der Wertschöpfungsaktivitäten aus Gründen der Risikodiversifizierung, z.B. aus tariflichen Überlegungen oder zum Schutz gegenüber eventuellen Streikmaßnahmen. Vgl. zu weiteren Grenzen der Zentralisierung Delfmann (1999b), S. 194.

Abbildung 43 zeigt, so dass es hinsichtlich der Zentralisation der Wertschöpfung insgesamt vier denkbare Strategien gibt.

		Vertikale Aufteilung der Wertschöpfung	
		Nein	Ja
Horizontale Aufteilung der Wertschöpfung	Nein	vollkommene Zentralisation	vertikale Dezentralisation
	Ja	horizontale Dezentralisation	vollkommene Dezentralisation

Abbildung 43: **Formen der Zentralisation von Wertschöpfungs-strukturen**[67]

Eine vollkommene Zentralisation der Wertschöpfung, auch Standorteinheit genannt, ist gekennzeichnet durch die Durchführung sämtlicher Wertschöpfungsschritte in vollem Umfang an einem Standort. Dies ist vorstellbar bei Produkten mit einer unkomplizierten Wertschöpfung und starken Größenvorteilen in der Produktion oder aber geringen Transportkosten. Die vertikale Dezentralisation, auch Standortteilung genannt[68], findet man beispielsweise, wenn im Produktionsbereich Spezialisierungsvorteile in den unterschiedlichen Produktionsschritten an verschiedenen Standorten möglich sind oder im Logistikbereich bei hohen Transportkosten eine bestimmte Region bedient werden soll, so dass Lagerstufen eingerichtet werden müssen.[69] Horizontale Dezentralisation ist zu beobachten, wenn aufgrund von Größennachteilen oder aus Gründen der Risikodiversifizierung an unterschiedlichen Standorten der gleiche Produktionsschritt durchgeführt wird bzw. im Logistikbereich an Stelle eines Zentrallagers mehrere regionale Lager aufgebaut werden. Liegt sowohl eine horizontale als auch eine vertikale Dezentralisierung von Produktions- oder Logistikprozessen vor, spricht man von vollkommener Dezentralisation, die ein Netzwerk aus Produktions- und Lagerstandorten darstellt, getrieben von

---

[67]   Quelle: In Anlehnung an Klaas (2002), S. 151.

[68]   Vgl. Ihde (2001), S. 86 oder Klaas (2002), S. 151.

[69]   Vgl. auch Ihde (2001), S. 86.

Spezialisierungsvorteilen und hohen Transportkosten bzw. der Forderung nach kurzen Lieferzeiten.

2   Aufschieben oder Spekulieren

Das von ALDERSON vorgeschlagene Aufschieben (englisch „postponement")[70] der Fertigstellung von Produkten wurde von BUCKLIN um die Spekulation (englisch „speculation") erweitert.[71] Das entstandene Steuerungsprinzip des postponement-speculation (Aufschieben oder Spekulieren) beschreibt die Möglichkeiten, die Produktion bzw. die logistische Abwicklung von Gütern herauszuzögern oder bereits früh spekulativ durchzuführen. Dabei verfolgt man mit dem Aufschieben das Ziel, Wertschöpfungsprozesse in Form von Produktionsschritten oder logistischen Leistungen so lange wie möglich hinauszuzögern, um die dadurch entstehenden Kosten so spät wie möglich anfallen zu lassen. Produkte werden also so spät wie möglich produziert oder logistisch abgewickelt, im Extremfall erst mit dem Vorliegen eines konkreten Kundenauftrags:

> „(...) postpone changes in form and inventory to the latest possible point in marketing flow; postpone changes in inventory to the latest possible point in time."[72]

Man spricht deshalb auch von Produktionsaufschieben und logistischem Aufschieben (manufacturing postponement and geographical postponement).[73] Das dahinter stehende ökonomische Kalkül beschreibt DELFMANN:

> „In jeder Stufe der Wertschöpfungskette erlangt ein Gut einen Wertzuwachs, sei es durch Produktionsvorgänge oder durch Erhöhung des Abnehmerwertes mittels logistischer Serviceleistungen. Der bei Bevorratung auf jeder Stufe resultierende Kostenzuwachs kann in einer Kostenaufwuchskurve visualisiert werden. Durch diesen Kostenaufwuchs ergibt sich mit zunehmendem Fertigstellungsgrad bzw. Verteilungsgrad ein steigendes Lagerhaltungsrisiko, d.h. die Gefahr nimmt zu, auf Basis von Prognosen Güter in unzureichender bzw. überschüssiger Menge (Auftragsmengenrisiko) oder Zusammensetzung (Auftragsstrukturrisiko) produziert bzw. gelagert zu haben."[74]

Ursache für das Aufschieben von Wertschöpfungsaktivitäten ist also die Unsicherheit über die tatsächliche Nachfrage (Höhe, Art und geografische Verteilung) und die daraus resultierenden Kosten. Ist diese Unsicherheit niedriger (oder meint der Entscheider trotz Unsicherheit zutreffende Prognosen abgeben zu können), können

---

[70]   Vgl. Alderson (1950) und Alderson (1957).
[71]   Vgl. Bucklin (1965).
[72]   Alderson (1957), S. 424.
[73]   Vgl. Delfmann (1998), S. 80.
[74]   Delfmann (1999b), S. 194, siehe auch Pfohl (1994), S. 143.

jedoch auch durch die gegenteilige Strategie des Spekulierens Kosten gespart werden. Auf Basis von Prognosen werden dann große Mengen eines Produkts hergestellt (manufacturing speculation) bzw. bereits in die Absatzgebiete transportiert und dort gelagert (geographical speculation). Das ökonomische Kalkül ist hier einerseits die Realisierung von Größendegressionseffekten in Produktion und Logistik durch größere Lose und geringe Bestellfrequenzen. Andererseits kann so auch ein besserer Lieferservice realisiert werden, da Produkte direkt für den Kunden vorrätig sind.[75] Die folgende Abbildung 44 zeigt unterschiedliche Einflussfaktoren und ihre Auswirkungen auf die Wahl von produktionsorientierten und logistischen Aufschiebe- oder Spekulationsstrategien.

---

[75]   Vgl. Delfmann (1999b), S. 195.

Faktoren		Ausprägung	Strategie
Produktionsspezifische Faktoren	Produkt-komplexität	hoch	Produktionsaufschieben Logistisches Aufschieben
		niedrig	Produktionsspekulation Logistische Spekulation
	Wert der Inputfaktoren	hoch	Produktionsaufschieben Logistisches Aufschieben
		niedrig	Produktionsspekulation Logistische Spekulation
	Skaleneffekte	hoch	Produktionsspekulation Logistische Spekulation
		niedrig	Produktionsaufschieben Logistisches Aufschieben
Nachfragespezifische Faktoren	Variantenvielfalt	hoch	Produktionsaufschieben Logistisches Aufschieben
		niedrig	Produktionsspekulation Logistische Spekulation
	Bedarfs-regelmäßigkeit	hoch	Produktionsaufschieben Logistisches Aufschieben
		niedrig	Produktionsspekulation Logistische Spekulation
	Bedarfs-dringlichkeit	hoch	Produktionsspekulation Logistische Spekulation
		niedrig	Produktionsaufschieben Logistisches Aufschieben

Abbildung 44:   Einflussfaktoren auf die Wahl von Aufschiebe- und Spekulationsstrategien

Es kann eine Unterscheidung getroffen werden in produktionsspezifische und nachfragespezifische Einflussfaktoren. Unter den produktionsspezifischen Faktoren führt eine hohe Produktkomplexität zur Vorteilhaftigkeit einer Aufschiebestrategie, da so teure Produktionsschritte im Fall eines komplexen Produktionsvorganges bzw. teure Transporte im Fall logistisch schwieriger Produkteigenschaften so lange wie möglich hinausgezögert werden können und im Idealfall erst bei Vorliegen eines konkreten Auftrags durchgeführt werden müssen. Auch ein hoher

Wert der Inputfaktoren begünstigt die Vorteilhaftigkeit von Aufschiebestrategien, insbesondere im Produktionsbereich, da so eine hohe Kapitalbindung vermieden werden kann. Demgegenüber bewirkt das Vorliegen von Skaleneffekten im Produktions- und Logistikbereich, dass es kostengünstiger ist, Produkte in großen Losen zu produzieren und logistisch abzuwickeln, so dass in diesem Fall sowohl aus logistischer als auch aus produktionsorientierter Sicht eine Spekulationsstrategie bevorzugt werden sollte.

Bei den nachfragespezifischen Faktoren führt eine geforderte hohe Variantenvielfalt zu Unsicherheiten bei der zu produzierenden und logistisch abzuwickelnden Menge an Gütern, so dass eine Aufschiebung beider Aktivitäten – im Extremfall wiederum bis zum Vorliegen eines konkreten Kundenauftrags – vorteilhaft ist. Besteht eine Regelmäßigkeit beim Bedarfsverlauf, ist ebenfalls im Produktions- und Logistikbereich eine Aufschiebestrategie durchführbar, da auf Grund der vorhandenen Sicherheit eine genaue Planung der Aktivitäten möglich ist und so Kapitalbindungs- und Transportkosten vermieden werden können. Im Gegensatz dazu ist es bei unregelmäßigen Auftragseingängen empfehlenswert, sowohl im Produktions- als auch im Logistikbereich zu spekulieren und so die plötzlich auftretende Nachfrage aus Lagerbeständen zu bedienen, die dezentral vorgehalten werden. Die hohe Dringlichkeit des Bedarfs als ein Ausdruck eines gewünschten hohen zeitlichen Lieferservice führt schließlich zu einer Spekulationsstrategie in Produktion und Logistik, um dringende Aufträge jederzeit und schnell durchführen zu können.

Insgesamt besteht ein trade-off zwischen den einzelnen Faktoren, die eine Entscheidung hinsichtlich Aufschiebe- oder Spekulationsstrategie beeinflussen. Es muss deshalb im Einzelfall abgewogen werden, welche Faktoren den Ausschlag geben sollen. Deutlich wird allerdings, dass sowohl bei den produktionsorientierten als auch den nachfrageorientierten Faktoren die Produkteigenschaften eine wichtige Rolle für die Wahl von Aufschiebe- oder Spekulationsstrategien spielen.

Interessant ist auch die Verbindung der Überlegungen hinsichtlich der Zentralisation von Wertschöpfungsaktivitäten und des Aufschiebens bzw. Spekulierens in Bezug auf den Zeitpunkt ihrer Durchführung. Eine Spekulation im Bereich der Produktion, die ja meist über Skaleneffekte erklärt wird, erfordert eine zumindest horizontale Zentralisation.[76] Gleichzeitig bedeutet aber eine Spekulation im Bereich der logistischen Abwicklung, dass spekulativ Produkte bereits in Auslieferungslagern in der Nähe der Kunden vorgehalten werden, es handelt sich also

---

[76]   Vgl. Abbildung 43, S. 222

um eine horizontale Dezentralisierung aus logistischer Sicht. KLAAS hat mit der folgenden Abbildung auf diesen gegenläufigen Zusammenhang hingewiesen.[77]

		Logistisches Aufschieben oder Spekulieren (Geographical Postponement vs. Speculation)	
		Aufschieben	Spekulieren
Produktionsaufschieben oder -spekulieren (Manufacturing Postponement vs. Speculation)	Aufschieben	z.T. dezentralisierte Produktionsstrukturen, zentralisierte Lagerstrukturen	dezentralisierte Produktions- und Lagerstrukturen
	Spekulieren	zentralisierte Produktions- und Lagerstrukturen	zentralisierte Produktionsstrukturen, dezentralisierte Lagerstrukturen

Abbildung 45: **Auswirkungen von Aufschiebe- oder Spekulationsstrategien auf die Zentralisierung von Wertschöpfungsstrukturen[78]**

Ein Aufschieben von Produktionsaktivitäten führt also tendenziell zu einer Dezentralisation, während Aufschieben im Logistikbereich bedeutet, dass durch eine Zentralisation logistische Aktivitäten so lange wie möglich herausgezögert werden. Wird in der Produktion eine Spekulationsstrategie verfolgt und im Logistikbereich ein Aufschieben der Aktivitäten versucht, so führt dies zu zentralisierten Produktions- und Lagerstrukturen.[79] Ein sowohl aus logistischer als produktionsorientierter Sicht dezentralisiertes System entsteht, wenn im Produktionsbereich eine Aufschiebestrategie und im Logistikbereich eine Spekulationsstrategie verfolgt wird. Dabei kann es dann zu der in Abbildung 43 auf Seite 222 beschriebenen vollkommenen Dezentralisation kommen. Erfolgt sowohl die Produktion als auch die logistische

---

[77] Die Überlegungen von KLAAS basieren unter anderem auf den Untersuchungen von VAN HOEK, der sich intensiv mit dem Zusammenspiel von logistics postponement und form (manufacturing) postponement auseinandergesetzt hat. Vgl. Van Hoek (1998), S. 58 und auch S. 83.

[78] Quelle: In Anlehnung an Klaas (2002), S. 154.

[79] Dies bedeutet aber nicht, dass es sich um den gleichen zentralen Standort handeln muss.

Abwicklung nach dem Prinzip des Spekulierens, resultiert dies in einem zentralisierten Produktions- und einem dezentralisierten Logistiksystem.

3 Bündelung oder Vereinzelung

Als dritte mögliche Gestaltungsvariable von Wertschöpfungssystemen wird die Wahl zwischen den Strategien des Bündelns oder Vereinzelns von Wertschöpfungsaktivitäten genannt.[80] DELFMANN spricht in diesem Zusammenhang auch von der Frage nach dem *Flusscharakter* von Logistik- bzw. Distributionssystemen.[81] Denn die Frage nach Bündelung (auch: Konsolidierung[82]) oder Vereinzelung von Wertschöpfungsaktivitäten hat entscheidenden Einfluss auf die Frage, inwieweit Güter im Rahmen ihrer Wertschöpfung direkt durch das System „fließen" oder ob unter Berücksichtigung anderer Zielsetzungen[83] ein indirekter Ablauf der Wertschöpfungsaktivitäten nötig ist:

> „Der direkte Güterfluß zwischen Quelle und Senke entspricht den logistischen Grundsätzen der Ganzheitlichkeit, der Durchgängigkeit und der Flußorientierung. Dennoch ist er nicht immer vorteilhaft."[84]

Die völlige Umsetzung der Flussperspektive wird bei einer Vereinzelungsstrategie erreicht. Dies würde aber im Extremfall bedeuten, dass jedes einzelne produzierte Gut direkt und einzeln an den Abnehmer geliefert wird. Eine solche Vorgehensweise macht jedoch nur in wenigen Fällen Sinn[85], meistens ist wegen erzielbarer Kostendegressionseffekte eine Bündelung der Güter an bestimmten Stellen im Wertschöpfungssystem vorteilhaft. Unter Bündelung wird demnach verstanden, dass einzelne Güter bzw. kleine Mengen dieser Güter zu großen Losen zusammengefasst werden, um so Größenvorteile in Produktion oder Logistik zu erzielen.[86] Dabei kann unterschieden werden in zeitliche und räumliche Bündelung.[87]

Bei der zeitlichen Bündelung erfolgt eine Zusammenfassung von Gütern (Güterteilmengen) an einem Lagerort, bis eine bestimmte Menge oder ein festgesetzter Zeitpunkt erreicht wird. In der Produktionsplanung äußert sich das

---

80 Vgl. z.B. Darr (1992), S. 340ff., Pfohl (1994), S. 146ff., Erdmann (1999), S. 37ff., Delfmann (2000a), S. 242f. oder Klaas (2002), S. 155.

81 Vgl. Delfmann (1999b), S. 196.

82 Vgl. Delfmann (2000a), S. 242.

83 So nennt DELFMANN neben der Flussperspektive und der Prozessorientierung vor allem das Systemkostendenken sowie Kunden- und Serviceorientierung als erweiterte Kernelemente einer modernen Logistikkonzeption, vgl. Delfmann (1999a), S. 37ff.

84 Delfmann (1999b), S. 196.

85 So bei Einzelanfertigungen, z.B. im Investitionsgüterbereich.

86 Vgl. auch Klaas (2002), S. 155.

87 Vgl. Hall (1987), S. 57ff., Delfmann (1999b), S. 196, Delfmann (2000a), S. 242 oder Klaas (2002), S. 155f.

Prinzip der zeitlichen Bündelung im Rahmen der Produktionslogistik z.B. bei der Bildung von größeren Beschaffungslosen,[88] im Logistikbereich werden analog größere Lose zum anschließenden Transport an Lagerstandorten zusammengefasst.

Allein auf Transport- und Umschlagprozesse bezieht sich dagegen die räumliche Bündelung mit ihren Formen der Transport- und Umschlagslagerbündelung. Die Transportbündelung beschreibt den Fall, in dem Fahrzeuge auf einer Tour an mehreren Punkten Ladung aufnehmen bzw. an mehreren Punkten Ladung abliefern, die Umschlagslagerbündelung besteht darin, Güter, die für geografisch verteilte Lieferpunkte bestimmt sind, vorher an einem zentralen Umschlagspunkt zusammenzuführen.[89]

Die Bündelung oder Vereinzelung von logistischen Prozessen hat für die in dieser Arbeit untersuchten Fragestellungen des Electronic Commerce eine große Bedeutung. Denn eine im Zusammenhang mit Electronic Commerce immer wieder diskutierte Frage ist die der „letzten logistischen Meile", also die Frage, inwiefern sich die logistische Abwicklung auf der letzten Stufe der Wertschöpfungskette[90] verändert. Unterstützt durch den Erfolg von Pionieren wie Amazon.com[91] ist der Eindruck entstanden, dass im Bereich des business-to-consumer Electronic Commerce unweigerlich ein Übergang von gebündelten Lieferungen an den Einzelhandel zu vereinzelten Lieferungen an den Endkonsumenten stattfindet. Ein solches Versandhandelsmodell, bei dem die „letzte logistische Meile" nicht mehr vom Konsumenten (in Form des Einkaufs im Einzelhandel), sondern vom Anbieter des Produkts durch Versand übernommen wird, stellt einen extremen Übergang von gebündelten und damit kostengünstigen Lieferungen zu teuren Einzellieferungen dar. Die zusätzlichen Logistikkosten müssen den Ersparnissen, die durch eine Disintermediation[92] von Handelsstufen erzielt werden können, gegenübergestellt werden. Dies wurde insbesondere von BENJAMIN/WIGAND in ihren Ausführungen versäumt.[93] Die Problematik der vereinzelten Lieferungen und vor allem der damit verbundenen Kosten wurde in verschiedenen Beiträgen aufgezeigt.[94] Dabei zeigt sich auch hier der enge Bezug zu den Eigenschaften der zu liefernden Güter. Während für einige Güter

---

[88]   Vgl. Tempelmeier (1995), S. 145ff.

[89]   Vgl. Klaas (2002), S. 156.

[90]   Vgl. Kapitel B.II.2.

[91]   Allerdings wurde dieser Erfolg zunächst nur in einem rasanten Umsatzwachstum und erst später in ersten Gewinnen in den Kerngebieten des Onlinehändlers sichtbar. Vgl. zu Amazon.com als Pionier des internetbasierten Versandhandels Laseter et al. (2000).

[92]   Vgl. Kapitel C.II.

[93]   Vgl. die Darstellung der Beiträge von Benjamin/Wigand (1995) und Wigand/Benjamin (1995) in Kapitel C.II.

[94]   Vgl. z.B. Greenberg (1999), Laseter et al. (2000), Straube/Lebelt (2001), Jedd (2001) und Bailey (2001).

eine Direktbelieferung des Endkunden möglich ist und deshalb erfolgreich umgesetzt werden konnte, scheiterten Versuche mit anderen Produkten an den entstehenden Problemen bei der logistischen Abwicklung. Die am Ende von Kapitel C aufgestellte Forderung, nicht nur die Eigenschaften von Gütern in der Anbahnungs- und Vereinbarungsphase, sondern auch in der Austauschphase einer Transaktion zu betrachten, erweist sich vor diesem Hintergrund als berechtigt.

III   Identifikation von Kontextvariablen: Güterklassifikationen und Gütertypologien

„Die Waren, wie die Güter überhaupt, sind in der bisherigen wirtschaftswissenschaftlichen Lehre und Forschung nur wenig, wenn überhaupt zum Gegenstand besonderer und eingehender Betrachtung gemacht worden."[95]

Dieser Vorwurf ist auch heute z.T. noch gerechtfertigt. Selbst betriebs- wirtschaftliche Standardwerke beschäftigen sich wenig mit den Gütern bzw. Waren als Gegenstand des ökonomischen Handelns.[96] Im Folgenden sollen deshalb die Möglichkeiten der Klassifizierung bzw. -typologisierung von Gütern vorgestellt werden, um so die Grundlagen für die geplanten Konfigurationen aus den Klassifizierungen/Typologisierungen von Distributionssystemen und Gütern im Electronic Commerce zu legen. Denn vor dem Hintergrund des Electronic Commerce herrscht weitgehende Einigkeit, dass Güter mit bestimmten Merkmalen eher für die marktliche elektronische Abwicklung der Anbahnungs- und Vereinbarungsphase in Frage kommen als andere. Fraglich ist aber, ob solche Güter dazu noch die nötigen Merkmale aufweisen, um auch hinsichtlich der Austausch- und Kontrollphase für die im Electronic Commerce möglichen Koordinationsformen geeignet zu sein.

Es muss also analysiert werden, welche informatorischen Gütereigenschaften die Abwicklung im Electronic Commerce begünstigen. Gleich- zeitig müssen die physischen Eigenschaften herausgearbeitet werden, die erforderlich sind, um in den neuen möglichen Koordinationsformen keine prohibitiv hohen Austausch- und Kontrollkosten zu verursachen. Um die Basis für die Entwicklung eines solchen Gütertypus zu legen, erfolgt ein Vorgehen in den folgenden Schritten:

---

[95]   Zitiert aus dem Geleitwort von SCHÄFER für KNOBLICH, vgl. Knoblich (1969), S. 5.

[96]   So widmet z.B. WÖHE der Produkt- und Sortimentspolitik einen eigenen Absatz, vgl. Wöhe (1986), S. 625ff., geht dabei aber nur implizit auf unterschiedliche Merkmale, nach denen man Produkte unterscheiden könnte, ein. Vgl. z.B. Wöhe (1986), S. 631. Auch GUTENBERG betrachtet lediglich Bestimmungsfaktoren der Produktgestaltung, ohne detailliert Merkmale oder Typen von Produkten zu besprechen, vgl. Gutenberg (1984), S. 508ff. Allerdings zeigt er mit der Kundenperspektive („Der Bedarf") sowie der Technikperspektive spezielle Betrachtungsperspektiven auf, aus denen sich Unterscheidungsmerkmale für Güter gewinnen lassen können.

Zunächst wird sehr kurz der Güterbegriff erläutert. Darauf folgt im Sinne der Merkmalsermittlung ein Überblick über die in verschiedenen Bereichen der Literatur bereits verwendeten Klassifizierungen und Typologien, und zwar aus naturwissenschaftlich-technischer, volkswirtschaftlicher und betriebswirtschaftlicher Sicht, um später eine Verdichtung und Verknüpfung der Merkmale vorzunehmen, wie es der idealtypische Prozess der Typologiebildung fordert.[97]

1 Der Güterbegriff

Bevor eine Beschäftigung mit Güterklassifizierungen bzw. -typologien möglich ist, muss zunächst Klarheit über den Güterbegriff herrschen. In der ökonomischen Literatur herrscht weitgehende Einigkeit hinsichtlich der Definition von Gütern. Hervorstechendes Merkmal von Gütern ist danach die Befriedigung von Bedürfnissen[98]:

> „Mittel, die unmittelbar oder mittelbar dazu geeignet sind, menschliche Ziele der Lebenserhaltung und der Lebensgestaltung zu verwirklichen (Bedürfnisse zu befriedigen) und so Nutzen stiften, sind **Güter**."[99]

Es geht also zunächst um die Befriedigung des individuellen Nutzens.[100] Über das Menschenverständnis der neoklassischen Theorie führt die individuelle Bedürfnisbefriedigung dann auch zu einer Steigerung der Gesamtwohlfahrt:[101]

> „Sofern keine begründeten Gegenargumente vorliegen, erhöht individuell eigennütziges Handeln die gesamtgesellschaftliche Wohlfahrt."[102]

Eine solche Sichtweise wird auch als liberales Vorurteil bezeichnet[103] und verkörpert das individualistische Bild des rationalen Nutzenmaximierers, wie ihn die

---

97   Vgl. Abbildung 42 auf S. 220.

98   Vgl. Herberg (1994), S. 19. Dabei ist ein Bedürfnis definiert als „das Erstreben eines subjektiven Wohlfahrtzuwachses, der nur durch wirtschaftliches Handeln erreicht werden kann", Merk (1973), S. 53. Mit den Bedürfnissen der Wirtschaftssubjekte hat sich früh schon ABBOTT beschäftigt, der zwischen grundlegenden und abgeleiteten Bedürfnissen unterscheidet, vgl. Abbott (1955), S. 39ff.

99   Gutmann (1994), S. 9.

100   Vgl. z.B. Böggemann (1991), S. 3 und zum Konzept der individuellen Nutzenmaximierung z.B. Fritsch/Wein/Ewers (1996), S. 13f.

101   Vgl. Böggemann (1991), S. 3.

102   Fritsch/Wein/Ewers (1996), S. 16.

103   Vgl. Fritsch/Wein/Ewers (1996), S. 16. Grundüberlegung ist dabei, „daß freiwillige Austauschbeziehungen von eigennützig handelnden Individuen nur dann eingegangen werden, wenn ihnen dies nutzensteigernd erscheint; folglich wird immer eine Nutzenverteilung innerhalb der PARETO-Region des Ausgangszustandes erreicht." Fritsch/Wein/Ewers (1996), S. 16.

neoklassische Theorie darstellt. Dies steht im Gegensatz zu neueren, ebenfalls individualistischen Ansätzen wie der Neuen Institutionenökonomie, die auch solches Verhalten zulassen, das zwar den individuellen Nutzen erhöht, nicht aber den gesamtwirtschaftlichen, da z.B. der Transaktionspartner bewusst getäuscht wird (Opportunismusproblematik) und so Verluste erleidet. An der Steigerung des individuellen wie auch gesamtwirtschaftlichen Nutzens kann dann auch die Negativdefinition von Gütern, die der sogenannten Ungüter, festgemacht werden als solche Güter, die dem Einzelwohl, und damit auch dem Gemeinwohl, schaden.[104]

2 Güterklassifikation und Typologiebildung in den Wirtschaftswissenschaften

Auch wenn insbesondere neuere geschlossene Abhandlungen[105] zur Klassifikation und Typologisierung von Gütern in der betriebswirtschaftlichen Literatur fehlen, gibt es neben einigen allgemeinen Ansätzen in Standardwerken[106] doch in den unterschiedlichen wirtschaftswissenschaftlichen Teildisziplinen wie auch in den Naturwissenschaften[107] eine Fülle von Einzelklassifikationen oder auch Typologisierungen von Gütern. Über ausgewählte Ansätze wird im Folgenden ein Überblick gegeben.

2.1 Naturwissenschaftlich-technische Merkmale von Gütern

Im Bereich der naturwissenschaftlich-technischen Eigenschaften kann zwischen der Herkunft der Güter sowie nach grundsätzlichen physikalischen, chemischen und mechanischen Eigenschaften unterschieden werden.[108] Darüber hinaus ist eine Klassifizierung hinsichtlich komplexer technischer Merkmale möglich.[109]

---

[104] Vgl. Böggemann (1991), S. 3 oder auch Grenner (1991), S. 11ff. Die Diskussion über Ungüter als Gegenteil von Gütern soll hier nicht vertieft werden, für weitere Recherchen bieten sich die Beiträge in Fuchs/Klose/Kramer (1991) an.

[105] Die umfangreichste geschlossene Abhandlung, die dem Autor bekannt ist, stammt von KNOBLICH aus dem Jahr 1969, vgl. Knoblich (1969). Eine für den Beschaffungsbereich vorgenommene, sehr umfangreiche Typologisierung findet sich in der schon erwähnten Arbeit von SCHERER, vgl. Scherer (1991).

[106] Vgl. z.B. Mellerowicz (1959), S. 129f.

[107] Vgl. Knoblich (1969), S. 86.

[108] Vgl. Knoblich (1969), S. 86ff. Einen sehr ausführlichen Überblick gibt Pöschl (1947), S. 50ff., auf dessen Einteilung auch KNOBLICH aufsetzt. Eine solch detaillierte Unterteilung aus naturwissenschaftlicher Sicht ist allerdings für den Zweck dieser Arbeit nicht notwendig.

[109] Vgl. Knoblich (1969), S. 87f.

Die *Herkunft der Güter* kann unterteilt werden bezüglich ihres *Ursprungs* in pflanzlichen, tierischen und mineralischen Ursprung, nach ihrem *Vorkommen in der Natur* in natürliche und künstlich erzeugte Güter und hinsichtlich der *Schwankungen in der Beschaffenheit* nach gleichbleibender bzw. schwankender Beschaffenheit. Im letzteren Fall kann auch von homogener und heterogener Beschaffenheit bzw. fungiblen und nicht fungiblen Gütern gesprochen werden.[110]

Bei den *physikalischen Eigenschaften* von Gütern sind Klassifizierungen möglich entsprechend des Aggregatzustandes in gasförmig, flüssig und fest sowie nach Volumen, Gewicht und Größe. Es wird deutlich, dass diese physikalischen Eigenschaften von entscheidender Bedeutung sein können, wenn es um die Transportfähigkeit von Gütern bzw. die Art des möglichen Transports geht; Eigenschaften, die bei der späteren Untersuchung der Abwicklungsphase von Transaktionen wichtig sein werden.

Die *mechanischen Merkmale* von Gütern beinhalten die Härte, Dehnbarkeit, Zerreißbarkeit, Zerbrechlichkeit, Stoßempfindlichkeit und Wärmeleitfähigkeit, welche genau wie die *chemischen Eigenschaften* (z.B. Brennbarkeit, Explosivität, Temperaturempfindlichkeit oder Verderblichkeit) wichtig sind, um Aussagen hinsichtlich der Transportfähigkeit zu treffen.

Über diese naturwissenschaftlich-technischen Grundeigenschaften hinaus identifiziert KNOBLICH sogenannte *komplexe technische Merkmale* von Gütern wie die Lager- und Transportfähigkeit oder die Verpackungsbedürftigkeit. Dabei handelt es sich jedoch bereits um Kombinationen aus den grundsätzlichen naturwissenschaftlichen Merkmalen und damit streng genommen nicht um Klassifizierungsdimensionen, sondern bereits um Gütertypen. So sind z.B. Güter, die sich durch hohe Explosivität und Stoßempfindlichkeit auszeichnen, nur eingeschränkt transportfähig, während die Kombination aus hoher Festigkeit, geringer Zerbrechlichkeit und Stoßempfindlichkeit ein transportfähiges Gut auszeichnen kann.

Eine technische Gütereigenschaft von zunehmend wachsender Bedeutung ist die der *Digitalisierbarkeit von Gütern*, also die Frage, inwiefern sie sich (ganz oder teilweise) in digitaler Form darstellen lassen. Besonders diese technische Klassifizierung wird im weiteren Verlauf der Arbeit eine wichtige Rolle spielen. Sie wird ausführlich bei den logistischen Klassifikationen und Typologien beschrieben als ein Teil der nun folgenden wirtschaftswissenschaftlichen Güterklassifizierungen und -typologien.

---

[110] Vgl. Knoblich (1969), S. 87 oder auch Stangl (1985), S. 167. Es handelt sich hier also um die Reinform von homogenen bzw. heterogenen Gütern als Basis der in der Ökonomie verwendeten Einteilung in homogene und heterogene Güter, vgl. Wied-Nebbeling (1994), S. 3f.

2.2 Volkswirtschaftliche Klassifikationen und Typologien von Gütern

2.2.1 Preistheoretische Klassifikationen und Typologisierungen: Preis- und Einkommenselastizitäten

Das klassische, in der Mikroökonomie verwendete preistheoretische Merkmal von Gütern ist deren *Preiselastizität* und dabei vor allem die Preiselastizität der Nachfrage, das heißt eine Aussage darüber, wie sich die Nachfrage nach einem Gut verändert, wenn dessen Preis verändert wird. Generelle Grundannahme ist, dass z.B. eine Erhöhung des Preises zu einer Verringerung der Nachfrage führen wird.[111] Gemessen wird die Preiselastizität der Nachfrage als der Quotient aus prozentualer Veränderung der Nachfrage geteilt durch die prozentuale Veränderung des Preises.[112] Güter können demnach eine elastische Nachfrage aufweisen, das heißt eine Veränderung des Preises führt zu einer überproportionalen Veränderung der Nachfrage, oder eine unelastische Nachfrage, die sich in einer unterproportionalen Nachfrageänderung äußert. Wichtig ist dabei allerdings, dass sich prinzipiell nicht einem Gut eine Elastizität zuordnen lässt, sondern dass genau genommen jedes Gut zu jedem Preis eine andere Preiselastizität der Nachfrage aufweisen kann.[113]

Eng mit dem Klassifizierungsmerkmal der Preiselastizität ist das in der Mikroökonomik verwendete Konzept der *Einkommenselastizität* der Nachfrage verwandt. Dabei nennt man Güter, die bei steigendem Einkommen eines Haushalts stärker nachgefragt werden (also eine positive Einkommenselastizität aufweisen) superiore Güter und solche, die bei steigendem Haushaltseinkommen gleich oder weniger nachgefragt werden (also eine negative Einkommenselastizität aufweisen) inferiore Güter. Diese werden bei steigendem Einkommen nicht verstärkt nachgefragt,

---

[111]   Ein Sonderfall, der scheinbar gegen diesen allgemeingültigen Zusammenhang verstößt, sind die sogenannten Giffen-Güter, bei denen die Nachfrage nach einem Gut bei steigendem Preis ebenfalls steigt. Dies kann lediglich durch Substitutionseffekte bei inferioren Gütern erklärt werden, die am Gesamtbudget von armen Haushalten einen relativ hohen Anteil haben. Erhöht sich der Preis eines solchen Gutes, werden die Haushalte den Konsum teurerer Güter aufgeben, um ihn durch den Konsum des inferioren, im Preis aber gestiegenen Gutes zu substituieren. Siehe zu den Einkommenseffekten die Ausführungen zur Einkommenselastizität der Nachfrage, zu Giffen-Gütern vgl. Herberg (1994), S. 110 oder auch Dougan (1982), S. 809ff.

[112]   Vgl. z.B. Herberg (1994), S. 47ff., Samuelson/Nordhaus (1992), S. 65ff. oder Mankiw (2001), S. 93ff.

[113]   Vgl. z.B. Samuelson/Nordhaus (1992), S. 68f. Dies liegt darin begründet, dass die Elastizität durch das Verhältnis der prozentualen Veränderungen gemessen wird. So ergeben sich gerade bei den zur grafischen Veranschaulichung in der Mikroökonomik eingesetzten linearen Preis-Absatz-Kurven an jedem Punkt der Geraden andere Elastizitäten, während ja die Steigung der Geraden überall gleich ist.

sondern eventuell sogar durch andere, teurere Lebensmittel, die durch den Einkommenszuwachs erschwinglich geworden sind, substituiert.[114]

2.2.2 Markttheoretische Klassifizierung und Typologisierung von Gütern: Homogenität und Knappheit

Als Grundbedingung für das Vorliegen eines vollkommenen Marktes wird in der Mikroökonomik, wie an anderer Stelle dieser Arbeit bereits erwähnt, vorausgesetzt, dass dort mit *homogenen* Gütern gehandelt wird.[115] Dabei handelt es sich jedoch um eine andere, weitergehende Form der *Homogenität* als die in Abschnitt D.III.2.1 dargestellte. Die reine naturwissenschaftlich-technische Gleichheit von Gütern reicht nicht aus, um aus mikroökonomischer Sicht von homogenen Gütern zu sprechen:

> „Zu beachten ist, daß gleiche physikalische, chemische oder technische Eigenschaften, gleiches Aussehen usw. weder notwendig noch hinreichend dafür sind, daß ein Gut [ökonomisch] homogen ist."[116]

Neben der naturwissenschaftlich-technischen Homogenität müssen deshalb aus mikroökonomischer Sicht noch die Bedingungen der fehlenden persönlichen, zeitlichen oder räumlichen Präferenz für das Gut aus Nachfragesicht gegeben sein, um von einem homogenen Gut sprechen zu können.[117] Das heißt streng genommen handelt es sich bei der Frage nach der ökonomischen Homogenität von Gütern bereits um eine Typologie und nicht mehr um eine Klassifikation.

Von großer Bedeutung ist in der Ökonomie ebenfalls die Frage nach der *Knappheit* von Gütern. Während in einigen Beiträgen davon ausgegangen wird, dass Knappheit ein Teil der Definition des Güterbegriffs ist[118], herrscht doch weitgehend

---

[114] Vgl. z.B. Herberg (1994), S. 44f. und 49f. Beispiele für superiore Güter sind Reisen oder Elektronikgeräte, für inferiore Güter z.B. Grundnahrungsmittel oder Zigaretten, vgl. Samuelson/Nordhaus (1992), S. 88. Am Beispiel von Margarine lässt sich der Zusammenhang einfach verdeutlichen: Steht dem Haushalt mehr Einkommen zur Verfügung, wird er seinen Fett- und Brotaufstrichbedarf verstärkt mit anderen, teureren Alternativen wie z.B. Butter decken. Sein Konsum an Margarine sinkt also bei höherem Einkommen. Auch die Frage der Substituierbarkeit von Gütern untereinander spielt hier eine wichtige Rolle.

[115] Vgl. Wied-Nebbeling (1994), S. 3 oder Herberg (1994), S. 37.

[116] Herberg (1994), S. 37. Bemerkungen in [ ] durch Verfasser hinzugefügt.

[117] Die Frage der Homogenität wird allerdings auch in der ökonomischen Literatur unterschiedlich dargestellt. Teilweise wird auch dort nur auf sachliche Homogenität im Sinne der naturwissenschaftlich-technischen Definition abgestellt, so z.B. in der Wirtschaftspolitik. Vgl. zu dieser Diskussion Wied-Nebbeling (1994), S.3 und die dort angegebene Literatur. In dieser Arbeit soll jedoch der erweiterte Homogenitätsbegriff von Herberg verwendet werden.

[118] So z.B. HERBERG: „Güter sind immer und überall knapp.", Herberg (1994), S. 19.

Einigkeit, dass es Güter gibt, die nicht oder zumindest nur begrenzt knapp sind. Als Beispiel ließe sich hier die Atemluft nennen.[119] Das Konzept der *Knappheit* liegt zum einen dem ökonomischen Prinzip zugrunde,[120] außerdem dient es als Grundlage für die weit verbreitete Abgrenzung von *privaten und öffentlichen Gütern*. Dabei handelt es sich um eine Gütertypologie auf Basis von zwei Merkmalen. Einerseits wird untersucht, inwiefern bei einem Gut Rivalität im Konsum vorliegt, das heißt die Frage, ob durch den Konsum bzw. die Nutzung des Gutes andere vom Konsum bzw. der Nutzung ausgeschlossen werden.[121] Die zweite Dimension wird durch die Frage aufgespannt, ob es möglich ist, Personen vom Konsum bzw. der Nutzung des Gutes auszuschließen, insbesondere solche Personen, die nicht bereit sind, für das Gut (genug) zu zahlen. Auf Basis dieser beiden Dimensionen ergibt sich dann folgende grundlegende Gütertypologie:

---

[119] Natürlich ist diese auch knapp, zumindest würde sie es, wenn es deutlich mehr Menschen gäbe, die sie nachfragen. Es zeigt sich also, dass Knappheit nichts anderes ist als die Relation zwischen vorhandener Menge und Nachfrage.

[120] Denn nur für Güter, die in irgendeiner Art knapp sind, lohnt es sich, diesem zu folgen, wie HERBERG zu Recht anmerkt, vgl. Herberg (1994), S. 21.

[121] Vgl. dazu z.B. Fritsch/Wein/Ewers (1996), S. 282 oder Mankiw (2001), S. 226ff.

Rivalität bei Konsum/Nutzung

		Ja	Nein
Ausschliessbarketi von Konsum/Nutzung	**Ja**	**Private Güter** •Eiskrem •Kleidung •Verstopfte Mautstraßen	**Natürliches Monopol** •Brandschutz •Kabelfernsehen •Unverstopfte Mautstraßen
	Nein	**Gemeinsame Ressourcen** •Fisch im Meer •Umwelt •Verstopfte gebührenfreie Straßen	**Öffentliche Güter** •Landesverteidigung •Wissen •Unverstopfte gebührenfreie Straßen

Abbildung 46: Gütertypologie nach Rivalität und Ausschließbarkeit in Konsum und Nutzung[122]

Private Güter zeichnen sich dadurch aus, dass für sie sowohl Rivalität im Konsum als auch Ausschließbarkeit vom Konsum gilt. Eiskrem kann hier als Beispiel dienen. Einmal gegessene Eiskrem kann nicht noch einmal konsumiert werden, außerdem können durch das Erlangen von Eigentum an der Eiskrem andere vom Konsum ausgeschlossen werden. Private Güter machen den überwiegenden Teil aller Güter aus und sind der Typ von Gütern, für den die grundlegenden mikroökonomischen Modelle entworfen worden sind. Bei gemeinsamen Ressourcen herrscht zwar auch Rivalität im Konsum, es ist aber nicht möglich, andere Konsumenten von der Nutzung auszuschließen. Am Beispiel von frischer Atemluft kann dies verdeutlicht werden. Die von mir geatmete Luft kann nicht von jemand anderem genutzt werden, es ist aber normalerweise nicht möglich, diesen anderen von der Nutzung der Luft, z.B. durch die Vergabe von Verfügungsrechten, auszuschließen.[123] Bei öffentlichen Gütern sind sowohl Nichtausschließbarkeit als

---

[122] Quelle: In Anlehnung an Mankiw (2001), S. 227.

[123] Natürlich sind auch hier streng genommen Mechanismen denkbar, die im Sinne von property rights einen Ausschluss möglich machen könnten. Oft dürften aber die

auch Nichtrivalität gegeben, das heißt das Gut verbraucht sich nicht durch die Einzelnutzung und ein Ausschluss ist nur zu prohibitiv hohen Kosten möglich. Wissen kann hier als Beispiel angeführt werden, es macht keinen Unterschied, ob ein zusätzlicher Nutzer hinzukommt, und es ist auch nur schwer möglich, diesen an der Nutzung des Gutes zu hindern. Güter aus natürlichen Monopolen bilden schließlich einen Sonderfall, bei dem zwar prinzipiell keine Rivalität im Konsum herrscht, dennoch aber durch die Monopolstellung des Anbieters ein Ausschluss von der Nutzung möglich ist.

Insgesamt muss zu dieser Typologie angemerkt werden, dass insbesondere die Dimension der Ausschließbarkeit vom Konsum fragwürdig ist, da es fast kein Gut gibt, für das sich nicht mit Hilfe von Verfügungsrechten ein Ausschluss erreichen ließe. Somit ist der Gütertyp des öffentlichen Gutes zunehmend kritischer zu sehen.[124] Im Rahmen der vorliegenden Arbeit sollte auf eine kurze Darstellung dieser oft zu findenden Typologie jedoch nicht verzichtet werden; im weiteren Verlauf werden daraus die privaten Güter im Mittelpunkt der Untersuchungen stehen. Vor allem aber weisen digitalisierte Güter einige Eigenschaften auf, die denen von öffentlichen Gütern sehr ähnlich sind. Sie sind z.B. sehr leicht kopierbar, so dass eine Ausschließbarkeit vom Konsum oft nur zu prohibitiv hohen Kosten möglich ist, wenn erst einmal das erste Exemplar eines Gutes in Umlauf ist.

2.2.3 Informationsökonomische Klassifizierung und Typologisierung von Gütern

Im Bereich der Informationsökonomie, die sich mit der Frage beschäftigt, inwieweit sich das Vorhandensein bestimmter Informationen und insbesondere die ungleiche Verteilung von Informationen zwischen den Marktpartnern auf das Marktergebnis auswirkt,[125] wurde schon recht früh eine Klassifizierung von Gütern nach dem *Grad der potenziellen Informationsasymmetrie* zwischen Verkäufer und Käufer entwickelt. Bei diesem Konzept besteht eine enge Verwandtschaft zur

---

Ausschlusskosten prohibitiv hoch sein, so dass es ökonomisch nicht sinnvoll ist, einen Ausschluss durchzuführen.

[124] Vgl. Fritsch/Wein/Ewers (1996), S. 281f. Sie weisen darauf hin, dass sich bestimmte Güter, die bisher als öffentliche Güter angesehen wurden, besser durch die Konzepte der externen Effekte bzw. der Unteilbarkeit beschreiben lassen: Der Fall, dass das Ausschlussprinzip nicht gilt, bedeutet das Vorliegen technologischer externer Effekte. Die Nicht-Rivalität im Konsum bedeutet einfach, dass jeder zusätzliche Konsument geringe oder gar keine Grenzkosten verursacht. Sie kann deshalb auch als Fall des Phänomens der Unteilbarkeiten und den daraus resultierenden Problemen, wie z.B. sinkende Durchschnittskosten, verstanden werden.

[125] Damit handelt es sich bei der Informationsökonomie um den Versuch, das Verhalten auf unvollkommenen Märkten zu modellieren. Die Informationsökonomie steht damit in der Tradition von COASE, der ja auch das Vorliegen von „frictions" im Sinne von Kosten der Durchführung von Markttransaktionen feststellte. Ein Grund für diese Kosten kann das Fehlen und daraus resultierend die Suche nach Informationen sein.

Prinzipal-Agent-Theorie, wie sie in Abschnitt B.II.1.2 vorgestellt wurde. Der Unterschied besteht darin, dass sich die Informationsasymmetrie nicht auf Eigenschaften der Vertragspartner, sondern auf die gehandelten Güter bzw. Dienstleistungen bezieht. Im Fall von physischen Produkten können „*hidden characteristics*" hinsichtlich ihrer Qualität auftreten, der Käufer kann gegenüber dem Verkäufer einen Wissensnachteil im Sinne der in Tabelle 3 auf Seite 33 dargestellten „*hidden information*" haben. Für den Fall, dass der Anbieter eine Dienstleistung für den Käufer erbringt, kann es zusätzlich zum Problem der „*hidden action*" kommen, wenn der Käufer (als Prinzipal) nicht beurteilen kann, ob der Verkäufer (als Agent) genügend hohe Anstrengungen unternimmt. Auch zu den dieser Arbeit durch Verwendung der Transaktionskostentheorie zugrunde liegenden Verhaltensannahmen der begrenzten Rationalität und des Opportunismus besteht ein enger Zusammenhang. Informationsasymmetrien zwischen den Transaktionsparteien sind ein Ergebnis der begrenzten Rationalität der Wirtschaftssubjekte, bei vollständiger Information gäbe es sie nicht. Selbst ein Vorliegen asymmetrischer Information würde kein Problem darstellen, wenn nicht die Gefahr bestünde, dass eine Transaktionspartei sie opportunistisch zu ihrem Vorteil ausnutzen könnte. Das nun vorgestellte informationsökonomische Schema zur Klassifizierung von Gütern baut somit auf den gleichen Verhaltensannahmen wie die Transaktionskostentheorie auf.

Basierend auf den Ideen von STIGLER[126] zu Suchkosten nach Preisinformationen und den Erkenntnissen von AKERLOF[127] über die Auswirkungen asymmetrischer Informationsverteilung hat NELSON eine Einteilung in Such- und Erfahrungsgüter vorgenommen.[128] Im Gegensatz zu STIGLER stehen für NELSON die potenziellen Informationsasymmetrien bezüglich der Qualität des Produkts und nicht hinsichtlich seines Preises im Vordergrund. Demnach gibt es Güter, bei denen sich die Qualität durch genaue Inspektion vor dem Kauf festlegen lässt und so eine Informationsasymmetrie abgebaut werden kann. NELSON bezeichnet diese Güter als Such- oder Inspektionsgüter, als Beispiel nennt er Bekleidung.[129] Bei anderen Gütern hingegen lässt sich die Qualität auch durch eine genaue Inaugenscheinnahme nicht

---

[126] Vgl. Stigler (1961), S. 213ff.

[127] Vgl. Akerlof (1970), S. 488ff.

[128] Vgl. insbesondere Nelson (1970), S. 312f. und Nelson (1974), S. 729ff. für Aspekte der Werbung und des Marketing bei Vorliegen von Informationsasymmetrien. Ursprünglicher Hintergrund des Ansatzes von NELSON war allerdings die Einteilung von Gütern aus Marketingsicht hinsichtlich des zu betreibenden Werbeaufwandes, der nötig ist, um Informationsasymmetrien zu verringern. Gleichzeitig bildet der Ansatz von NELSON aber, ebenso wie der Beitrag von DARBY/KARNI (Darby/Karni (1973)), die Grundlage des informationsökonomischen Schemas und wird deshalb hier im Bereich der volkswirtschaftlichen Ansätze vorgestellt. Vgl. zu den Marketingimplikationen z.B. Ford/Smith/Swasy (1988) oder Arnthorsson/Berry/Urbany (1991).

[129] Vgl. Nelson (1970), S. 312.

determinieren, das Gut muss vielmehr gekauft und entweder über längere Zeit genutzt oder aber konsumiert werden, um seine Qualität zu bestimmen.[130] Der Kunde muss also zunächst eine Erfahrung mit dem Gut machen, weshalb NELSON diese Güter als Erfahrungsgüter bezeichnet. Er gibt als Beispiel Fisch in Dosen an, moderne Beispiele sind Software oder Musik-CDs.[131] Wichtig ist, dass es bei diesen Erfahrungsgütern möglich ist, nach dem Gebrauch/Konsum des Gutes mit hoher Wahrscheinlichkeit auf die Qualität gleicher Produkte schließen zu können.

Die Klassifizierung von NELSON wurde im Zeitablauf erweitert[132] und verfeinert, so z.B. von DARBY/KARNI.[133] Sie fügten als weitere Ausprägung die sogenannten Vertrauensgüter hinzu, da sie festgestellt hatten, dass es Güter gibt, bei denen sich auch nach längerem Gebrauch bzw. durch den Konsum die genaue Qualität nicht determinieren lässt. Dies ist beispielsweise bei Gütern der Fall, deren Qualität zusätzlich noch stochastischen Schwankungen unterliegt[134] oder bei denen überhaupt keine zweifelsfreie Beurteilung der Qualität möglich ist. Beispiele hierfür sind Obst oder die Landesverteidigung. Die Gewissheit über die Qualität eines Produkts ist somit auch durch Erfahrungen nicht möglich. Der Konsument muss vielmehr darauf vertrauen, dass das Gut seinen Qualitätsvorstellungen entspricht. Verkäufer können sich dies zunutze machen und versuchen, eine Reputation aufzubauen, um ein langfristiges Vertrauensverhältnis zu schaffen.[135]

Des Weiteren existieren Güter mit sehr geringer oder gar keiner Informationsasymmetrie, bei denen beide Marktseiten über die Eigenschaften des Gutes informiert sind. Beispiele hierfür sind Rohstoffe wie Öle und Erze oder hochstandardisierte Produkte. FRITSCH ET AL. nennen diese Güter neoklassisch-homogene Güter, da sie dem Ideal des homogenen Gutes als Voraussetzung des neoklassischen vollkommenen Marktes entsprechen.[136]

Damit ergeben sich vier Abstufungen hinsichtlich des Merkmals *Grad der Informationsasymmetrie*: Keine oder sehr geringe Asymmetrie (beide Marktseiten informiert, neoklassisch-homogenes Gut); durch Inspektion oder Suche vor dem Kauf reduzierbare Asymmetrie (kurzfristig durch Inspektion heilbare Qualitätsunkenntnis auf Käuferseite, Inspektionsgut); durch Erfahrung nach dem Kauf abbaubare Asymmetrie (langfristig durch Erfahrung heilbare Qualitätsunkenntnis auf Käuferseite, Erfahrungsgut) und nicht reduzierbare Informationsasymmetrie (nicht heilbare

---

[130]   Vgl. z.B. Kaas/Busch (1996), S. 243f.
[131]   Vgl. Nelson (1970), S. 312.
[132]   Vgl. Tolle (1994), S. 927.
[133]   Vgl. Darby/Karni (1973), S. 67ff. Vgl. auch Kaas (1990), S. 543.
[134]   Vgl. Fritsch/Wein/Ewers (1996), S. 213.
[135]   Vgl. auch die Ausführungen zu den Intermediärsfunktionen in Abschnitt B.II.2.
[136]   Vgl. Fritsch/Wein/Ewers (1996), S. 213.

Qualitätsunkenntnis mitunter bei Käufer und Verkäufer, Vertrauensgut). In dieser Einteilung wird bewusst darauf verzichtet, die Höhe der Informationsasymmetrie zu benennen, einzig bei neoklassisch-homogenen Gütern lässt sie sich als nicht vorhanden bzw. gering näher beziffern. Bei den anderen Gütertypen kann dagegen nicht festgelegt werden, wie hoch die Informationsasymmetrie ist. Die Höhe der Informationsasymmetrie ist allerdings auch nicht von Bedeutung, im Vordergrund steht vielmehr die Frage, wann und ob sie sich reduzieren lässt. Vor diesem Hintergrund sind die in der Literatur weit verbreiteten Darstellungen, bei denen eine Reihung der informationsökonomischen Gütertypen unter Rückgriff auf eine Quantifizierung der Höhe der Informationsasymmetrie erfolgt, kritisch zu betrachten. Die folgende Abbildung 47 zeigt ein Beispiel einer solchen Darstellung.

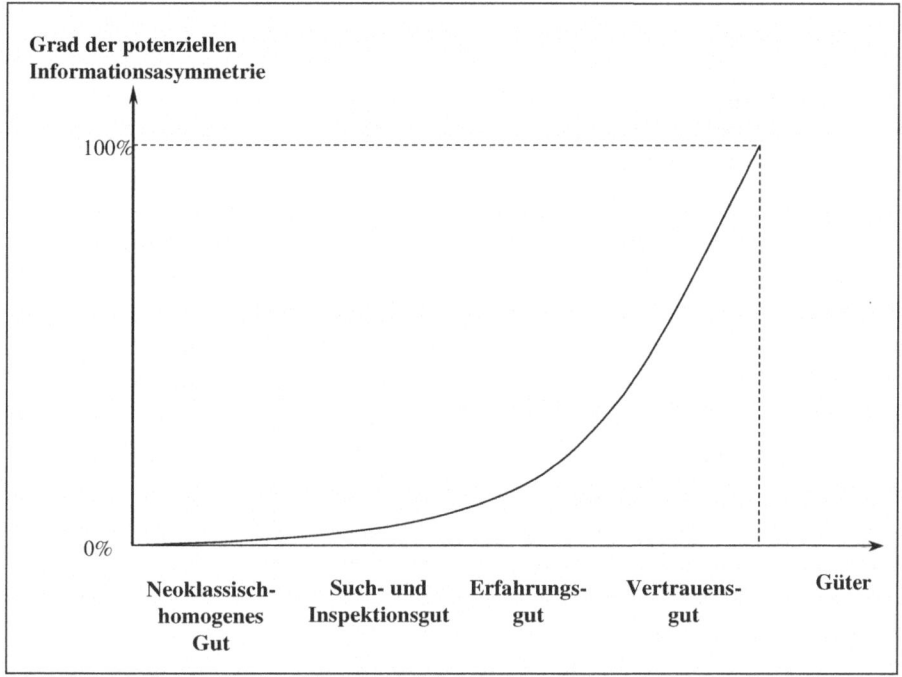

Abbildung 47: **Informationsökonomische Klassifizierung von Gütern**[137]

Eine Quantifizierung der Höhe der Informationsasymmetrie wird demgegenüber in der vorliegenden Arbeit vermieden, im Mittelpunkt der Betrachtung steht vielmehr der unterschiedliche Zeitpunkt des Abbaus der Informationsasymmetrie, dargestellt durch die vier Gütertypen.

---

[137]   Quelle: In Anlehnung an Fritsch/Wein/Ewers (1996), S. 213.

Allgemein muss zu dieser zunächst in der Informationsökonomie, später vor allem aber auch in der Marketingliteratur[138] verwendeten Typologisierung von Gütern angemerkt werden, dass es sich natürlich streng genommen nicht um eine Typlogisierung der Güter selber, sondern ihrer Eigenschaften handelt. Denn die meisten Güter können wiederum unterschiedliche informationsökonomische Eigenschaften aufweisen. So könnte die knusprige Kruste eines Brotes als Inspektions- oder Erfahrungseigenschaft klassifiziert werden, während die Herkunft des Brotes (kontrolliert biologischer Anbau oder nicht) eine Vertrauenseigenschaft ist.[139] Diese Problematik ergibt sich umso stärker, je komplexer ein Gut ist, das heißt aus umso mehr unterschiedlichen Komponenten es besteht. Eine solche Form der Dekomposition von Gütern in Teilgüter lässt sich bis auf kleinste Baugruppen bzw. auf molekulare Ebene fortführen. Im Verlauf dieser Arbeit soll jedoch immer das Gesamtgut betrachtet werden, das heißt ein Auto wird als solches informationsökonomisch beurteilt und nicht seine einzelnen Komponenten wie Reifen, Motor (Ventile, Kolben,...) oder Sitze. Letztendlich ist so die informationsökonomische Klassifizierung eines Gutes immer das Ergebnis einer Klassifizierung und Gewichtung der Eigenschaften der Teilgüter.[140]

Die vorgestellte informatorische Gütertypologisierung erlaubt Aussagen darüber, welche Güter sich aus informatorischer Sicht für die Abwicklung der Anbahnungs- und der Vereinbarungsphase über das Internet, mithin für Electronic Commerce, eignen. Basis der Überlegungen ist die in Kapitel C bestätigte Hypothese, dass Internettechnologie die Such- und Informationskosten nach Transaktionspartnern und Qualitätsinformationen als Bestandteil der informatorischen Transaktionskosten senkt.

Bei neoklassisch-homogenen Gütern besteht keine Informationsasymmetrie bezüglich der Qualität des Gutes, Internettechnologie kann also keine Such- und Inspektionskosten hinsichtlich der Qualität senken, sondern lediglich die Kosten der Suche nach Transaktionspartnern verringern. Somit eignen sich neoklassisch-homogene Güter gut für Electronic Commerce bei einer zu erwartenden merklichen Reduktion von informatorischen Transaktionskosten.

---

[138] Marketingbeiträge zu Informationsasymmetrien bei Gütern sind z.B. bei Kaas (1990), Tolle (1994), Weiber/Adler (1995a), Weiber/Adler (1995b) oder Kaas/Busch (1996) zu finden.

[139] Vgl. Kaas/Busch (1996), S. 244.

[140] Vgl. Kaas/Busch (1996), S. 244. Es soll an dieser Stelle zumindest darauf hingewiesen werden, dass die informationsökonomischen Eigenschaften von Gütern außerdem z.T. einen subjektiven Charakter haben können. Diese Ansicht wird in Teilen der Literatur vertreten, vgl. z.B. Wilde (1981) oder Ford/Smith/Swasy (1988), S. 240f. Ein hoher Grad an Subjektivität bei der Beurteilung der Informationsasymmetrie von Gütern würde offenkundig den Wert einer Güterklassifizierung hinsichtlich des Grades der Informationsasymmetrie mindern, vgl. Kaas/Busch (1996), S. 244.

Such- und Inspektionsgüter zeichnen sich dagegen gerade durch das Vorliegen einer durch Suche vor dem Kauf abbaubaren Informationsasymmetrie hinsichtlich ihrer Qualität aus. Hier kann also Internettechnologie zur Senkung von Suchkosten nach Transaktionspartnern und Qualitätsinformationen eingesetzt werden und somit zu einer sehr erheblichen Senkung informatorischer Transaktionskosten beitragen. Ausnahme sind solche Such- und Inspektionsgüter, die einer persönlichen Inaugenscheinnahme zur Gewinnung von haptischen, gustorischen und olfaktorischen Eindrücken bedürfen, da diese einer physischen Begutachtung des Produkts durch Tast-, Geschmacks- bzw. Geruchssinn bedürfen.[141] Bei ihnen führt Internettechnologie lediglich zu einer Reduktion der informatorischen Transaktionskosten, indem sie z.B. das Auffinden von Verkäufern erleichtert, der Rest der Anbahnungs- und Vereinbarungsphase findet dann aber nicht auf elektronischem Wege statt.

Bei Erfahrungsgüter kann der Einsatz des Internets nur zur Reduktion von Suchkosten nach Transaktionspartnern führen. Denn die Informationsasymmetrie hinsichtlich der Qualität des Gutes ist erst durch seine Nutzung bzw. seinen Verbrauch abbaubar, Internettechnologie kann dazu keinen Beitrag leisten. Denkbar ist höchstens, dass mit Hilfe des Internets Käufer von Erfahrungsgütern auf die gesammelten Erfahrungen anderer Käufer desselben Produkts zurückgreifen können. Internettechnologie führt somit bei Erfahrungsgütern zu einer erheblichen Reduzierung von informatorischen Transaktionskosten.

Bei Vertrauensgütern hilft auch der Rückgriff auf die gesammelten Erfahrungen anderer Nutzer nicht, denn ihre Qualität schwankt, es kann kein Rückschluss aus vorhergehenden Käufen auf die zukünftige Qualität erfolgen. Somit kann das Internet hier nur die Suche nach Transaktionspartnern erleichtern, aber nicht die Suche nach Qualitätsinformationen.

Zusammenfassend bietet das Internet bei allen informatorischen Gütertypen die Möglichkeit zur Reduktion von informatorischen Transaktionskosten im Vergleich zur konventionellen Durchführung von Anbahnungs- und Vereinbarungsphase. Bei neoklassisch-homogenen sowie Erfahrungs- und Vertrauensgütern ist lediglich eine Reduktion von Suchkosten nach Transaktionspartnern erreichbar, die Verringerung von Informationsasymmetrien bezüglich der Qualität von Gütern ist genauso wenig möglich wie im traditionellen Handel, es bestehen aus dieser Perspektive also keine Vor- aber auch keine Nachteile der Internetnutzung.[142] Bei

---

[141] Haptische Eindrücke werden durch den Tastsinn, gustorische durch den Geschmackssinn und olfaktorische durch den Geruchssinn gewonnen.

[142] Häufig wird der Internettechnologie nachgesagt, dass eine Abwicklung von Erfahrungs- und Vertrauensgütern über sie nicht möglich sei. Dieser Vorwurf muss als unbegründet zurückgewiesen werden, da es keinen Unterschied macht, ob ein Erfahrungs- bzw. Vertrauensgut im Internet oder in einem traditionellen Geschäft gekauft wird, die Qualität des Gutes kann jeweils erst nach dem Kauf determiniert werden.

Such- und Inspektionsgüter ohne die Notwendigkeit der persönlichen Inaugenscheinnahme kann hingegen die Transaktionsabwicklung im internetbasierten Electronic Commerce zu sehr großen Transaktionskostenvorteilen führen, da hier eine Reduktion von Suchkosten nach Partnern und Qualitätsinformationen möglich ist. Demgegenüber sind bei Such- und Inspektionsgütern mit der Erfordernis der persönlichen Inaugenscheinnahme die transaktionskostensenkenden Potenziale des Internets sehr gering.

2.3 Betriebswirtschaftliche Klassifikationen und Typologien von Gütern

In der betriebswirtschaftlichen Literatur findet sich eine Fülle von teils sehr spezifischen Klassifikationen und Typologien von Gütern. Um einen Überblick über sie zu geben, ist dieser Abschnitt unterteilt in eine beschaffungs-, produktions-, absatz- und logistikorientierte Perspektive auf Güter.

2.3.1 Beschaffungsorientierte Klassifikationen und Typologisierungen von Gütern

In der Beschaffungslehre gibt es, analog zu den grundlegenden Ansätzen aus der Absatzlehre von COPELAND[143], Klassifizierungs- und Typologisierungsversuche, die dazu genutzt werden, die Beschaffung objektorientiert zu steuern.[144] Als grundlegend gilt dabei die Klassifizierung, die eine *Einteilung der Beschaffungsobjekte nach ihrem Verhältnis zum Absatzobjekt* vornimmt.[145] Darauf aufbauend wurden die sogenannten Kaufklassenansätze entwickelt, die Beschaffungsgüter nach der *Bedarfsneuigkeit* in Erst- bzw. Neukäufe, routinemäßige Wiederholungskäufe und modifizierte Wiederholungskäufe einteilen.[146] In der Praxis deutlich weiter verbreitet ist die ABC-Analyse, die DICKIE 1951 für General Electrics entwickelt hat.[147] Dabei werden Güter entsprechend ihrem *Anteil am Gesamtbeschaffungswert* klassifiziert.[148] Die ABC-Analyse basiert auf der empirischen Feststellung, dass in einem typischen

---

[143] Diese werden ausführlich im später folgenden Abschnitt „Absatzorientierte Klassifikationen und Typologisierungen von Gütern" vorgestellt.

[144] Genaugenommen entstanden die beschaffungsorientierten Ansätze deutlich später, vgl. Biergans (1984), S. 64ff. oder Scherer (1991), S. 79.

[145] Vgl. Knoblich (1985), S. 482.

[146] Vgl. Robinson/Faris (1967), S. 13f., Doyle/Woodside/Michell (1979), S. 11 oder Scherer (1991), S. 88.

[147] Vgl. Dickie (1951), S. 92ff.

[148] Vgl. z.B. Tempelmeier (1995), S. 12f. oder Günther/Tempelmeier (1997), S. 167. Die ABC-Analyse kann selbstverständlich auch außerhalb des Beschaffungsbereichs eingesetzt werden und kommt immer dann zum Einsatz, wenn es gilt, festzustellen, wie hoch der wertmäßige Anteil bestimmter Produkte (Produktgruppen) an einer Gesamtmenge ist.

Industriebetrieb ca. 20% der Produkte ca. 80% des Verbrauchs- bzw. Beschaffungswertes ausmachen. Abbildung 48 zeigt diesen auch als „80:20-Regel" bekannten Zusammenhang.

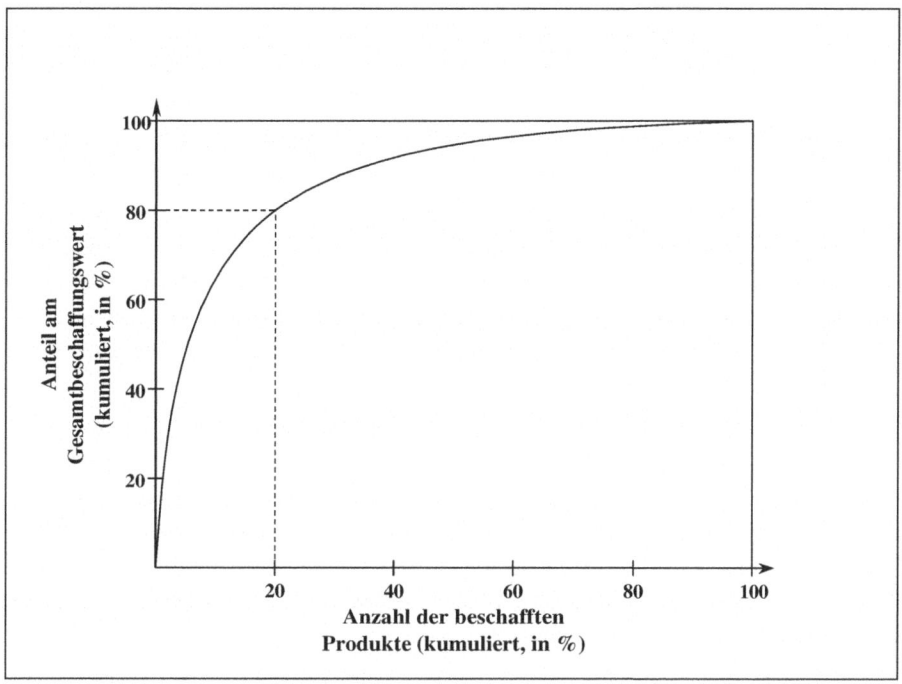

Abbildung 48: **Güterklassifizierung nach ihrem Anteil am Gesamtbeschaffungswert (ABC-Analyse)[149]**

Die ABC-Analyse klassifiziert also in A-Produkte, die den größten Teil des wertmäßigen Beschaffungsvolumen ausmachen, aber nur einen geringen Teil an der Anzahl der beschafften Produkte. Demgegenüber repräsentieren C-Produkte oft den Großteil der Anzahl an Produkten, allerdings nur einen kleinen Anteil am Beschaffungswert. B-Produkte lassen sich dann in der Mitte zwischen A und C Produkten einordnen.[150] Die ABC-Analyse hilft, die aus Sicht der Beschaffungsausgaben wichtigen Produkte zu identifizieren, oder, wie DICKIE es ausdrückt:

„In short, A-B-C analysis (...) helps you to put the first things first."[151]

---

[149]   Quelle: In Anlehnung an Tempelmeier (1995), S. 12.
[150]   Vgl. Scherer (1991), S. 90.
[151]   Dickie (1951), S. 92.

Während die ABC-Analyse in der Praxis wegen ihrer einfachen Umsetzung[152] sehr beliebt ist, bestehen Zweifel hinsichtlich ihrer Eignung für eine hinreichende Beschreibung der beschafften Güter. Der mengen- und wertmäßige Anteil eines Gutes an der Beschaffung, den die ABC-Analyse beschreibt, ist mit Sicherheit eine wichtige Eigenschaft von Gütern, trotzdem kann daraus, wie oft geschehen, noch nicht auf die Wichtigkeit der sogenannten A-Produkte geschlossen werden. Denn es ist durchaus denkbar, dass als C-Produkte klassifizierte Teile eine enorm wichtige Rolle hinsichtlich der Funktionalität oder Qualität des Endprodukts spielen.[153]

Oft in Kombination mit der ABC-Analyse wird in der Beschaffungsliteratur die XYZ-Analyse genannt, die Güter nach der *Art des Verbrauchs in der Produktion* klassifiziert. Dabei kann unterschieden werden zwischen Gütern mit einer regelmäßigen Verbrauchsstruktur („X-Güter"), mit einer saisonal oder trendabhängig schwankenden Verbrauchsstruktur („Y-Güter") und solchen mit einer unregelmäßigen Verbrauchsstruktur („Z-Güter").[154]

Sowohl ABC-Analyse als auch XYZ-Analyse sind, obwohl unter diesen Bezeichnungen in der Beschaffungsliteratur entstanden, nicht auf den Beschaffungsbereich beschränkt. Die verwendete Art der Klassifizierung ist vielmehr, wie sich auch in den folgenden Abschnitten zeigen wird, in anderen Bereichen anwendbar. Insbesondere die XYZ-Analyse spielt auch im Absatzbereich eine entscheidende Rolle, wenn es um die Betrachtung der Regelmäßigkeit der Nachfrage und die damit verbundenen logistischen Auswirkungen geht.

Ausgehend von den Defiziten der eindimensionalen Betrachtungen von ABC- und XYZ-Analyse wurden im Beschaffungsbereich Produkttypologien entwickelt. Die prominentesten und ausgereiftesten basieren dabei auf der Portfolio-Analyse der strategischen Unternehmensplanung.[155] So verdichtet KRALJIC aus markt- und bedarfsseitigen Merkmalen die zwei Dimensionen „Beschaffungsrisiko" und „Gewinneinfluss". Aus der Kombination der möglichen Ausprägungen der beiden Dimensionen ergeben sich dann vier Produkttypen, „Strategische Produkte", „Engpassprodukte", „Schlüsselprodukte" und „Normalprodukte". Diesen weist er

---

[152] Vor allem durch den Einsatz IKT-basierter Abrechnungssysteme sind die für eine ABC-Analyse notwendigen Daten praktisch automatisch verfügbar, vgl. auch Scherer (1991), S. 91f.

[153] Vgl. Scherer (1991), S. 93.

[154] Vgl. Scherer (1991), S. 95.

[155] Vgl. Scherer (1991), S. 112. Die Portfolio-Analyse der Unternehmensplanung basiert wiederum auf der Portefeuille-Theorie der Finanzwirtschaft. Vgl. zur Portfolio-Analyse insbesondere Macharzina (1999), S. 259ff. und zu ihrer Anwendung in unterschiedlichen betriebswirtschaftlichen Bereichen z.B. Mauthe/Roventa (1982), S. 191ff. Zur Portefeuille-Theorie vgl. z.B. Markowitz (1959).

anschließend „Aufgabenschwerpunkte" und „Informationsschwerpunkte" zu.[156]
Tabelle 16 zeigt die Beschaffungstypologie nach KRALJIC.

Produkttyp	Merkmale			
	Beschaffungs-risiko	Gewinneinfluss	Aufgaben-schwerpunkte	Informations-schwerpunkte
Strategisches Produkt	hoch	hoch	Präzise Bedarfs-prognose, genaue Marktforschung, langfristige Lieferanten-beziehungen	Detaillierte Marktdaten, langfristige Angebots- und Bedarfs-informationen
Engpass-produkt	hoch	gering	Mengen- und Bestandssicherung, Lieferantenkontrolle	Detaillierte Marktdaten, mittelfristige Angebots- und Bedarfsinformationen
Schlüssel-produkt	gering	hoch	Nutzung von Einkaufsmacht, Produktsubstitution, marktbasierter Einkauf	Gute Marktdaten, kurz bis mittel-fristige Bedarfsinformationen
Normal-produkt	gering	gering	Produktstandar-disierung, Kosten-optimierung der Auftragsmenge, Bestandsoptimierung	Kurzfristige Bedarfsprognose, optimale Bestandshöhe

Tabelle 16:   **Beschaffungsorientierte Gütertypologie nach KRALJIC**[157]

Die so erhaltene einfache Produkttypologie mag aus Sicht der Beschaffung zu einer sinnvollen Einteilung der Produkte führen, wenn auch festzustellen ist, dass darauf basierende Ansätze sehr einseitig auf die strategischen Produkte fokussieren.[158] Vor allem aber die gezogenen Schlussfolgerungen hinsichtlich Aufgaben- und

---

[156]   Vgl. Kraljic (1977), S. 72ff. und Kraljic (1985), S. 6ff.
[157]   Quelle: In Anlehnung an Kraljic (1985), S. 9.
[158]   Vgl. Scherer (1991), S. 114 oder auch Heege (1987), S. 17ff. sowie Brink (1983), S. 1090ff.

Informationsschwerpunkten sind nicht immer trennscharf voneinander abgegrenzt und erfolgen nicht anhand eines einheitlichen Kriterienkatalogs. Interessant ist aber, dass bei diesen Aufgaben- und Informationsschwerpunkten logistische Implikationen wie die optimale Bestell- oder Bestandsmenge eine wichtige Rolle spielen.

2.3.2 Produktions- und fertigungsorientierte Klassifikationen und Typologisierungen von Gütern

Eine mögliche Klassifikation aus Produktions- und Fertigungsperspektive kann hinsichtlich der Frage, wie sich das im Fertigungsprozess eingesetzte Gut zum späteren Endprodukt verhält, durchgeführt werden. Nach diesem *Verhältnis von Einsatzgut zum Fertigungsprodukt* wird unterschieden in Roh-, Hilfs- und Betriebsstoffe[159], je nachdem, ob es sich um Güter handelt, die als Hauptbestandteil in das Endprodukt eingehen, die in das Endprodukt eingehen, ohne eine große mengen- oder wertmäßige Rolle zu spielen oder aber Güter, die bei der Produktion verbraucht werden, ohne in das Endprodukt einzugehen. Eine verwandte Klassifizierung ist die nach dem *Stadium im Produktionsprozess*. Danach kann unterschieden werden in Rohstoffe, Halbfertigwaren (Zwischenprodukte) und Fertigwaren (Endprodukte). Aus bilanztechnischer Sicht existiert die Unterscheidung nach der *Bindung* der Güter im Unternehmen in kurze und lange Bindung, entsprechend Umlauf- und Anlagegüter genannt.

Von größerer Bedeutung für den Untersuchungsgegenstand dieser Arbeit ist die Unterscheidung nach der *Massenhaftigkeit der Fertigung*.[160] Hier sind zwischen den beiden Extremfällen „Massenprodukt" und „Individualprodukt" Abstufungen denkbar, z.B. in Form von Variantenprodukten.[161] Bezüglich der Massenhaftigkeit der Fertigung besteht im Zusammenhang mit dem Einsatz von Internettechnologie die Hypothese, dass diese die Umsetzung des Konzepts der „Mass Customization" erlaubt, bei der die Vorteile sowohl der Massenfertigung als auch der Individualfertigung miteinander verbunden werden sollen.[162] Damit verbunden sind die Klassifikationen der Güter nach der *Produktionsdauer* (kurze bzw. lange Fertigungsdauer) und der Frage nach der angewandten *Fertigungstechnik*, bei der zwischen Fließband-, Werkstatt- und Einzelproduktion unterschieden werden kann.[163] Nur

---

[159] Vgl. Knoblich (1969), S. 89 und 97 oder Wöhe (1986), S. 252.

[160] Vgl. Knoblich (1969), S. 89 und 97f.

[161] Vgl. z.B. Frese (1998), S. 323ff.

[162] Vgl. zur „Mass Customization" z.B. Kotha (1995), Pine/Peppers/Rogers (1995), Lampel/Mintzberg (1996), Piller (1997), Baldwin/Clark (1997), Gilmore/Pine (1997) oder Piller/Schoder (1999).

[163] Auch hier ist eine Menge von Mischformen in der Praxis zu beobachten, als ein Beispiel sei hier nur das Prinzip der teilautonomen Arbeitsgruppen genannt, vgl. dazu z.B. Maier (1977) oder Antoni (1996).

indirekt mit der Produktionstechnik verbunden ist die Frage nach dem *Grad des technischen Fortschritts* bei Gütern.[164] Dieser spielt auch eine wichtige Rolle bei absatzorientierten Betrachtungen von Gütern, die Gegenstand des nächsten Abschnitts sind.

2.3.3 Absatzorientierte Klassifikationen und Typologisierungen von Gütern

Schon LEITHERER identifizierte die Warenanalyse als eine der zentralen Konzeptionen der Absatzlehre mit dem Hinweis darauf, dass unterschiedliche Produkte unterschiedliche Absatzsysteme erfordern. Zur besseren Überschaubarkeit seien Typologien von Produkten unersetzlich:

> „Eine besondere Schwierigkeit stellt in der wissenschaftlichen Erfassung der Produktgestaltung von Konsumgütern deren kaum übersehbare Vielfalt dar (...). Typologisierungen können wenigstens teilweise Abhilfe schaffen, sie müssten aber jeweils für spezifische Untersuchungszwecke aufgestellt werden."[165]

Dieser Hinweis gilt natürlich auch für die verschiedenen, im Electronic Commerce neu entstandenen Absatzwege und unterstreicht noch einmal den Forschungsansatz dieser Arbeit.

Die Absatzlehre ist dann auch der Bereich der Betriebswirtschaftlehre, der die meisten Güterklassifikationen und darauf aufbauend einige interessante Typologien hervorgebracht hat, welchen in diesem Abschnitt besondere Aufmerksamkeit gewidmet werden soll.

Im Bereich der Warenpolitik können Güter klassifiziert werden nach dem *Ausmaß der Produktvariation* sowie erneut nach dem *Grad des technischen Fortschritts*. Ausprägung ist bei beiden der Grad der Veränderungen eines Produkts, hervorgerufen durch Marketingideen, Kundenwünsche oder eben den technischen Fortschritt. Von hoher Bedeutung sind neben der *Periodizität des Verbrauchs* vor allem die *Schwankungen der Nachfrage* und insbesondere die *Prognostizierbarkeit der Nachfrage*.[166] Aus Sicht der Werbung sind Klassifikationen von Gütern vor allem nach dem *Grad der Werbebedürftigkeit* möglich. Es kann unterschieden werden, ob der Güterabsatz nicht, kaum oder stark durch Werbemaßnahmen unterstützt werden muss, um erfolgreich zu sein.[167] Hier spielen die weiter oben beschriebenen Informationsasymmetrien zwischen Verkäufer und Käufer eine wichtige Rolle. Sie können ein Grund sein, dass Güter eine hohe Werbebedürftigkeit aufweisen, da

---

[164] Vgl. Knoblich (1969), S. 89.
[165] Leitherer (1974), S. 21.
[166] Vgl. Knoblich (1969), S. 91 und 103f.
[167] Vgl. Knoblich (1969), S. 90 und 102f.

Werbung ein Weg sein kann, um Qualitätsunsicherheit zu überwinden.[168] In diesem Zusammenhang spielt auch die *Bekanntheit (das Alter)* der Güter eine Rolle.

Einige wichtige Klassifikationsmerkmale aus Sicht des Absatzes lassen sich aus der Perspektive der Preispolitik herausarbeiten. So ist bei der Frage nach der *Preisbindung* zu unterscheiden, ob es sich um Güter mit und ohne Preisbindung handelt. Auch kann unterschieden werden nach der *absoluten Höhe des Preises* in hochpreisige und niedrigpreisige sowie aus Sicht der Gewinnerzielung nach der *Höhe des Deckungsbeitrages* in Güter mit hohem und niedrigen Deckungsbeitrag.[169] Sehr interessant ist in diesem Zusammenhang auch die Frage nach der *Art der Preisfindung*. Hierbei handelt es sich allerdings bereits wieder um Typen, so z.B. um Güter, die eher für Auktionen geeignet sind und solche, die eine größere Eignung für katalogbasierte Preissysteme aufweisen. Die *Art der Preisfindung* hängt also von der Ausprägung anderer Gütereigenschaften, wie z.B. der vorhandenen Informationsasymmetrie, ab.[170]

Einen eigenen Bereich bei den Klassifizierungen und Typologisierungen stellt der Bereich der *Markenartikel* dar. Die Unterscheidung, ob es sich um einen Markenartikel handelt oder nicht, wurde schon sehr früh mit Hilfe von Legaldefinitionen versucht.[171] In der Ökonomie wurde als Markenware oder Markenartikel zunächst jede markierte Ware oder Artikel bezeichnet.[172] Besonders MELLEROWICZ hat demgegenüber jedoch erhebliche Einschränkungen vorgenommen, indem er Markenware folgende Eigenschaften zuspricht:

„Markenartikel sind für den privaten Bedarf geschaffene Fertigwaren, die in einem größeren Absatzraum unter einem besonderen, die Herkunft kennzeichnenden Merkmal (Marke) in einheitlicher Aufmachung, gleicher Menge sowie in gleichbleibender oder verbesserter Güte erhältlich sind und sich dadurch sowie durch die für

---

[168] Vgl. dazu die Darstellungen in Abschnitt B.II.2.1.3 zu den Intermediärsfunktionen. Einen analytischen Ansatz zur Gestaltung von Werbestrategien bei Qualitätsunsicherheit hat RINGBECK entwickelt, vgl. Ringbeck (1986).

[169] Die Unterscheidung zwischen absolutem Wert und Deckungsbeitrag (Marge) eines Produkts spielt auch eine wichtige Rolle im Bereich der logistischen Wertkennzahlen, wie bei der im Verlauf der Arbeit noch entwickelten monetären Kapazitätsauslastungszahl deutlich werden wird.

[170] Aus diesem Grund wird die Art der Preisfindung bei der am Ende der Arbeit durchzuführenden Gütertypologisierung als Gestaltungsvariable und nicht als Kontextvariable betrachtet werden.

[171] Vgl. Thurmann (1961), S. 10f. THURMANN erwähnt dort z.B. den § 1 der „Verordnung über Preisbindungen von Markenwaren vom 16. Januar 1931" und den § 16, Absatz 2 des „Gesetzes gegen Wettbewerbsbeschränkungen vom 27. Juli 1957". Auf diese Legaldefinitionen soll jedoch nicht weiter eingegangen werden.

[172] Vgl. Thurmann (1961), S. 13.

sie betriebene Werbung die Anerkennung der beteiligten Wirtschaftskreise (Verbraucher, Händler und Hersteller) erworben haben (Verkehrsgeltung)."[173]

Trotz der genannten Klassifizierungsdimensionen bleibt der Begriff des Markenartikels unscharf, zumal die genannten Merkmale auf eine Fülle von heutigen Artikeln zutreffen.

Die wohl am weitesten verbreiteten Klassifikationen von Gütern orientieren sich an deren Bedarfsmerkmalen. So kann zunächst unterschieden werden nach *Bedarfsträgern* in Güter des Produktivbedarfs und Güter des Konsumtivbedarfs, auch Produktivgüter und Konsumgüter genannt.[174] Entscheidend ist dabei lediglich die Frage, ob es sich um Güter handelt, die von Wirtschaftssubjekten, die in der Produktion von anderen Gütern oder Leistungen tätig sind, gekauft werden, oder ob der Absatz an Endkonsumenten erfolgt. Es geht nicht darum, ob die Güter auch tatsächlich konsumiert werden. So kann das gleiche Gut, z.B. ein PKW, Produktivgut oder Konsumtivgut sein, je nachdem, wer es kauft. Damit ist diese Klassifikation wenig hilfreich, um eine klare Abgrenzung von Gütern zu erhalten. Ihr Nutzen liegt vielmehr darin, dass so eine klare Trennung in zwei Absatzfelder geschaffen wird, die sich hinsichtlich der Absatzpolitik[175] deutlich unterscheiden. Auch in der Marketing-literatur spielt die *Homogenität* der Güter eine wichtige Rolle, dort werden ökonomisch homogene Güter auch als commodities bezeichnet.[176]

Eine bedarfsorientierte Gütereigenschaft von großer Bedeutung ist die Frage nach dem *Erst- oder Wiederholungskauf*.[177] Wie später noch gezeigt wird, besteht ein enger Zusammenhang zwischen dieser Eigenschaft und der informationsökonomischen Einteilung hinsichtlich des Grads der Informations-asymmetrie. Weiterhin können Güter aus Sicht der Nachfrage nach der *Dringlichkeit des Bedarfs* unterschieden werden.[178] Die Dringlichkeit drückt sich darin aus, wie schnell der Käufer über das Gut verfügen möchte. In früheren Beiträgen wurde die Dringlichkeit des Bedarfs als objektiv angesehen und eine Unterscheidung in Existenz- und Luxusgüter getroffen. Demnach sind Existenzgüter notwendig, um lebensnotwendige und andere Basisbedürfnisse zu befriedigen, während Luxusgüter

---

[173] Mellerowicz (1964), S. 39. MELLEROWICZ hat diese Typologie konsequent weiter entwickelt, wie ein Vergleich zwischen der Definition in seiner ersten Auflage von 1955 und der hier verwendeten zeigt, vgl. deshalb auch Mellerowicz (1955), S. 7.

[174] Vgl. Knoblich (1969), S. 107f.

[175] Sie unterscheiden sich z.B. hinsichtlich der Frage, wie viele Absatzmittler benötigt werden.

[176] Vgl. z.B. Mount (1969), S. 63. MOUNT weist allerdings darauf hin, dass der Begriff der commodity im Zeitablauf unterschiedlich verwendet wurde. Im Rahmen dieser Arbeit soll jedoch die Gleichsetzung mit den ökonomisch homogenen Gütern verfolgt werden.

[177] Vgl. z.B. Blackwell/Miniard/Engel (2001), S. 86ff.

[178] Vgl. Knoblich (1969), S. 108f.

lediglich der Befriedigung von zusätzlichen Bedürfnissen dienen. Der Übergang zwischen diesen beiden Abstufungen ist allerdings fließend, zudem hängt die Frage nach der Existenznotwendigkeit auch sehr stark vom jeweiligen sozialen Umfeld ab.[179] Sinnvoller ist es, die Dringlichkeit des Bedarfs alleine von den zeitlichen Präferenzen des Käufers abhängig zu machen, im Mittelpunkt steht dann lediglich die Frage, wann der Käufer über das Gut verfügen möchte, ob es für seine Existenz notwendig ist, spielt keine Rolle mehr. Ebenso schwer ist es, die Abgrenzung hinsichtlich der *Massenhaftigkeit des Bedarfes* vorzunehmen. Generell spricht man von Massengütern, wenn diese von der Mehrheit der Verbraucher nachgefragt werden, während Individualgüter nur von einzelnen Käufern bzw. kleinen Käufergruppen gekauft werden bzw. gekauft werden können.[180] Auch hier lässt sich eine Grenze schlecht ziehen, zudem liegt es oft an verschiedenen Gütereigenschaften, dass sich nur wenige Käufer finden. Dies können z.B. ein hoher Preis oder eine eingeschränkte Transportfähigkeit sein, so dass Massen- und Individualgüter auf jeden Fall schon eine Typologie bilden.

Gerade im Bereich der bedarfsorientierten Betrachtung von Gütern sind bereits einige Typologien aufgestellt worden. Von herausragender Bedeutung bei der bedarfsorientierten Betrachtung von Gütern ist die vor allem in der amerikanischen Literatur durchgeführte Typologisierung nach den *Kaufgewohnheiten der Verbraucher.* [181] Danach lassen sich Güter in convenience, shopping und specialty goods einteilen.[182] Diese Vorgehensweise basiert auf COPELAND[183] und bildet die Basis für spätere Ansätze von HOLTON[184], ASPINWALL[185], BUCKLIN[186] und MIRACLE[187]. Demnach sind convenience goods solche Güter, die häufig gekauft werden, ohne dass der Kauf einer großen Planung bedarf.[188] Für den Konsumenten

---

[179]   So ist objektiv unstrittig, dass Basislebensmittel und Wasser zu den Existenzgütern zu zählen sind. Dagegen ist die Frage, ob z.B. elektrischer Strom ein lebensnotwendiges Existenzgut ist, nur subjektiv zu beantworten.

[180]   Vgl. Knoblich (1969), S. 109f.

[181]   KNOBLICH spricht davon, dass es sich bei den Kaufgewohnheiten der Verbraucher um ein „komplexes Merkmal" handelt, so dass man schon von „Typ-Eigenschaften" sprechen könnte, vgl. Knoblich (1969), S. 110.

[182]   Es ist allerdings strittig, ob eine solche Abgrenzung nach objektiven Kriterien möglich ist oder ob die Kategorisierung nur aus der subjektiven Perspektive des individuellen Konsumenten möglich ist, wie es z.B. HOLTON fordert, vgl. Holton (1958), S. 53. Auf eine Übersetzung der Begriffe soll bewusst verzichtet werden, da es sich vielmehr um feststehende Begriffe handelt, die auch in der deutschen Literatur so verwendet werden.

[183]   Vgl. Copeland (1923), S. 282ff oder Copeland (1926).

[184]   Vgl. Holton (1958), S. 53ff.

[185]   Vgl. Aspinwall (1962), S. 633ff.

[186]   Vgl. Bucklin (1963), S. 50ff.

[187]   Vgl. Miracle (1965), S. 19ff.

[188]   Vgl. z.B. Poon/Joseph (2000), S. 21.

steht „convenience shopping", am besten übersetzt als Annehmlichkeit oder Bequemlichkeit beim Einkauf[189], im Vordergrund. Convenience kann dabei vor allem im Sinne von time, place und readiness convenience[190] eine Rolle spielen; Merkmale der Güter sind ein relativ niedriger Wert, hohe Verfügbarkeit und eine hohe Vertrautheit der Konsumenten mit den Gütern, was eine potenziell niedrige Informationsasymmetrie bedeutet:

> „Convenience goods are those customarily purchased at easily accessed stores. Consumers are generally familiar with articles of this type (...) the individual consumer usually desires the prompt satisfaction of the want (...). The unit prices for many articles in this class (...) are too small to justify the consumer's going far out of his way (...)."[191]

Beispiele für convenience goods sind Lebensmittel und andere Waren des täglichen Bedarfs.

Demgegenüber zeichnet sich das shopping good dadurch aus, dass er seltener gekauft wird, sein Wert höher ist und bei seinem Kauf weniger auf schnelle Verfügbarkeit geachtet wird. Shopping goods können in Preis, Qualität und Ausführung stärker schwanken, ihr Einkauf bedarf deshalb einer umfassenderen Planung z.B. in Form von Suche zur Verringerung von Informationsasymmetrien.[192] Im Mittelpunkt des Konsumenteninteresses steht hier nicht die schnelle Verfügbarkeit, sondern die Möglichkeit der Auswahl zwischen verschiedenen Alternativen.[193] Beispiele sind Möbel, Kleidung oder auch Autos. Letztere können auch specialty goods sein. Dabei handelt es sich um solche Güter, bei denen starke Präferenzen von Seiten der Kunden vorliegen.[194] Sie sind deshalb einerseits bereit, auf

---

[189] Vgl. Kohleisen (2001), S. 62. In den USA und auch in Europa haben sich sogenannte „Convenience Stores" entwickelt, deren Angebot aus bestimmten Basisgütern (Lebensmittel, Getränke, Tabakwaren) besteht, die sie an möglichst vielen Standorten zu möglichst jeder Zeit anbieten. In den USA ist „7-Eleven" das beste Beispiel dieses „Convenience Retailing" mit mehr als 21.000 Geschäften, die größtenteils rund um die Uhr geöffnet haben. (Ursprünglich von 7 Uhr morgens bis 11 Uhr abends, wie der Name verrät.) In Deutschland bedienen, bedingt durch das Ladenschlussgesetz, vor allem die Shopangebote der Tankstellenketten den Conveniencemarkt. Vgl. zum deutschen Conveniencemarkt z.B. Kohleisen (2001), insbesondere S. 61ff.

[190] Im Deutschen würde man dann von zeitlicher convenience, das heißt das gewünschte Gut ist schnell verfügbar, bzw. von räumlicher convenience, das heißt das gewünschte Gut ist an einem Ort in unmittelbarer Näher verfügbar, sprechen. „Readiness" kann dagegen als Oberbegriff dieser beiden Verfügbarkeitsformen verstanden werden. Vgl. zu den unterschiedlichen Formen von convenience Kelley (1967), S. 156f.

[191] Copeland (1926), S. 28.

[192] Vgl. Poon/Joseph (2000), S. 21f.

[193] Vgl. Copeland (1926), S. 67.

[194] Vgl. Copeland (1926), S. 103. COPELAND weist darauf hin, dass bestimmte Güter von convenience oder shopping goods zu specialty goods werden, weil dem Kunden beim

253

Informationssuche zu verzichten, andererseits aber dennoch einen hohen Preis zu zahlen in Folge von z.B. hoher Markenloyalität. Ein weiteres Merkmal von specialty goods ist eine niedrige Preiselastizität der Nachfrage.[195]

BUCKLIN hat diese Einteilung von COPELAND leicht modifiziert, indem er das Kaufkalkül der Konsumenten stärker in den Vordergrund stellt, insbesondere die Frage, inwieweit der Konsument vor dem Kauf bereits eine Entscheidung zugunsten eines bestimmten Gutes getroffen hat.[196] Demnach lässt sich differenzieren in shopping und nonshopping goods. Shopping goods sind solche Güter, bei denen der Käufer jedes Mal eine neue Entscheidung trifft, er ist also absolut indifferent zwischen den Gütern und trifft seine Entscheidung auf Basis von Preis- und Qualitätsmerkmalen, über die er sich im Einzelfall informieren muss. Das heißt der Konsument ist aufgrund des Fehlens jeglicher Präferenzen bereit, Such- und Informationskosten für shopping goods aufzuwenden. Liegen Präferenzen vor, handelt es sich hingegen um nonshopping goods. Dabei ist zu unterscheiden, ob der Konsument eine hohe Bequemlichkeitspräferenz hat und deshalb aus einer Menge ihm gleich gut erscheinender Güter dasjenige kauft, das für ihn am einfachsten zu erstehen ist. In diesem Fall spricht BUCKLIN von convenience goods.[197] Hat der Käufer hingegen klare Präferenzen hinsichtlich der Marke des Gutes, so handelt es sich um ein specialty good.

Ebenfalls eine kritische Erweiterung des Ansatzes von COPELAND nimmt ASPINWALL mit seiner „Characteristics of Goods Theory" vor.[198] Er kritisiert die Einteilung von COPELAND in zweifacher Hinsicht. Erstens wirft er ihr vor, zu versuchen, eine diskrete Einteilung vorzunehmen, die keine Überlappung zwischen den verschiedenen Klassen zulässt.[199] Dem muss allerdings entgegen gehalten werden, dass COPELAND durchaus auf die Möglichkeit eines fließenden Übergangs zwischen seinen Gütertypen hinweist.[200] Zweitens vermisst ASPINWALL eine klare Darstellung der Kriterien, nach der sich Gütertypen bilden lassen. Beide Kritikpunkte versucht er in seinem Ansatz zu verbessern, indem er fünf Kriterien vorstellt, die die von ihm betrachteten Güter in unterschiedlichen Ausprägungen aufweisen. Dabei handelt es sich um die Ersatzrate des Gutes beim Konsumenten - eine Art Umschlags-

---

Kauf anderer Produkte eine inconvenience entstanden ist bzw. sich das Produkt als einziges shopping good als seinen Ansprüchen entsprechend herausgestellt hat. Der Kunde baut also eine spezielle Präferenz für das Gut auf.

[195] Vgl. Poon/Joseph (2000), S. 21f.

[196] Vgl. Bucklin (1963), S. 51.

[197] Vgl. Bucklin (1963), S. 52.

[198] Vgl. Aspinwall (1962), S. 634ff. und Aspinwall (1967), S. 82ff.

[199] Vgl. Aspinwall (1962), S. 635.

[200] Copeland (1926), S. 67: „The line of demarcation between the various classes of consumers´ goods is not always clear."

häufigkeit bezogen auf den Konsumenten -, die Bruttomarge des Gutes, die Notwendigkeit von Anpassungen des Gutes an individuelle Konsumentenbedürfnisse, die mögliche Nutzungsdauer des Gutes sowie die Suchzeit des Konsumenten nach dem Gut.[201]

Anhand der Ausprägungen entlang dieser fünf Dimensionen unterteilt ASPINWALL in rote, orange und gelbe Güter, wie Tabelle 17 zeigt.

Dimension	Gütertyp		
	rot	orange	gelb
Ersatzrate beim Kunden	hoch	mittel	niedrig
Bruttomarge	niedrig	mittel	hoch
Notwendigkeit von Anpassungen an Kundenbedürfnisse	niedrig	mittel	hoch
Mögliche Nutzungsdauer	niedrig	mittel	hoch
Suchzeit des Konsumenten	niedrig	mittel	hoch

Tabelle 17:   **Dimensionen und Gütertypen nach ASPINWALL[202]**

Die Farbbezeichnungen werden bewusst gewählt, um zu zeigen, dass ein fließender Übergang besteht zwischen roten Gütern, die mit Ausnahme der Ersatzrate eine niedrige Ausprägung entlang der fünf Dimensionen aufweisen, und gelben Gütern, die sich durch hohe Werte auszeichnen, in Form von orangefarbenen Gütern.[203] Es handelt sich also um eine kontinuierliche Darstellung der Gütertypen:

„The characteristics of goods theory sets up a continuous scale rather than discrete classes and defines criteria by which any product can be assigned to an appropriate place on the scale.[204]

Es ist die Grundidee dieses Ansatzes, eine Typologie von Gütern anhand konkreter numerischer Werte zu erstellen, die aus einer gewichteten Berücksichtigung der Einzeldimensionen entstehen sollen.[205] Die Abstufung erfolgt nach dem Anteil der „gelben Charakteristika" eines Gutes. Hat ein Gut in allen fünf Dimensionen eine 100% gelbe Ausprägung, also hohe Bruttomarge, hohe Anpassungsnotwendigkeit, hohe mögliche Nutzungsdauer und hohe Suchzeit des Konsumenten sowie eine

---

[201]   Vgl. für eine detailliertere Beschreibung der fünf Dimensionen Aspinwall (1962), S. 637ff. oder Aspinwall (1967), S. 84ff.

[202]   Quelle: In Anlehnung an Aspinwall (1962), S. 641.

[203]   Vgl. Aspinwall (1962), S. 642.

[204]   Aspinwall (1967), S. 83.

[205]   Vgl. Aspinwall (1962), S. 642.

niedrige Ersatzrate, handelt es sich um ein 100% gelbes Gut. Alle weiteren Güter lassen sich nun in Abstufung ihrer „gelben Eigenschaften" darstellen, rote Güter haben somit 0% „gelbe Eigenschaften". Das bedeutet aber auch, dass die in Tabelle 17 dargestellten Ausprägungen in eine numerische Skala überführt werden müssen, von 0% (entspricht einer hohen Ausprägung bei der Ersatzrate und niedriger Ausprägung bei den anderen Merkmalen) bis 100% „gelber Eigenschaften". Jedes Gut lässt sich dann, auch unter Berücksichtigung etwaiger Gewichtungen der Kriterien, auf der Skala von 0% „gelber Eigenschaften" (rotes Gut) bis 100% „gelber Eigenschaften" (gelbes Gut) darstellen, mit orangefarbenen Gütern als mittlere Ausprägung. Die folgende Abbildung 49 verdeutlicht das Vorgehen von ASPINWALL, wobei helle Farbe für einen hohen und dunkle Schattierung für einen niedrigen Anteil „gelber Eigenschaften" steht.

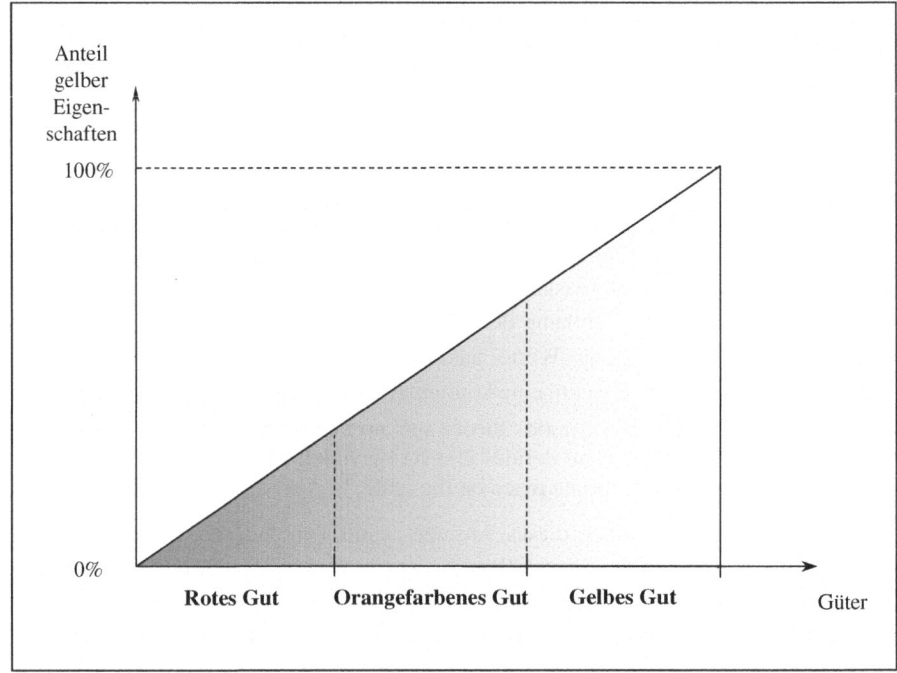

Abbildung 49: **Rote, orangefarbene und gelbe Güter nach** ASPINWALL[206]

Kritisch ist bei einer solchen Vorgehensweise auf jeden Fall die Gewichtung der einzelnen Dimensionen untereinander zu sehen, ASPINWALL verwendet eine Gleichgewichtung. Von großer Bedeutung bei jeglicher Art der Gewichtung ist weiterhin die Frage, ob die Dimensionen untereinander unabhängig sind, oder ob

---

[206]   Quelle: In Anlehnung an Aspinwall (1962), S. 635.

Ausprägungen bei einem Merkmal Auswirkungen auf die Werte eines anderen Merkmals haben. Bei den von ASPINWALL verwendeten Merkmalen ist ein solcher Zusammenhang z.B. bei der Nutzungsdauer und der Ersatzrate zu erkennen.[207] Der Versuch einer quantitativen Herleitung von Gütertypen, wie sie ASPINWALL vornimmt, ist somit insgesamt kritisch zu betrachten. Aspinwall selber gesteht in einem späteren Beitrag ein:

> „The problem of weights or values being assigned to these individual characteristics has been one of the real difficulties in giving the theory a mathematical setting. So far that objective has not been fully achieved."[208]

Ein großer Verdienst seines Beitrags ist jedoch, dass er im Gegensatz zu COPELAND, der dies nur implizit durchführt, explizit fünf Dimension zur Typenbildung herausarbeitet und so eine umfassende Typologie von Gütern geschaffen hat.

Eine explizite Herausarbeitung von Klassifizierungsdimensionen nimmt auch MIRACLE vor. Er untersucht Güter hinsichtlich folgender Dimensionen: [209]

- Wert,

- Wichtigkeit des einzelnen Kaufs für den Käufer,

- Zeitaufwand für den Käufer,

- Rate des Wandels (technologisch, modisch),

- Technologische Komplexität,

- Servicebedürftigkeit vor, während und nach dem Kauf,

- Häufigkeit des Kaufs,

- Rate der Abnutzung / des Verbrauchs,

- Spektrum der Nutzungsmöglichkeiten.

Indem er verschiedene Güter hinsichtlich dieser Dimensionen auf einer diskreten Skala mit fünf Ausprägungen von sehr niedrig (--) bis sehr hoch (++) bewertet, erhält MIRACLE fünf Gütertypen („product groups"). Tabelle 18 zeigt diese.

---

[207] Eine hohe Nutzungsdauer bedeutet eine niedrige Ersatzrate. Dies ist auch schon von ASPINWALL berücksichtigt worden, vgl. Aspinwall (1967), S. 86.

[208] Aspinwall (1967), S. 83.

[209] Vgl. Miracle (1965), S. 20.

Dimension	Gütertyp				
	I	II	III	IV	V
Wert	--	-	0 bis +	+	++
Wichtigkeit des Kaufs	--	-	0	+	++
Zeitaufwand für Kauf	--	-	0	+	++
Rate des Wandels	--	-	0	+	++
Technische Komplexität	--	-	0 bis +	+	++
Servicebedürftigkeit	--	-	0	+	++
Häufigkeit des Kaufs	++	0 bis +	-	-	--
Rate des Verbrauchs	++	0 bis +	-	-	--
Spektrum der Nutzungsmöglichkeiten	++	+	+	- bis 0	--

Tabelle 18: **Dimensionen und Gütertypen nach MIRACLE[210]**

Zwischen der Typologie von MIRACLE und denen von COPELAND und ASPINWALL bestehen natürlich große Ähnlichkeiten. So ist Typ I weitgehend deckungsgleich mit einem convenience good nach COPELAND, lediglich das hohe Spektrum der Nutzungsmöglichkeiten ist nicht für jedes convenience good gegeben. Genauso sind sich Typ V und shopping goods sehr ähnlich, auch mit dem „gelben Gut" von ASPINWALL gibt es große Übereinstimmungen.

Wichtiger an MIRACLES Beitrag ist jedoch die Tatsache, dass er der Forderung, eine Typologie solle einem bestimmten Untersuchungsgegenstand dienen, nachkommt, indem er analysiert, welche Art von Marketingstrategie für welchen Gütertyp geeignet ist.[211] Dabei betrachtet er zunächst die Frage nach der Produktpolitik und kommt zu dem Schluss, dass Gütertyp I wenige oder gar keine Variationen aufweisen sollte, während für Gütertyp IV und insbesondere V viele Variationen bis hin zur Individualfertigung empfehlenswert seien.[212] Ähnlich ordnet MIRACLE den Gütertypen verschiedene Formen der Preis- und Werbepolitik sowie des Marketing-Mixes zu.[213] Besonders interessant vor dem Hintergrund dieser Arbeit sind die Überlegungen, die MIRACLE hinsichtlich der Eignung seiner Gütertypen für verschiedene

---

[210]   Quelle: In Anlehnung an Miracle (1965), S. 20.

[211]   Vgl. Miracle (1965), S. 19.

[212]   Vgl. Miracle (1965), S. 21. Hier ist eine deutliche Analogie zu späteren Beiträgen zur Thematik der „Mass Customization" sichtbar, vgl. z.B. Lampel/Mintzberg (1996), S. 24f.

[213]   Vgl. Miracle (1965), S. 22ff.

Distributionskanäle anstellt. Danach sind Güter des Typs I geeignet für „intensive" Distributionskanäle, das heißt solche, die sich einer großen Breite von verschiedenen Absatzwegen bedienen und sehr stark Handel und Großhandel einbeziehen.[214] Demgegenüber sollte bei Gütern vom Typ V möglichst ein direkter Kontakt zwischen Hersteller und Kunde bestehen, das heißt hier hält MIRACLE den Direktvertrieb für geeigneter. Insgesamt wird die Eignung des Ansatzes von MIRACLE für die in dieser Arbeit untersuchte Fragestellung deutlich, da er, ähnlich wie hier auch beabsichtigt, Empfehlungen hinsichtlich Gütertyp und Vertriebsweg gibt. Es erfolgt allerdings keine Berücksichtigung der logistischen Implikationen der unterschiedlichen Vertriebsformen. Aus der logistischen Perspektive ließe sich vermuten, dass gerade Güter des Typs I zumindest einige Eigenschaften besitzen, die sie besonders für einen Direktvertrieb mit Individualzustellung geeignet erscheinen lassen, was den Empfehlungen von MIRACLE entgegenstehen würde. Deshalb werden im nächsten Abschnitt die logistischen Eigenschaften von Gütern thematisiert und die wichtigsten Güterklassifikationen und -typologisierungen aus logistischer Perspektive vorgestellt.

Zuvor soll allerdings der Vollständigkeit halber der Ansatz von MURPHY/ENIS vorgestellt werden.[215] Deren Verdienst besteht weniger darin, dass sie die Typologie von COPELAND um einen weiteren Gutstyp, den des preference goods, erweitern, da dieser Typus schon früher durch HOLBROOK/HOWARD ergänzt wurde,[216] sondern in einer umfassenden Aufarbeitung der im Marketing entwickelten Ansätze zur Gütertypologisierung.[217] Darauf basierend präsentieren MURPHY/ENIS zunächst eine einfache Typologisierung hinsichtlich zweier Dimensionen, des Risikos beim Kauf und des entstehenden Aufwands.[218] Das Risiko beim Kauf besteht aus den finanziellen und sonstigen Konsequenzen, die der Erwerb des Produkts für den Käufer haben kann, während der Aufwand sich aus finanziellen und zeitlichen Aufwendungen zusammensetzt. Daraus ergibt sich das folgende, in Abbildung 50 dargestellte Bild.

---

[214]   Vgl. Miracle (1965), S. 21f.
[215]   Vgl. Murphy/Enis (1986).
[216]   Vgl. Holbrook/Howard (1977).
[217]   Vgl. die Übersichtstabelle bei Murphy/Enis (1986) auf S. 26f. MURPHY/ENIS sprechen allerdings, wie im anglo-amerikanischen Sprachraum üblich, von Klassifikationen und nicht von Typologien.
[218]   Vgl. Murphy/Enis (1986), S. 30f.

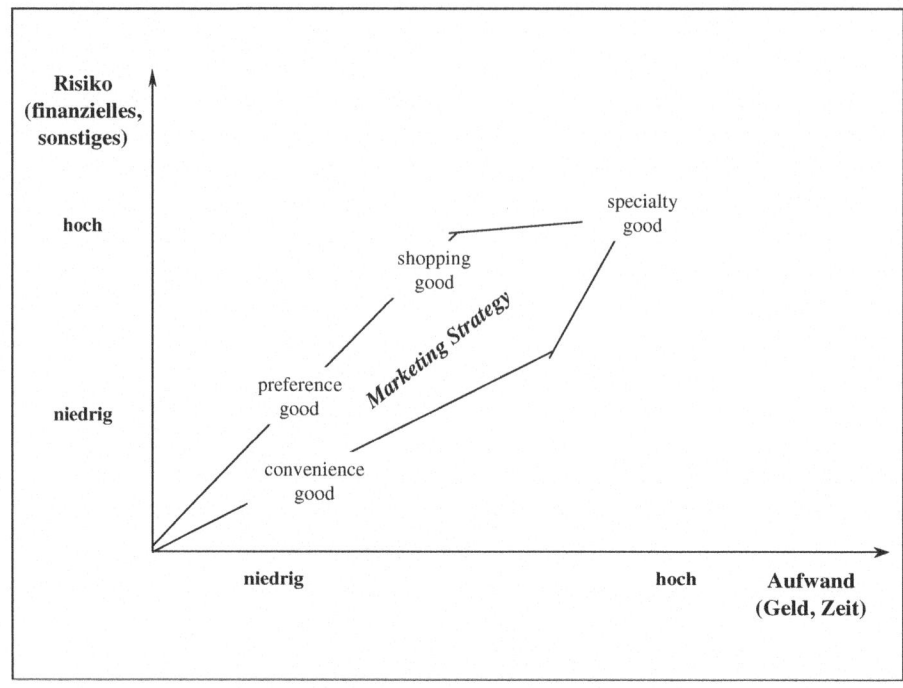

Abbildung 50: Marketingorientierte Produkttypen nach
MURPHY/ENIS[219]

Die Einteilung entspricht somit der von COPELAND. Preference goods sind solche Produkte, die sich gegenüber den convenience goods durch ein deutlich höheres Risiko, das aus einer stärkeren Markenbindung der Kunden resultiert, auszeichnen, sonst aber den convenience goods sehr ähnlich sind. Als Beispiele führen MURPHY/ENIS Softgetränke der großen Getränkehersteller wie Coca Cola oder Pepsi Cola an. Diese Produkte sind von ihren Eigenschaften her convenience goods im Sinne von COPELAND, den Herstellern gelingt es aber, eine stärkere Markenbindung und vor allem ein Image durch Werbung aufzubauen, so dass sich für den Konsumenten das subjektive Gefühl eines größeren Risikos bei einem Markenwechsel einstellt.[220] Die Einführung der Kategorie der preference goods stellt mithin eine logische Abwandlung des Typus der specialty goods dar, hier jedoch auf Basis der convenience goods und nicht der shopping goods.[221]

---

[219]   Quelle: Murphy/Enis (1986), S. 25.

[220]   Vgl. Murphy/Enis (1986), S. 26.

[221]   MURPHY/ENIS merken auch an: „More corporations appear to be developing a conscious strategy of moving their products into the preference category." Murphy/Enis (1986), S. 26.

Der in Abbildung 50 dargestellte, von links unten nach rechts oben größer werdende Pfeil bildet lediglich die größeren Möglichkeiten (Anforderungen) für eine Marketing-Mix-Planung ab, die sich mit Zunahme der beiden Ausprägungen Aufwand und Risiko ergeben.[222] MURPHY/ENIS belassen es jedoch nicht bei dieser recht einfachen zweidimensionalen Typologie, sie stellen vielmehr für jeden der vier Produkttypen umfangreiche Überlegungen an, wie verschiedene marketingbezogene Managemententscheidungen aussehen müssen. Damit erstellen sie indirekt eine Typologie, die in der folgenden Tabelle 19 zusammengefasst ist.

Management-aufgabe	Produkttyp			
	Convenience Good	Preference Good	Shopping Good	Specialty Good
Preiswahrnehmung des Kunden	geringer Aufwand, geringes Risiko	geringer Aufwand, mittleres Risiko	hoher Aufwand, mittleres Risiko	hoher Aufwand, hohes Risiko
Einkaufsverhalten des Kunden	Impuls- oder Gewohnheitskauf	Wiederholungs-kauf	Suchkauf	seltener Wieder-holungskauf
Marketingziel	zu preference good machen oder Kostenführerschaft	Markenloyalität	Locationloyalität	Marken- und Locationloyalität
Marketingstrategie	große Menge bei niedrigen Kosten	große Menge bei Marken-differenzierung	Wahl zwischen großer Menge oder hohem Preis	hochpreisige Nischenstrategie
Produktstrategie	Standardisierung	Standardisierung mit Innovationen	standardisiert mit Variationen, Innovationen	kundenindividuell mit Innovationen
Preisstrategie	Marktpreisbildung	Marktpreisbildung	Rabatte oder Verhandlung	Verhandlung
Standort- und Lieferstrategie	Massenbelieferung auf Lager	Massenbelieferung auf Lager	gezielte Lieferungen auf Lager	Einzellieferungen
Werbestrategie	am Verkaufsort, Sonderangebote	großflächig über Medien, Sonderangebote	individuelle Beratung, wenig Werbung	Markenbekanntheit individuelle Beratung

Tabelle 19: **Marketingorientierte Produkttypologie nach MURPHY/ENIS[223]**

Auch hier fällt auf, dass die Überlegungen hinsichtlich der logistischen Eigenschaften von Gütern bzw. der logistischen Auswirkungen der Marketing-

---

[222] Vgl. Murphy/Enis (1986), S. 25.
[223] Quelle: In Anlehnung an Murphy/Enis (1986), S. 35.

entscheidungen sehr einfach gehalten sind, weshalb im nächsten Abschnitt eine detaillierte Darstellung dieser Perspektive auf Gütereigenschaften erfolgt.

2.3.4 Logistikorientierte Klassifikationen und Typologisierungen von Gütern

Im Bereich der logistikorientierten Klassifikationen und Typologien kann, analog zum Drei-Ebenen-Konzept von DELFMANN[224], unterschieden werden in Klassifikationen und Typologien, die sich an den Logistikprozessen der ersten Ebene, also dem Transport, dem Umschlag und der Lagerung sowie der Auftragsabwicklung orientieren (TULA-Prozesse), und solchen, die auf der Steuerung und des Managements dieser Logistikprozesse beruhen, also der zweiten Ebene des Konzepts. Dabei handelt es sich auf der ersten Ebene eher um einfache Klassifikationen oder Typologien hinsichtlich meist physischer Eigenschaften von Gütern, die direkte Auswirkungen auf die Abwicklung der TULA-Prozesse haben. Demgegenüber sind auf der zweiten Ebene einige komplexere Typologien von Gütern aufgestellt worden. Beide Ebenen werden im Folgenden vorgestellt.

2.3.4.1 Klassifikationen und Typologien von Gütern auf der ersten Ebene der logistischen Begriffsverwendung

„Auf der untersten [ersten] Ebene bezeichnet Logistik einen bestimmten Gegenstandsbereich, nämlich die dem räumlichen und zeitlichen Transfer von Objekten jeder Art (vor allem aber Güter und Informationen) dienenden Strukturen und Prozesse. Hierzu gehören die ´klassischen´ Einrichtungen und Prozesse des logistischen Kernbereichs, also des Transports, der Lagerhaltung, der Auftragsabwicklung sowie des Umschlags, der Handhabung und Verpackung."[225]

Dieser Gegenstandsbereich wird auch als Logistiksysteme bezeichnet.[226] An der vorstehenden Definition wird sehr schnell deutlich, dass Gütereigenschaften eine große Rolle spielen, weil sie den beschriebenen raum-zeitlichen Transfer maßgeblich beeinflussen. Eine sehr wichtige grundsätzliche Klassifikation aus logistischer Sicht ergibt sich direkt aus dieser Definition: Die Frage, ob es sich um physische oder informatorische Güter handelt, das heißt inwieweit sich das Gut *digitalisieren* lässt.

---

[224] Vgl. zum Drei-Ebenen-Konzept z.B. Delfmann (1999b) und Delfmann (2000d). Delfmann unterscheidet darin erstens die Ebene der logistischen Systeme, bestehend aus den klassischen Prozessen Transport, Umschlag, Lagerung und Abwicklung („TULA-Prozesse"), zweitens die Ebene des Managements dieser Systeme und drittens die Verwendung logistischer Prinzipien wie Systemdenken, Flusscharakter und Gesamtkostenbetrachtung als eine neue Perspektive für die Unternehmensführung.

[225] Delfmann (1999b), S. 43. Bemerkungen in [ ] vom Verfasser hinzugefügt.

[226] Vgl. z.B. Delfmann (1999b), S. 43, Delfmann (2000d), S. 322ff. oder Pfohl (2000), S. 5.

Und für digitale Güter ergeben sich völlig andere, durch die technischen Möglichkeiten der IKT vorgegebene, logistische (und produktionstechnische) Abläufe als für physische Güter:

> „These (...) products and services can be created, implemented, marketed, ordered, sold, distributed and paid for electronically (...).“[227]

Für digitale Produkte erfolgt mithin sowohl die Produktion als auch die gesamte Transaktion mit allen Transaktionsphasen nur noch über elektronische Medien. Bei den rein digitalen Gütern kann unterschieden werden, ob es sich um Produkte handelt, die prinzipiell nur digital existieren können[228] oder physische Güter, die sich digitalisieren lassen.[229] Weiterhin kann es sich um physische Produkte handeln, bei denen Teile des Transaktionsprozesses digital abgewickelt werden können, oder solche Güter, bei denen eine Digitalisierung in keiner Weise möglich ist. Eine Klassifikation hinsichtlich der Digitalisierbarkeit kann dann anhand des in Abbildung 51 dargestellten Kontinuums erfolgen.

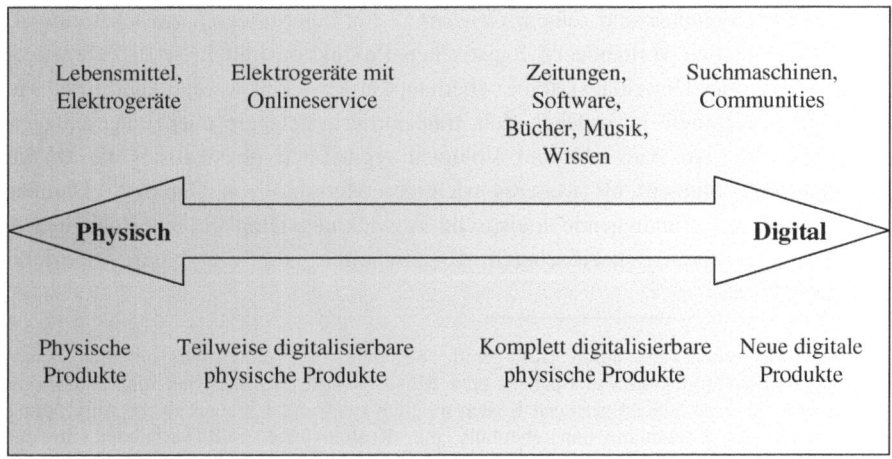

Abbildung 51:   Klassifizierung von Gütern nach ihrer Digitalisierbarkeit

Wie die Darstellungsweise in Abbildung 51 verdeutlicht, handelt es sich, mit Ausnahme der rein digitalen und rein physischen Güter, nicht um klar abgrenzbare Ausprägungen. Die Reinformen stellen vielmehr die beiden Pole eines

---

227   Porra (2000), S. 613.

228   Als Beispiel führt PORRA Electronic Communities, Internetsuchmaschinen, Chat Rooms und Internet-Datenbanken an, vgl. Porra (2000), S. 615.

229   Beispiele wären hier Bücher, Zeitschriften, Musik oder auch Software, die bisher auf physischen Datenträgern verkauft wurde.

Kontinuums dar. So ist insbesondere bei den physischen Produkten eine Fülle von Aktivitäten denkbar, die digitalisiert werden können, so z.B. die dargestellte Servicephase bei Elektrogeräten durch das Angebot von Online-Hilfen. Für die Abwicklung von Transaktionen im Electronic Commerce und damit für den Gegenstandsbereich der Arbeit stellt diese Klassifizierung einen sehr wichtigen Beitrag dar. Insbesondere die Möglichkeit der digitalen Distribution führt dazu, dass die Kosten der Güteraustauschphase nahezu insignifikant werden[230] und so einige der in Kapitel C geschilderten neuen Wertschöpfungsstrukturen, insbesondere die Disintermediation und die elektronische Reintermediation, wahrscheinlicher machen:

> „Prominent examples of success in Internet commerce seem to focus on firms which are offering products which can be sold and delivered electronically over the Internet (e.g. software companies, information service providers)."[231]

Bei physischen Gütern hingegen sind weitere Merkmale von besonderer Bedeutung. So z.B. die aus logistischer Sicht *primären physischen Objekteigenschaften*[232], bestehend aus der *Größe* bzw. den *äußeren Abmessungen* eines Gutes, seinem *Volumen* und seinem *Gewicht*.[233] Sie determinieren zunächst einmal, ob ein Gut mit den vorhandenen logistischen Produktionsmitteln (z.B. Fahrzeuge, Lagersysteme oder Umschlagsysteme) überhaupt abgewickelt werden kann bzw. wie viele Güter eventuell in welcher Zeit transportiert, gelagert oder umgeschlagen werden können. Aus Gewicht und Volumen ergibt sich physikalisch die *Dichte* (Gewicht pro Volumen) als weiteres wichtiges Merkmal von Gütern.[234] Darüber hinaus hängt die grundlegende logistische Abwicklungsfähigkeit unterschiedlicher Güter von weiteren, spezifischeren Eigenschaften ab, die häufig spezielle

---

[230] Das Phänomen, das durch IKT gerade bei den z.T. ganz digitalisierbaren bisher physischen Produkten wie Büchern oder Musik auftritt, ist, dass nun die Distribution dieser Güter zu äußerst geringen Kosten möglich ist. Darüber hinaus ist die Anfertigung zusätzlicher Exemplare nun ebenfalls mit Kosten nahe Null verbunden. In der Terminologie der Mikroökonomik zeichnen sich solche Produkte also durch variable Kosten aus, die gegen Null tendieren. Dies liegt daran, dass nun z.B. ein Musikstück, wenn es einmal produziert und digital aufgenommen ist, beliebig oft ohne Qualitätsverlust kopiert und distribuiert werden kann, was in starkem Gegensatz zu den vorher notwendigen variablen Kosten für Produktion und Vertrieb pro Einheit steht. Die Anwendung der Grenzkosten-Preis-Regel führt in diesen Fällen ebenso zu Verlusten der Produzenten wie die fehlende Möglichkeit, Kopien digitaler Produkte zu verhindern. Es besteht plötzlich im Sinne der „öffentlichen Güter" eine Nicht-Rivalität und z.T. auch eine Nicht-Ausschließbarkeit im Konsum. Prominentes Beispiel war die Musiktauschbörse Napster im Internet.

[231] Poon/Joseph (2000), S. 21.

[232] Vgl. Gnirke (1998), S. 208ff.

[233] Vgl. z.B. Gnirke (1998), S. 208, van Hoek (1998), S. 75, Ballou (1999), S. 62 oder Pfohl (2000), S. 67 und 135ff.

[234] Vgl. z.B. Bowersox/Closs (1996), S. 366.

Anforderungen an das Handling stellen. Zu nennen sind hier z.B. die *Haltbarkeit* oder *Verderblichkeit* sowie die *Zerbrechlichkeit* der Produkte.[235] Weiterhin spielen *chemische Eigenschaften* wie *Brennbarkeit, Explosionsgefahr* oder *Druck-* sowie *Temperaturanfälligkeit* eine Rolle[236], vor allem dadurch, dass sie bestimmte Sicherheitsvorkehrungen nötig machen. Gleiches gilt für den Typ des *diebstahlgefährdeten Gutes.*[237]

2.3.4.2 Klassifikationen und Typologien von Gütern auf der zweiten Ebene der logistischen Begriffsverwendung

Auf der zweiten Ebene der logistischen Begriffsbedeutung, im Bereich der Steuerung und des Managements der logistischen Systeme[238], wurde im Verlauf der letzten Jahre eine ganze Reihe von Steuerungskonzepten entwickelt, die sich zum Teil nur implizit, teilweise aber auch explizit mit Gütereigenschaften beschäftigen. Es handelt sich dabei häufig um Fragestellungen, die direkt mit der Produktionsplanung zusammenhängen. So spielt die *Variantenvielfalt* eines Gutes eine wichtige Rolle für die Komplexität eines Logistiksystems, vor allem natürlich auf der Beschaffungsseite insgesamt komplexer Güter, z.B. im Automobilbau.[239] Die Variantenvielfalt steht in engem Zusammenhang mit der *Modularität*, aus der sich u.a. ableiten lässt, inwieweit ein Gut zur *Customization*[240] und insbesondere *Mass Customization*[241] geeignet ist. Das Konzept der Mass Customization ist jedoch, so interessant es für die Produktions- und Logistiksteuerung ist, noch nicht umfassend genug ausgearbeitet worden, um es hier als Ansatz einer Typologie umfassend vorzustellen. Demgegenüber kann der Ansatz von FISHER[242] als Beispiel einer einfachen, logistikorientierten Typologie gelten und soll deshalb nun genauer erläutert werden.

Ausgangspunkt von FISHER ist die Beobachtung, dass trotz der Fortschritte im Bereich der Informationstechnologie in vielen Wertschöpfungsketten eine sehr

---

[235] Vgl. z.B. Felsner (1980), S. 86, Stock/Lambert (1987), S. 99, Gnirke (1998), S. 208 oder Pfohl (2000), S. 135ff.

[236] Vgl. z.B. Felsner (1980), S. 86, Ballou (1999), S. 62, Gnirke (1998), S. 208 oder Pfohl (2000), S. 135ff.

[237] Vgl. z.B. Felsner (1980), S. 86 oder Ballou (1999), S. 62.

[238] Vgl. Delfmann (1999b), S. 42.

[239] Vgl. z.B. Hadamitzky (1995), S. 133: „Der starke Einfluß der Produktstruktur und Variantenintensität manifestiert sich in der Forderung, Maßnahmen zu einer logistikgerechten Produktgestaltung (...) einzubeziehen." Vgl. auch Fisher (1997), S. 106 und van Hoek (1998), S. 75.

[240] Vgl. Pagh/Cooper (1998), S. 22 oder Waller/Dabholkar/Gentry (2000), S. 134.

[241] Vgl. zur „Mass Customization" z.B. Kotha (1995), Pine/Peppers/Rogers (1995), Lampel/Mintzberg (1996), Piller (1997), Baldwin/Clark (1997), Gilmore/Pine (1997) oder Piller/Schoder (1999).

[242] Vgl. Fisher (1997).

schlechte Performance hinsichtlich der Planung von Güterflüssen zu beobachten ist.[243] Dies führt entweder zu hohen Restbeständen, die dann eventuell unter Einstands- oder Produktionskosten verkauft werden müssen, um das Lager zu räumen. Oder aber es entstehen durch eine nicht antizipierte hohe Nachfrage Fehlbestände mit dem daraus resultierenden möglichen Verlust von Kunden.[244] In jedem Fall sind solche Fehlplanungen nach Meinung von FISHER das Resultat eines falschen Verständnisses der Produkteigenschaften durch die für das Supply Chain Management zuständigen Entscheidungsträger.[245] Besonders nachfragebezogene Eigenschaften von Produkten werden oft vernachlässigt. Aufbauend auf früheren Überlegungen, bei denen alleine die *Vorhersagbarkeit der Nachfrage* im Mittelpunkt der Betrachtungen stand[246], entwickelt FISHER eine immer noch stark an Nachfragemerkmalen orientierte Typologie von Produkten. Als Typologisierungsdimensionen verwendet er den *Produktlebenszyklus*, die sogenannte *„Contribution Margin"* als relatives Maß für den Deckungsbeitrag eines Produkts[247], die *Variantenvielfalt* und den durchschnittlichen *Prognosefehler bei Produktionsbeginn* eines neuen Produkts. Darüber hinaus gehen die *durchschnittliche Lagerfehlmengenrate*, die *durchschnittlich erforderliche Preisreduzierung zur Lagerräumung* und die *Lead-Time* für auftragsorientierte Produkte in die Betrachtungen ein. Anhand von unterschiedlichen Ausprägungen dieser Dimensionen identifiziert FISHER funktionale und innovative Produkte, wobei sich erstere durch einen eher vorhersagbaren Nachfrageverlauf auszeichnen, während letztere erheblich stärkeren Nachfrageschwankungen unterliegen.[248] Tabelle 20 zeigt funktionale und innovative Produkte sowie ihre typischen Ausprägungen in den beschriebenen Dimensionen.

---

[243] Vgl. Fisher (1997), S. 105f.

[244] Vgl. Fisher (1997), S. 106 oder Fisher et al. (1994), S. 84.

[245] Vgl. Fisher (1997), S. 106 oder Fisher et al. (1994), S. 84. Außerdem weisen CACHON/FISHER auf den Wert eines schnittstellenübergreifenden Informationsflusses hin, vgl. Cachon/Fisher (2000), S. 1032ff.

[246] Vgl. Fisher et al. (1994), S. 84. Darin wird unter Berücksichtigung der unterschiedlichen Vorhersagbarkeit der Nachfrage das Konzept der „accurate response" als Gegenpol zu gängigen Supply Chain Steuerungsphilosophien wie „quick response" oder „Just-in-time" vorgestellt.

[247] Berechnet als die Differenz aus Preis minus variabler Kosten dividiert durch den Preis.

[248] Vgl. Fisher (1997), S. 107.

Nachfragemerkmal	Funktionales Produkt	Innovatives Produkt
Länge des Produktlebenszyklus	länger als 2 Jahre	3 Monate bis 1 Jahr
Contribution Margin	5% - 20%	20% - 60%
Variantenvielfalt	niedrig, ca. 10 - 20 Varianten pro Kategorie	hoch, teilweise Millionen Varianten pro Kategorie
Prognosefehler bei Produktionsbeginn	10%	40% - 100%
Durchschnittliche Lagerfehlmengenrate	1% - 2%	10% - 40%
Durchschnittliche Preisreduzierung zur Lagerräumung	0%	10% - 25%
Lead-Time bei auftragsorientierter Produktion	6 Monate bis 1 Jahr	1 Tag bis 2 Wochen

Tabelle 20:   Funktionale und innovative Produkte nach FISHER[249]

Im Mittelpunkt von FISHERS Typologie steht die Berücksichtigung von Nachfrageschwankungen, schließlich bezeichnet er seine beiden Produkttypen auch mit den Untertiteln „vorhersagbare Nachfrage" (bei funktionalen Produkten) und „nicht vorhersagbare Nachfrage" (bei innovativen Produkten).[250]

Kritisch anzumerken bleibt hinsichtlich der Typologie von FISHER, dass er mit seinen beiden Typen lediglich Extremfälle darstellt. Dies wird auch sehr deutlich bei den dargestellten Ausprägungen in Tabelle 20. Eine Menge von Produkten wird eine Länge des Lebenszyklus von ein bis zwei Jahren aufweisen oder eine Lagerfehlmengenrate zwischen zwei und vierzig Prozent. Wenn funktionale und innovative Produkte harmonische Konfigurationen (oder empirisch beobachtbare Konfigurationen) aus den angegebenen Eigenschaften sind, so könnte zumindest vermutet werden, dass es zwischen den beiden Extremtypen eventuell noch einen oder mehrere, dazwischen angesiedelte Typen gibt. Dennoch werden die Ideen von FISHER Eingang in die späteren Untersuchungen finden. Dies liegt neben der umfassenden

---

[249]   Quelle: In Anlehnung an Fisher (1997), S. 107.
[250]   Vgl. Fisher (1997), S. 107.

nachfrageorientierten Typologisierung vor allem daran, dass FISHER der Forderung nach der Zweckausrichtung von Typologien nachkommt und untersucht, welche Art von Produkten sich für welche Form der Supply Chain eignet, er nimmt mithin auch schon eine Zuordnung von Gütertypen zu Wertschöpfungsstrukturen vor. Dabei entwirft er zwei sehr plakative Typen von Supply Chains, die effiziente Supply Chain, die sich vor allem durch eine starke Kostenorientierung auszeichnet, und die flexible („responsive") Supply Chain, bei der die schnelle Reaktion an Marktbedürfnisse im Sinne eines hohen Lieferservice im Vordergrund steht.[251] Tabelle 21 gibt beide wieder.

	Effiziente Supply Chain	Flexible, marktorientierte Supply Chain
Hauptziel	kostengünstige Befriedigung eines gleichmäßigen Bedarfs	schnelle Reaktion auf Nachfrageschwankungen, Vermeidung von Lagerfehlbeständen
Produktionsziel	hohe Auslastung	Vorhalten von Überkapazität für Nachfragespitzen
Bestandsstrategie	hohe Umschlagsrate, minimaler Bestand	Vorhalten großer Lagerbestände
Lead-Time-Strategie	Lead-Time-Reduzierung bei Einhaltung der Kostenziele	hohe Investitionen zur Reduzierung der Lead-Time
Lieferantenauswahl	Auswahl nach Kosten- und Qualitätsgesichtspunkten	Auswahl nach Geschwindigkeit, Flexibilität und Qualität
Produktdesign	Kostenminimierung	Modulares Design, Hinauszögerung der endgültigen Montage

Tabelle 21: **Effiziente und marktorientiert-flexible Supply Chain nach FISHER**[252]

---

[251] Vgl. Fisher (1997), S. 108 und zum Konzept des Lieferservice z.B. Pfohl (2000), S. 35.
[252] Quelle: In Anlehnung an Fisher (1997), S. 108.

268

Auch hier ist die Polarität der beiden Formen sehr augenscheinlich. Kritisch ist in jedem Fall anzumerken, dass die Forderung, eine marktorientiert-flexible Wertschöpfungskette müsse über hohe Lagerbestände und Überschusskapazitäten in der Produktion verfügen, grundlegenden Zusammenhängen in der Logistik widerspricht. Zumindest auf den ersten Blick besteht ein Gegensatz zu der generell in der Logistikliteratur vertretenen Auffassung, dass Lager dazu aufgebaut werden, um Produktion und Nachfrage voneinander zu entkoppeln. Das heißt Lager dienen gerade dazu, den Aufbau von Überschusskapazitäten zu vermeiden, da ja eventuell auftretende Nachfragespitzen aus dem Lagerbestand bedient werden können und deshalb keine zusätzliche Produktion nötig ist:

> „Der Aufbau von Lagerbeständen dient (...) in Distributions- wie auch in Produktionslagern dazu, die Produktionskapazitäten trotz saisonaler Nachfragen kontinuierlich auszulasten."[253]

Insgesamt repräsentiert die von FISHER vorgeschlagene marktorientiert-flexible Supply Chain eine Mixtur aus unterschiedlichen logistischen Steuerungsprinzipien. Es finden sich Elemente der in Abschnitt D.II vorgestellten logistischen Gestaltungsvariablen wieder. So ist die geforderte schnelle Reaktion auf Nachfrageschwankungen nur durch Spekulieren im Produktions- und Logistikbereich zu realisieren, dies gilt ebenso für das Ziel der Vermeidung von Lagerfehlbeständen. Damit ist gleichzeitig die Struktur eines solchen Wertschöpfungssystems für eine flexibel-marktorientierte Supply Chain vorgeben, da Spekulieren im Produktionsbereich meist mit einer Zentralisation einhergeht, im Logistikbereich dagegen mit einem Trend zu dezentralen Strukturen.[254] FISHER nimmt abschließend eine Zuordnung seiner Produkttypen zu den vorgestellten Wertschöpfungsstrukturen vor und kommt zu dem naheliegenden Schluss, dass es für funktionale Produkte einer effizienten Supply Chain bedarf und innovative Produkte eher in einer marktorientiert-flexiblen Wertschöpfungsstruktur produziert und distribuiert werden sollten.[255] Abbildung 52 zeigt diesen Zusammenhang.

---

[253] Pfohl (2000), S. 93. Vgl. auch Bowersox/Closs (1996), S. 248.

[254] Vgl. die Ausführungen in Abschnitt D.II.

[255] Vgl. Fisher (1997), S. 109.

	Funktionale Produkte	Innovative Produkte
Effiziente Supply Chain	**match**	mismatch
Marktorientiert-flexible Supply Chain	mismatch	**match**

Abbildung 52: **Typen von Produkten und Wertschöpfungsstrukturen nach FISHER**[256]

Bemerkenswerter als die intuitiv nachvollziehbare Zuordnung von Produkten und Wertschöpfungsstrukturen, die FISHER vornimmt, ist sein Hinweis, dass sich seiner Erfahrung nach erstaunlich viele Unternehmen im rechten oberen Feld befinden, das heißt ihre Produkte sind in FISHERS Terminologie als innovativ zu bezeichnen, sie werden aber über eine effiziente Supply Chain abgewickelt.[257] Dadurch entstehen diesen Unternehmen allerdings hohe Verluste, da sie, wie FISHER argumentiert, Lagerfehlmengen für Produkte mit einer sehr hohen „Contribution Margin" hinnehmen müssen. Solche Lagerfehlmengen ließen sich demgegenüber bei der Wahl einer marktorientiert-flexiblen Strategie reduzieren.

Dieser Hinweis macht allerdings auch eine weitere Schwäche der Argumentation von FISHER deutlich. Denn es ist nicht klar, für welche Art von Supply Chain die in Tabelle 20 genannten Lagerfehlmengenraten gelten. Entweder basieren die von FISHER beschriebenen Gütertypen (funktional und innovativ) implizit auf einer effizienten Supply Chain, und innovative Produkte weisen dann eine Fehlmengenrate von bis zu 40% auf, während die in Tabelle 20 genannten Werte für funktionale Produkte bereits das Optimum darstellen. Oder aber FISHER legt bei seinen

---

[256]   Quelle: Fisher (1997), S. 109.
[257]   Vgl. Fisher (1997), S. 109.

Überlegungen eine wie auch immer geartete „durchschnittliche" Supply Chain zugrunde, für die sich die in Tabelle 20 angegebenen Fehlmengenraten ergeben. Durch den Einsatz einer effizienten bzw. marktorientiert-flexiblen Supply Chain könnten dann gegenüber dieser durchschnittlichen Supply Chain Verbesserungen für beide Produkttypen erzielt werden.[258] Trotz dieser Schwäche verdeutlicht der Ansatz von FISHER sehr gut, wie eine Zuordnung von Produkttypen zu Wertschöpfungsstrukturen aussehen könnte. Für die geplante Konfigurationsbildung ist allerdings eine deutlich schärfere Herausarbeitung der Gestaltungsdimensionen von Distributionssystemen erforderlich.

2.4 Überblick über existierende Gütertypologien im Electronic Commerce

„To have a clearer understanding of the issues surrounding the impact of product characteristics on the successful use of the Internet, a discussion on product classifications is warranted."[259]

Auch im Bereich des internetbasierten Handels werden also Überlegungen angestellt, welche Eigenschaften Güter aufweisen müssen, um für die Abwicklung im Electronic Commerce geeignet zu sein. Es existieren allerdings nur einige wenige Beiträge zu dieser Fragestellung. Sie sollen im folgenden Abschnitt vorgestellt werden.

Im deutschsprachigen Raum erschienen bereits zu Beginn der Verbreitung des Electronic Commerce erste Beiträge, die sich mit der Eignung von Produkten im endkundenorientierten (b-t-c) elektronischen Handel auseinandersetzen. So untersuchen GLANZ/GUTSCHE Produkte hinsichtlich ihrer Digitalisierbarkeit, physischen Verfügbarkeit und Individualisierbarkeit und kommen zu dem Schluss, dass vor allem digitalisierbare Produkte gut geeignet sind für den Vertrieb über das Internet.[260] KIUS stellt die Einfachheit der physischen Übertragung und den Zusatznutzen durch die Online-Präsenz in den Mittelpunkt seiner Studie. Als Ergebnis stellt er fest, dass eine einfache Übertragung und ein hoher Zusatznutzen Voraussetzung für einen erfolgreichen b-t-b Vertrieb sind.[261] Ebenfalls aus der Pionierzeit des Electronic Commerce stammt eine empirische Studie von BLIEMEL/THEOBALD. Darin arbeiten die Autoren mit Hilfe einer über das Internet durchgeführten Befragung heraus, welche Eigenschaften Produkte, die für den elektronischen Handel mit

---

[258] Eine dritte Möglichkeit ist, dass die genannten Werte auf empirischen Beobachtungen beruhen. Auch hier wäre allerdings zu fragen, wie dann die Supply Chain aussieht, mit der solche Werte „erzielt" werden.

[259] Poon/Joseph (2000), S. 21.

[260] Vgl. Glanz/Gutsche (1997), S. 49.

[261] Vgl. Kius (1997), S. 17.

Endkonsumenten geeignet sind, aufweisen.[262] Als relevante Merkmale von Produkten untersuchen sie den Preis des Produkts, seine Komplexität, den Beratungsbedarf beim Kauf, emotionale Aspekte, den Standardisierungs- und den Digitalisierungsgrad. Ihre Hypothese ist, dass die Wahrscheinlichkeit des Internetverkaufs eines Gutes hoch ist bei:[263]

- geringem Preis,

- geringer Komplexität

- geringem Beratungsbedarf,

- gering ausgeprägten emotionalen Aspekten,

- hohem Standardisierungsgrad und

- hohem Digitalisierungsgrad.

Mit lediglich 96 auswertbaren Fragebögen ist die Datenbasis der Studie als gering anzusehen.[264] Die Ergebnisse der Studie können in zwei Schritten betrachtet werden. Zunächst einmal ergibt sich eine klare Rangfolge unter den Produkten, welche den Befragten zur Auswahl standen bezüglich der „Kaufwahrscheinlichkeit über das Internet". Musik-CDs, Pauschalflugreisen, Tageszeitungen als Download sowie Computerdisketten wird eine hohe Kaufwahrscheinlichkeit zugesprochen, während Lederschuhe, Couchgarnituren und Fertighäuser als unwahrscheinliche Internetkäufe bewertet werden. Da die Probanden nicht nur gebeten wurden, die Kaufwahrscheinlichkeit für die unterschiedlichen Produkte anzugeben, sondern auch eine Bewertung der sechs oben genannten Produktmerkmale bei den verschiedenen Gütern vorzunehmen, erlaubt die Studie die Erstellung von Produktprofilen hinsichtlich der Online-Eignung. Sollten sich für Güter mit hoher (niedriger) Kaufwahrscheinlichkeit einheitliche Produktprofile ergeben, könnten so Rückschlüsse auf Kombinationen von Merkmalsausprägungen gezogen werden, die eine hohe (niedrige) Online-Eignung aufweisen. Das erstaunliche Ergebnis der Untersuchungen von BLIEMEL/THEOBALD ist aber, dass sich kein solcher Zusammenhang identifizieren lässt; auf Basis ihrer durchgeführten Befragung weisen die Produkte mit hoher Kaufwahrscheinlichkeit sehr unterschiedliche Produktprofile auf:

> „Wie auch die vorherigen Analysen angedeutet haben, sind die gefundenen Zusammenhänge nur schwach ausgeprägt. Vielmehr scheinen einzelne Eigenschaften bei dem einen Produkt sehr wichtig zu sein, während sie bei einem anderen bedeutungslos für die Kaufwahrscheinlichkeit sind."[265]

---

[262]   Vgl. Bliemel/Theobald (1997), S. 3.
[263]   Vgl. Bliemel/Theobald (1997), S. 5.
[264]   Vgl. Bliemel/Theobald (1997), S. 10.
[265]   Bliemel/Theobald (1997), S. 16.

Somit kommen BLIEMEL/THEOBALD zu dem Schluss, dass das Ziel der Studie, durch die Identifizierung von Produktmerkmalsprofilen ein Entscheidungs-raster zur Online-Eignung von Produkten zu erstellen, nicht erreicht wurde.[266] Sie leiten allerdings einige Aussagen hinsichtlich einzelner Produkteigenschaften ab. So sehen sie eine hohe Eignung von digitalisierbaren Gütern für den Online-Verkauf; ebenso wie für stark standardisierte Elektrogeräte. Demgegenüber halten sie hochpreisige Güter wegen des längeren Kaufentscheidungsprozesses für ungeeignet. Auch Produkten des täglichen Bedarfs sprechen sie eine Onlineeignung ab, weil sie nicht rechtzeitig durch den von ihnen als einzige Distributionsstruktur betrachteten Direktversand zugestellt werden können.[267]

Insbesondere die letzten beiden Schlussfolgerung müssen kritisch hinterfragt werden, da sich speziell hochpreisige Güter für den Versand eignen, weil bei ihnen die Transportkosten in Relation zum Wert kaum ins Gewicht fallen. Ebenso wird bei den Gütern des täglichen Bedarfs die Regelmäßigkeit ihrer Nachfrage außer Acht gelassen, die es auch mit einem Direktversandsmodell ermöglichen könnte, solche Produkte zeitgerecht zu liefern. Als Fazit zur empirischen Studie von BLIEMEL/THEOBALD kann somit festgehalten werden, dass gerade das Zusammenspiel der Produktmerkmale untereinander noch intensiver betrachtet werden muss, vor allem aber auch die Verbindung zwischen Gütereigenschaften in der akquisitorischen Distribution mit Produktmerkmalen in der physischen Distribution.

Im angloamerikanischen Raum haben sich ebenfalls einige Autoren mit der Thematik der Gütereigenschaften im Electronic Commerce beschäftigt. POON/JOSEPH untersuchen Konsumgüter und nehmen zunächst eine einfache Typologisierung hinsichtlich der Dimensionen Grad der potenziellen Informationsasymmetrie und Tangibilität vor.[268] Bei der potenziellen Informationsasymmetrie vereinfachen sie das in Abbildung 47 vorgestellte informationsökonomische Klassifizierungsinstrument und sprechen lediglich von Erfahrungs- und Suchgütern. Die Tangibilität unterteilen sie in die Ausprägungen hoch und niedrig. Dadurch ergeben sich vier mögliche Kombinationen, wie Abbildung 53 zeigt.

---

[266]   Vgl. Bliemel/Theobald (1997), S. 19.
[267]   Vgl. Bliemel/Theobald (1997), S. 17ff.
[268]   Vgl. Poon/Joseph (2000), S. 22.

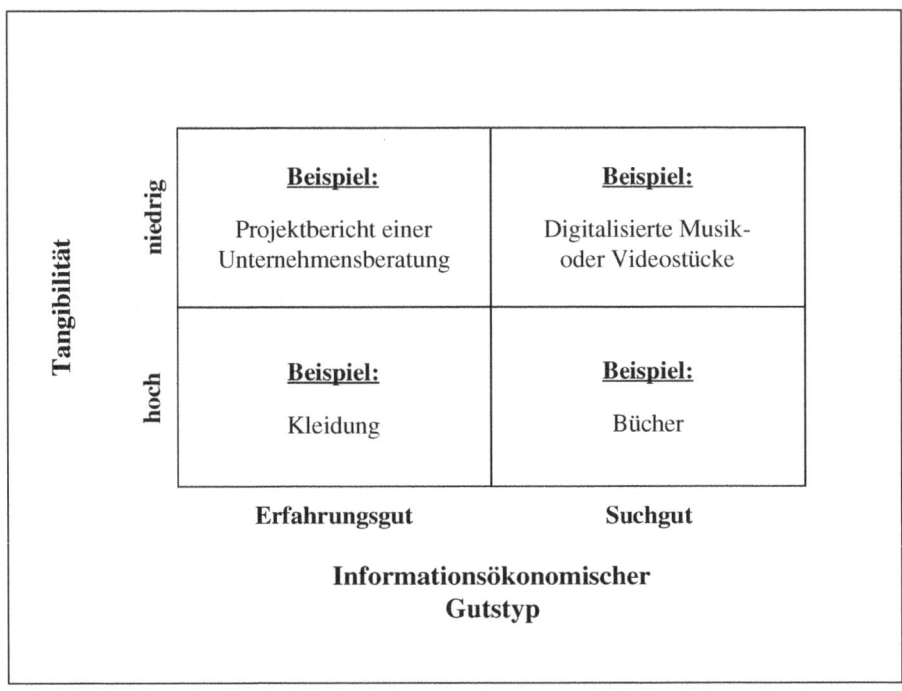

Abbildung 53:   **Für den elektronischen Handel geeignete Produkte nach POON/JOSEPH[269]**

Leider erfolgt bei POON/JOSPEH keine genauere Erläuterung der unterschiedlichen Produkttypen, es bleibt bei der Darstellung von Beispielen. In ihren Augen sind alle dargestellten Produkttypen für eine Abwicklung im Electronic Commerce geeignet. Dies mag für die angegebenen Beispiele zutreffen, besonders im Bereich der tangiblen Erfahrungsgüter könnten jedoch bei einigen Gütern die logistischen Eigenschaften im Zusammenspiel mit der informatorischen Eigenschaften eine Abwicklung über den elektronischen Handel erschweren. Zumindest könnten für Güter mit besonderen logistischen Eigenschaften andere logistische Strukturen erforderlich sein als der Versand ab Hersteller oder Internetgroßhändler. Die Schwäche dieser beispielbasierten Argumentation ist auch POON/JOSEPH bewusst, weshalb sie eine empirische Studie unter kleinen und mittelständischen Unternehmen in Australien hinsichtlich der beiden von ihnen identifizierten Dimensionen und der sich daraus ergebenden Eignung für Electronic Commerce durchgeführt haben.[270] Ziel war es, herauszufinden, ob die Unternehmen

---

[269]   Quelle: In Anlehnung an Poon/Joseph (2000), S. 22.

[270]   Für die genauen Kriterien der Auswahl des Befragungssamples siehe Poon/Joseph (2000), S. 26.

glauben, durch den internetbasierten Verkauf ihrer Produkte einen Wettbewerbsvorteil gegenüber ihren traditionelle Vertriebswege nutzenden Konkurrenten erreichen zu können.[271] Daraus abgeleitet ergibt sich, ob ein solcher Wettbewerbsvorteil eher mit Erfahrungs- oder Suchgütern bzw. tangiblen oder intangiblen Produkten erzielbar ist.

Die Ergebnisse der Befragung von POON/JOSPEH stehen im Gegensatz zu der Erwartung, dass tendenziell Suchgüter und intangible Produkte besser für Electronic Commerce geeignet sind (und somit den befragten Unternehmen einen Wettbewerbsvorteil bieten könnten). Es zeigt sich, dass die Unternehmen zwar glauben, einen Wettbewerbsvorteil gegenüber ihren nicht im Electronic Commerce tätigen Konkurrenten zu haben, dieser Wettbewerbsvorteil ihrer Ansicht nach aber nicht in der Art des Produkts begründet liegt:

> „The results (...) point out that among the respondents, whether selling search or experience goods, it did not make a difference in Internet commerce benefit experience (...). Whatever benefit experienced by this group of small businesses did not stem from what they are selling but something else."[272]

Dies gilt genauso für die Frage nach der Tangibilität, das heißt der Digitalisierbarkeit. Auch hier sehen die befragten Unternehmen keinen Unterschied in der Möglichkeit, einen Wettbewerbsvorteil zu erzielen in Abhängigkeit davon, ob sie digitalisierbare oder nicht-digitalisierbare Produkte verkaufen. Selbst das Angebot einer digitalisierten Zahlungsabwicklung führt nicht zu Unterschieden.[273] Insgesamt kommen POON/JOSEPH zu dem Fazit, dass sich zumindest vor dem Hintergrund ihrer Studie keine klaren Aussagen hinsichtlich der Eignung bestimmter Gütertypen für internetbasierten Electronic Commerce ergeben. Dies führen sie auch darauf zurück, dass es ihrer Meinung nach keine Güter mit eindeutigen Ausprägungen in den von ihnen untersuchten Dimensionen gibt.[274] Außerdem müssten neben den Produkteigenschaften noch weitere Dimensionen betrachtet werden, um die Frage nach der Vorteilhaftigkeit des internetbasierten Verkaufs zu beantworten. Aus Marketingsicht sind dies z.B. die Vermittlung eines Einkaufserlebnisses, auf das im Internet verzichtet werden muss oder die Frage, inwieweit Werbung über das Internet in der Lage ist, ebenso stark Bedürfnisse zu wecken wie andere Medien.[275] Abschließend weisen POON/JOSEPH explizit auf die Wichtigkeit der Betrachtung von Marktstrukturen im Allgemeinen und von Wertschöpfungsstrukturen im Speziellen hin[276] und stützen damit das Forschungsvorhaben der vorliegenden Arbeit.

---

[271]   Vgl. Poon/Jospeh (2000), S. 24.

[272]   Poon/Joseph (2000), S. 28.

[273]   Vgl. Poon/Jospeh (2000), S. 29.

[274]   Vgl. Poon/Jospeh (2000), S. 31

[275]   Vgl. Poon/Jospeh (2000), S. 31.

[276]   Vgl. Poon/Jospeh (2000), S. 30.

Einen weiter ausgereiften Ansatz einer Gütertypologie im Electronic Commerce haben PETERSON ET AL. in ihrem Beitrag von 1997 vorgestellt.[277] Ihr Ziel ist festzustellen, welche Implikationen das Internet für das Endkonsumentenmarketing hat. Sie greifen auf ein von ihnen entwickeltes 3-Kanäle-Schema zurück und stellen fest, dass auf Transaktionsebene das Internet in Abhängigkeit von den Produktcharakteristika zum dominierenden Kanal werden könnte, wie bereits in Tabelle 13 auf Seite 174 dargestellt wurde. Als relevante Produktmerkmale identifizieren PETERSON ET AL. den Wert (Preis) des Produkts in Verbindung mit der Häufigkeit des Kaufs, die Tangibilität sowie den Grad der Differenzierung.[278]

Dabei wird unterstellt, dass der Wert des Gutes und die Häufigkeit des Kaufs eine Korrelation aufweisen. Es wird demnach unterschieden zwischen niedrigwertigen Gütern, die häufig gekauft werden und hochwertigen Gütern, die selten gekauft werden.[279] Weiterhin wird zwischen tangiblen, physischen Gütern und intangiblen, eher dienstleistungsorientierten Gütern unterschieden und in der dritten Dimension zwischen solchen Produkten, die sich leicht durch Produktions- oder Marketingmaßnahmen differenzieren lassen und solchen, bei denen eine Differenzierung eher nicht möglich ist.[280] Aus der Kombination dieser drei Dimensionen mit ihren je zwei Ausprägungen ergeben sich folglich acht Gütertypen, die in Tabelle 22 dargestellt sind.

---

[277]   Vgl. Peterson/Balasubramanian/Bronnenberg (1997).

[278]   Vgl. Peterson/Balasubramanian/Bronnenberg (1997), S. 335f.

[279]   PETERSON ET AL. weisen darauf hin, dass diese strikte bipolare Trennung nur der besseren Veranschaulichung dient, vgl. Peterson/Balasubramanian/Bronnenberg (1997), S. 335.

[280]   Vgl. Peterson/Balasubramanian/Bronnenberg (1997), S. 336.

Dimension 1	Dimension 2	Dimension 3	Beispiele
Niedrigwertig, häufig gekauft	Tangibel - physisch	Hohes Differenzierungs-potenzial	Wein, Soft Drinks, Zigaretten
		Geringes Differenzierungs-potenzial	Milch, Eier
	Intangibel	Hohes Differenzierungs-potenzial	Internet-zeitungen
		Geringes Differenzierungs-potenzial	Börseninfor-mationen
Hochwertig, selten gekauft	Tangibel - physisch	Hohes Differenzierungs-potenzial	Stereoanlagen, Autos
		Geringes Differenzierungs-potenzial	Edelmetalle
	Intangibel	Hohes Differenzierungs-potenzial	Software
		Geringes Differenzierungs-potenzial	Versicherungen

Tabelle 22:   **Gütertypologisierung nach PETERSON ET AL.**[281]

PETERSON ET AL. untersuchen aufbauend auf der präsentierten Güter-
typologie, bei welchen Gütern welche Phasen eines Kaufs über welche Art von
Vertriebskanälen abgewickelt werden. Sie unterscheiden dabei drei Phasen eines
Kaufs, und zwar die Auswahl der Marke, den Preisvergleich und den (physischen)

---

[281]   Quelle: In Anlehnung an Peterson/Balasubramanian/Bronnenberg (1997), S. 337.

Erwerb des Produkts. Als alternative Vertriebskanäle stehen der klassische Einzelhandel und das Internet zur Auswahl. PETERSON ET AL. kommen zu dem Ergebnis, dass für einige Gütertypen weiterhin der klassische Einzelhandel in allen drei Phasen dominant sein wird. Dies gilt für niederwertige physische Produkte mit und ohne Differenzierungspotenzial. Für eine zweite Gruppe von Gütern sehen sie eine hohe Wahrscheinlichkeit, dass alle drei Phasen im Internet durchgeführt werden. Solche Produkte zeichnen sich durch einen niedrigen Wert und Intangibilität bei hoher oder geringer Differenzierungsmöglichkeit aus. Schließlich sehen sie für einen Großteil der Güter, nämlich für alle höherwertigen Produkte, tangibel oder intangibel und mit hohem oder niedrigem Differenzierungspotenzial, die Möglichkeit, dass alle drei Transaktionsphasen alternativ über beide Vertriebskanäle durchgeführt werden können.[282] Die nachfolgende Tabelle gibt einen Überblick über die Ergebnisse von PETERSON ET AL.

---

[282] Vgl. für die Darstellung der verschiedenen Gütetypen und der Durchführung der unterschiedlichen Transaktionsphasen in den zwei Vertriebskanälen Peterson/Balasubramanian/Bronnenberg (1997), S. 339f.

Dimension 1	Dimension 2	Dimension 3	Mögliche Zuordnung zu Transaktionsphasen und Vertriebskanälen
Niedrigwertig, häufig gekauft	Tangibel- physisch	Hohes Differenzierungspotenzial	(Wein, Softdrinks, Zigaretten) Markenauswahl im trad. Einzelhandel Preisvergleich im trad. Einzelhandel Erwerb im trad. Einzelhandel
		Geringes Differenzierungspotenzial	(Milch, Eier) Markenauswahl im trad. Einzelhandel Preisvergleich im trad. Einzelhandel Erwerb im trad. Einzelhandel
	Intangibel	Hohes Differenzierungspotenzial	(Internetzeitungen) Markenauswahl im Internet Preisvergleich im Internet Erwerb im Internet
		Geringes Differenzierungspotenzial	(Börseninformationen) Markenauswahl im Internet Preisvergleich im Internet Erwerb im Internet
Hochwertig, selten gekauft	Tangibel - physisch	Hohes Differenzierungspotenzial	(Stereoanlagen, Autos) Markenauswahl in beiden Kanälen möglich Preisvergleich in beiden Kanälen möglich Erwerb in beiden Kanälen möglich
		Geringes Differenzierungspotenzial	(Edelmetalle) Markenauswahl in beiden Kanälen möglich Preisvergleich in beiden Kanälen möglich Erwerb in beiden Kanälen möglich
	Intangibel	Hohes Differenzierungspotenzial	(Software) Markenauswahl in beiden Kanälen möglich Preisvergleich in beiden Kanälen möglich Erwerb in beiden Kanälen möglich
		Geringes Differenzierungspotenzial	(Versicherungen) Markenauswahl in beiden Kanälen möglich Preisvergleich in beiden Kanälen möglich Erwerb in beiden Kanälen möglich

Tabelle 23:   **Mögliche Vertriebswege in Abhängigkeit vom Produkttyp nach PETERSON ET AL.[283]**

Die Aussagen von PETERSON ET AL. sind leider wenig differenziert. Ein weiteres großes Manko liegt in der schon in den Grundannahmen festgelegten Nichtbeachtung der logistischen Strukturen, da PETERSON ET AL. nur für digitale Produkte

---

[283]   Quelle: In Anlehnung an Peterson/Balasubramanian/Bronnenberg (1997), S. 339.

Auswirkungen des Internets auf die Distributionsstrukturen erwarten[284], wie in Tabelle 13 auf Seite 174 bereits dargestellt wurde. Sie vernachlässigen dadurch die Tatsache, dass sich im Electronic Commerce auch neue oder zumindest andere Vertriebswege ergeben können, wie ja in Kapitel C schon detailliert erläutert wurde. Auch sind die sehr vagen Aussagen hinsichtlich der gesamten Kategorie der hochwertigen Güter noch deutlich ausbaufähig.

Der wohl umfassendste Ansatz zur Entwicklung einer Gütertypologie im Electronic Commerce stammt von PASCHELKE/ROSELIEB.[285] Darin versuchen die Autoren, die Eignung von Gütern für die Online-Distribution herauszuarbeiten, die sie unterteilen in eine direkte und eine indirekte, auf Intermediäre zurückgreifende, Online-Distribution.[286] Zur Identifizierung sogenannter online-relevanter Güter-merkmale nehmen PASCHELKE/ROSELIEB eine Zweiteilung in akquisitorische Leistungsvereinbarung und distributive Leistungserfüllung vor. Dabei entspricht die akquisitorische Leistungsvereinbarung der Anbahnungs- und Vereinbarungsphase des hier verwendeten Transaktionsphasenschemas, während die distributive Leistungs-erfüllung der Abwicklungsphase einer Transaktion gleichzusetzen ist (siehe auch Abbildung 1 auf Seite 7). Sowohl für die akquisitorische Leistungsvereinbarung als auch für den Güterfluss in der distributiven Leistungserfüllung arbeiten PASCHELKE/ROSELIEB eine Reihe von Merkmalen heraus, hinsichtlich der die Tauglichkeit von Gütern für die Online-Distribution festgestellt werden soll.

. Im Bereich der akquisitorischen Leistungsvereinbarung handelt es sich dabei um folgende Merkmale mit den jeweiligen Ausprägungen:

- Vollständige Online-Tauglichkeit des Informationsbedarfs als Obermerkmal einer Reihe von Merkmalen. Bedingung für die vollständige Online-Tauglichkeit des Informationsbedarfs ist erstens das Vorliegen eines identischen Wiederkaufs, wodurch kein Informationsbedarf mehr besteht, da auf vorhandenes Wissen zurückgegriffen werden kann. Zweitens sind eine geringe Bedeutung des Gutes sowie die Verzichtbarkeit von haptischen, gustorischen und olfaktorischen Eindrücken erforderlich, da diese eine physische Begutachtung des Produkts durch Tast-, Geschmacks- bzw. Geruchssinn erfordern. Schließlich sollte Marktpartnervertrauen verzichtbar oder zumindest online vermittelbar sein.[287]

- Geringe Informationsfristigkeit als Ausdruck der käuferseitig zur Verfügung stehenden Zeit für die Informationssuche. PASCHELKE/ROSELIEB kommen zu dem Schluss, dass bei Vorliegen einer sehr engen Restriktion hinsichtlich

---

[284]   Vgl. Peterson/Balasubramanian/Bronnenberg (1997), S. 335.

[285]   Vgl. Paschelke/Roselieb (2002), S. 325ff.

[286]   Vgl. Paschelke/Roselieb (2002), S. 325.

[287]   Vgl. Paschelke/Roselieb (2002), S. 405.

der Informationsfristigkeit die Online-Eignung von Gütern eingeschränkt ist und veranschaulichen dies mit dem Beispiel von Kleidung, bei der nicht alle benötigten Informationen online eingeholt werden können, so dass der Informationssuchprozess insgesamt sehr viel Zeit in Anspruch nimmt, was bei einer hohen Bedarfsfristigkeit eine geringe Online-Eignung bedeutet.[288]

-   Das Vorliegen eines rechtlichen Zwangs zur physischen Kontrahierung, das heißt ein Vertragsabschluss ist online nicht möglich, z.B. wegen der Erfordernis einer notariellen Beglaubigung.[289]

-   Die Simultanität der akquisitorischen Distributionstätigkeiten. Hier wird festgestellt, ob für den Fall, dass eine physische Abwicklung einiger akquisitorischer Tätigkeiten wie z.B. des Vertragsabschlusses erforderlich ist, die restlichen Aktivitäten am selben Ort ebenfalls physisch durchgeführt werden können. In einem solchen Fall wäre eine Online-Durchführung der restlichen Aktivitäten nicht effizient.

Für den Bereich der physischen Distribution identifizieren PASCHELKE/ROSELIEB die nachfolgend genannten Gütermerkmale:

-   Die Digitalisierbarkeit eines Gutes. Ist diese gegeben, so ist nach PASCHELKE/ROSELIEB die distributive Leistungserfüllung online möglich.[290]

-   Die Bedarfsfristigkeit des Produkts. Bezüglich ihrer Ausprägung wird unterschieden in eine kurze und eine lange Bedarfsfristigkeit[291], zur Online-Eignung werden jedoch keine direkten Aussagen getroffen. PASCHELKE/ROSELIEB verweisen hier lediglich auf den Zusammenhang zur Frage, ob eine Belieferung oder Abholung erfolgt und ob es sich um eine direkte oder indirekte Belieferung handelt.[292]

-   Die Wertdichte eines Gutes als Indikator für seine Transportfähigkeit. Eine hohe Wertdichte ermöglicht nach PASCHELKE/ROSELIEB eher direkte Versandlösungen von einzelnen Produkten, während bei geringer Wertdichte die Einschaltung von Absatzmittlern zur Erzielung von Bündelungsvorteilen sinnvoller ist. PASCHELKE/ROSELIEB verweisen in diesem Zusammenhang auf die Argumentation von BRETZKE.[293] Dieser verwendet allerdings nicht die Wertdichte eines Produkts, sondern das Wert-Gewicht-Verhältnis. Zur Problematik der Verwendung und Ermittlung der Wert-

---

[288]   Vgl. Paschelke/Roselieb (2002), S. 389f.
[289]   Vgl. Paschelke/Roselieb (2002), S. 391.
[290]   Vgl. Paschelke/Roselieb (2002), S. 397.
[291]   Vgl. Paschelke/Roselieb (2002), S. 399.
[292]   Vgl. Paschelke/Roselieb (2002), S. 400.
[293]   Vgl. Bretzke (1999), S. 236.

dichte wird im weiteren Verlauf dieser Arbeit noch ausgiebig Stellung bezogen.

- Die Lager- und Speicherfähigkeit physischer Güter und die Frage des Objektbezugs der Leistungserstellung nicht speicherfähiger Produkte.[294]

Auf Basis der vorgestellten Gütermerkmale kommen PASCHELKE/ROSELIEB zur in der folgenden Tabelle 24 dargestellten Zuordnung von Gütereigenschaften zu verschiedenen Formen der Durchführung von akquisitorischer und physischer Distribution.

---

[294] Vgl. Paschelke/Roselieb (2002), S. 403.

	Gütertyp 1	Gütertyp 2	Gütertyp 3	Gütertyp 4	Gütertyp 5
	Akquisition und Güterfluss vollständig online	Akquisition vollständig online und Belieferung	Akquisition vollständig online und Abholung	Akquisition teilweise online und Belieferung	Akquisition teilweise online und Abholung
Vollständige Onlinetaug-lichkeit des Informations-bedarfs	Ja	Ja	Ja	Ja, falls Kontrahierung nicht online-geeignet	Ja, falls Kontrahierung nicht online-geeignet
Kontrahierung online geeignet	Ja	Ja	Ja	Ja, falls Informations-bedarf nicht online-geeignet	Ja, falls Informations-bedarf nicht online-geeignet
Simultanität von akquisitorischen Distributions-tätigkeiten	Nicht relevant	Nicht relevant	Nicht relevant	Nicht relevant bei physischem Kontakt am Verwenderort. Nein, wenn Verlassen des Verwenderorts erforderlich	Nein
Informations-fristigkeit	Nicht relevant	Nicht relevant	Nicht relevant	Nicht relevant, wenn physischer Kontakt wegen Kontrahierung erforderlich. Ausreichend lang, wenn physischer Kontakt zur Information erforderlich	Nicht relevant, wenn physischer Kontakt wegen Kontrahierung erforderlich. Ausreichend lang, wenn physischer Kontakt zur Information erforderlich
Simultanität von Akquisition und Güterfluss	Nicht relevant	Nein	Nein	Nein	Nein
Digitalisier-barkeit	Ja	Nein	Nein	Nein	Nein
Wertdichte	n.a.	i.d.R. hoch	Niedrig	i.d.R. hoch	Niedrig
Bedarfsfristigkeit	Nicht relevant	Lang	Kurz	Lang	Kurz
Lager bzw. Speicherfähigkeit	Ja	Ja	Nicht relevant	Ja	Nicht relevant

Tabelle 24: **Produkttypen und Eignung für Distributionsformen nach PASCHELKE/ROSELIEB[295]**

---

[295] Quelle: Paschelke/Roselieb (2002), S. 408.

Als Aussage lässt sich somit ableiten, dass Güter mit vollständiger Online-tauglichkeit des Informationsbedarfs und einer möglichen Online-Kontrahierung, die digitalisierbar und speicherbar sind, sowohl akquisitorisch als auch physisch online distribuierbar sind (Gütertyp 1). Sind die akquisitorischen Merkmale genauso ausgeprägt, es handelt sich aber um ein nicht digitalisierbares Produkt, dessen Bedarfsfristigkeit lang ist, halten PASCHELKE/ROSELIEB die physische Belieferung im Anschluss an eine online durchgeführte Akquisition für die passende Distributions-strategie (Gütertyp 2). Ist dagegen bei ansonsten dem zweiten Fall äquivalenten Gütern die Bedarfsfristigkeit kurz, sehen sie Vorteile bei einer physischen Abholung (Gütertyp 3). Für den Fall, dass entweder die Kontrahierung nicht online durchgeführt werden kann oder aber der Informationsbedarf nicht online-geeignet ist, sprechen PASCHELKE/ROSELIEB von einer nur teilweisen Online-Akquisition und unterscheiden dann analog zur vollständigen Online-Akquisition in physische Belieferung bei langer Bedarfsfristigkeit und physische Abholung bei kurzer Bedarfsfristigkeit (Gütertypen 4 und 5).

Die Untersuchungen von PASCHELKE/ROSELIEB stellen den bisher detailliertesten Versuch einer Gütertypologie bezüglich der Eignung für Electronic Commerce dar. Die vorgenommene Teilung der Distributionsaufgaben in einen akquisitorischen und einen physischen Teil entspricht der hier verfolgten Einteilung einer Transaktion in Anbahnung und Vereinbarung einerseits und (physischer) Abwicklung andererseits. Die gewählten Gütermerkmale erlauben eine umfassende Betrachtung der in beiden Phasen relevanten Prozesse, so dass PASCHELKE/ROSELIEB wichtige Ansatzpunkte bezüglich der für eine Transaktionsabwicklung im Electronic Commerce relevanten Gütereigenschaften liefern. So ist ihr Hinweis auf die Wichtigkeit des identischen Wiederholungskaufs von enormer Bedeutung. Denn es besteht, wie später noch gezeigt wird, ein direkter Zusammenhang zwischen der Frage des Erst- oder Wiederholungskaufs und dem Informationsbedarf des Käufers. Dieser Zusammenhang kann allerdings nicht, wie PASCHELKE/ROSELIEB es tun, darauf reduziert werden, dass im Fall eines Wiederholungskaufs kein Informationsbedarf mehr besteht[296], es muss vielmehr der in Abbildung 47 auf Seite 241 dargestellte informationsökonomische Typ des Produkts berücksichtigt werden, der Aussagen darüber erlaubt, ob der einmalige Kauf ausreicht, um den Informationsbedarf für zukünftige Käufe zu stillen. Auch die von ihnen verwendete Wertdichte ist genauer zu untersuchen, wie insgesamt die Darstellung der physischen Distributionsseite einer genaueren Untersuchung bedarf, da die bei PASCHELKE/ROSELIEB vorgenommene Unterteilung in Belieferung und Abholung doch sehr grob ist und die Wahl zwischen beiden Formen anscheinend nur auf Basis der Bedarfsfristigkeit erfolgt. Hier ist auf jeden Fall die Frage der Zentralisation des Distributionssystems zu berücksichtigen,

---

[296]   Vgl. Paschelke/Roselieb (2002), S. 405.

denn eine Belieferung von einem Auslieferungslager in einem mehrstufigen System kann durchaus schneller sein als die Abholung durch den Kunden in einer komplett zentralisierten Distributionsstruktur. Es ist deshalb Aufgabe des folgenden Abschnitts, die bisher herausgearbeiteten Gütermerkmale im Sinne einer Typologiebildung zu verdichten, um sie dann in Beziehung zu den identifizierten Gestaltungsdimensionen von Distributionsstrukturen zu setzen und so differenzierte Aussagen zu generieren.

IV   Merkmalsverdichtung und Interdependenzbetrachtung

Gemäß dem in Abbildung 42 auf Seite 220 dargestellten Prozess der Typologiebildung müssen die bisher in Bezug auf das Untersuchungsziel unsystematisch dargestellten Kontext- und Gestaltungsvariablen nun systematisiert (verdichtet) und eine Auswahl der für die Konfigurationsbildung relevanten Dimensionen getroffen werden. Im konkreten Fall ist dies nur für die in Abschnitt D.III dargestellten Gütereigenschaften erforderlich, während die Gestaltungsvariablen von Distributionsstrukturen mit den in Abschnitt D.II vorgestellten Gestaltungs-dimensionen bereits hinreichend klar beschrieben sind. Nach der Merkmals-verdichtung werden, wie im Konfigurationsansatz gefordert, die Interdependenz-beziehungen zwischen den Kontext- und Gestaltungsvariablen analysiert.

1   Merkmalsverdichtung der Kontextvariablen

Im Rahmen der Merkmalsverdichtung erfolgt auf Basis der zuvor vorgestellten Klassifikations- und Typologisierungsansätzen die Auswahl von Merkmalen, die als Kontextvariablen in die Konfigurationserstellung einfließen sollen. Gemäß dem in dieser Arbeit verfolgten deduktiv-analytischen Ansatz der Konfigurationsbildung[297] werden die für den Untersuchungszweck relevanten Kontextvariablen, wie in Abbildung 42 auf Seite 220 dargestellt, argumentativ hergeleitet, es erfolgt keine empirische Überprüfung ihrer Relevanz, wie es in der induktiv-empirischen Konfigurationsschule gefordert wird.[298] Als Raster zur Identifizierung und Verdichtung finden das bereits vorgestellte Transaktions-phasenschema sowie eine vierdimensionale Betrachtung Verwendung.

1.1   Merkmalsverdichtung mit Hilfe des Transaktions-phasenschemas

Vor dem Hintergrund der Ergebnisse von Kapitel C, nach denen insbesondere die für die Austauschphase relevanten Eigenschaften von Gütern zu

---

[297]   Vgl. z.B. Scherer/Beyer (1998), S. 337ff.

[298]   vgl. zu den Vo- und Nachteilen der hier verfolgten deduktiv-analytischen Methode sowie zur induktiv-empirischen Vorgehensweise der Konfigurationsbildung die detaillierten Erläuterungen in Abschnitt D.I.3.2.

wenig Berücksichtigung bei der Frage nach Veränderungen von Distributionsstrukturen im Electronic Commerce finden, bietet sich das Transaktionsphasenschema
zur Strukturierung von Gütereigenschaften an. Ordnet man die vorgestellten Gütereigenschaften den Transaktionsphasen zu, so ergibt sich folgendes Bild:

Anbahnung	Vereinbarung	Austausch	Kontrolle
• Grad der Informations-asymmetrie • Beschaffungsrisiko • Bekanntheit • Werbebedürftigkeit • Spezifität • Planungsbedarf des Kaufs • Technologische Komplexität • Servicebedürftigkeit beim Kauf • Preisbindung • Preisfindung • Dringlichkeit • Wichtigkeit • Häufigkeit des Kaufs • Zeitbudget des Käufers • Produktvariation • Massenhaftigkeit des Bedarfs	• Grad der Informations-asymmetrie • Spezifität • Preisfindung • Zeitbudget des Käufers	• Diebstahlgefährdung • Nachfrage-schwankungen • Verbrauchs-schwankungen • Dringlichkeit des Bedarfs • Häufigkeit des Kaufs • Zeitbudget des Käufers • Gewicht • Volumen • Aggregatzustand • Zerbrechlichkeit • Stoßempfindlichkeit • Brennbarkeit • Explosivität • Temperatur-empfindlichkeit • Verderblichkeit • Digitalisierbarkeit	• Technologische Komplexität • Servicebedürftigkeit nach dem Kauf • Digitalisierbarkeit

**Abbildung 54:   In den Transaktionsphasen relevante Güter-
eigenschaften**

Es zeigt sich die schon vermutete dominante Position von Anbahnungs- und
Austauschphase; die in der Vereinbarungs- und Kontrollphase relevanten
Eigenschaften spielen auch in der Anbahnungs- bzw. Austauschphase eine Rolle. Die
einzig identifizierte Gütereigenschaft, die spezifisch für die Kontrollphase Gültigkeit
besitzt, ist die *Servicebedürftigkeit nach dem Kauf*.

Einige der in Abschnitt D.III vorgestellten Gütereigenschaften lassen sich
nicht eindeutig den Transaktionsphasen zuordnen, sind aber dennoch von Bedeutung.
Es handelt sich dabei vor allem um die *Marge* eines Gutes sowie seinen *absoluten* und
relativen Wert für Käufer bzw. Verkäufer, das heißt den Anteil am Gesamt-
einkaufsbudget / Gesamtverkaufsaufkommen dieser. Darüber hinaus sind die
Präferenzen der Nachfrager, unterteilt in persönliche, räumliche und zeitliche
Präferenzen, nicht erfasst. Die in Abschnitt D.III.2.2.2 beschriebenen Eigenschaften
der *Rivalität im und Nichtausschließbarkeit vom Konsum* finden im Folgenden keine
Beachtung mehr, die Grundidee wird stattdessen vereinfacht in der *Kopierbarkeit*

286

eines Gutes weiterverfolgt, die im Zusammenhang mit der *Digitalisierbarkeit* von Bedeutung ist.[299] Die in Abbildung 54 vorgenommene Strukturierung der Güter-eigenschaften stellt allerdings nur einen ersten Schritt auf dem Weg zum Untersuchungsziel dar. Es sind vor allem die Beziehungen der Eigenschaften untereinander zu beachten sowie die Fragestellung, ob einzelne Eigenschaften im Sinne der Merkmalsverdichtung zusammengefasst werden können. Deshalb erscheint eine Betrachtung aus einer monetären, zeitlichen, informatorischen und räumlich-physischen Perspektive sinnvoll, da sich die Gütereigenschaften diesen vier Dimensionen zuordnen lassen.

1.2   Vierdimensionale Merkmalsverdichtung von Gütereigen-schaften

Betrachtet man die in Abbildung 54 dargestellten Gütereigenschaften, die in den einzelnen Transaktionsphasen relevant sind, so fällt auf, dass einige davon eng miteinander verwandt sind. Im Sinne einer besseren Übersichtlichkeit bietet sich die Zusammenfassung solcher verwandter Eigenschaften an. Dies soll anhand der vier oben beschriebenen Dimensionen erfolgen, denen sich alle bisher aufgeführten Gütereigenschaften zuordnen lassen. Ziel ist es, in jeder Dimension wenige, dafür aussagekräftige Gütereigenschaften zu identifizieren.

1.2.1   Gütereigenschaften in der informatorischen Dimension

Seine *Bekanntheit*, *Neuheit* und *Werbebedürftigkeit*, der *Planungs- und Servicebedarf beim Kauf* sowie teilweise die *technologische Komplexität* und die *Spezifität* sind informatorische Eigenschaften eines Gutes. Sie geben Aufschluss darüber, inwiefern in der Anbahnungsphase einer Transaktion Suchkosten für die Transaktionsparteien anfallen und können unter zwei Hauptmerkmalen zusammengefasst werden:

Die Bekanntheit und die Werbebedürftigkeit eines Produkts lassen sich mit der *Stärke der Marke* ausdrücken. Eine starke Marke verfügt über eine hohe Bekanntheit und eine geringe Werbebedürftigkeit. Die Stärke der Marke erlaubt Aussagen darüber, wie viel Suchaufwand die Käufer betreiben müssen, um Anbieter eines Gutes zu finden, je stärker die Marke, desto einfacher ist es, Anbieter, und damit einen Transaktionspartner, zu finden. Mit Hilfe der Stärke der Marke können mithin Aussagen über die Höhe der Kosten der Suche nach Transaktionspartnern gemacht werden.

---

[299]   Kann das Kopieren eines Gutes nicht oder nur zu prohibitiv hohen Kosten verhindert werden, handelt es sich um eine Art der Nichtausschließbarkeit vom Konsum.

Demgegenüber erlaubt der *Grad der Informationsasymmetrie* als zweites Hauptmerkmal in der informatorischen Dimension Aussagen über die Kosten der Suche nach Qualitätsinformationen und den Abbau möglicher Informationsasymmetrien. Die Gütereigenschaften Planungs- und Servicebedarf, Neuheit, technologische Komplexität sowie Spezifität können unter diesem Merkmal zusammengefasst werden. Ein hoher Planungsbedarf ist ein Zeichen für eine bestehende Informationsasymmetrie, ebenso deuten eine hohe Komplexität und Spezifität auf eine hohe Informationsasymmetrie zwischen Anbieter und Nachfrager hin. Auch die Neuheit eines Gutes führt dazu, dass eine potenziell höhere Informationsasymmetrie besteht.

Tabelle 25 fasst die Argumentation, die zur Identifizierung des Grads der Informationsasymmetrie und der Stärke der Marke als entscheidende informatorische Gütereigenschaften geführt haben, noch einmal zusammen.

Hauptmerkmal	Aussage	Hauptmerkmal	Aussage
Grad der Informations-asymmetrie	**Unterschied im Informationsstand zwischen Anbieter und Nachfrager**	**Stärke der Marke**	**Etablierung des Anbieters am Markt**
Submerkmal	Aussage	Submerkmal	Aussage
Planungsbedarf	Informationsaufwand, der zur Transaktions-durchführung nötig ist	Bekanntheit	Informationsaufwand, der zum Auffinden des Produkts nötig ist
Komplexität	Informationsaufwand, der zum Verständnis der Produktfunktion nötig ist	Werbedürftigkeit	Anbieterseitiger Informationsaufwand zur Steigerung der Bekanntheit
Spezifität	Aufwand, der zur vertraglichen Regelung nötig ist		
Neuheit	Informationsaufwand, der zum Verständnis der Produktfunktion nötig ist		
Kosten der Suche nach Qualitätsinformationen		**Kosten der Suche nach Partnerinformationen**	

Tabelle 25: **Gütereigenschaften in der informatorischen Dimension**

Ausgedrückt wird der *Grad der Informationsasymmetrie*, wie bereits in Abschnitt D.II.2.2.3 erläutert, durch vier Gütertypen, die sich allerdings weniger hinsichtlich der absoluten Höhe der Informationsasymmetrie unterscheiden, sondern vielmehr dadurch, inwiefern und wann eine vorliegende Asymmetrie bei einem Kauf reduziert werden kann.

Eine Sonderstellung in der informatorischen Dimensionen nimmt die Frage nach der *Notwendigkeit der persönlichen Inaugenscheinnahme* ein. Sie stellt eine Erweiterung der informatorischen Gütertypen, die den Grad der Informationsasymmetrie ausdrücken, dar, denn bei bestimmten Such- und Inspektionsgütern ist der Abbau der Informationsasymmetrie vor dem Kauf nur durch eine persönliche Inaugenscheinnahme möglich. Da eine eventuell notwendige persönliche Inaugenscheinnahme Auswirkungen auf die Struktur von Distributionssystemen hat, geht sie als eigenständiges Merkmal in die Konfigurationsbildung ein.

1.2.2   Gütereigenschaften in der monetären Dimension

Bei den monetären Gütereigenschaften kann zwar nicht eine Verdichtung auf eine Haupteigenschaft erfolgen, angesichts der geringen Anzahl an monetären Merkmalen fällt es jedoch leicht, die wichtigsten daraus zu identifizieren. Auf eine Betrachtung von *Preis- und Einkommenselastizitäten* wird verzichtet, sie finden ansatzweise Berücksichtigung im *relativen Wert*, der ausdrückt, wie wichtig die einzelne Transaktion für die Transaktionspartner aus monetärer Sicht ist, das heißt, wie groß der Anteil des Transaktionswertes an ihrem Gesamteinkaufs- bzw. -verkaufsbudget ist. Daran zeigt sich bereits, dass die dominanten Eigenschaften aus monetärer Sicht der *Wert (Preis)* eines Gutes und die *Marge* beim Verkauf sind. Neben diesen beiden Eigenschaften, deren Ausprägung Rückschlüsse auf spezielle Eigenschaften wie z.B. die Diebstahlgefährdung erlaubt, findet die *Art der Preisfindung* eine besondere Berücksichtigung, da sich gerade im Electronic Commerce eine Vielzahl von Preisfindungsmechanismen herausgebildet haben.[300] Mit Hilfe der in den anderen Dimensionen herausgearbeiteten Eigenschaften wird es möglich sein, die Vorteilhaftigkeit einzelner Preisfindungsmechanismen bei unterschiedlichen Gütereigenschaften zu bestimmen. Die *Art der Preisfindung* nimmt mithin im Gegensatz zu den anderen Gütereigenschaften die Rolle einer Gestaltungsvariable ein, als Bestandteil der beabsichtigten Konfigurationsbildung werden Aussagen hinsichtlich der Vorteilhaftigkeit einzelner Preisfindungsmechanismen getroffen.

---

[300]   Vgl. Abschnitt C.I.3 zu den Preisfindungsmechanismen elektronischer Marktplätze.

1.2.3 Gütereigenschaften in der zeitlichen Dimension

Die zeitlichen Eigenschaften entspringen vor allem den zeitlichen Präferenzen des Käufers, sie spiegeln also sehr stark die Nachfrageperspektive wider. So kann der Erwerb des Gutes von hoher *Dringlichkeit* sein, in engem Zusammenhang dazu steht die *Wichtigkeit* des Produkts, z.B. als Vorprodukt für die Produktion. Diese kann Ausprägungen bis hin zur *Lebensnotwendigkeit* aufweisen. Ebenso in die zeitliche Dimension gehört die *Häufigkeit* einer Transaktion, ein klassisches Merkmal, das bereits in der Transaktionskostentheorie verwendet wird.[301] Als Obermerkmal *für Nachfrage- und Verbrauchsschwankungen* wird die *Regelmäßigkeit* einer Transaktion verwendet. Die drei Merkmale *Dringlichkeit*, *Häufigkeit* und *Regelmäßigkeit* spielen auch eine entscheidende Rolle bei der Gestaltung von Wertschöpfungssystemen, wie in den Ausführungen zu den logistischen Gestaltungsdimensionen[302] bereits kurz erläutert wurde. Zusätzlich ist die Frage, ob es sich um einen *Erst- oder Wiederholungskauf* handelt, von Bedeutung.[303] Sie ist innerhalb der zeitlichen Dimension vorgelagert zu betrachten. Handelt es sich um einen Erstkauf, so können in der Regel keine Aussagen hinsichtlich der Häufigkeit und der Regelmäßigkeit getroffen werden, da noch keine Erfahrungswerte vorliegen.

1.2.4 Gütereigenschaften in der physisch-räumlichen Dimension

Die große Menge an physischen Gütereigenschaften, die in Abschnitt D.III. identifiziert wurde, lässt sich in vier Hauptmerkmalen abbilden. *Gewicht, Volumen, Größe, Aggregatzustand, Gefährlichkeit (Explosivität, Brennbarkeit) und Stabilität (Zerbrechlichkeit, Stoßempfindlichkeit)* erlauben Aussagen über die *physische Transportfähigkeit* eines Gutes. Gefährliche bzw. instabile Güter sind z.T. nicht transportfähig bzw. nur unter besonderen Vorkehrungen, die dann die Transportkosten in die Höhe treiben. In dieser Arbeit wird ein Gut als physisch transportfähig bezeichnet, wenn es mit Standardtransportmitteln zu Lande, zu Wasser und in der Luft transportiert werden kann.[304] Da neben dem Transport die Lagerung eine der Grundaufgaben der Logistik ist, soll zudem die *Lagerfähigkeit* berücksichtigt werden. Weiterhin findet die *Dichte* als Kombination aus Gewicht und Volumen besondere Beachtung, da sich damit unter Berücksichtigung von monetären Gütereigenschaften Aussagen über die ökonomische Transportfähigkeit treffen lassen. Eine Kennzahl, die sich als Kombination aus monetärer und physisch-räumlicher Dimension zur

---

[301]   Vgl. Abschnitt B.II.2.

[302]   Vgl. Abschnitt D.II.

[303]   Vgl. Blackwell/Miniard/Engel (2001), S. 86ff.

[304]   Als Standardtransportmittel sollen hier die im Stückgutverkehr eingesetzten Pkw und Lkw, sowie die im Schienengüterverkehr und in der See- und Luftfahrt als Standardtransportbehälter eingesetzten genormten Container gelten.

Bewertung der ökonomischen Transportfähigkeit ergibt, wird mit der *monetären Kapazitätsauslastungszahl* noch entwickelt. Als viertes Hauptmerkmal ist die in Abschnitt D.III.3.3 bereits beschriebene Frage der *Digitalisierbarkeit* von Gütern entscheidend für die Gestaltung von Distributionsstrukturen im Electronic Commerce, da sie große Veränderungen hervorruft. Deshalb wird die *Digitalisierbarkeit* neben der *Transport- und Lagerfähigkeit* sowie der *Dichte* als Gütereigenschaft aus der physisch-räumlichen Perspektive Eingang in die Untersuchungen finden. Die folgende Abbildung zeigt noch einmal sämtliche in den vier Dimensionen ausgewählte Gütereigenschaften, die im Folgenden als Kontextfaktoren bei der Konfigurationsbildung eingesetzt werden. Die Art der Preisfindung, bei der es sich wie beschrieben um eine Gestaltungsvariable handelt, ist aus diesem Grund in Klammern dargestellt.

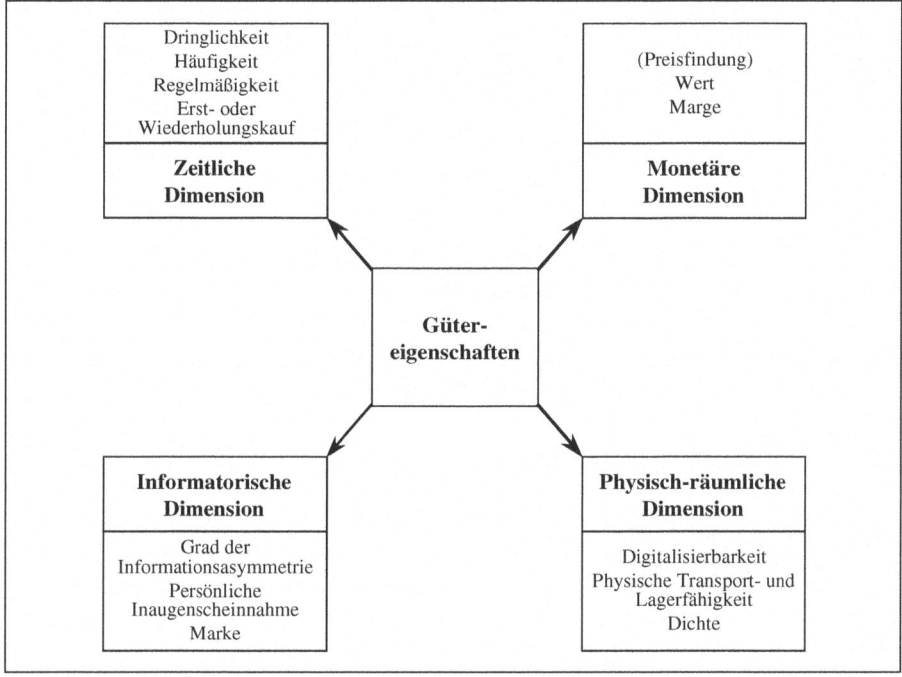

Abbildung 55: Vierdimensionale Betrachtung von Gütereigenschaften

2   Merkmalsausprägungen

Nachdem die relevanten Gütermerkmale identifiziert worden sind, muss festgelegt werden, auf welche Art ihre Ausprägungen gemessen werden sollen. Dies erfolgt unter Rückgriff auf die Erkenntnisse aus Abschnitt D.I.4

2.1 Ausprägungen der Merkmale in der informatorischen Dimension

Das Merkmal *Grad der Informationsasymmetrie* wurde in Abschnitt D.III.3.2 bereits ausführlich beschrieben, hinsichtlich der Erfassung seiner Ausprägungen wurde dort, im Gegensatz zu FRITSCH ET AL., die implizit eine kontinuierliche Ausprägung zwischen null und hundert Prozent annehmen[305], eine diskrete Aufteilung vorgenommen. Diese orientiert sich zwar an der von FRITSCH ET AL. geprägten Einteilung in vier Güterklassen, rückt aber die Möglichkeit der Überwindung bzw. des Abbaus der Informationsasymmetrie in den Fokus der Betrachtung. Demnach bedeutet eine nicht vorhandene Informationsasymmetrie auf Käuferseite das Vorliegen eines aus informatorischer Sicht neoklassisch-homogenen Gutes. Existiert eine Informationsasymmetrie auf Käuferseite, welche durch Inspektion direkt beim Kauf abbaubar ist, spricht man von Such- oder Inspektionsgütern. Ist eine vorhandene Informationsasymmetrie auf Käuferseite dagegen nur durch langfristige Erfahrung mit dem Gut nach dem Kauf verringerbar, handelt es sich um ein Erfahrungsgut. Liegt schließlich auf Käufer- und auf Verkäuferseite eine sehr hohe Unkenntnis hinsichtlich der Qualität des Gutes vor, die auch nicht überwunden werden kann, handelt es sich um ein Vertrauensgut.

Beim Merkmal Notwendigkeit der persönlichen Inaugenscheinnahme wird dichotom unterschieden, ob eine persönlich Begutachtung erforderlich ist oder nicht. Die Messung der Stärke der Marke eines Gutes dagegen ist zwar mit den geeigneten Messmethoden kontinuierlich möglich, es erfolgt im Rahmen dieser Arbeit aber eine diskrete Einteilung mit den zwei Ausprägungen hoch und niedrig.

2.2 Ausprägungen der Merkmale in der monetären Dimension

Die in der monetären Dimension ausgewählte Eigenschaft des absoluten Güterwerts ist zunächst einmal eine einfach zu messende Größe, da sie sich mit Hilfe des Marktpreises kontinuierlich darstellen lässt. Allerdings ist es wenig sinnvoll, eine Abstufung in Kategorien wie niedrigwertig oder hochwertig vorzunehmen, ohne den speziellen Kontext zu berücksichtigen. Der Wert ist vielmehr immer nur dann aussagekräftig, wenn er in Relation zu einer anderen Eigenschaft gesetzt wird. So wird in dieser Arbeit insbesondere das Verhältnis von Wert und physikalischer Dichte betrachtet und in der noch zu entwickelnden monetären Kapazitätsauslastungszahl berücksichtigt. Zu beachten ist, dass in bestimmten Fällen streng genommen nicht der Wert eines Gutes, sondern sein Deckungsbeitrag (Marge) zu betrachten ist. Diese Marge kann in absoluten Zahlen (Geldeinheiten) oder aber als Prozentsatz aus beim Verkauf erzieltem Gewinn und zur Verkaufsbereitstellung anfallenden Kosten

---

[305] Vgl. Fritsch/Wein/Ewers (1996), S. 213.

ausgedrückt werden.[306] Die prozentuale Messung bietet den Vorteil einer größeren Vergleichbarkeit. Entgegen der prinzipiell kontinuierlichen Messbarkeit der Marge erfolgt eine diskrete Einteilung in eine hohe und eine niedrige Ausprägung, um die Typenbildung auf Basis dieses Merkmals zu vereinfachen.

Sowohl der Wert als auch die Marge eines Gutes finden nicht als separate Gütereigenschaften Eingang in die abschließende Konfigurationsbildung, sondern werden in einem späteren Abschnitt mit der physikalischen Dichte zu einem neuen Merkmal, der monetären Kapazitätsauslastungszahl, kombiniert.

Unkomplizierter ist die Feststellung der Merkmalsausprägung im Fall der Gestaltungsvariable Art der Preisfindung. Hier können die in Abschnitt C.I.3 diskutierten Formen der Preisfindung Anwendung finden, es kann also unterschieden werden in angebots- und nachfrageseitige Festpreise, angebots- und nachfrageseitig flexible Preise sowie beidseitig flexible Preise.[307]

2.3   Ausprägungen der Merkmale in der zeitlichen Dimension

Die Dringlichkeit einer Transaktion ist im Gegensatz zu den meisten anderen vorgestellten Gütereigenschaften ein stark subjektives Merkmal. Entsprechend einem konstruktivistischen Problemverständnis[308] soll diese Subjektivität jedoch explizit berücksichtigt werden. Maßgeblich ist die Frage, wie schnell der Käufer über den Transaktionsgegenstand verfügen möchte. Die Messung erfolgt diskret anhand von zwei Ausprägungen: Hohe Dringlichkeit bedeutet, dass eine Verfügbarkeit noch am selben Tag bzw. spätestens innerhalb von 24 Stunden gewünscht ist, während eine geringe Dringlichkeit vorliegt, wenn vom Käufer eine Verfügbarkeit nach mehr als einem Tag akzeptiert wird.

Die Häufigkeit einer Transaktion wird bereits in der Transaktionskosten-theorie als maßgebliches Merkmal zur Bestimmung der Höhe der Transaktionskosten verwendet. Demnach sind die Transaktionskosten einer Koordinationsform umso niedriger, je größer die Häufigkeit einer Transaktion ist, wobei mit zunehmender Häufigkeit die hierarchische Koordinationsform der marktlichen und hybriden überlegen ist.[309] Zur Bestimmung der Ausprägung der Häufigkeit verwendet PICOT

---

[306]   Ein Beispiel dazu ist der Ansatz von FISHER, der die „contribution margin" als relatives Maß für den Deckungsbeitrag eines Produkts verwendet. Vgl. Fisher (1997), S. 107 und die Ausführungen zum Ansatz von FISHER in Abschnitt D.III.3.

[307]   Vgl. Abbildung 27 auf Seite 147.

[308]   Vgl. Berens/Delfmann (2002), S. 14ff. und die dort angegebene Literatur.

[309]   Vgl. z.B. Abbildung 12 auf Seite 62. Entscheidend für diese Aussage hinsichtlich der Überlegenheit einzelner Koordinationsformen sind die Verläufe der Kostenkurven. Zu den Annahmen, die diesen unterschiedlichen Verläufen zu Grunde liegen, vgl. die Argumentation in Abschnitt B.II.2.3.

eine diskrete Einteilung mit den Ausprägungen „gering", „mittel" und „hoch".[310] Diese Einteilung wird hier reduziert auf eine Betrachtung in hohe und geringe Häufigkeit. Unter einer hohen Häufigkeit wird die Wiederholung der Transaktion innerhalb von bis zu einer Woche verstanden, darüber soll von einer geringen Häufigkeit die Rede sein.

Die Regelmäßigkeit wird einfach dichotom gemessen. Eine Transaktion kann entweder regelmäßig, das heißt in gleichen Zeitabständen, oder unregelmäßig durchgeführt werden. Ebenso dichotom sind die Ausprägungen bei der Frage nach dem Erstkauf. Es kann sich entweder um einen Erst- oder um einen Wiederholungskauf handeln.

2.4 Ausprägungen der Merkmale in der physisch-räumlichen Dimension

Bei den physisch-räumlichen Gütereigenschaften wurden die denkbaren Ausprägungen der Digitalisierbarkeit bereits in Abbildung 51 dargestellt. Darauf aufbauend kann vereinfachend unterschieden werden in digitale Produkte (neue oder vollständig digitalisierbare traditionelle Güter) und nicht digitalisierbare Güter.

Die physische Transportfähigkeit stellt, da sie sich aus einer Menge von einzelnen Merkmalen zusammensetzt, eine schwer zu messende Größe dar. Streng genommen ist jedes Gut transportfähig, entscheidend sind lediglich die Transportkosten, um z.B. gasförmige, hochexplosive oder höchst zerbrechliche Güter zu transportieren. Es wird deshalb zunächst nur eine Unterscheidung in transportfähig und nicht transportfähig getroffen in Abhängigkeit davon, ob sich die Güter mit Standardtransportmitteln transportieren lassen. Bezüglich der physischen Lagerfähigkeit von Gütern kann in lagerfähig und nicht lagerfähig unterschieden werden. Die meisten Güter sind prinzipiell physisch lagerbar, Ausnahmen entstehen durch technische Gegebenheiten, die eine Lagerung technisch oder wirtschaftlich ineffizient machen[311] oder aber bei Dienstleistungen, die dem „uno-actu-Prinzip" unterliegen, das heißt die Erstellung und die Nutzung/der Konsum der Dienstleistung fallen zum gleichen Zeitpunkt an.[312] Zur Beurteilung der ökonomischen Sinnhaftigkeit von Transport und Lagerung wird bei der Besprechung der Interdependenzen von unterschiedlichen Gütereigenschaften die monetäre Kapazitätsauslastungszahl entwickelt.

---

[310] Vgl. Picot (1982), S. 252 und Tabelle 5, S. 64.

[311] So kann die Lagerung mangels entsprechender Technologie unmöglich sein, wie es z.B. beim elektrischen Strom größtenteils der Fall ist, da die heutige Speichertechnologie nur eine sehr begrenzte Lagerkapazität in Form von Batterien zur Verfügung stellt. Oder aber die Lagerung ist technisch sehr aufwendig, z.B. bei sich schnell verflüchtigenden Gasen.

[312] Vgl. zu den Charakteristika von Dienstleistungen und insbesondere dem „uno-actu-Prinzip" z.B. Hummel (1998), S. 55 oder Kleinaltenkamp (1998), S. 31ff.

Basis dieser ist die physische Dichte, ihre Messung erfolgt kontinuierlich durch den Quotienten aus Gewicht und Volumen.

2.5 Zusammenfassender Überblick über die Merkmale und ihre Ausprägungen

Die folgende Tabelle fasst die Gütereigenschaften, die als Kontextvariablen zur Typologiebildung verwendet werden, noch einmal zusammen und zeigt die unterschiedlichen Merkmalsausprägungen. Zusätzlich ist die Gestaltungsvariable der Preisfindung mit ihren möglichen Ausprägungen dargestellt.

Güter-eigenschaft	Skalierung	Ausprägungen			
Grad der Informa-tionsasymmetrie	diskret	keine: neoklassisch-homogenes Gut	durch Suche abbaubar: Such- / Informationsgut	durch Erfahrung abbaubar: Erfahrungsgut	nicht abbaubar: Vertrauensgut
Notwendigkeit persönlicher Inaugen-scheinnahme	dichotom	ja		nein	
Stärke der Marke	diskret	hoch		niedrig	
Wert	kontinuierlich	Marktpreis			
Marge	diskret	hoch		niedrig	
Preisfindung*	diskret	Festpreis (Anbieter oder Nachfrager)	Flexibler Preis (Anbieter oder Nachfrager)	Flexibler Preis (beidseitig)	
Dringlichkeit	diskret	hoch (selber Tag)		gering (nächster Tag und später)	
Häufigkeit	diskret	hoch (innerhalb einer Woche)		gering (> eine Woche)	
Regelmäßigkeit	dichotom	regelmäßig		unregelmäßig	
Erstkauf	dichotom	Erstkauf		Wiederholungskauf	
Digitalisierbar-keit	diskret	vollständig möglich		nicht möglich	
Lagerfähigkeit	dichotom	lagerfähig		nicht lagerfähig	
Physische Trans-portfähigkeit	dichotom	mit Standardtransportmitteln transportierbar		mit Standardtransportmitteln nicht transportierbar	
Dichte	kontinuierlich	Gewicht pro Volumen			

* Gestaltungsvariable

Tabelle 26:   Gütereigenschaften und ihre Merkmalsausprägungen

Die dargestellten Gütereigenschaften werden nun dahingehend überprüft, inwiefern zwischen ihnen Interdependenzen bestehen, die bei der geplanten Konfigurationsbildung bedeutsam sind.

3 Interdependenzen zwischen den Kontextvariablen

Wie in Abschnitt D.I dargelegt, zeichnen sich Konfigurationen gerade durch die Berücksichtigung von Interdependenzen zwischen den Kontext- und Gestaltungsvariablen aus.[313] Es muss also festgestellt werden, inwieweit es Wechselwirkungen zwischen den in Tabelle 26 dargestellten Gütereigenschaften gibt, ob diese Wechselwirkungen für den Untersuchungszweck relevant sind und wie sie, z.B. durch die Bildung kombinierter Merkmale, bei der Konfigurationsbildung berücksichtigt werden können. Die Erkenntnisse der Interdependenzbetrachtungen dienen dann als Basis für die abschließende Bildung von Konfigurationen aus Gütereigenschaften und Distributionsstrukturen. Denkbar sind sechs mögliche Kombinationen von jeweils zwei der vier Dimensionen.

3.1 Interdependenzen zwischen der informatorischen und der monetären Dimension

Bezüglich der Marge eines Produkts lässt sich ein Zusammenhang mit dem Grad der Informationsasymmetrie vermuten. Je höher der Grad der Informationsasymmetrie, desto höher die mögliche Marge. Auch wenn sich das hier verwendete Merkmal der Informationsasymmetrie auf die Qualität des Gutes bezieht, bedeutet die bessere Kenntnis der Eigenschaften eines Produkts für den Käufer auch eine genauere Bestimmung seiner Zahlungsbereitschaft und führt so zu mehr Preistransparenz, so dass bei geringerer Informationsasymmetrie die Margen sinken. Auch hier ist wieder ein direkter Zusammenhang zu den Vorteilen der internetbasierten Durchführung der Anbahnungsphase einer Transaktion zu sehen: Die erhöhte Informationsverfügbarkeit hinsichtlich Qualität und Preis verringert die Margen des Verkäufers.[314]

Zwischen den weiteren Merkmalen in der informatorischen Dimension, der Notwendigkeit persönlicher Inaugenscheinnahme sowie der Stärke der Marke, und den monetären Gütermerkmalen bestehen keine für die Konfigurationsbildung relevanten Wechselwirkungen. Insgesamt spielen die Interdependenzen zwischen informatorischer und monetärer Dimension für die beabsichtigte Konfigurationsbildung nur eine untergeordnete Rolle, wichtiger sind die Wechselwirkungen zwischen informatorischen und zeitlichen Eigenschaften.

---

[313] Vgl. Mintzberg (1979), S. 181f., Scherer/Beyer (1998), S. 336f. oder auch das Zitat von KLAAS in Abschnitt D.I.3 dieser Arbeit.

[314] Vgl. auch das einleitende Zitat der vorliegenden Arbeit.

3.2 Interdependenzen zwischen der informatorischen und der zeitlichen Dimension

Zwischen dem in der informatorischen Dimension vorgestellten Grad der Informationsasymmetrie und den Merkmalen der zeitlichen Dimension besteht eine Reihe von Interdependenzen. Vor allem die Frage, ob es sich um einen Erstkauf handelt, ist von entscheidender Bedeutung für das Vorhandensein von Informationsasymmetrien. Denn die hier verwendete Typologisierung von Gütern nach der Informationsasymmetrie beim Kauf geht implizit immer von einer Erstkaufsituation aus. Nur im Fall eines Erstkaufs existieren Such- und Inspektions- sowie Erfahrungsgüter. Die Qualität der Güter kann entweder bereits vor dem Kauf durch Informationssuche und visuelle sowie haptische Inspektion (Such- und Inspektionsgüter) oder durch die Erfahrung nach dem Kauf (Erfahrungsgüter) determiniert und so Informationsasymmetrien abgebaut werden. Die Informationsasymmetrie besteht also nur vor dem Erstkauf und kann vor oder nach dessen Durchführung verringert werden. Im Fall des Wiederholungskaufs des Produkts besteht sie somit nicht mehr, da annahmegemäß von der Qualität eines Such- oder Erfahrungsgutes auf die Qualität aller gleichartigen Güter geschlossen werden kann.

Der Käufer sammelt im Sinne des „consumer decision process" (CDP) Modells von BLACKWELL ET AL.[315] beim Erstkauf von Such-/Inspektions- und Erfahrungsgütern genug internes Wissen, um eine Kaufentscheidung beim Wiederholungskauf ohne erneute externe Suche treffen zu können. BLACKWELL ET AL. trennen in ihrem Modell in eine interne und eine externe Suche nach Informationen. Bei der internen Suche greift der Käufer auf bereits vorhandenes Wissen über das Gut zurück, welches er z.B. durch eine früher erfolgte Suche oder aber eigene Erfahrung mit dem Gut erlangt haben kann. Eine interne Suche ist somit nur im Fall des Wiederholungskaufs möglich, für den folglich, falls der Käufer sich in der Lage sieht, seine Kaufentscheidung rein auf Basis von interner Suche zu treffen, die Ausprägungen Such- und Inspektions- sowie Erfahrungsgut nicht existieren. Diese können dann wie neoklassisch-homogene Güter behandelt werden, da keine Informationsasymmetrie mehr besteht.[316] Zusammenfassend betrachtet besteht bei einem Erstkauf das gesamte Spektrum an Informationsasymmetrien, während bei einem Wiederholungskauf nur noch neoklassisch-homogene und Vertrauensgüter

---

[315] Vgl. Blackwell/Miniard/Engel (2001), S. 70ff. BLACKWELL ET AL. unterteilen darin den Kaufprozess in sieben Phasen: Erkennung eines Bedarfs, Suche nach Informationen, Alternativenabwägung vor dem Kauf, Kauf, Konsum/Gebrauch, Bewertung und eventueller Wiederverkauf.

[316] Zu beachten ist jedoch, dass einzig der Käufer beurteilt, ob er genug implizites Wissen über das zu kaufende Gut besitzt. Es kann also eine Informationsasymmetrie vorliegen, obwohl der Käufer sich durch die interne Suche hinreichend informiert fühlt.

relevant sind, da bei letzteren die Qualität Schwankungen unterliegt und so bei einem Wiederholungskauf nicht vom Zustand eines einmal gekauften Produkts ausgegangen werden kann.

Die Dringlichkeit, mit der ein Käufer ein Gut erwirbt, hat ebenfalls Auswirkungen auf den Grad der potenziellen Informationsasymmetrie. Auch hier ist zunächst wieder zu unterscheiden, ob es sich um einen dringenden Erst- oder Wiederholungskauf handelt. Im Fall des dringenden Erstkaufs hat der Käufer eventuell zu wenig Zeit, um bei Such- und Inspektionsgütern eine hinreichende Suche nach Qualitätsinformationen vor dem Kauf durchzuführen. Auf Erfahrungs-, Vertrauens- und neoklassisch-homogene Güter hat die Frage der Dringlichkeit dagegen keine Auswirkungen, da hier die Qualität entweder schon feststeht oder aber erst nach dem Kauf determiniert werden kann. Somit kann resümiert werden, dass der dringende Erstkauf von Such- und Inspektionsgütern durch die fehlende Zeit zur Reduktion von Informationsasymmetrien geprägt und deshalb mit einem hohen Risiko verbunden ist. Internettechnologie bietet hier, wie von BAKOS beschrieben, ein großes Potenzial zur Reduzierung der asymmetrischen Informationsverteilung in kurzer Zeit.[317]

Als Erkenntnis lässt sich somit auch festhalten: Häufigkeit und Regelmäßigkeit sind nur im Fall des Wiederholungskaufs relevante Gütereigenschaften. Sie treten folglich nur bei neoklassisch-homogenen und Vertrauensgütern auf, nicht jedoch bei Such-/Inspektions- und Erfahrungsgütern. Von untergeordneter Bedeutung sind hingegen die Interdependenzen zwischen den zeitlichen Gütermerkmalen und der Stärke der Marke sowie der Notwendigkeit persönlicher Inaugenscheinnahme.[318]

3.3 Interdependenzen zwischen der informatorischen und der physisch-räumlichen Dimension

Zwischen den in der physischen-räumlichen Dimension ausgewählten Gütereigenschaften Digitalisierbarkeit, physische Transport- und Lagerfähigkeit sowie Dichte und den informatorischen Gütermerkmalen lassen sich keine relevanten Interdependenzen feststellen.

---

[317]   Vgl. Bakos (1991), Bakos (1997) und Bakos (1998). Siehe auch Abschnitt C.I.1.4.

[318]   Es lässt sich vermuten, dass bestimmte Käufer bei hoher Dringlichkeit eher auf Produkte mit einer starken Marke zurückgreifen. Ebenso kann es sein, dass es zur Bildung von Markenloyalität im Sinne der von Copeland beschriebenen specialty goods oder auch der von Murphy/Enis eingeführten preference goods kommt und so Güter mit einer starken Marke regelmäßig gekauft werden. Vgl. auch die Erläuterungen in Abschnitt D.III.2.3.3.

3.4 Interdependenzen zwischen der monetären und der zeitlichen Dimension

Zusammenhänge zwischen den monetären und zeitlichen Eigenschaften von Gütern bestehen zwar in der Form, dass im Erstkauffall oder bei hoher Dringlichkeit potenziell eine höhere Informationsasymmetrie und somit auch die Möglichkeit einer höheren Marge aus Verkäufersicht besteht. Diese Überlegungen sind allerdings für die beabsichtigte Konfigurationsbildung nicht von Bedeutung.

3.5 Interdependenzen zwischen der monetären und der physisch-räumlichen Dimension

Der wichtigste Zusammenhang zwischen der monetären und der physisch-räumlichen Dimension besteht in der Verbindung aus der physikalischen Dichte eines Gutes und seinem absoluten Wert bzw. seiner Marge.

Die Kombination dieser Gütereigenschaften ergibt die in der Logistik wichtige Typologisierung von Gütern entsprechend ihrer *Wertdichte*, welche auf dem *Wert-Gewicht-Verhältnis* und dem *Wert-Volumen-Verhältnis* basiert.[319] Da Kapazitäten hinsichtlich Volumen und Gewicht beschränkt sind[320], ist der Wert der die Kapazität auslastenden Güter von entscheidender Bedeutung. Grundidee ist dabei, dass bei Gütern mit günstigen (hohen) Wert-Gewicht-Verhältnissen (Wert-Volumen-Verhältnissen) die entstehenden Kapazitätskosten einen relativ kleinen Anteil an den gesamten Logistikkosten ausmachen.[321] Diese Güter führen also zu einer sehr hohen monetären Kapazitätsauslastung.

Einige Literaturbeiträge versuchen daher, beide Verhältnisse über das Verhältnis von Wert zur physikalischen Dichte in einer Kennzahl, der *Wertdichte* (*„value density“*)[322] zusammenzufassen. Mit Hilfe dieser Wertdichte werden dann Aussagen über die sogenannte „logistische Reichweite" („logistical reach")[323] getroffen, das heißt es erfolgt eine Reduktion der Betrachtung auf die Beziehung zwischen Wert und Transportkosten, der Lagerbereich wird bewusst ausgeklammert.

---

[319] Vgl. Heskett/Ivie/Glaskowsky (1964), S. 29f., Felsner (1980), S. 84, Coyle/Bardi/Langley (1996), S. 62, Gnirke (1998), S. 208, Pagh/Cooper (1998), S. 22, Ballou (1999), S. 62ff. oder Pfohl (2000), S. 135ff.

[320] Es lassen sich allerdings keine klaren Aussagen treffen hinsichtlich der Frage, ob die Gewichts- oder die Volumenkapazität der Engpassfaktor ist. So schreiben z.B. BOWERSOX/CLOSS im gleichen Abschnitt: "In terms of weight and space, an individual vehicle is constrained more by space than by weight. As such, the weight limitation is reached before the volume restriction is met." Bowersox/Closs (1996), S. 366. Es hängt demnach sehr stark von der Art des Gutes ab, welche Restriktion zuerst erreicht wird.

[321] Vgl. z.B. Pfohl (2000), S. 67.

[322] Vgl. Cooper (1993), S. 14ff. und Cooper (1994), S. 103ff. sowie van Hoek (1998), S. 75.

[323] Vgl. Cooper (1993), S. 15ff. und Cooper (1994), S. 104 oder auch Gnirke (1998), S. 208.

Eine solche Vorgehensweise ist sinnvoll, da, wie weiter unten gezeigt wird, im Lagerbereich zwar auch gilt, dass bei höherwertigen Gütern die Kapazitätskosten weniger ins Gewicht fallen, dort aber die entstehenden Kapitalbindungskosten einen gegenläufigen Effekt ausüben. Grundhypothese der Beiträge zur „logistischen Reichweite" ist, dass eine große Wertdichte eine größere logistische Reichweite ermöglicht:

„The ´logistics reach´ of a product can therefore be represented as having a direct relationship with value density."[324]

Die Verwendung der Wertdichte ist jedoch zu kritisieren, weil es sich um eine Kennzahl handelt, die in ihrer naheliegenden Ausgestaltung als Verhältnis von Wert zu physikalischer Dichte nicht geeignet ist, um Aussagen über die Transportfähigkeit von Gütern zu machen. Die präzise mathematische Darstellung der Wertdichte müsste den monetären Wert in das Verhältnis zur physikalischen Dichte (g/cm^3) setzen, der Ausdruck würde somit lauten:

$$\frac{Euro}{g/cm^3}$$

Tabelle 27 verdeutlicht beispielhaft, warum die Verwendung eines solchen Ausdrucks der Wertdichte nicht sinnvoll ist, denn es zeigt sich, dass Güter mit einem hohen Wert-Gewicht- und Wert-Volumenverhältnis eine relativ niedrigere Wertdichte aufweisen.

Gut	Preis [€]	Gewicht [g]	Volumen [cm3]	Dichte [g/cm3]	Wert-Gewicht [€/g]	Wert-Volumen [€/cm3]	Wertdichte [€/(g/cm3)]
Fernseher	1.000	50.000	384.000	0,13	0,02	0,003	**7.680**
Drucker	400	5.000	24.000	0,21	0,08	0,017	**1.920**
Platin	621,50	31,10	1,45	21,45	19,98	428,621	**28,97**
Packung Tee	2	50	600	0,08	0,04	0,003	**24**
Gold	339	31,10	1,61	19,32	10,90	210,559	**17,55**
Buch	20	750	600	1,25	0,03	0,033	**16**
Silber	5,65	31,10	2,96	10,51	0,18	1,909	**0,54**
Wasserflasche	0,50	1.000	1.000	1,00	0,00	0,001	**0,50**

Tabelle 27: **Wert-Gewicht-Verhältnis, Wert-Volumen-Verhältnis und Wertdichte ausgesuchter Güter**

Es wird deutlich, dass die Edelmetalle wie erwartet über ein sehr hohes Wert-Gewicht- und Wert-Volumen-Verhältnis verfügen und sie sich somit (rein vom

---

[324]   Cooper (1993), S. 15.

Wert her) für einen Transport über größere Entfernungen eignen. Betrachtet man aber die Wertdichte der Güter, weisen Fernseher und Drucker höhere Ausprägungen als die Edelmetalle auf und auch einfacher Tee[325] liegt in etwa auf einem Niveau mit Gold. Dies liegt einzig und allein an der Verwendung der Wertdichte, wie sie sich aus den Definitionen in der Literatur ergeben müsste. Denn dadurch, dass die physikalische Dichte im Nenner des Bruchs steht, führt eine geringe Dichte zu einem insgesamt großen Wert des Ausdrucks. Die Wertdichte kann also keinen Aufschluss über die Eignung von Gütern hinsichtlich der monetären Kapazitätsauslastung geben und sollte nicht verwendet werden. Sinnvoll ist vielmehr ein Ausdruck, bei dem sowohl ein hohes Wert-Gewicht-Verhältnis als auch ein hohes Wert-Volumen-Verhältnis berücksichtigt wird. Deshalb soll als Maß für die „logistische Reichweite" eine multiplikative Verknüpfung dieser beiden Kennzahlen erfolgen. Zum Zweck einer verbesserten Darstellung empfiehlt es sich, anschließend die Quadratwurzel zu ziehen, um nicht zu große bzw. zu kleine Werte zu erhalten. Diese Kennzahl wird als monetäre Kapazitätsauslastungszahl (MKAZ) bezeichnet:

$$\sqrt{\frac{Euro}{g} \times \frac{Euro}{cm^3}}$$

Tabelle 28 zeigt ihre Berechnung für die bereits bekannten Güter und stellt sie der Wertdichte gegenüber.

Gut	Wert-Gewicht [€/g]	Wert-Volumen [€/cm3]	"Wertdichte" [€/(g/cm3)]	MKAZ
Platin	19,98	428,621	28,97	**92,544**
Gold	10,90	210,559	17,55	**47,905**
Silber	0,18	1,909	0,54	**0,589**
Drucker	0,08	0,017	1.920,00	**0,037**
Buch	0,03	0,033	16,00	**0,030**
Packung Tee	0,04	0,003	24,00	**0,012**
Fernseher	0,02	0,003	7.680,00	**0,007**
Wasserflasche	0,0005	0,0005	0,50	**0,001**

Tabelle 28:   **Monetäre Kapazitätsauslastungszahl von unterschiedlichen Gütern**

---

[325]   Es handelt sich hierbei nicht um teuren exotischen, sondern um normalen, im Discounthandel erhältlichen Tee.

Die monetäre Kapazitätsauslastungszahl erlaubt es also, Güter mit einer hohen wertmäßigen Auslastung von Gewichts- und Volumenkapazität von Transportmitteln zu identifizieren. Je höher ihre Ausprägung ist, desto besser ist die Kapazität mit monetärem Wert ausgelastet.[326]

Es muss an dieser Stelle darauf hingewiesen werden, dass auch die entwickelte MKAZ nur eine Tendenzaussage darüber erlaubt, inwieweit es sich lohnt, ein Gut, gemessen am Verhältnis von Wert zu Kapazitätsnutzung, zu transportieren. Die getroffenen Annahmen sind sehr restriktiv. So wird davon ausgegangen, dass für den Transport jedes Gutes die gleichen variablen Kosten pro Gewichts- und Volumeneinheit entstehen, das heißt es können ohne zusätzliche Vorkehrungen die gleichen Transportmittel verwendet werden. Dies ist zumindest bei den als Beispiel aufgeführten Edelmetallen so nicht haltbar, denn hier müssten angesichts des immensen Wertes zusätzliche Sicherheitsvorkehrungen getroffen werden, die einen Transport wieder verteuern würden.

Problematisch ist auch die Verwendung des Werts als Maßstab bzw. seine Ermittlung. Entsprechend der Grundlogik der MKAZ müsste es sich vielmehr um eine Betrachtung der Marge handeln. Es müsste gefragt werden, wie hoch der durch den Transport der Ware am Bestimmungsort erzielbare Gewinn ist und ob nicht die Transportkosten eventuell zu hoch sind und so keinen Gewinn zulassen. Als Beispiel können hier Gold und Kohle angeführt werden. Wenn das Gold nicht gewinnbringend zu verkaufen ist, lohnt sich trotz der hohen, auf Basis des Werts berechneten MKAZ der Transport nicht. Australische Kohle dagegen wird, da sie trotz der hohen Transportkosten gewinnbringend in Deutschland verkauft werden kann, über große Distanzen transportiert. Die reine Wertbetrachtung kann deshalb irreführend sein, die

---

[326] Nicht berücksichtigt wird dabei das Verhältnis von Gewichts- und Volumenkapazität verschiedener Verkehrsmittel, sozusagen deren Kapazitätsdichte. Wie bereits erwähnt, gibt es keine schlüssigen Aussagen darüber, ob generell die Gewichts- oder die Volumenkapazität den Engpass von Transportmitteln bildet. Es lässt sich jedoch feststellen, dass bei Landtransportmitteln die Gewichtskapazität, gemessen in t, in einem Verhältnis von etwa eins zu drei zur Volumenkapazität in m^3 steht. Eine genaue Darstellung dieses Zusammenhangs findet sich bei TELLER, der für unterschiedliche Transportmittel jeweils das Verhältnis aus Gewichts- und Volumenkapazität berechnet. Dabei ergibt sich, dass Flugzeuge mit einem Verhältnis von 0,22 t/m^3 über die geringste Kapazitätsdichte verfügen, während Schiffe hier deutlich höhere Werte bis zu 1t/m^3 aufweisen. Dies bedeutet, dass Flugzeuge bei Gütern mit einer Dichte von 1 g/cm^3 ihre Gewichtskapazitätsgrenze bereits erreichen, wenn erst ein Fünftel ihrer Volumenkapazität ausgelastet ist (oder umgekehrt, dass Flugzeuge bei der Beladung mit Gütern mit einer Dichte von 0,22 g/cm^3 sowohl vom Gewicht als auch vom Volumen her komplett beladen werden können). Für Landtransportmittel wie LKW oder Bahnwaggons ermittelt TELLER eine Kapazitätsdichte von ca. 0,33 t/m^3. Vgl. Teller (1981), S. 7. Bei Beladung von Transportmitteln mit unterschiedlichen Gütern kann unter der Zielsetzung der optimalen Auslastung von Gewichts- und Volumenkapazität versucht werden, einen geeigneten Artikelmix zu finden.

MKAZ liefert aber sehr wichtige Anhaltspunkte und muss gegebenenfalls bei Kenntnis der Marge modifiziert werden.

Es sind außerdem weitere Faktoren zu berücksichtigen, wenn es um die Frage nach der logistischen Reichweite geht. So spielt vor allem der *Grad des Lieferservice*[327] ein Rolle, da eine größere Transportentfernung auch immer längere Lieferzeiten erfordert, die jedoch nicht immer vom Nachfrager toleriert werden. Deshalb ist es für bestimmte Güter wie z.B. solche, die sich durch eine hohe Dringlichkeit des Bedarfs auszeichnen, notwendig, diese direkt vor Ort auf Lager zu haben, auch wenn eventuell ihre MKAZ einen Transport aus einem Zentrallager zulassen würde. Hier wird der Zusammenhang zu Fragestellungen der Gestaltung von logistischen Systemen, wie sie in Abschnitt D.II vorgestellt wurden, sehr deutlich. Letztendlich gilt:

> „(...) it would be wrong to construct a logistics network (...) entirely on the basis of a primary product characteristic such as value density [hier: der monetären Kapazitätsauslastung]."[328]

Im Einzelfall sollte vielmehr immer eine Abwägung der unterschiedlichen Faktoren erfolgen. Losgelöst von einzelwirtschaftlichen Entscheidungen und unter bestimmten Annahmen, wie etwa der einer einheitlichen Marge für alle Güter, ist die MKAZ jedoch ein sehr gutes Klassifizierungsinstrument hinsichtlich der Transportreichweite von mit Standardtransportmitteln transportierbaren Gütern. Sie erlaubt somit auch Aussagen über die Zuordnung von Gütertypen zu Distributionsstrukturen.

Es muss hier noch einmal darauf hingewiesen werden, dass die MKAZ zwar prinzipiell auch für Lagerkapazitäten gilt, denn auch diese werden durch höherwertige Produkte monetär besser ausgelastet als durch niedrigwertige. Allerdings bedeutet eine hohe Wertdichte im Lagerbereich auch eine hohe Kapitalbindung. HESKETT ET AL. machen dies am Beispiel von Kohle und Diamanten deutlich:

> „It costs very little to move and handle diamonds in proportion to their value. Coal is just the opposite. Conversely, the high dollar density [value density] of diamonds makes it very costly to have them on hand in inventory as compared with coal which is often moved and stockpiled in quantities of six-months supply to minimize movement costs."[329]

Abbildung 56 zeigt schematisch, dass mit steigender MKAZ zwar die logistische Reichweite steigt (Transportperspektive), aber auch die Kapitalbindung im Lagerbereich stark zunimmt.

---

[327] Vgl. Cooper (1993), S. 15 oder Cooper (1994), S. 105.

[328] Cooper (1993), S. 15. Anmerkungen in [ ] durch Verfasser hinzugefügt.

[329] Heskett/Ivie/Glaskowsky (1964), S. 32.

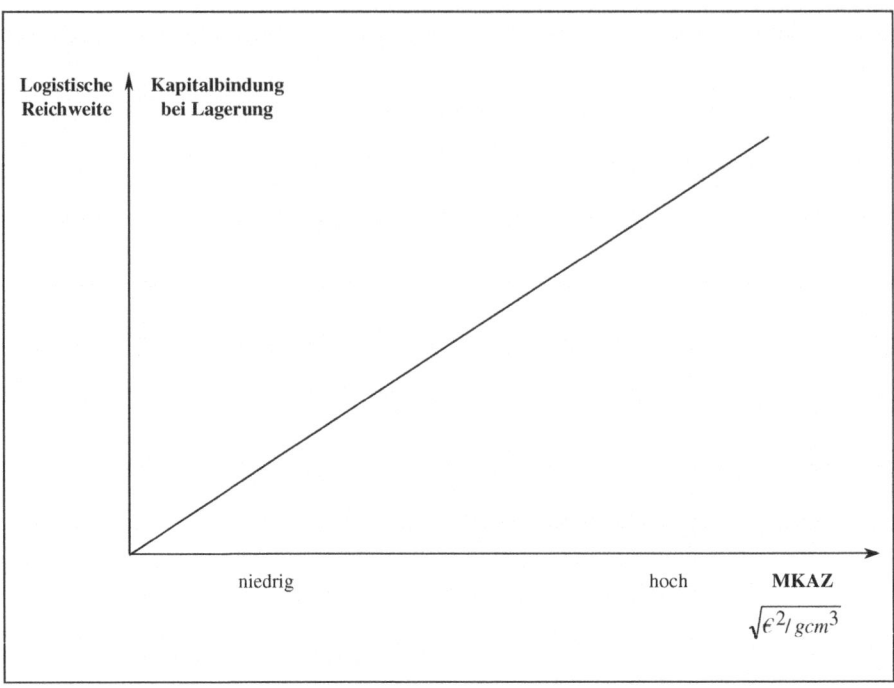

Abbildung 56: Logistische Reichweite und Kapitalbindung bei zunehmender monetärer Kapazitätsauslastung

Insgesamt sind die Klassifizierungen von Gütern anhand ihrer Wert-Volumen- und Wert-Gewicht-Verhältnisse oder der Kombination aus beiden in der monetären Kapazitätsauslastungszahl unter Beachtung der hier vorgestellten Einschränkungen ein sehr wertvolles Instrument, das die Interdependenzen zwischen monetärer und physisch-räumlicher Dimension von Gütereigenschaften verdeutlicht und, wie bereits angedeutet, in Zusammenhang mit den logistischen Gestaltungsvariablen gesetzt werden kann.

3.6 Interdependenzen zwischen der zeitlichen und der physisch-räumlichen Dimension

Zusammenhänge zwischen den Merkmalen in der zeitlichen und der physisch-räumlichen Dimension lassen sich zwischen der Dringlichkeit und der physischen Lagerfähigkeit herstellen. Güter mit einer hohen Dringlichkeit müssen lagerfähig sein, damit sie in der Nähe des Kunden verfügbar gehalten werden können.

Hinsichtlich der Digitalisierbarkeit von Gütern gilt, dass vollständig digitalisierbare Produkte ständig vorrätig und abrufbar sind, wenn sie als Daten auf an das Internet angeschlossenen Rechnern gespeichert wurden.

Zusammenfassend kann bezüglich der identifizierten Interdependenzen zwischen den Kontextvariablen festgehalten werden, dass insbesondere das Zusammenspiel des physischen Merkmals der Dichte mit dem monetären Wert (Marge) eines Produkts von Bedeutung ist. Ebenso ist bei der Konfigurationsbildung zu beachten, dass ein fester Zusammenhang zwischen der Frage nach dem Erst- oder Wiederholungskauf und den in der jeweiligen Situation möglichen informatorischen Güterformen besteht, so dass sich die Komplexität der Konfigurationsbildung reduziert. Schließlich wurde die Lagerfähigkeit als Voraussetzung dafür identifiziert, dass eine dringende Nachfrage befriedigt werden kann.

4 Interdependenzen zwischen den Gestaltungsvariablen

Die Darstellung der Gestaltungsvariablen von Distributionsstrukturen in Abschnitt D.II hat gezeigt, dass erhebliche Interdependenzen zwischen ihnen bestehen. So wurden in Abbildung 45 auf Seite 227 bereits die Auswirkungen von Aufschiebe- und Spekulationsstrategien auf den Zentralisierungsgrad von Produktions- und Logistikaktivitäten dargestellt. Auch die vorgestellte Gestaltungs-dimension der Bündelung oder Vereinzelung hat Einfluss sowohl auf den Zentralisierungsgrad als auch auf die Frage des Aufschiebens oder Spekulierens. Es ist allerdings festzustellen, dass die Interdependenzen zwischen den Gestaltungs-variablen in der Literatur nur rudimentär berücksichtigt werden, so dass es nur vereinzelte theoretische oder empirische Beiträge zur Thematik gibt.[330] Größtenteils werden die Gestaltungsvariablen jedoch unabhängig voneinander betrachtet, ohne auf Interdependenzbeziehungen einzugehen. DELFMANN weist allerdings darauf hin, dass

> „(...) die angesprochenen Gestaltungsdimensionen nicht isoliert voneinander zu betrachten [sind]. Sie bedingen sich vielmehr gegenseitig."[331]

Hinweise auf interdependente Wirkungen der Gestaltungsdimensionen finden sich bei COOPER[332] und KLAAS[333]. Letzterer vermutet,

> „(...) daß mit der Entscheidung, Güterflußprozesse in einem Logistik-system räumlich und/oder zeitlich zu bündeln und im Zuge dessen große Transfer- und Transformationskapazitäten einzurichten, insgesamt die Tendenz zu einer geographisch zentralisierten Infrastruktur einhergeht."[334]

---

[330]   Vgl. dazu Klaas (2002), S. 156.
[331]   Delfmann (1999b), S. 197. Bemerkungen in [ ] vom Verfasser hinzugefügt.
[332]   Vgl. Cooper (1983), S. 54.
[333]   Vgl. Klaas (2002), S. 156ff.
[334]   Klaas (2002), S. 156f.

Diese Vermutung erscheint nachvollziehbar, da sich mit der Bündelung von Strömen automatisch (bei gleichbleibendem Gesamtvolumen) eine Konzentration auf wenige, dafür größere Standorte ergibt, was zudem zur Folge hätte, dass sich an den jeweiligen Standorten Größenvorteile realisieren ließen. Beobachten lässt sich dieser Zusammenhang beim Übergang von Rasternetzwerken, die aus kleinen, durch Direktverkehre verbundenen Standorten bestehen, zu Hub-and-Spoke-Strukturen im Land- und Luftverkehr.[335] Transportströme werden in den Hubs (Umschlagslager, Flughafen) gebündelt und so Größenvorteile bei Transportmitteln (größere, voll beladene LKW und Flugzeuge) und Umschlagspunkten (bessere Auslastung von größeren Lagern oder Flughäfen) realisiert.

Ebenso besteht ein Zusammenhang zwischen der Bündelung von Wertschöpfungsströmen und der Entscheidung über Aufschieben oder Spekulieren. Ein Aufschieben von Produktions- oder Transportprozessen bis zum Eintreffen von konkreten Aufträgen bedeutet, dass die Möglichkeiten zur Bündelung erheblich eingeschränkt werden. Folglich führt ein Aufschieben tendenziell zu kleinen (und damit ungebündelten) und auch unregelmäßigen Wertschöpfungsströmen.[336] Spekulieren dagegen ermöglicht es, Güter für Produktion und insbesondere Transport zu bündeln.[337] Deshalb kommt KLAAS zu dem Schluss, dass

> „(...) eine aufschiebende, auf konkrete Kundenaufträge reagierende Logistik tendenziell mit einer Vereinzelung von Gütermengen in separaten Transfer- und Transformationsprozessen korrespondiert (direkte Güterflüsse), während die spekulative, auf antizipativen Erwartungen basierende Logistik tendenziell mit einer Bündelung von Gütermengen in gemeinsam genutzten Transfer- und Transformationsprozessen einhergeht (indirekte Güterflüsse)."[338]

Insgesamt lassen sich die Interdependenzen zwischen den Gestaltungsdimensionen von Distributionsstrukturen wie in Abbildung 57 darstellen. Auf die notwendige Unterscheidung von logistischem Aufschieben und Produktionsaufschieben und ihre unterschiedlichen Auswirkungen auf die Frage nach Zentralisation und Dezentralisation wurde bereits in Abschnitt D.II.2 hingewiesen, vergleiche Abbildung 45 auf Seite 227.

---

[335]   Vgl. dazu z.B. Delfmann (2000b), S. 189f. Der Name „Hub-and-Spoke-System" kommt daher, dass solche Systeme idealtypisch einem Rad ähneln, mit der Radnabe (englisch: Hub) im Zentrum und den an der Nabe angebrachten Speichen (englisch: Spoke).

[336]   Vgl. auch Bowersox/Closs (1996), S. 475.

[337]   Vgl. Bucklin (1965), S. 27 oder Pagh/Cooper (1998), S. 14.

[338]   Klaas (2002), S. 157.

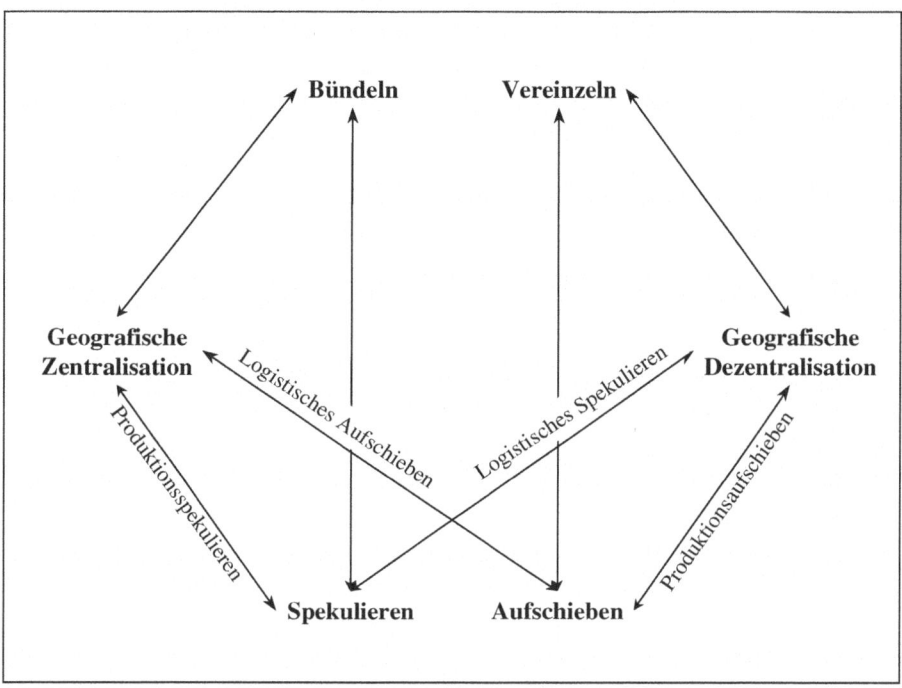

Abbildung 57:   Interdependenzen zwischen den Gestaltungsdimensionen von Distributionsstrukturen[339]

Das abgebildete Interdependenzmuster der Gestaltungsvariablen von Distributionsstrukturen zeichnet sich also durch ein wechselseitiges Zusammenspiel der Variablen aus, so dass nicht bestimmt werden kann, welches die abhängige bzw. die unabhängige Variable ist.

Es gibt vielmehr harmonische Muster der Variablen; mit den Worten des Konfigurationsansatzes handelt es sich mithin um harmonische Konfigurationen. Solchen harmonischen Konfigurationen der Gestaltungsvariablen von Distributionsstrukturen werden nun die zuvor identifizierten Kontextvariablen gegenübergestellt, um die angestrebten Konfigurationen aus Gütertypen und Distributionsstrukturen im Electronic Commerce zu entwickeln.

V   Konfigurationsbildung

Zur Konfigurationsbildung werden nun die Wirkungsbeziehungen zwischen den ausgewählten Kontext- und Gestaltungsvariablen erörtert. Dabei wird wieder auf das Transaktionsphasenschema aus Abbildung 1 zurückgegriffen, da auch hier die

---

[339]   Quelle: Klaas (2002), S. 158.

Unterscheidung in akquisitorische (Anbahnungs- und Vereinbarungsphase) und physische Distribution (Austauschphase) sehr wichtig ist. Bestimmte Kontextvariablen spielen nur in der Phase der akquisitorischen Distribution ein Rolle (Erstkauffrage, informatorischer Gütertyp, Erfordernis persönlicher Inaugenscheinnahme). Ihre Ausprägung bestimmt somit auch, ob ein Gut für die Abwicklung im Electronic Commerce geeignet ist. Andere Kontextvariablen sind nur für die Austauschphase von Bedeutung (Digitalisierbarkeit, monetäre Kapazitätsauslastungszahl, Lagerfähigkeit), sie beeinflussen die Art des Distributionssystems. Schließlich existieren Gütermerkmale, die sowohl in der akquisitorischen als auch in der physischen Distribution eine Rolle spielen (Dringlichkeit, Häufigkeit, Regelmäßigkeit, Stärke der Marke) und somit die Gestaltung der Anbahnungs- und Vereinbarungsphase sowie der Abwicklungsphase determinieren.

Für die Konfigurationsbildung wird an dieser Stelle eine Komplexitäts-reduktion vorgenommen, indem auf die Betrachtung der Häufigkeit verzichtet wird. Der Grund dafür ist, dass zwar die Häufigkeit, mit der ein Kauf durchgeführt wird, große Auswirkungen auf die Art der Abwicklung einer Transaktion hat. Im vorliegenden Untersuchungsfall, der sich mit dem business-to-consumer Bereich beschäftigt, kann jedoch davon ausgegangen werden, dass angesichts der großen Zahl von Konsumenten eine hinreichend große Anzahl an Transaktionen pro Zeitperiode stattfindet, um immer von einer hohen Häufigkeit zu sprechen. Als weitere Vereinfachung wird die Lagerfähigkeit genau wie die Transportfähigkeit der betrachteten Konsumgüter vorausgesetzt.

Auch auf der Seite der Gestaltungsvariablen kann eine Trennung in akquisitorische und physische Distribution erfolgen. In der Phase der Akquisition wird auf Basis der bereits in Abschnitt C.I.3.3 durchgeführten Überlegungen festgelegt, welche Form der Preisfindung je nach Ausprägung der relevanten Kontextvariablen vorteilhaft ist. In der Austauschphase erlauben es die Überlegungen zu den logistischen Gestaltungsvariablen aus Abschnitt D.II, ein klares Bild von der physischen Struktur von Distributionssystemen in Abhängigkeit der Ausprägung der Kontextfaktoren zu zeichnen. Die folgende Abbildung zeigt in Anlehnung an Abbildung 40 auf Seite 210 die Vorgehensweise bei der Konfigurationsbildung.

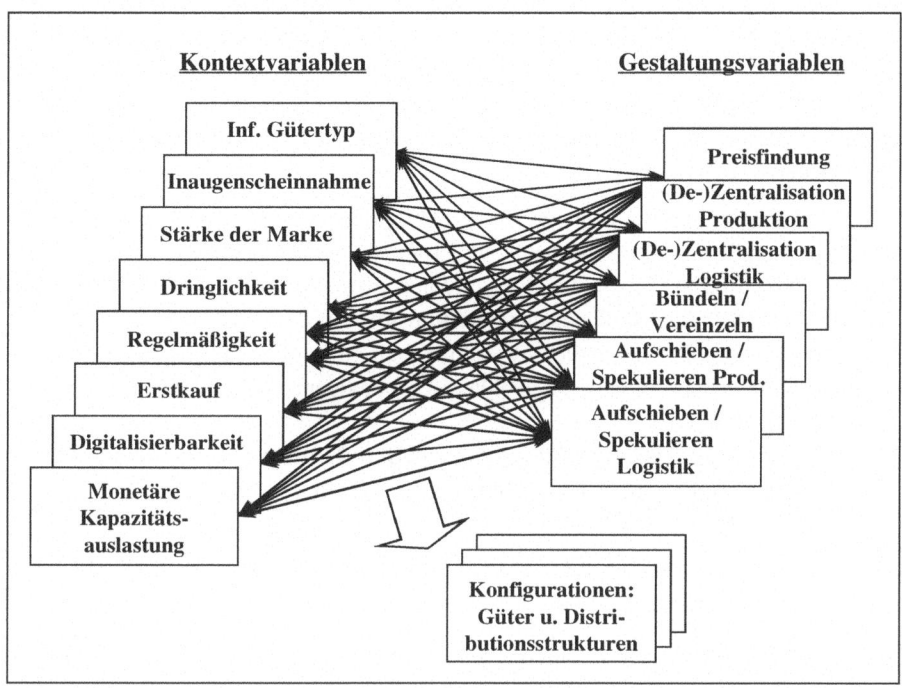

**Abbildung 58: Kontext- und Gestaltungsvariablen der Konfigurations-
bildung**

1 Wirkungszusammenhänge zwischen Kontext- und Gestaltungs-variablen in der akquisitorischen Distribution

Anlässlich der Darstellung der unterschiedlichen Formen der Preisfindung in Abschnitt C.I.3.3 wurde bereits darauf hingewiesen, dass ein Zusammenhang zu verschiedenen Gütereigenschaften existiert. So eignen sich Festpreismodelle für Güter, für die aufgrund ihrer Homogenität bereits eine enge Preisspanne besteht, während Auktionen als flexible Preissysteme für spezifische Güter bis hin zu Einzelanfertigungen verwendet werden, bei denen es sich also um Such-, Erfahrungs-oder Vertrauensgüter handeln kann. Als ökonomisch überlegene Form der Auktion wurde in Abschnitt C.I.3.3 die Vickrey-Auktion identifiziert, die deshalb, wenn nicht zeitliche Restriktionen die Durchführung der holländischen Auktion erfordern, verwendet werden sollte.

Ein Zusammenhang lässt sich auch herstellen zwischen der Frage, ob es sich um einen Erstkauf handelt, und der Form der Preisfindung. Für den Erstkauf bei Such- und Inspektions- sowie Erfahrungsgütern bieten flexible Preisfindungsmechanismen die Möglichkeit der Preisfindung trotz Unsicherheit bezüglich des Werts des Gutes.

Demgegenüber kann im Wiederholungskauffall unterschieden werden, ob es sich um neoklassisch-homogene Güter handelt, für die sich ein Festpreis wegen der hohen Transparenz empfiehlt, oder um Vertrauensgüter, bei denen wegen der ungewissen Qualität und dem oft vorhandenen Einzelstückcharakter flexible Preissetzung in Form von Auktionen sinnvoll ist.

Als dritte der betrachteten Gütereigenschaften beeinflusst die Dringlichkeit die Wahl des Preisbildungsmechanismus. Eine hohe Dringlichkeit erfordert eine schnelle Durchführung auch der Preisfindung, weshalb sich entweder Festpreissysteme oder aber die holländische Auktionsform eignen. Ist die Dringlichkeit dagegen gering, sollte die Vickrey-Auktion als die effizienteste Auktionsform eingesetzt werden oder im Fall von neoklassisch-homogenen Gütern ein Festpreis.

2 Wirkungszusammenhänge zwischen Kontext- und Gestaltungsvariablen in der physischen Distribution

2.1 Informatorische Kontextvariablen und logistische Gestaltungsvariablen

Die informatorische Gütereigenschaft Stärke der Marke spielt im Rahmen der Konfigurationsbildung insofern eine besondere Rolle, als dass sie zwar keinen direkten Einfluss auf die untersuchten logistischen Gestaltungsvariablen hat, dennoch aber in einigen Fällen mitbestimmend für die Gestaltung des Distributionssystems ist. Denn die Stärke der Marke kann herangezogen werden für die Entscheidung, ob bei Gütern, bei denen auf Basis der anderen Gütereigenschaften ein direkter Einzelversand vom Hersteller[340] möglich ist, eine zumindest elektronische Intermediation zur Durchführung der Sortimentsbildungsfunktion erforderlich ist. Hypothese ist, dass bei Produkten mit einer schwachen Marke das Internet zwar wie in Kapitel C beschrieben die Suche nach Anbietern erleichtert, diese Sucherleichterung aber idealerweise in der Form stattfindet, dass auf elektronischem Weg die Angebote von Gütern mit schwacher Marke gebündelt für den Nachfrager dargestellt werden. Bei schwacher Marke ist mithin die Einschaltung eines elektronischen Intermediärs[341] zur Suchkostenreduktion vorteilhaft, während bei starker Marke das direkte Auffinden des elektronischen Herstellerangebots möglich ist.

---

[340] Mithin die von BENJAMIN/WIGAND beschriebene Komplettdisintermediation, vgl. Abbildung 32, S. 167.

[341] Vgl. die Argumentation von SARKAR ET AL., dargestellt in Abbildung 33, S. 184.

2.2 Zeitliche Kontextvariablen und logistische Gestaltungsvariablen

2.2.1 Dringlichkeit und logistische Gestaltungsvariablen

Die zeitliche Kontextvariable Dringlichkeit, mit der in den Merkmalsausprägungen „hoch" und „gering" ausgedrückt wird, wie schnell der Käufer über das eingekaufte Gut verfügen möchte, hat eindeutige Auswirkungen auf die logistischen Gestaltungsdimensionen. So erfordert eine hohe Dringlichkeit, also die Verfügbarkeit des Gutes innerhalb von 24 Stunden, in der Regel eine horizontal dezentrale Distributionsstruktur mit vielen Auslieferungs- bzw. Abholpunkten, damit die zur Zustellung/Abholung des Produkts zurückzulegenden Wege möglichst kurz sind. Demgegenüber kann bei einer geringen Dringlichkeit auf die aus Sicht der Standortkosten günstigere horizontal zentrale Lösung zurückgegriffen werden, da hier die Zeitrestriktion hinsichtlich der Lieferung/Abholung nicht so stark ist.

Für die logistische Gestaltungsdimension des Bündelns oder Vereinzelns von Güterströmen gilt, dass eine hohe Dringlichkeit eine Vereinzelung nach sich zieht, da die Ware direkt ausgeliefert werden muss und keine Zeit vorhanden ist, um auf weitere eingehende Aufträge zu warten und so Bündelungsvorteile zu erzielen. Diese lassen sich eher bei geringer Dringlichkeit realisieren, da dann das Eingehen weiterer Nachfrage abgewartet werden kann.

Komplexer wird die Situation bei der Frage, inwieweit die zeitliche Kontextvariable der Dringlichkeit Auswirkungen auf die Gestaltungsvariable des Aufschiebens oder Spekulierens hat, da hier, wie in Abschnitt D.II.2 erläutert, eine Unterscheidung in Produktionsaufschieben bzw. -spekulieren und logistisches Aufschieben oder Spekulieren getroffen werden muss. Eine hohe Dringlichkeit führt dazu, dass ein Aufschieben von Produktionsschritten nicht möglich ist und deshalb eine auf Lagerproduktion ausgerichtete Produktionsspekulationsstrategie verfolgt werden muss, um sofort lieferbereit zu sein. Ebenso muss im logistischen Bereich eine Spekulationsstrategie verfolgt werden, um die auf Lager produzierten Güter bereits im Distributionssystem zu verteilen. Letzteres bedeutet also gemäß den in Abschnitt D.IV dargelegten Interdependenzbeziehungen zwischen den Gestaltungsvariablen eine geografische Dezentralisation des logistischen Systems, während die Produktionsspekulation eine geografische Zentralisation des Produktionssystems nach sich zieht. Voraussetzung für die hier beschriebenen Spekulationsstrategien durch Lageraufbau ist allerdings die physische Lagerfähigkeit der Güter, die als gegeben angesehen wird.

Das Distributionssystem bei hoher Dringlichkeit zeichnet sich also zusammenfassend durch zentralisierte, spekulative Produktion und eine spekulative, dezentralisierte Logistikstruktur aus, bei der die Güter von den dezentralen Lagern vereinzelt zugestellt bzw. abgeholt werden. Bei geringer Dringlichkeit hingegen kann ein Produktionsaufschieben durchgeführt werden, da genug Zeit zur Herstellung nach Eingang des Kundenauftrags vorhanden ist. Auch im Logistikbereich ist ein Aufschieben bei geringer Dringlichkeit möglich, so dass dadurch auch eine Bündelung von Lieferungen möglich wird. Hinsichtlich der geografischen Dezentralisation bzw. Zentralisation müsste bei geringer Dringlichkeit auf Grund der Aufschiebestrategie in Produktion und Logistik gemäß Abbildung 57 eine zentrale Logistikstruktur und eine eher dezentrale Produktionsstruktur aufgebaut werden. Sinnvoller erscheint es jedoch, der Logistikstruktur zu folgen und auch die Produktionsstruktur zentral zu gestalten, da angesichts der geringen Dringlichkeit kein Vorteil aus einer dezentralen Produktionsstruktur gewonnen werden könnte.

2.2.2 Regelmäßigkeit und logistische Gestaltungsvariablen

Auch die Frage, ob die Nachfrage nach einem Gut regelmäßig oder unregelmäßig erfolgt, hat entscheidende Auswirkungen auf die logistischen Gestaltungsvariablen. Ein unregelmäßiger und damit zeitlich nicht prognostizierbarer Auftragseingang erfordert eine andere Gestaltung der Distributionsstruktur als eine regelmäßige Nachfrage. Bei letzterer erschließen sich Möglichkeiten zur Bündelung von Güterströmen, welche gleichzeitig eine horizontal zentrale Struktur bedeuten, während eine unregelmäßige Güternachfrage eine Bündelung erschwert und zu vereinzelten Lieferungen zwingt, die dann eher aus einer horizontal dezentralisierten Logistikstruktur durchgeführt werden. Diese Erkenntnis deckt sich auch mit dem Zusammenhang, dass eine vorhandene Unregelmäßigkeit der Güternachfrage eine logistische Spekulationsstrategie erforderlich macht, die ja Produkte bereits in einem dezentralisierten System verteilt. Zudem erfordert eine unregelmäßige Nachfrage ein Produktionsspekulieren, um die Nachfrageschwankungen durch Produktion auf Lager ausgleichen zu können. Daraus folgt, dass bei unregelmäßiger Nachfrage eine zentrale, auf Spekulation ausgerichtete Produktionsstruktur mit einer dezentralen, ebenfalls spekulativen physischen Distributionsstruktur kombiniert werden sollte. Eine regelmäßige Nachfrage hingegen ermöglicht es auf Grund der exakten Planbarkeit, sowohl im Logistik- als auch im Produktionsbereich eine Aufschiebestrategie zu verfolgen und eine komplett zentrale Struktur aufzubauen.[342]

2.2.3 Zusammenfassung der logistischen Gestaltungsempfehlungen in der zeitlichen Dimension

Auf Basis der durchgeführten Überlegungen lassen sich zwei Gütertypen in der zeitlichen Dimension eindeutig Distributionsstrukturen zuordnen. Güter mit hoher Dringlichkeit, aber einer unregelmäßigen Nachfrage, charakterisiert z.B. durch viele

---

[342] Vorausgesetzt, dass nicht im Produktionsbereich Kosten- oder Risikoüberlegungen eine dezentrale Struktur sinnvoll erscheinen lassen. Vgl. Abbildung 45 auf S. 227.

kleine Nachfrageschwankungen, bedürfen eines spekulativen Logistiksystems, das dezentral aufgebaut ist. Nur so lässt sich bei der herrschenden Unsicherheit (Unregelmäßigkeit) bezüglich Zeitpunkt und Umfang der Nachfrage die hohe Dringlichkeit ausreichend berücksichtigen. Allerdings sollte auch die Produktionsstruktur spekulativ sein, da wegen der Unregelmäßigkeit und der hohen Dringlichkeit eine Pufferung durch Lagerproduktion erforderlich ist. Es ist also eine Teilung in ein dezentrales, spekulatives Logistiksystem und ein zentrales, ebenfalls spekulatives Produktionssystem vorzunehmen. Hinsichtlich der Bündelung oder Vereinzelung ergibt sich daraus die Möglichkeit, zwischen zentraler Produktionsstufe und dezentralen Lagern gebündelte Lieferungen durchzuführen, um dann bei der Endkundenbelieferung entweder durch vereinzelte Lieferungen oder für den Konsumenten schnell erreichbare Abholpunkte der Dringlichkeit Rechnung zu tragen. Das System ist somit zweistufig mit zentraler Produktions- und dezentraler Lagerstufe.

Demgegenüber empfiehlt sich für Güter mit geringer Dringlichkeit, die regelmäßig nachgefragt werden, eine zentralisierte, aufschiebende Logistikstruktur und eine Aufschiebestrategie in der ebenfalls zentralisierten Produktion. Ermöglicht wird das Aufschieben aufgrund der durch die Regelmäßigkeit vorsehbaren Auftragseingänge, wegen der geringen Dringlichkeit ist eine Konzentration an zentralen Standorten möglich. Lieferungen erfolgen gebündelt an den Kunden oder an Abholpunkte.

2.3 Physisch-räumliche Kontextvariablen und logistische Gestaltungsvariablen

Von den physisch-räumlichen Kontextvariablen wird die Dichte als Bestandteil der MKAZ im nächsten Abschnitt separat behandelt, so dass hier nur die Digitalisierbarkeit zu betrachten ist, da Lager- und Transportfähigkeit vorausgesetzt werden.

Im Fall der Digitalisierbarkeit ist nur die Betrachtung der Merkmalsausprägung „vollständig digitalisierbar" notwendig. Für nicht digitalisierbare Produkte können keine Aussagen über die Ausgestaltung der logistischen Struktur getroffen werden, dazu bedarf es der Kenntnis weiterer Merkmale der Güter. Vollständig digitalisierbare Güter bilden hingegen einen Sonderfall, da sie den Übergang von einer physischen zu einer rein informationstechnischen Distribution erlauben. Im Mittelpunkt der Betrachtungen bei vollständig digitalisierbaren Gütern stehen somit nicht mehr Fragen der physischen Logistik, sondern der Informationslogistik. Aber auch für diese haben die grundlegenden Gestaltungsvariablen von Distributionssystemen Gültigkeit. Unter der Berücksichtigung der Eigenschaften digitaler Güter – hohe Produktionskosten der ersten Einheit, sehr geringe Kosten der Produktion (Kopie) jeder weiteren Einheit sowie nahezu verzögerungs- und kostenfreie elektronische Distribution – ergibt sich, dass bei vollständig digitalisierten Gütern eine völlig zentralisierte Produktions- und Logistikstruktur möglich ist. An diesem zentralen Standort erfolgt die Produktion und Lagerung des digitalisierten Gutes, von dem dann nach Eingang von Aufträgen Kopien angefertigt werden (Produktionsaufschieben) und als Einzellieferungen versandt werden. Digitale Güter werden mithin in einer zentralisierten, auf Aufschieben in (Re-)Produktion und Logistik ausgerichteten Struktur mit vereinzelten Lieferungen abgewickelt.

2.4 Kombinierte Kontextvariablen und logistische Gestaltungsvariablen

Als kombinierte Gütereigenschaft aus monetärer und physisch-räumlicher Dimension wurde in Abschnitt D.IV.4.4 die monetäre Kapazitätsauslastungszahl (MKAZ) entwickelt, die sich aus dem Wert-Volumen-Verhältnis und dem Wert-Gewicht-Verhältnis eines Gutes berechnen lässt. Eine hohe MKAZ bedeutet eine monetär hohe Auslastung der jeweiligen Kapazität, entweder im Transport- oder im Lagerbereich, wobei im Transportbereich eine hohe MKAZ stets als positiv zu bewerten ist, da sie signalisiert, dass ein Transport lohnend ist, während im Lagerbereich der erfolgten Auslastung der Kapazität die entstehende Kapitalbindung entgegenzuhalten ist.[343]

Eine hohe MKAZ spricht für eine zentrale Logistikstruktur, da wegen der hohen monetären Auslastung auch Transporte über längere Distanzen lukrativ sind. Ebenso erlaubt eine hohe MKAZ die Vereinzelung von Warenströmen, da auch bei der einzelnen Sendung die Transportkosten im Verhältnis zum mit der Sendung erzielbaren Gewinn eine untergeordnete Rolle spielen. Aus der zentralen logistischen Struktur bei Vorliegen einer hohen MKAZ ergibt sich die Verfolgung einer logistischen Aufschiebestrategie. Auch aus Sicht der hohen Kapitalbindung bei Gütern mit hoher MKAZ ist das Aufschieben von Produktions- und Logistiktätigkeiten sinnvoll, so dass bei Gütern mit einer hohen MKAZ eine zentrale Distributionsstruktur unter Verfolgung einer Aufschiebestrategie in Produktion und Logistik vorteilhaft ist, die die Vereinzelung von Warenströmen nach sich zieht.

Eine niedrige MKAZ hingegen macht den Transport des Gutes unattraktiv, vor allem Einzelzustellungen sind nicht möglich, so dass hier eine dezentrale Logistikstruktur mit gebündelter Bereitstellung für den Kunden vorteilhaft ist.

---

[343] Zu beachten ist, dass strenggenommen auch während des Transports Kapitalbindungskosten entstehen und somit ein lange dauernder Transport von wertvollen Gütern zu hohen Kapitalbindungskosten führt. Insbesondere bei modernen, auf die Vermeidung von Lagerbeständen abzielenden Konzepten wie z.B. Just-in-time oder Cross Docking erfolgt im Prinzip die Verlagerung von Lagerbeständen in den Frachtraum der LKW, man spricht auch von „rollenden Lagern". Vgl. zu Just-in-time Delfmann (2000c), S. 219ff. und zu Cross Docking Delfmann (1999c), S. 565ff.

Idealerweise geht eine solche dezentrale Logistikstruktur mit einer dezentralen Produktionsstruktur einher, um lange, wenn auch gebündelte, Transporte zu den dezentralen Lagern zu vermeiden. Weiterhin können Güter mit einer niedrigen MKAZ wegen ihres geringen Werts über längere Zeit gelagert werden, so dass aus logistischer Sicht eine Spekulationsstrategie mit der entsprechenden Verteilung der Güter in der Logistikstruktur möglich ist.

3 Identifikation von Konfigurationen aus Distributionsstrukturen und Gütertypen

Auf Basis der Erkenntnisse der vorangegangenen Abschnitte erfolgt nun die Identifizierung von Konfigurationen aus Distributionsstrukturen und Gütertypen. Für alle Güter wird zunächst als Eigenschaft die technische Transport- und Lagerfähigkeit vorausgesetzt, das heißt sie können mit Standardtransportmitteln transportiert und in Lagerhäusern zumindest begrenzt gelagert werden. Es ergeben sich dann sechs Gütertypen mit unterschiedlicher Eignung für den b-t-c Electronic Commerce, die im Folgenden vorgestellt werden.

3.1 Konfiguration 1: Digitales Gut und Distributionsstrukturen

Dominierendes Merkmal des digitalen Gutes ist seine Digitalisierbarkeit. Durch die besonderen Möglichkeiten bei der Distribution digitaler Güter ist es bei diesem Gütertyp unerheblich, wie die Ausprägung der meisten anderen Kontextvariablen ausfällt, die logistischen Gestaltungsvariablen orientieren sich immer an der Digitalisierbarkeit; lediglich im Bereich der akquisitorischen Gestaltungsvariable der Preisfindung ergeben sich unterschiedliche Ausgestaltungen je nachdem, um welchen informatorischen Gütertyp es sich handelt.

Zum digitalen Gütertyp gehören alle digitalisierbaren Güter, die keiner persönlichen Inaugenscheinnahme bedürfen, unabhängig davon, ob es sich um einen Erst- oder Wiederholungskauf handelt und ob die Nachfrage nach dem Gut regelmäßig ist. Für neoklassisch-homogene digitale Güter empfiehlt sich dann eine anbieterseitig feste Preisfindung, während für Such- und Inspektions-, Erfahrungs- sowie Vertrauensgüter bei hoher Dringlichkeit die holländische, bei geringer Dringlichkeit die Vickrey-Auktion Anwendung finden sollte. Alle digitalen Güter eignen sich perfekt für die Abwicklung im Electronic Commerce, da alle Transaktionsphasen elektronisch durchgeführt werden können und im Erstkauffall bei Such- und Inspektionsgütern Internettechnologie die Möglichkeit des Abbaus von Informationsasymmetrien und Suchkosten bietet. Bei digitalen Gütern sind die Kosten der Vervielfältigung und des Transports über elektronische Medien verschwindend gering; eine nahezu unendlich schnelle Reproduktion und Übertragung ist möglich. Daraus ergeben sich für die logistischen Gestaltungsdimensionen folgende

Ausprägungen: Produktion und Logistik können vollkommen zentralisiert stattfinden. Die Lieferung erfolgt in vereinzelten Sendungen nach Eingang des Kundenauftrags, das heißt die Produktion (Vervielfältigung in diesem Fall) und Logistik werden aufschiebend gesteuert. Hier besteht im Übrigen ein Widerspruch zur Darstellung in Abbildung 57 auf Seite 307, wo bei geografischer Zentralisation im Produktionsbereich eine Spekulationsstrategie als vorteilhaft dargestellt wird. Im Fall von digitalen Gütern ist jedoch nach der Produktion des Gutes jede weitere Kopie fast kosten- und zeitverlustfrei herstellbar, so dass hier von einer Aufschiebestrategie gesprochen werden kann. Das digitale Gut liegt auf einem Server bereit und wird nach Eintreffen des Auftrags für den Kunden kopiert. Die folgende Abbildung 59 zeigt ein Typblatt des digitalen Gutes mit seinen drei Unterausprägungen.

		1a	1b	1c
Kontextvariablen	Erstkauf	beliebig	beliebig	beliebig
	Informatorischer Gütertyp	neoklassisch - homogen	Such- oder Inspektions- / Erfahrungs- / Vertrauensgut	Such- oder Inspektions- / Erfahrungs- / Vertrauensgut
	Persönliche Inaugenscheinnahme	nein	nein	nein
	Dringlichkeit	beliebig	hoch	niedrig
	Regelmäßigkeit	beliebig	beliebig	beliebig
	Digitalisierbarkeit	ja	ja	ja
	MKAZ	n.a.	n.a.	n.a.
Gestaltungsvariablen	Preisfindung	anbieterseitig fest	Auktion holländisch	Vickrey-Auktion
	zentrale / dezentrale Produktion	zentral		
	zentrale / dezentrale Logistik	zentral		
	Bündelung / Vereinzelung	vereinzelte Direktbelieferung		
	aufschieben / spekulieren Produktion	aufschieben		
	aufschieben / spekulieren Logistik	aufschieben		

Abbildung 59: Typblatt „Digitales Gut"

Der digitale Gütertyp ist natürlich geradezu prädestiniert für die Abwicklung im internetbasierten Electronic Commerce, da der Güteraustausch ebenfalls im Internet stattfindet. Zudem fallen Güter dieses Typs häufig in die besonders für internetbasierten Electronic Commerce geeignete Kategorie der Such- und Inspektionsgüter ohne Notwendigkeit der persönlichen Inaugenscheinnahme.[344] Hier kann das Internet, wie z.B. in den Beiträgen von BAKOS beschrieben, besonders stark Such- und Informationskosten und damit informatorische Transaktionskosten senken.[345]

Beispiele für digitale bzw. vollkommen digitalisierbare Güter sind Nachrichten, Software, Musiktitel und Bücher.[346] Vor allem bei Gütern, die bisher eines physischen Trägers zum Verkauf bedurften (CDs bei Software und Musik, Papier bei Nachrichten und Büchern) und die somit eine physische Distributionsstruktur benötigten, sind die Veränderungen in den Distributionsstrukturen durch die Digitalisierung erheblich. Es findet eine vollständige Disintermediation der physischen Distributionsstruktur statt, die Güter können vom Produzenten (Verfasser, Autor, Musiker) direkt an den Kunden geschickt oder aber, falls die Stärke der Marke des Gutes nicht hoch genug ist, über elektronische Intermediäre, die die Markt- und Sortimentbildungsfunktion übernehmen, vertrieben werden. Die betroffenen Branchen wie insbesondere die Musikindustrie[347] oder auch die Buchbranche[348] unterliegen

---

[344] Gerade bei den digitalen bzw. den digitalisierbaren Produkten erscheinen viele neue Produkte. Software wird ständig weiterentwickelt und um neue Funktionalitäten erweitert. Interpreten und Autoren bringen Überarbeitungen oder Folgeversionen auf den Markt, die jeweils eine neue Informationssuche nötig machen, allerdings basierend auf dem Vorwissen bezüglich der bisher gekauften Produkte. Man spricht in solchen Fällen auch von modifizierten Wiederholungskäufen, vgl. z.B. Robinson/Faris/Wind (1967), S. 25 oder Kroeber-Riel/Weinberg (1996), S. 38ff.

[345] Vgl. die Ausführungen in Abschnitt C.I.1, insbesondere C.I.1.5.

[346] Vgl. zur Unterscheidung von digitalen und digitalisierbaren Gütern Tabelle 1 auf Seite 11 dieser Arbeit und die Erläuterungen zur Tabelle dort.

[347] Vgl. z.B. Lam/Tan (2003), S. 62ff. oder Maltz/Chiapetta (2002), S. 77ff.

[348] In der Buchindustrie befindet sich die Digitalisierung noch in einem früheren Stadium. Zwar ist es auch hier grundsätzlich möglich, den Inhalt eines Buches auf einem Server bereitzustellen, so dass der Kunde ihn gegen Entgelt auf ein geeignetes elektronisches Gerät herunterladen kann. Der Lesekomfort ist allerdings noch sehr eingeschränkt, die Mehrzahl der Käufer bevorzugt die Papierform. Entsprechend haben sich Zwischenformen der Digitalisierung entwickelt, bei denen Bücher nicht mehr wie bisher in größeren Auflagen, sondern nur auf Kundenauftrag gedruckt werden. Der Autor stellt sein Werk in elektronischer Form einem Verlag zur Verfügung, der mit Hilfe neuer kostengünstiger Druckmethoden immer nur dann ein Exemplar druckt, wenn ein Kunde es bestellt hat. Bekanntestes Beispiel für diese Druckmethode ist das Unternehmen „Books on Demand", http://www.bod.de, das mit Verlagen zusammenarbeitet (z.B. der Kölner Wissenschaftsverlag, http://www.koelnerwissenschaftsverlag.de). Die Methode von „Books on Demand" bietet für auflagenschwache Publikationen, z.B. im wissenschaftlichen Bereich, klare Produktionskostenvorteile gegenüber der traditionellen Drucktechnik, die bei auflagenstarken Büchern weiterhin über economies of scale verfügt.

dementsprechend einem starken Wandel. Die folgende Abbildung zeigt schematisch die idealtypischen Distributionsstrukturen, die sich für das digitale Gut ergeben.

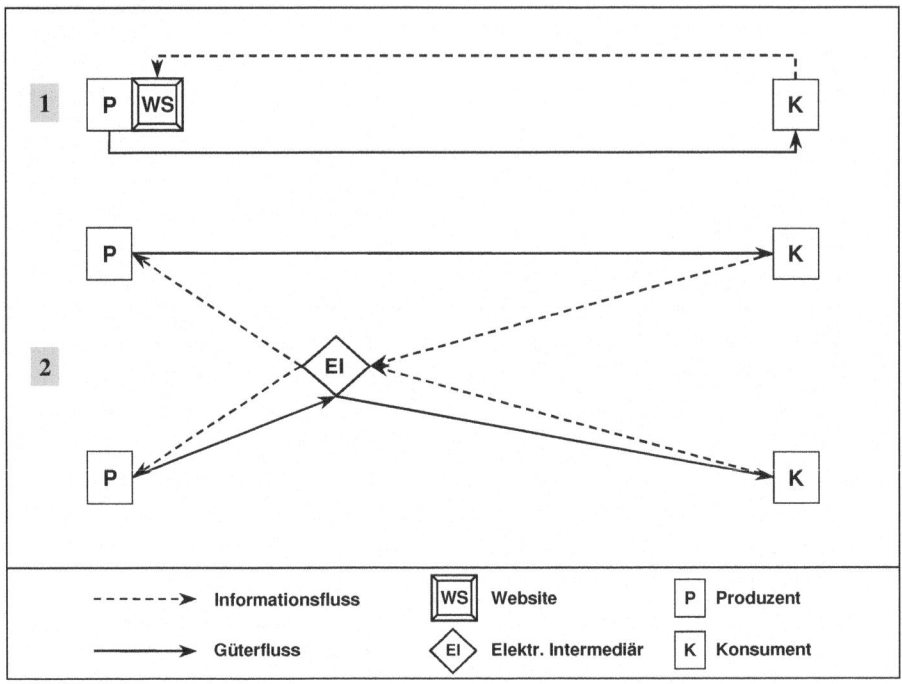

Abbildung 60: Distributionsstrukturen für das digitale Gut

Dargestellt sind als Struktur 1 der Fall einer starken Marke und als Fall 2 die Struktur für schwache Marken. Während bei Fall 1 der Informationsfluss der akquisitorischen Distribution zwischen Konsument (K) und Produzent (P) über dessen Internetseite (WS) stattfindet und ein Download des Produkts möglich ist, schaltet sich in Fall 2 ein elektronischer Intermediär (EI) ein. Er sammelt die Informationen über weniger bekannte Güter und stellt sie den Konsumenten als Sortiment zur Verfügung. Anschließend leitet er den Käufer entweder weiter zu einem Server des Produzenten (oberer Teil von Fall 2) oder aber er verfügt selber über eine Version des Produktes, die er z.B. gegen Lizenz des Herstellers verkaufen kann (unterer Teil von Fall 2). Beispiele für Fall 1 wären der Download von Software direkt von der Homepage bekannter Hersteller wie Microsoft oder von Musikstücken namhafter Interpreten. Fall 2 stellt dagegen Softwareplattformen wie Download.com[349] oder Musikbörsen wie die von Bertelsmann ins Leben gerufene click2music.com[350] dar.

In beiden Fällen zeichnen sich die neuen Distributionsstrukturen dadurch aus, dass durch die internetbasierte Distribution nicht nur informatorische Transaktionskosten, sondern in großem Umfang auch raum-zeitliche Transferkosten in Form von Standort- und Transportkosten eingespart werden können, so dass digitale Güter mit ihren entsprechenden Distributionsformen das Paradebeispiel einer maßgeblichen Senkung von Koordinationskosten durch Internettechnologie sind.

3.2 Konfiguration 2: Dezentrales Versandgut und Distributionsstrukturen

Beim dezentralen Versandgut dominieren die hohe Dringlichkeit und die hohe monetäre Kapazitätsauslastung als Kontextfaktoren. Es kann, je nachdem, ob es sich um einen Erstkauf oder einen Wiederholungskauf handelt, unterteilt werden in zwei Untertypen, die sich jedoch bei den Ausprägungen der Gestaltungsvariablen nicht voneinander unterscheiden. Im Fall des Erstkaufs kann es sich um alle informatorischen Gütertypen handeln, bei einem Wiederholungskauf um neoklassisch-homogene und Vertrauensgüter. Such- und Inspektionsgüter bedürfen keiner persönlichen Inaugenscheinnahme. Das nachfolgend dargestellte Typblatt zeigt die Charakteristika des dezentralen Versandgutes.

---

[349] http://www.download.com.

[350] http://www.click2music.com. Dort ist bisher nur das Probehören verschiedenster Musiktitel möglich.

		2a	2b
Kontextvariablen	Erstkauf	ja	nein
	Informatorischer Gütertyp	alle	neoklassisch - homogen / Vertrauensgut
	Persönliche Inaugenscheinnahme	nein	nein
	Dringlichkeit	hoch	hoch
	Regelmäßigkeit	n.a	nein
	Digitalisierbarkeit	nein	nein
	MKAZ	hoch	hoch
Gestaltungsvariablen	Preisfindung	anbieterseitig fest / Auktion holländisch	anbieterseitig fest / Auktion holländisch
	zentrale / dezentrale Produktion	zentral	
	zentrale / dezentrale Logistik	dezentral	
	Bündelung / Vereinzelung	1. Stufe Bündelung 2. Stufe vereinzelte Direktbelieferung	
	aufschieben / spekulieren Produktion	spekulieren	
	aufschieben / spekulieren Logistik	spekulieren	

Abbildung 61: Typblatt „Dezentrales Versandgut"

In der Anbahnungs- und Vereinbarungsphase spielt die hohe Dringlichkeit dieses Gütertyps insofern eine Rolle, als dass hier Internettechnologie bei Such- und Inspektionsgütern ein großes Potenzial bietet, da eine schnelle Reduktion der Informationsasymmetrie vor dem Kauf möglich ist. Weiterhin führt die hohe Dringlichkeit dazu, dass nur solche Preissysteme geeignet sind, die eine schnelle Vereinbarung zustande kommen lassen, mithin der anbieterseitig feste Preis bei neoklassisch-homogenen Gütern oder die holländische Auktion bei Such-, Erfahrungs- und Vertrauensgütern.

Die in der hohen Dringlichkeit begründete besondere Eignung des dezentralen Versandgutes für die Durchführung der Anbahnungsphase im internet-basierten Electronic Commerce wird relativiert durch die logistischen Erfordernisse, die ebenfalls durch die hohe Dringlichkeit bedingt sind. Zwar kann aufgrund der hohen monetären Kapazitätsauslastung das Gut problemlos über große Strecken transportiert werden, es eignet sich aus dem selben Grund auch für eine vereinzelte

Lieferung. Dennoch muss das Distributionssystem zweigeteilt werden in eine zentrale Produktion, die wegen der hohen Dringlichkeit spekulativ arbeitet und eine dezentrale Logistikstruktur. Denn eine hohe Dringlichkeit erfordert eine dezentrale Logistikstruktur mit einer spekulativen Vorhaltung der Produkte an dezentralen Standorten, da die Verfügbarkeit noch am gleichen Tag gewünscht wird. Von daher eignet sich die häufig mit Electronic Commerce verbundene Form des zentralen Versandhandels nicht für diesen Gütertyp, sondern bedarf einer Modifikation. Es erfolgt auf der ersten Stufe ein gebündelter Transport vom zentralen Produktionsstandort zu den dezentralen Auslieferungslagern. Von diesen kann das Produkt bei Auftragseingang in kürzester Zeit als Einzellieferung (ermöglicht durch die hohe monetäre Kapazitätsauslastung) an den Kunden geliefert werden.

Somit handelt es sich beim dezentralen Versandgut um eine ebenfalls sehr gut für den internetbasierten Electronic Commerce geeignete Konfiguration, die lediglich einer dezentralen Auslieferungsstruktur bedarf. Beispiele sind alle hochwertigen Gütern mit dringendem Bedarf. Es kann sich um teure Lebensmittel handeln oder aber den durch einen Defekt dringend notwendig gewordenen Ersatz eines Elektrogeräts. Auch wertvolle Bücher, die noch innerhalb von 24 Stunden z.B. aus beruflichen Gründen oder als dringendes Geschenk benötigt werden, fallen in diese Kategorie. Als Beispiel aus der Praxis können Lieferdienste für Blumen wie Fleurop herangezogen werden.[351] Insgesamt zeigt sich hier die Problematik des verwendeten Dringlichkeitsbegriffs, da ein Gut nicht per se dringend gebraucht wird, sondern die individuelle Situation des Käufers darüber entscheidet.

Berücksichtigt man zudem die Stärke der Marke des Produkts, so sind drei idealtypische Distributionsstrukturen denkbar.

---

[351] http://www.fleurop.de.

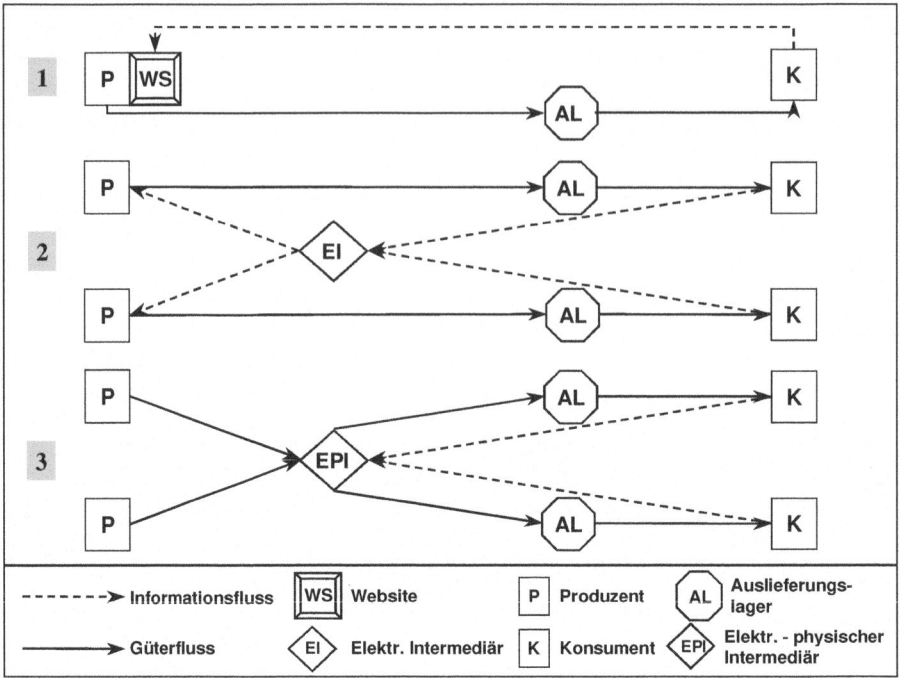

Abbildung 62: Distributionsstrukturen für das dezentrale Versandgut

Fall 1 zeigt für eine starke Marke den direkten Kontakt zwischen Konsument und Produzent über dessen Website. Der Produzent unterhält eine Reihe physischer Auslieferungslager, die dann den Käufer direkt beliefern. Falls die Marke des Gutes schwach ist, übernimmt wie in Fall 2 dargestellt ein elektronischer Intermediär die Sortimentbildung und erleichtert den Konsumenten das Auffinden von Produzenten, welche dann, meist auf Basis einer dezentralen Produktionsstruktur, die Auslieferung übernehmen. Der bereits genannte Blumenlieferdienst Fleurop funktioniert nach einem vergleichbaren Prinzip, die Belieferung erfolgt von dezentralen Blumengeschäften. Denkbar ist bei schwachen Marken auch der Fall eines elektronisch-physischen Intermediärs (EPI), dargestellt in Fall 3. Hier führt ein Großhändler elektronisch die Markt- und Sortimentbildung durch. Zusätzlich bündelt er die Produkte zentral angesiedelter Produzenten auch physisch und übernimmt die Belieferung der dezentralen Auslieferungspunkte.

Aus Sicht der Koordinationskosten zeichnen sich die dargestellten Strukturen im Vergleich zum klassischen Einzelhandel durch reduzierte informatorische Transaktionskosten und in etwa gleich hohe raum-zeitliche Transfer-kosten aus, denn die Standortkosten der dezentralen Auslieferungslager sind zwar geringer als bei dezentralen Einzelhandelsgeschäften, es entstehen aber zusätzliche Transportkosten für die Einzelauslieferung von den dezentralen Standorten.

3.3 Konfiguration 3: Stationäres Einzelhandelsgut und Distributionsstrukturen

Das als Einzelsendung nicht transportfähige stationäre Einzelhandelsgut unterscheidet sich vom dezentralen Versandgut nur hinsichtlich seiner geringen monetären Kapazitätsauslastungszahl, ansonsten sind alle anderen Ausprägungen, insbesondere die hohe Dringlichkeit als dominierende Eigenschaft, gleich. Die Auswirkungen auf die Distributionsstruktur sind jedoch umfangreich, da kein wirtschaftlicher Einzeltransport des Gutes, und somit keine Einzelauslieferung an den Kunden, möglich ist. Zur Vermeidung größerer Transporte empfiehlt sich für diesen Gütertyp auch in Anbetracht der hohen Dringlichkeit der Nachfrage ein stark dezentralisiertes Distributionssystem, in dem die Güterflüsse vom zentralen Produktionsstandort zu den dezentralen Abholpunkten gebündelt transportiert werden sollten. Angesichts der hohen Dringlichkeit und des geringen Werts der Produkte ist eine Spekulationsstrategie in Produktion und Logistik mit entsprechender Lagerhaltung sinnvoll. Aus Sicht der Preisfindung empfiehlt sich aufgrund der Dringlichkeit im Fall von homogenen Gütern ein Festpreis und bei anderen informatorischen Gütertypen, falls durchführbar, die holländische Auktion.[352] Das folgende Typblatt fasst die Merkmale des stationären Einzelhandelsgutes zusammen.

---

[352] Da die Durchführung der Anbahnungs- und Vereinbarungsphase bei stationären Einzelhandelsgütern vor Ort im Geschäft erfolgt und aufgrund der hohen Dringlichkeit nur begrenzte Zeit zur Verfügung steht, kann eine holländische Auktion nur bei entsprechend starker Nachfrage mit vielen Interessenten durchgeführt werden. Ansonsten empfiehlt sich bei allen Gütern dieses Typs ein Festpreis. Ein Beispiel für in Abholpunkten physisch durchgeführte holländische Auktionen sind Blumenauktionen, vgl. van Heck (2000), S. 18f. Es handelt sich hier allerdings um Transaktionen im b-t-b Bereich.

		3a	3b
Kontextvariablen	Erstkauf	ja	nein
	Informatorischer Gütertyp	alle	neoklassisch - homogen / Vertrauensgut
	Persönliche Inaugenscheinnahme	nein	nein
	Dringlichkeit	hoch	hoch
	Regelmäßigkeit	n.a	nein
	Digitalisierbarkeit	nein	nein
	MKAZ	gering	gering
Gestaltungsvariablen	Preisfindung	anbieterseitig fest / Auktion holländisch	anbieterseitig fest / Auktion holländisch
	zentrale / dezentrale Produktion	zentral	
	zentrale / dezentrale Logistik	dezentral	
	Bündelung / Vereinzelung	1. Stufe Bündelung 2. Stufe Abholung	
	aufschieben / spekulieren Produktion	spekulieren	
	aufschieben / spekulieren Logistik	spekulieren	

Abbildung 63: Typblatt „stationäres Einzelhandelsgut"

Aus informatorischer Sicht eignet sich dieser Gütertyp gut für die Abwicklung im internetbasierten Electronic Commerce, da auch hier das Internet insbesondere bei den Such- und Inspektionsgütern und angesichts der hohen Dringlichkeit eine schnelle und umfassende Reduktion der informatorischen Transaktionskosten ermöglicht. Aus Sicht der physischen Abwicklung ist eine Abholung durch den Kunden nötig, da wegen der niedrigen MKAZ eine Einzelzustellung der Güter nicht möglich ist.

Eine Abholung kann in einem existierenden Einzelhandelsgeschäft oder an Abholpunkten stattfinden. Gegen die Verwendung von Abholstationen wie z.B. der Packstation oder des Tower24[353] spricht, dass diese nur eine begrenzte Kapazität

---

[353] Vgl. z.B. das Konzept des Tower24, http://www.tower24.de oder der Packstation, http://www.packstation.de. Vgl. auch Engelsleben/Fichtner (2001), S. 42ff. und die dort dargestellten alternativen Zustellkonzepte.

324

haben, so dass in ihnen kein breites Sortiment vorgehalten werden kann im Gegensatz zum Handelsgeschäft, sie eignen sich mithin nicht für die geforderte spekulative Durchführung der Logistik, die angesichts der hohen Dringlichkeit der Nachfrage notwendig ist.[354] Ebenso wenig kann eine Abholstation wegen der geringen MKAZ mit vereinzelten Lieferungen von dezentralen Lagern beliefert werden. Somit bleiben als mögliche Abholpunkte lediglich bereits existierende Geschäfte mit ausreichendem Sortiment oder aber größere dezentrale Lager. Die Frage ist dann, ob es sinnvoll ist, die Bestellung und Zahlungsabwicklung per Internet anzubieten und die Abholung in der Filiale, da ja durch die internetbasierte Durchführung der Anbahnungs- und Vereinbarungsphase informatorische Transaktionskosten in Form von Suchkosten gespart werden können.[355] Wenn der Konsument aber ohnehin das Geschäft aufsuchen muss, bietet es sich an, auch die akquisitorische Distribution vor Ort durch-zuführen. PASCHELKE/ROSELIEB sprechen in solchen Fällen auch von der Simultanität der akquisitorischen Distributionstätigkeiten.[356] Vor diesem Hintergrund ist die Eignung des stationären Einzelhandelsgutes für den Electronic Commerce als eher gering einzustufen.[357] Einzig bei Such- und Inspektionsgütern ist angesichts der möglichen großen Transaktionskosteneinsparungen die Durchführung der Anbahnungs- und Vereinbarungsphase im Internet und die Abholung in einer Filiale des ohnehin existierenden stationären Handels bzw. in einem Convenience-Shop denkbar. Für alle anderen informatorischen Gütertypen ist hingegen der Kauf von stationären Einzelhandelsgütern per Internet nicht vorteilhaft.

Beispiele für stationäre Einzelhandelsgüter sind dringend oder plötzlich benötigte Lebensmittel des täglichen Bedarfs wie z.B. Milch oder Butter, einfache Haushaltsprodukte oder in unregelmäßigen Abständen gekaufte Zeitschriften. Hervorstechendes Merkmal solcher Produkte ist der in unregelmäßigen Abständen plötzlich auftretende, als dringend empfundene Bedarf nach ihnen. Da für das stationäre Einzelhandelsgut mit Ausnahme der Such- und Inspektionsgüter keine Eignung für den Electronic Commerce festgestellt wurde, zeigt die folgende Abbildung lediglich die physische Distributionsstruktur, da keine Informationsflüsse in der Anbahnungs- und Vereinbarungsphase über das Internet stattfinden. Ideal-typisch dargestellt ist die Belieferung von Filialen direkt vom Produzenten oder unter Einschaltung eines Großhändlers und die Abholung durch den Kunden. Das stationäre Einzelhandelsgut zeigt mithin viele Charakteristika des in der Absatzlehre

---

[354] Eine Form der Umsetzung von Abholstationen für stationäre Einzelhandelsgüter sind Automatenstationen. Sie werden gebündelt mit Gütern mit niedriger MKAZ beliefert und sind rund um die Uhr für den Konsumenten zugänglich.

[355] Mit Ausnahme der Such- und Inspektionsgüter, bei denen eine persönliche Inaugenscheinnahme erforderlich ist.

[356] Vgl. Paschelke/Roselieb (2002), S. 396.

[357] Vgl. zu Conviniencegütern z.B. Kohleisen (2001), S. 62 und die Ausführungen in Abschnitt D.III.2.3.

beschriebenen Conveniencegutes, bei dem es dem Konsumenten auf eine sofortige Verfügbarkeit ankommt und das sich ebenfalls durch einen geringen Wert (geringe MKAZ) auszeichnet, der es gleichzeitig ermöglicht, es spekulativ dezentral vorzuhalten.

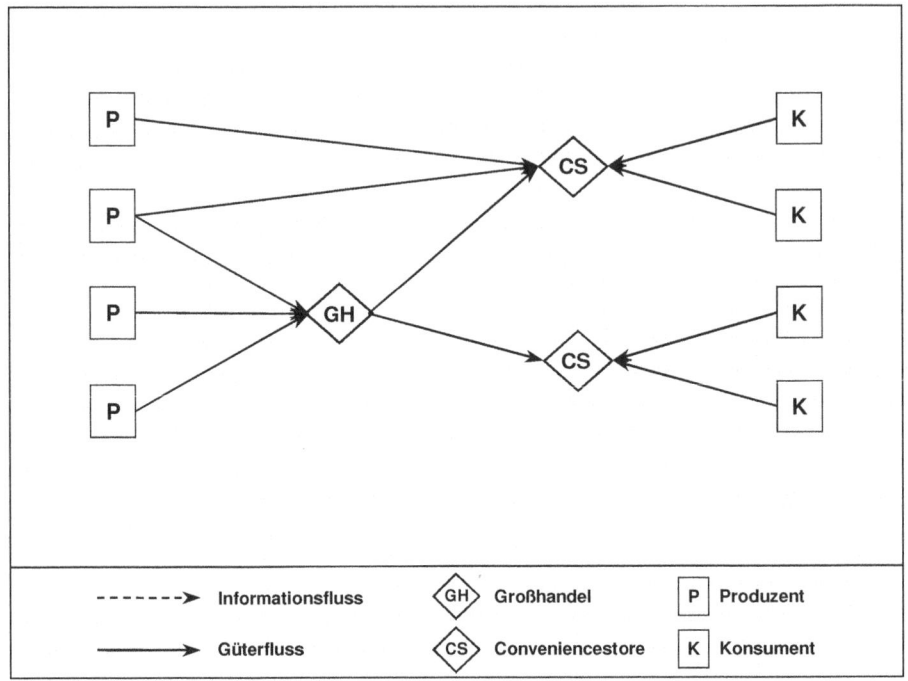

Abbildung 64: Distributionsstruktur für das stationäre Einzelhandelsgut

3.4 Konfiguration 4: Disintermediationsgut und Distributions-strukturen

Das Disintermediationsgut ist ideal geeignet für die in Abschnitt C.II beschriebene Disintermediation von Handelstufen. Es lassen sich vier Untertypen identifizieren, allen gemeinsam ist die Unmöglichkeit der Digitalisierung, die fehlende Notwendigkeit der persönlichen Inaugenscheinnahme und die hohe MKAZ. Gütertyp 4a umfasst alle informatorischen Güterformen im Fall eines Erstkaufs. Internettechnologie bietet hier bei Such- und Inspektionsgütern Vorteile beim erforderlichen Abbau von Informationsasymmetrien für den Käufer und senkt Transaktionskosten in Form von Anbahnungs- und Vereinbarungskosten für Käufer und Verkäufer. Die Dringlichkeit der Nachfrage ist gering, da es sich um einen Erst-kauf handelt, können keine Aussagen bezüglich der Regelmäßigkeit der Transaktion getroffen werden. Als Preisfindungsmechanismus empfiehlt sich dann für neoklassisch-homogene Güter der anbieterseitig feste Preis, für Güter mit höheren Informationsasymmetrien vor dem Hintergrund der geringen Dringlichkeit die Vickrey-Auktion. Diese Formen der Preisfindung sind ebenfalls vorteilhaft für die Untertypen 4b und 4c, bei denen es sich um einen Wiederholungskauf aller dafür möglichen informatorischen Güterformen handelt. Die Dringlichkeit ist auch hier gering, eine Unterscheidung kann dahingehend vorgenommen werden, ob eine Regelmäßigkeit der Nachfrage vorliegt oder nicht.

Der vierte Untertyp, 4d, stellt insofern eine Besonderheit dar, als dass eine hohe Dringlichkeit bei diesem Wiederholungskauf vorliegt. Da aber gleichzeitig eine regelmäßige und damit bekannte und somit planbare Nachfrage erfolgt, kann der Untertyp 4d über das gleiche Distributionssystem wie 4a bis 4c abgewickelt werden. Denn die Regelmäßigkeit der Nachfrage bedeutet, dass bereits bekannt ist, wann die dringende Nachfrage erfolgen wird. Aufgrund der hohen Dringlichkeit ist beim Typ 4d zudem eine holländische Auktion als Preisfindungsmechanismus zu empfehlen, falls es sich um ein Vertrauensgut handelt.

Für alle Untertypen der Konfiguration 4 empfiehlt sich ein zentrales Produktions- und Logistiksystem mit einer aufschiebenden Steuerung in der Logistik und soweit technisch umsetzbar auch in der Produktion, ermöglicht durch die entweder geringe Dringlichkeit oder aber die Planbarkeit des Auftrags.[358] Angesichts der hohen MKAZ sind zudem vereinzelte Lieferungen aus dem zentralen Standort direkt an den Kunden durchführbar, es handelt sich mithin um die klassische Form des Direktversands, mit der Folge einer Disintermediation von Handelsstufen. Durch den Einsatz von Internettechnologie ist außerdem eine Reduzierung von informatorischen Transaktionskosten gegenüber dem katalogbasierten Versandhandel erzielbar aufgrund der vereinfachten Bestellvorgänge und der größeren Potenziale in der Produktpräsentation.[359] Das folgende Typblatt fasst die Ausprägungen der Kontext- und Gestaltungsvariablen für das Disintermediationsgut zusammen.

---

[358] Gemäß den in Abbildung 57 auf Seite 307 dargestellten Interdependenzbeziehungen geht eine zentrale Produktionsstruktur mit einer Spekulationsstrategie einher. Im vorliegenden Fall kann wegen der geringen Dringlichkeit allerdings versucht werden, auch in der Produktion aufschiebend vorzugehen, soweit die Produktionstechnik dies zulässt.

[359] Vgl. den Ansatz von Evans/Wurster, dargestellt in Abbildung 2, S. 8.

		4a	4b	4c	4d
Kontextvariablen	Erstkauf	ja	nein	nein	nein
	Informatorischer Gütertyp	alle	neoklassisch-homogen / Vertrauens-gut	neoklassisch-homogen / Vertrauens-gut	neoklassisch-homogen / Vertrauens-gut
	Persönliche Inaugenscheinnahme	nein	nein	nein	nein
	Dringlichkeit	gering	gering	gering	hoch
	Regelmäßigkeit	n.a	nein	ja	ja
	Digitalisierbarkeit	nein	nein	nein	nein
	MKAZ	hoch	hoch	hoch	hoch
Gestaltungsvariablen	Preisfindung	anbieterseitig fest / Vickrey-Auktion	anbieterseitig fest / Vickrey-Auktion	anbieterseitig fest / Vickrey-Auktion	anbieterseitig fest / holländ. Auktion
	zentrale / dezentrale Produktion	zentral			
	zentrale / dezentrale Logistik	zentral			
	Bündelung / Vereinzelung	vereinzelte Direktbelieferung			
	aufschieben / spekulieren Produktion	aufschieben			
	aufschieben / spekulieren Logistik	aufschieben			

Abbildung 65: Typblatt „Disintermediationsgut"

Als Beispiele des Disintermediationsgütertyps können nicht dringende Käufe verschiedenster Güter mit hoher MKAZ, z.B. wertvolle Bücher oder Elektrogeräte, angeführt werden und damit ein sehr breites Spektrum an Produkten. Interessant sind die als Typ 4d vorgestellten dringenden, aber regelmäßig nachgefragten Güter, für die Dauermedikamente ein Beispiel sind. Eine Beratung zum Abbau von Informationsasymmetrien ist bei ihnen nicht mehr nötig, da es sich um einen Wiederholungskauf handelt. Der Patient benötigt die Medikamente zwar dringend, kann aber auf Basis seines Verbrauchs genau planen, wann der Bedarf eintritt, wodurch eine Regelmäßigkeit entsteht. Medikamente sind hochwertig bei geringem Gewicht und Volumen und haben mithin eine sehr hohe monetäre

Kapazitätsauslastungszahl. Dauermedikamente eignen sich somit hervorragend für den Direktversand durch internetbasierte Apotheken.[360]

Für das Disintermediationsgut lassen sich drei idealtypische Distributionsstrukturen in Abhängigkeit der Stärke der Marke identifizieren.

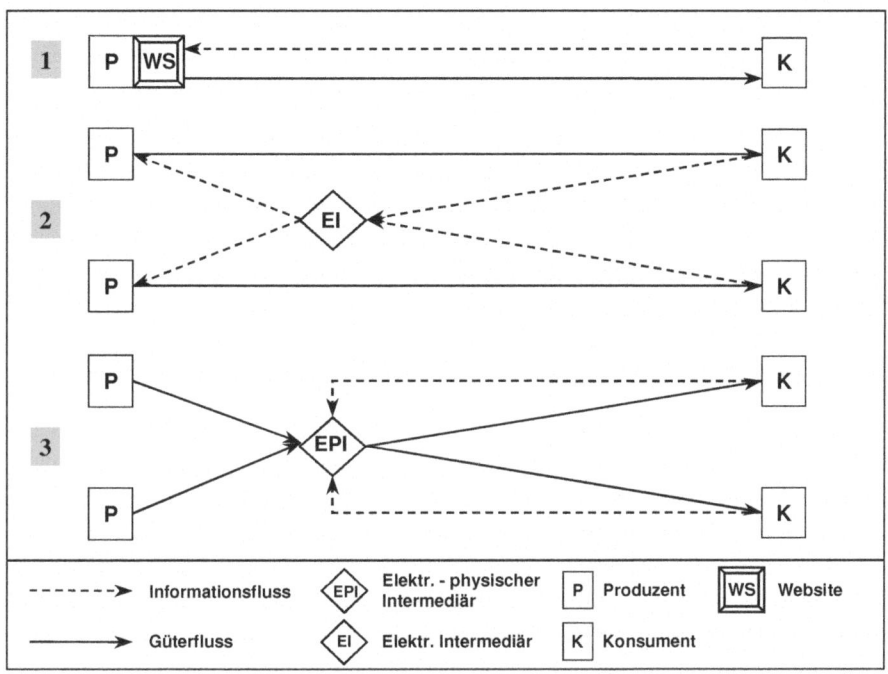

Abbildung 66: Distributionsstrukturen für das Disintermediationsgut

Für starke Marken stellt Fall 1 den Direktkauf beim Hersteller per Internet und den physischen Versand durch diesen an den Kunden dar. Ein Beispiel ist der Kauf von Mobiltelefonen bei Siemens.[361] Die Fälle 2 und 3 zeigen die bisher erfolgreichsten Varianten des b-t-c Electronic Commerce. Für Disintermediationsgüter mit schwacher Marke übernimmt in Fall 2 ein elektronischer Intermediär die Anbahnungs- und Vereinbarungsphase einer Transaktion. Er führt die Marktbildung durch, bietet eine elektronische Sortimentsfunktion und übernimmt die Zahlungsabwicklung. Der physische Direktversand erfolgt dann vom Produzenten an den

---

360   Beispiele für internetbasierte Apotheken mit Versandzustellung sind drugstore.com in den USA (http://www.drugstore.com) oder 0800DocMorris (https://www.0800docmorris.com) als niederländische Apotheke, die auch den deutschen Markt bedient.

361   http://www.my-siemens.com.

Konsumenten. Herausragendes Beispiel ist hier Ebay.[362] Zweites erfolgreiches Beispiel für eine Distributionsstruktur im b-t-c Electronic Commerce ist Amazon, dargestellt in Fall 3.[363] Im Gegensatz zum reinen Marktplatz Ebay fungiert Amazon als ein Großhändler und übernimmt neben der akquisitorischen auch die komplette physische Distribution, das Unternehmen agiert als elektronisch-physischer Intermediär. Zusätzlich zu den Leistungen als elektronischer Intermediär erwirbt Amazon das Eigentum an den Produkten und führt die physische Überbrückungs-funktion durch, indem die Güter auf Lager gehalten und dann versendet werden.[364]

Auch beim Disintermediationsgut findet eine Reduzierung von informatorischen Transaktionskosten statt. Ebenso werden Standortkosten durch den Wegfall der Einzelhandelsstufe eingespart sowie die Transportkosten zu ihrer Belieferung. Dieser Reduktion von raum-zeitlichen Transferkosten stehen gestiegene Transportkosten für die Direktbelieferungen gegenüber, die aufgrund der hohen MKAZ jedoch tragbar sind.

3.5 Konfiguration 5: Pick-Up Gut und Distributionsstrukturen

Das Pick-Up Gut bzw. seine vier Unterformen unterscheiden sich vom Disintermediationsgütertyp nur dahingehend, dass hier die monetäre Kapazitäts-auslastungszahl zu gering ist, um einen vereinzelten Transport über weite Strecken zu ermöglichen. Die Ausprägung der anderen Kontextvariablen ist bei den Untertypen 5a bis 5d ansonsten analog zu denen von 4a bis 4d, das heißt dominierendes Merkmal ist mit Ausnahme von 5d die geringe Dringlichkeit, auch die Art der Preisfindung ändert sich nicht. Durch die geringe MKAZ ist allerdings wie beim stationären Einzelhandelsgut eine dezentrale Logistikstruktur erforderlich, die aus einer zentralen Produktionsstruktur mit gebündelten Transporten bedient wird, eine Direktbelieferung des Kunden ist mithin nicht möglich. Die geringe Dringlichkeit bietet aber, im Gegen-satz zum stationären Einzelhandelsgut, ideale Einsatzmöglichkeiten für die bereits beschriebenen neuen Abholstationen wie die Packstation der Deutschen Post oder den Tower24.[365] Diese können nun gebündelt beliefert werden. Als Abholpunkt können aber auch eine Filiale des klassischen Einzelhandels oder ein Conveniencestore wie z.B. eine Tankstelle verwendet werden. Insgesamt eignet sich der Pick-Up Gütertyp

---

[362] http://www.ebay.com. Die Zahlungsabwicklung findet bei Ebay entweder zwischen den Transaktionsparteien oder über einen von Ebay bereitgestellten Treuhänder statt.

[363] http://www.amazon.com

[364] Lagerhaltung erfolgt nur für die meistverkauften Artikel. Für weniger häufig verkaufte Produkte verfolgt Amazon dagegen eine Art Aufschiebestrategie, indem solche Güter bei Auftragseingang vom Lieferanten bestellt werden.

[365] Eine ausführliche Diskussion von verschiedenen Pick-Up Konzepten, die neben den erwähnten Abholstationen auch aus Boxen direkt am Haus des Kunden oder Postkästen für Straßenzüge bestehen können, findet sich bei Engelsleben/Fichtner (2001), S.42ff.

mit Abholstation sehr gut für eine Abwicklung im Electronic Commerce. Die Merkmale des Pick-Up Gutes sind im folgenden Typblatt dargestellt.

		5a	5b	5c	5d
Kontextvariablen	Erstkauf	ja	nein	nein	nein
	Informatorischer Gütertyp	alle	neoklassisch-homogen / Vertrauens-gut	neoklassisch-homogen / Vertrauens-gut	neoklassisch-homogen / Vertrauens-gut
	Persönliche Inaugenscheinnahme	nein	nein	nein	nein
	Dringlichkeit	gering	gering	gering	hoch
	Regelmäßigkeit	n.a	nein	ja	ja
	Digitalisierbarkeit	nein	nein	nein	nein
	MKAZ	gering	gering	gering	gering
Gestaltungsvariablen	Preisfindung	anbieterseitig fest / Vickrey-Auktion	anbieterseitig fest / Vickrey-Auktion	anbieterseitig fest / Vickrey-Auktion	anbieterseitig fest / Auktion holländisch
	zentrale / dezentrale Produktion	zentral			
	zentrale / dezentrale Logistik	dezentral			
	Bündelung / Vereinzelung	1. Stufe Bündelung 2. Stufe Abholung			
	aufschieben / spekulieren Produktion	spekulieren			
	aufschieben / spekulieren Logistik	aufschieben			

Abbildung 67: Typblatt „Pick-Up Gut"

Bei der Mehrzahl der Pick-Up Güter handelt es sich aus Sicht des Konsumenten um geringwertige Güter des Haushaltsbedarfs, die regelmäßig, z.B. einmal wöchentlich, eingekauft werden (Güter 5c und 5d). Dabei kann es sich sowohl um Haushaltswaren als auch um Lebensmittel handeln. Dieser „Basiseinkauf" ist erweiterbar um neue oder unregelmäßig zu kaufende Produkte, wie sie durch die Typen 5a und 5b charakterisiert werden. Der Konsument kann z.B. beim Anbieter einen in regelmäßigen Abständen gewünschten Stamm an Produkten per Internet hinterlegen, der Anbieter stellt den Einkauf jeweils am Pick-Up Punkt bereit. Darüber hinaus kann der Konsument seinen Einkauf jederzeit - unter Einhaltung bestimmter

Fristen, um dem Anbieter die gebündelte Lieferung zu ermöglichen[366] - elektronisch modifizieren. Das vorgestellte Pick-Up Modell beinhaltet somit interessanterweise viele Charakteristika der mehrheitlich gescheiterten Internetlieferdienste für Lebensmittel, deren Hauptauftragsstamm sich ebenfalls aus regelmäßigen „Wocheneinkäufen" zusammensetzte. Das Scheitern der Lebensmittellieferdienste kann der Nichtbeachtung der relativ geringen monetären Kapazitätsauslastung bei Lebensmitteln zugeschrieben werden, die neuen Abholkonzepte könnten somit dem Electronic Commerce im Lebensmittelbereich wieder Auftrieb geben.[367]

Abbildung 69 zeigt, wiederum in Abhängigkeit der Stärke der Marke, zwei idealtypische Distributionsstrukturen für Pick-Up Güter.

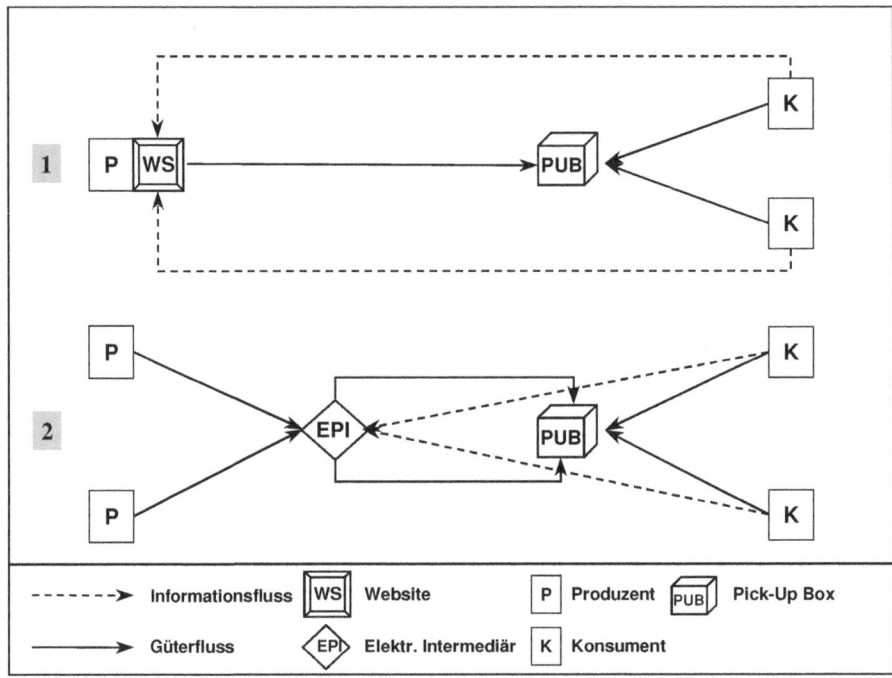

Abbildung 68: Distributionsstrukturen für das Pick-Up Gut

Bei starken Marken in Fall 1 bestellt der Kunde direkt über die Internetseite des Herstellers. Dieser fasst eingehende Bestellungen zusammen und beliefert dann

---

[366] Um ihre Kunden zur Einhaltung der Fristen zu bewegen, setzen einige Anbieter verstärkt finanzielle Anreize ein, vgl. das Angebot von doit24 unter http://www.doit24.de.

[367] Allerdings setzt auch der gerade in Deutschland gestartete bisher größte Anbieter von Lebensmitteln im Electronic Commerce, doit24, die Direktbelieferung des Kunden ein, vgl. http://www.doit24.de.

gebündelt die Pick-Up Box (PUB) im Einzugsbereich des Käufers. Fall 2 stellt die Pick-Up Strategie für Güter mit schwacher Marke dar. Ein elektronisch-physischer Intermediär stellt ein Sortiment an Produkten ohne große Bekanntheit zur Verfügung und beliefert gebündelt Pick-Up Boxen, die von den Kunden erreicht werden können. Für die Produzenten der Güter wäre aufgrund der schwachen Marke und der damit verbundenen geringen Bestellmenge die notwendige Bündelung nicht zu erreichen. Beispiele für die skizzierten Distributionsstrukturen von Pick-Up Gütern befinden sich momentan im Aufbau, z.B. in Form der Packstation der Deutschen Post. Allerdings versuchen sich die in Deutschland national aktiven Anbieter von Lebensmitteln im Electronic Commerce[368], die ja als Beispiel eines Pick-Up Gutes identifiziert wurden, momentan an Direktzustellkonzepten.

Aus transaktionskostentheoretischer Perspektive ist das Pick-Up Gut im Vergleich zur klassischen Einzelhandelsstruktur aus informatorischer Sicht vorteilhaft, Anbieter und Käufer sparen informatorische Transaktionskosten durch die internetbasierte Abwicklung. Aus Sicht der raum-zeitlichen Transferkosten entfallen Standort- und Belieferungskosten für Einzelhandelsgeschäfte, dafür entstehen Kosten für die Belieferung und Unterhaltung der beschriebenen Pick-Up Boxen.

3.6   Konfiguration 6: Persönlich zu inspizierendes Gut und Distributionsstrukturen

Dieser Gütertyp stellt, ähnlich wie der digitale, insofern eine Besonderheit dar, als dass auch hier eine einzige Kontextvariable mit ihrer Ausprägung maßgeblich ist: die Notwendigkeit der persönlichen Inaugenscheinnahme vor dem Kauf. Erforderlich ist eine solche persönliche Inaugenscheinnahme, wie bereits erläutert, bei Such- und Inspektionsgütern, bei denen eine Reduktion der Informationsasymmetrie nur durch haptische, gustorische und olfaktorische Eindrücke möglich ist. Die Nachfrage nach diesen Gütern kann dringend oder nicht dringend sein und die monetäre Kapazitätsauslastungszahl hoch oder gering – erforderlich ist immer eine dezentrale Logistikstruktur mit dezentralen Auslieferungslagern bzw. Filialen, so dass der Konsument die notwendige persönliche Inaugenscheinnahme durchführen kann. Je nach Ausprägung der Dringlichkeit und der MKAZ ist es zwar möglich, eine zentrale Produktion und gebündelte Transporte zu den dezentralen Lagern/Filialen durchzuführen (Typ 6d), die persönliche Inaugenscheinnahme erfordert aber immer die dezentrale Vorhaltung bzw. Produktion des Gutes. Einzige mögliche Ausnahme ist der Fall 6e, der dahingehend abgewandelt werden kann, dass durch die geringe Dringlichkeit und eine sehr hohe MKAZ eine zentrale Struktur des gesamten Systems möglich ist und das Produkt im Auftragsfall an den Konsumenten geschickt wird. Dieser entscheidet mittels persönlicher Inaugenscheinnahme, ob er das Gut kaufen

---

[368]   Z.B. Doit24, http://www.doit24.de.

möchte. Falls ja, behält und bezahlt er es, falls nein, schickt er es wieder zurück. Hinsichtlich der Preisfindung empfiehlt sich zwar allgemein für Such- und Inspektionsgüter die Nutzung von Auktionen. Bedingt durch den bei persönlich zu inspizierenden Gütern in einer Filiale durchgeführten Kauf kann es aber sein, dass für eine Auktion nicht genügend Teilnehmer vorhanden sind. In einem solchen Fall sollte bei dringenden Gütern auf Festpreise, bei weniger dringenden Gütern auf bilaterale Verhandlungen zurückgegriffen werden. Das folgende Typblatt fasst die Untertypen des persönlich zu inspizierenden Gütertyps zusammen.

		6a	6b	6c	6d	6e
Kontextvariablen	Erstkauf	ja	ja	ja	ja	ja
	Informatorischer Gütertyp	Such- und Inspektionsgut	Such- und Inspektionsgut	Such- und Inspektionsgut	Such- und Inspektionsgut	Such- und Inspektionsgut
	Persönliche Inaugenscheinnahme	ja	ja	ja	ja	ja
	Dringlichkeit	hoch	hoch	gering	gering	gering
	Regelmäßigkeit	n.a.	n.a.	n.a.	n.a.	n.a.
	Digitalisierbarkeit	nein	nein	nein	nein	nein
	MKAZ	gering	hoch	gering	hoch	hoch
Gestaltungsvariablen	Preisfindung	anbieter-seitig fest / Auktion holländisch	anbieter-seitig fest / Auktion holländisch	bilaterale Verhand-lung / Vickrey - Auktion	bilaterale Verhand-lung / Vickrey - Auktion	Vickrey - Auktion
	zentrale / dezentrale Produktion	dezentral	dezentral	dezentral	zentral	zentral
	zentrale / dezentrale Logistik	dezentral				zentral
	Bündelung / Vereinzelung	Bündelung Abholung	Vereinzel. Abholung	Bündelung Abholung	1. Stufe Bündelung 2. Stufe Abholung	vereinzelte Direktbe-lieferung
	aufschieben / spekulieren Produktion	spekulieren	spekulieren	auf-schieben	auf-schieben	auf-schieben
	aufschieben / spekulieren Logistik	spekulieren			aufschieben	

Abbildung 69: Typblatt „Persönlich zu inspizierendes Gut"

Es ist naheliegend, dass durch die Notwendigkeit der persönlichen Inaugenscheinnahme die Durchführung der Anbahnungsphase über das Internet nicht durchführbar ist und damit der persönlich zu inspizierende Gütertyp nicht per Electronic Commerce im Sinne der hier verfolgten Definition (vgl. Abschnitt B.I.1.3) abgewickelt werden kann. Eine Ausnahme bildet der Untertyp 6e. Er ermöglicht eine persönliche Inaugenscheinnahme nach vorheriger Bestellung im Internet und kann bei wenig dringenden und mit einer sehr hohen MKAZ versehenen Such- und Inspektionsgütern, die einer persönlichen Inaugenscheinnahme bedürfen, die Eignung zum Electronic Commerce gewährleisten. Es muss aber die erhöhte Wahrscheinlichkeit des Nichtgefallens des Gutes einkalkuliert werden, so dass eine Versandlösung bei Notwendigkeit persönlicher Inaugenscheinnahme nur bei sehr hoher MKAZ sinnvoll ist.

Beispiele für persönlich zu inspizierende Güter finden sich dort, wo bei der vor dem Kauf stattfindenden Inspektion zur Reduzierung der Informationsasymmetrie Sinneswahrnehmungen erforderlich sind, die nicht über das Internet vermittelt werden können. So bedarf es beim Erstkauf eines Parfüms Geruchseindrücken, Geräte müssen auf ihre Funktion geprüft und Kleidung anprobiert werden. Persönlich zu inspizierende Güter machen einen Großteil der Erstkaufsituationen von Such- und Inspektionsgütern aus, allerdings handelt es sich durchaus auch um höherwertige Güter mit einer sehr hohen MKAZ, so dass der für Electronic Commerce geeignete Untertyp 6e bisher zu wenig Beachtung findet.

Für die Untertypen 6a bis 6d des persönlich zu inspizierenden Gutes, die nicht für den Electronic Commerce geeignet sind, skizziert Abbildung 70 in Fall 1 klassische filialbasierte Distributionsstrukturen, in denen der Konsument Güter inspizieren und mitnehmen kann. Demgegenüber stellt Fall 2 den entworfenen Untertyp 6e dar, bei dem angesichts seiner sehr hohen MKAZ und der geringen Dringlichkeit eine Internetbestellung sowie eine vereinzelte Direktbelieferung mit erhöhter Rückgabewahrscheinlichkeit bei negativer persönlicher Inspektion möglich ist.

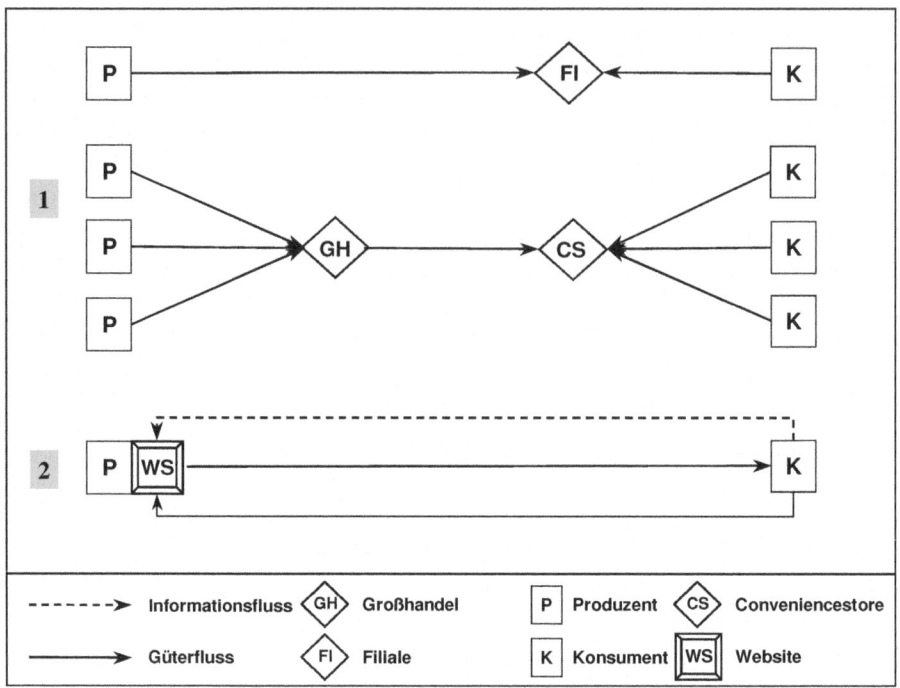

Abbildung 70: Distributionsstrukturen für das persönlich zu inspizierende Gut

4   Zusammenfassung der Ergebnisse

Die präsentierten Konfigurationen greifen die Erkenntnisse der theoriebasierten Diskussion aus Kapitel C auf und setzen sie unter Berücksichtigung von Gütereigenschaften in normative Aussagen um, die als Entscheidungshilfe zur Bestimmung der geeigneten Distributionsstrukturen für Produkttypen in konkreten Nachfragesituationen dienen können. Insgesamt lassen sich fünf Hauptergebnisse festhalten, je zwei für den Bereich der akquisitorischen und der physischen Distribution und ein übergreifendes.

Im Bereich der Durchführung der akquisitorischen Distribution im Electronic Commerce wurde in Abschnitt C.I festgestellt, dass Internettechnologie das Potenzial zur Verringerung informatorischer Transaktionskosten, insbesondere Such-kosten nach Qualitätsinformationen und Transaktionspartnern, bietet. In Zusammenhang mit den Überlegungen zu den informationsökonomischen Gütertypen präsentiert die vorliegende Arbeit ein von der bisher in der Literatur vorherrschenden Meinung, dass vor allem neoklassisch-homogene Güter im Wiederholungskauffall für die Abwicklung im Electronic Commerce geeignet seien, deutlich abweichendes

Ergebnis. Prädestiniert für eine internetbasierte Abwicklung der akquisitorischen Distribution sind vielmehr die nur im Erstkauffall existierenden Such- und Inspektionsgüter, die sich durch die Notwendigkeit des Abbaus von Informationsasymmetrien vor dem Kauf auszeichnen. Dieser Abbau lässt sich durch Internettechnologie auf Basis der ermittelten Potenziale schneller und umfangreicher als bei einer traditionellen Abwicklung im Geschäft durchführen. Ebenso konnte die Ansicht, dass sich Erfahrungs- und Vertrauensgüter nicht für eine elektronische Durchführung der akquisitorischen Distribution eignen, widerlegt werden. Denn da bei diesen informatorischen Gütertypen die Qualität erst nach dem Kauf determiniert werden kann, besteht hinsichtlich des Abbaus von Informationsasymmetrien kein Unterschied zwischen einer internetbasierten und einer physischen Durchführung der Anbahnungs- und Vereinbarungsphase einer Transaktion, das Internet bietet hier aber, genau wie auch bei den neoklassisch-homogenen Gütern, Vorteile bei der Suche nach Transaktionspartnern. Auf Basis informationsökonomischer Überlegungen sind mithin mit der Ausnahme von Such- und Inspektionsgütern, die einer persönlichen Inaugenscheinnahme bedürfen, alle informatorischen Gütertypen für eine elektronische Durchführung der Anbahnungs- und Vereinbarungsphase geeignet.

Als zweites die akquisitorische Distribution betreffendes Ergebnis zeigt die vorliegende Arbeit Verbesserungspotenziale im Bereich der Preisfindungsmechanismen auf. Vor dem Hintergrund der gewonnenen Erkenntnisse über die je nach informatorischem Gütertyp und Dringlichkeit der Transaktion vorteilhaften Formen der Preisfindung ist die momentan im Internet dominierende Verwendung der englischen Auktionsform zu kritisieren, da sie, wie gezeigt wurde, aus ökonomischer Perspektive nicht effizient ist. Insbesondere im Fall von begrenzter Rationalität der Auktionsteilnehmer ist die Vickrey-Auktion gesamtwirtschaftlich effizienter, die holländische Auktion oder einfache Festpreise bieten hingegen in dringenden Fällen eine schnellere Abwicklung.

Die in Kapitel C bei den meisten der besprochenen Beiträgen kritisierte fehlende Betrachtung der Distributionsstrukturen mit den dort anfallenden raum-zeitlichen Transferkosten erfolgte im Rahmen der Konfigurationsbildung der vorliegenden Arbeit. Als eine die Distributionsstruktur maßgeblich bestimmende Kontextvariable stellt die entwickelte monetäre Kapazitätsauslastungszahl ein wichtiges Ergebnis dar. Sie determiniert im Zusammenspiel mit der Dringlichkeit der Nachfrage maßgeblich die Struktur von Distributionssystemen. Durch Betrachtung dieser beiden Kontextvariablen konnten eindeutige Aussagen hinsichtlich der logistischen Gestaltungsvariablen von Distributionssystemen gewonnen werden und so verschiedene, für unterschiedliche Gütertypen vorteilhafte Strukturen identifiziert werden.

Im Rahmen der präsentierten Strukturen nehmen die für den Pick-Up Gütertyp vorgeschlagenen Abholkonzepte eine besondere Stellung ein, da sich dadurch relativ neuartige und somit aus Sicht der Logistikplanung besonders anspruchsvolle Strukturen für die sogenannte letzte logistische Meile ergeben. Die Abholkonzepte stellen ebenso wie die vorgeschlagenen dezentralen Versandkonzepte Alternativen zu den bisher im Electronic Commerce und im klassischen Handel vorherrschenden Strukturen des zentralen Versands und des dezentralen Einzelhandels dar, so dass nun für sämtliche durch die in der vorliegenden Arbeit verwendeten Kontextvariablen beschriebenen Gütertypen passende Distributionsstrukturen für die Abwicklung im Electronic Commerce existieren.

Sowohl in der akquisitorischen als auch zumindest teilweise in der physischen Distribution besteht auf Basis der Untersuchungen dieser Arbeit Potenzial für elektronische bzw. elektronisch-physische Intermediäre. Sie können bei Gütern mit einer schwachen Marke die transaktionskostensenkenden Potenziale der Internettechnologie ausschöpfen und gegebenenfalls die logistische Abwicklung steuern oder sogar selber übernehmen.

Die Konfigurationsbildung mit Hilfe der in der Logistikliteratur verwendeten logistischen Gestaltungsvariablen zeigt, dass ein einfach zu handhabendes Instrumentarium existiert, mit dem Hinweise auf die geeignete Distributionsstruktur bei unterschiedlichen Gütern generiert werden können. Die Berücksichtigung der Ergebnisse kann helfen, Fehler bei der Gestaltung von Geschäftsmodellen im Electronic Commerce zu vermeiden. Es ist der konfiguratorischen Vorgehensweise jedoch immanent, dass sie nur Idealtypen hervorzubringen vermag, die lediglich einen Rahmen für tatsächliche Entscheidungen bilden können.

E   Schlussbetrachtung und Ausblick

Ausgangspunkt für die in der vorliegenden Arbeit entwickelten Konfigurationen war die in der wirtschaftswissenschaftlichen Literatur zur Thematik des internetbasierten Electronic Commerce bisher fehlende detaillierte Betrachtung des Zusammenspiels von Gütereigenschaften und Gestaltungsdimensionen von Distributionsstrukturen.

Offensichtlich wurde das Fehlen einer solchen integrierten Betrachtung bei der im ersten Teil dieser Arbeit durchgeführten Analyse der Auswirkungen von Internettechnologie auf die grundlegenden Formen der Koordination ökonomischer Aktivitäten sowie der Betrachtung unterschiedlicher Szenarien hinsichtlich einer potenziell durch Internettechnologie ausgelösten Disintermediation von Wertschöpfungsstrukturen. Denn obwohl bei der Bewertung der unterschiedlichen Literaturbeiträge deren Grundaussagen mit Hilfe des um raum-zeitliche Transferkosten erweiterten Instrumentariums der Transaktionskostentheorie bestätigt werden konnten, wurde als Defizit eine fehlende Berücksichtigung von Gütereigenschaften einerseits und logistischen Implikationen andererseits identifiziert.

Die zur Überwindung dieses Defizits vorgenommene konfiguratorische Zusammenführung von Gütereigenschaften und Gestaltungsvariablen von Distributionssystemen liefert das Ergebnis, dass aus informatorischer Sicht deutlich mehr Güter für den internetbasierten Electronic Commerce geeignet sind als bisher angenommen und zeigt unterschiedliche Formen von Distributionsstrukturen für Güter im Electronic Commerce auf.

Die entwickelten Konfigurationen können als konzeptionell hergeleiteter Rahmen für tatsächliche Gestaltungsentscheidungen auch in der betriebswirtschaftlichen Praxis dienen. So zeigt sich die Relevanz der Überlegungen an der aktuellen Debatte, inwiefern der internetbasierte Verkauf von Medikamenten sinnvoll ist. Das vorgestellte Untersuchungsgerüst kann die hohe Eignung regelmäßiger Wiederholungskäufe von Medikamenten, die einen nicht unerheblichen Anteil der Apothekenverkäufe ausmachen, für den Electronic Commerce aufzeigen.

Die vorgestellten Konfigurationen stellen zudem einen Ausgangspunkt für weitere Forschungen dar. So bedarf es einer empirischen Überprüfung der rein deduktiv hergeleiteten Konfigurationen. Durch die Beschränkung der Konfigurationsbetrachtungen auf den dem Endkunden zugewandten Teil von Wertschöpfungssystemen besteht weiterhin Forschungsbedarf im Bereich der business-to-business Beziehungen; eine Frage ist die der Übertragbarkeit der vorgestellten Ergebnisse auf diesen Sektor.

© Springer Fachmedien Wiesbaden GmbH, ein Teil von Springer Nature 2004
M. Gehring, *Auswirkungen von Internettechnologie auf Wertschöpfungsstrukturen*,
Edition KWV, https://doi.org/10.1007/978-3-658-24074-5_5

Auch der Produktionsbereich blieb weitgehend aus der Analyse ausgeblendet. Das an mehreren Stellen angesprochene Konzept der Mass Customization als der Versuch der Verbindung von Massenproduktion und kundenindividueller Fertigung verdient auch in Zukunft große Beachtung.

Ein besonderes Augenmerk sollte bei weiteren Untersuchungen auf die in dieser Arbeit vorgestellten unterschiedlichen Formen der Bewältigung der letzten logistischen Meile gelegt werden. Die vorliegende Arbeit stellt als Alternativen zur momentan vorherrschenden Selbstabholung durch den Konsumenten in der Handelsfiliale die Einzelbelieferung und die Abholung an Abholstationen in den Mittelpunkt einiger Konfigurationen. Ein Anstieg der Einzelbelieferungen könnte zu der Notwendigkeit führen, neue Konzepte im Bereich der Direktbelieferung gerade in Ballungsgebieten zu entwickeln. Auf der anderen Seite muss die Herausforderung eines Systems aus Abholstationen methodisch fundiert geprüft und gegebenenfalls gelöst werden.

Sowohl für die Direktbelieferung als auch für die Verwendung von Abholstationen spielt die Zahlungsbereitschaft des Konsumenten für die ihm so erbrachte Dienstleistung eine wichtige Rolle. Denn an Stelle der bisherigen Abholung in der Handelsfiliale, die dem Käufer informatorische Transaktionskosten und vor allem raum-zeitliche Transferkosten in Form des Weges verursachten, übernimmt nun der Verkäufer Teile dieser letzten logistischen Meile. Aus ökonomischer Perspektive müsste der Konsument bereit sein, eine Prämie für eine solche Dienstleistung zu entrichten; er müsste mithin gewillt sein, für direkt zugestellte Güter im Electronic Commerce mehr zu zahlen als im stationären Handel. Die Feststellung dieser Zahlungsbereitschaft stellt ein wichtiges Forschungsvorhaben dar, das auf den Ergebnissen der vorliegenden Arbeit aufsetzen kann.

Insgesamt sprechen die im Rahmen der Untersuchungen identifizierten Potenziale der internetbasierten Abwicklung von Transaktionen für ein weiteres Wachstum des Electronic Commerce. Es ist jedoch immer eine integrierte Betrachtung ihrer informatorischen und physischen Eigenschaften notwendig, um Produkte erfolgreich im elektronischen Handel zu vertreiben. Die vorliegende Arbeit liefert ein geeignetes Instrumentarium zur Durchführung einer solchen integrierten Betrachtung.

Literaturverzeichnis

ABBOTT, LAWRENCE [1955]
Quality and Competition, New York, 1955.

ACUTT, M.; ELLIOTT, C. [2001]
Thread-Based Competition Policy, in: European Journal of Law and Economics, Vol. 11, No. 3, 2001, 309-317.

AGLIARDI, ELETTRA [1990]
On the Robustness of Contestability Theory, in: International Journal of Industrial Organization, Vol. 8, No. 3, 1990, 485-490.

AGRAWAL, V.; SESHADRI, S. [2000]
Risk intermediation in supply chains, in: IIE Transactions, Vol. 32, 2000, 819-831.

AHLERT, DIETER [1993]
Distribution, in: Handwörterbuch der Betriebswirtschaftslehre, hrsg. v. Wittmann, W.; Kern, W.; Köhler, R., 1993, 788-806.

AKERLOF, GEORGE A. [1970]
The Market for Lemons: Quality Uncertainty and the Market Mechanism, in: Quarterly Journal of Economics, Vol. 84, 1970, 488-500.

ALBERS, S.; SCHÄFER, B. [2002]
Preisdeterminanten bei Business-to-Consumer-Auktionen im Internet, in: Zeitschrift für Betriebswirtschaft (ZfB), Ergänzungsheft 1, 2002, 125-143.

ALCHIAN, A.; DEMSETZ, H. [1972]
Production, information costs, and economic organization, in: American Economic Review, Vol. 62, 1972, 777-795.

ALCHIAN, ARMEN A. [1965]
Some Economics of Property Rights, in: Il Politico, Vol. 30, 1965, 816-829.

ALDERSON, WROE [1950]
Marketing Efficiency and the Principle of Postponement, in: Cost and Profit Outlook, Vol. 3, September, 1950.

ALDERSON, WROE [1957]
Marketing Behavior and Executive Action. A Functionalist Approach to Marketing Theory, Homewood, 1957.

ALDERSON, WROE [1967]
Factors Governing the Development of Marketing Channels, in: The Marketing Channel, hrsg. v. Mallen, Bruce E., New York, 1967, 35-40.

ALGERMISSEN, JOACHIM [1975]
Der Handelsbetrieb. Eine typologische Studie aus absatzwirtschaftlicher Sicht, Frankfurt a.M., 1975.

AMOR, DANIEL [2000]
Online-Auktionen, Bonn, 2000.

ANDERSON, E.; SCHMITTLEIN, D. [1984]
Integration of the Sales Force: An Empirical Examination, in: Rand Journal of Economics, Vol. 15, No. 3, 1984, 385-395.

© Springer Fachmedien Wiesbaden GmbH, ein Teil von Springer Nature 2004
M. Gehring, *Auswirkungen von Internettechnologie auf Wertschöpfungsstrukturen*,
Edition KWV, https://doi.org/10.1007/978-3-658-24074-5

ANTONI, CONNY H. [1996]
Teilautonome Arbeitsgruppen, Weinheim, 1996.

ARNTHORSSON, A.; BERRY, W.E.; URBANY, J.E. [1991]
Difficulty of Pre-purchase Quality Inspection: Conceptualization and Measurement, in: Advances in Consumer Research, Vol. 18, 1991, 217-224.

ARROW, KENNETH J. [1959]
Toward a Theory of Price Adjustment, in: The Allocation of Economic Resources, Stanford, California, 1959, 41-51.

ARROW, KENNETH J. [1969]
The organization of economic activity: Issues pertinent to the choice of market versus nonmarket allocation, in: The Analysis and Evaluation of Public Expenditure, Vol. 1, Washington DC, 1969, 59-73.

ARROW, KENNETH J. [1984]
The Economics of Agency, Stanford, 1984.

ASPINWALL, LEO V. [1962]
The Characterisitcs of Goods Theory, in: Managerial Marketing; Perspectives and Viewpoints, hrsg. v. Lazer, W.; Kelley, E.J., Homewood, 1962, 633-643.

ASPINWALL, LEO V. [1967]
The Characteristics of Goods and Parallel Systems Theory, in: The Marketing Channel, hrsg. v. Mallen, Bruce E., New York, 1967, 82-93.

BAGER, JO [1998]
Der "Turmbau" im Web, in: c´t magazin für computertechnik, Heft 21, 1998, 308-314.

BAILEY, J.P.; BAKOS, Y. [1997]
An Exploratory Study of the Emerging Role of Electronic Intermediaries, in: International Journal of Electronic Commerce, Vol. 1, No. 3, 1997, 7-20.

BAILEY, MARTIN [2001]
Santa saves e-tailers, in: Logistics Europe, Vol. 9, No. 1, 2001, 16-19.

BAKOS, YANNIS [1991]
A Strategic Analysis of Electronic Marketplaces, in: MIS Quarterly, Vol. 15, No.3, 1991, 295-310.

BAKOS, YANNIS [1997]
Reducing Buyer Search Costs: Implications for Electronic Marketplaces, in: Management Science, Vol. 43, No. 12, 1997, 1676-1692.

BAKOS, YANNIS [1998]
The Emerging Role of Electronic Marketplaces on the Internet, in: Communications of the ACM (Association for Computing Machinery), Vol. 41, No. 8, 1998, 35-42.

BAKOS, Y.; BRYNJOLFSSON, E. [1992]
Why Information Technology Hasn´t Increased the Optimal Number of Suppliers, in: Working Paper # 3472-92, Sloan School of Management, Technical Report # 135, Center for Coordination Science MIT, Cambridge, Massachusetts, 1992.

BAKOS, Y.; BRYNJOLFSSON, E. [1993]
Information Technology, Incentives, and the Optimal Number of Suppliers, in: Journal of Management Information Systems, Vol. 10, No. 2, 1993, 37-53.

BAKOS, Y. BRYNJOLFSSON, E. [1994]
From Vendors to Partners: Information Technology and Incomplete Contracts in Buyer-Supplier Relationships, in: Journal of Organizational Computing, 1994.

BALDWIN, C.; CLARK, K. [1997]
Managing in the Age of Modularity, in: Harvard Business Review, Vol. 75, No. 5, 1997, 84-93.

BALIGH, H.H.; RICHARTZ, L.E. [1964]
An Analysis of Vertical Market Structures, in: Management Science, Vol. 10, No. 4, 1964, 667-689.

BALIGH, H.H.; RICHARTZ, L.E. [1967]
Vertical Market Structures, Boston, 1967.

BALLOU, RONALD H. [1999]
Business Logistics Management, London, 1999.

BARNEY, JAY B. [1991]
Firm Resources and Sustained Competitive Advantage, in: Journal of Management, Vol. 17, No. 1, 1991, S. 99-120.

BARNEY, JAY B. [1996]
Gaining and Sustaining Competitive Advantage, Reading, 1996.

BARTH, KLAUS [1993]
Handelsbetriebslehre, in: Handwörterbuch der Betriebswirtschaftslehre, hrsg. v. Köhler, Richard et al., Stuttgart, 1993, 1577-1589.

BARTH, KLAUS [1999]
Betriebswirtschaftslehre des Handels, 4. Auflage, Wiesbaden, 1999.

BENJAMIN, R.; WIGAND, R. [1995]
Electronic Markets and Virtual Value Chains on the Information Highway, in: Sloan Management Review, Vol. 36, No. 2, 1995, 62-72.

BERENS, W.; DELFMANN, W. [2002]
Quantitative Planung, 3. Auflage, Stuttgart, 2002.

BERGHEL, HAL [2000]
Predatory Disintermediation, in: Communications of the ACM (Association for Computing Machinery), Vol. 43, No. 5, 2000, 23-29.

BIERGANS, BERNHARD [1984]
Zur Entwicklung eines marketingadäquaten Ansatzes und Instrumentariums für die Beschaffung, in: Band 1 der Beiträge zum Beschaffungsmarketing, hrsg. v. Koppelmann, Udo, Köln, 1984.

BIGLAISER, G.; FRIEDMAN, J.W. [1994]
Middlemen as Guarantors of Quality, in: International Journal of Industrial Organization, Vol. 12, 1994, 509-531.

BIGLAISER, GARY [1993]
Middlemen as experts, in: Rand Journal of Economics, Vol. 24, No. 2, 1993, 212-223.

BLACKWELL, R.D.; MINIARD, P.W.; ENGEL, J.F. [2001]
Consumer Behavior, Ninth Edition, Fort Worth, 2001.

BLIEMEL, F.; THEOBALD, A. [1997]
Determinanten der Produkteignung zum Internetvertrieb - eine empirische Studie, in: Kaiserslauterer Schriftenreihe Marketing, Heft 3, 1997.

BÖGGEMANN, DORIS [1991]
Zur Definition der Ungüter, in: Güter und Ungüter, hrsg. v. Fuchs, H.G.; Klose, A.; Kramer, R., Berlin, 1991, 1-10.

BÖSSMANN, EVA [1981]
Weshalb gibt es Unternehmungen? Der Erklärungsansatz von Ronald H. Coase, in: Zeitschrift

für die gesamte Staatswissenschaft/Journal of Institutional and Theoretical Economics, Band 137, 1981, S. 667-674.

BÖSSMANN, EVA [1982]
Volkswirtschaftliche Probleme der Transaktionskosten, in: Zeitschrift für die gesamte Staatswissenschaft/Journal of Institutional and Theoretical Economics, Band 138, 1982, 664-679.

BÖSSMANN, EVA [1983]
Unternehmungen, Märkte, Transaktionskosten: Die Koordination ökonomischer Aktivitäten, in: Wirtschaftswissenschaftliches Studium (WiSt), 12. Jg., Nr. 3, 1983, 1983, S. 105-111.

BOWERSOX, DONALD J. [1974]
Logistical Management, New York, 1974.

BOWERSOX, DONALD J. [1978]
Logistical Management, Second Edition, New York, 1978.

BOWERSOX, D.J.; CLOSS, D.J. [1996]
Logistical Management, New York, 1996.

BOWERSOX, D.J.; CLOSS, D.J.; HELFERICH, O.K. [1986]
Logistical Management, New York, 1986.

BRETZKE, WOLF-RÜDIGER [1999]
Smart Shopping im Internet: Industrie und Handel im Zeitalter von Electronic Commerce, in: Logistik Management. Intelligente I+K Technologien, hrsg. v. Kopfer, H.; Bierwirth, C., Berlin, 1999, 221-244.

BRETZKE, WOLF-RÜDIGER [2000]
Electronic Commerce als Herausforderung an die Logistik, in: Logistik Management, 2. Jg., Heft 1, 2000, 8-15.

BRINK, HANS J. [1983]
Strategische Beschaffungsplanung, in: Zeitschrift für Betriebswirtschaft (ZfB), 53. Jg., Heft 11, 1983, 1090-1113.

BRUHN, M.; GEORGI, D.; TREYER, M.; LEUMANN, S. [2000]
Wertorientiertes Relationship Marketing: Vom Kundenwert zum Customer Lifetime Value, in: Die Unternehmung, 54. Jg., Heft 3, 2000, 167-187.

BRUNS, GEORG [1976]
Börse (Effektenbörse), in: Handwörterbuch der Finanzwirtschaft, hrsg. v. Büschgen, Hans E., Stuttgart, 1976, 207-215.

BRYNJOLFSSON, ERIK [1990]
Information Technology and the Reorganization of Work: Theory and Evidence, Doctoral Thesis, Massachusetts Institute of Technology, 1990.

BRYNJOLFSSON, ERIK [1993]
The Productivity Paradox of Information Technology, in: Communications of the ACM (Association for Computing Machinery), Vol. 36, No. 12, 1993, 67-77.

BRYNJOLFSSON, ERIK [1994]
Information Assets, Technology, and Organization, in: Management Science, Vol. 40, No. 12, 1994, 1645-1662.

BRYNJOLFSSON, E.; HITT, L. [1993]
Is Information System Spending Productive?, MIT Industrial Performance Center Working Paper 93-001WP, Cambridge, Massachusetts, 1993.

BRYNJOLFSSON, E.; HITT, L. [1995]
Information Technology as a Factor of Production: The Role of Differences Among Firms, in: Economics of Innovation and New Technology, Vol. 3, No. 4, 1995, 183-200.

BRYNJOLFSSON, E.; HITT, L. [1996]
Paradox Lost? Firm-level Evidence on the Returns to Information Systems Spending, in: Management Science, Vol. 42, No. 4, 1996, 541-558.

BRYNJOLFSSON, E.; MALONE, T.W.; GURBAXANI, V.; KAMBIL, A. [1994]
Does Information Technology Lead to Smaller Firms, in: Management Science, Vol. 40, No. 12, 1994, 1628-1644.

BRYNJOLFSSON, E.; MENDELSON, H. [1993]
Information Systems and the Organization of Modern Enterprises, in: Journal of Organizational Computing, Vol. 3, No. 4, 1993, 245-255.

BUCKLIN, LOUIS P. [1963]
Retail Strategy and the Classification of Consumer Goods, in: Journal of Marketing, Vol. 27, No. 1, 1963, 50-55.

BUCKLIN, LOUIS P. [1965]
Postponement, Speculation and the Structure of Distribution Channels, in: Journal of Marketing Research, Vol. 2, No. 1, 1965, 26-31.

BUNGE, MARIO [1996]
Finding Philosophy in Social Science, New Haven, 1996.

BUNGE, MARIO [2000]
Systemism: the alternative to individualism and holism, in: Journal of Socio-Economics, Vol. 29, No. 2, 2000, 147-157.

BÜSCHGEN, HANS E. [1998]
Bankbetriebslehre, Bankgeschäfte und Bankmanagement, 5., vollständig überarbeitete und erweiterte Auflage, Wiesbaden, 1998.

CACHON, G.P.; FISHER, M. [2000]
Supply Chain Inventory Management and the Value of Shared Information, in: Management Science, Vol. 46, No. 8, 2000, 1032-1048.

CARROLL, G.R.; SPILLER, P.T.; TEECE, D.J. [1999]
Transaction Cost Economics, in: Firms, Markets, and Hierarchies, hrsg. v. Carroll, G.R.; Teece, D.J., New York, 1999, 60-88.

CASSADY, RALPH JR. [1967]
Auctions and Auctioneering, Berkeley, 1967.

CASTAN, EDGAR [1963]
Typologie der Betriebe, Stuttgart, 1963.

CAVES, R.; BRADBURD, R. [1988]
The Empirical Determinants of Vertical Integration, in: Journal of Economic Behavior and Organization, Vol. 2, No. 9, 1988, 265-279.

CHANDLER, ALFRED D. [1962]
Strategy and Structure, Cambridge, 1962.

CHOI, S.-Y.; STAHL, D.O.; WHINSTON, A.B. [1997]
The Economics of Electronic Commerce, Indianapolis, 1997.

CHRISTOPHER, MARTIN [1992]
Logistics and Supply Chain Management, London, 1992.

CHU, W.; CHU, W. [1994]
Signaling Quality by Selling through a Reputable Retailer: An Example of Renting the Reputation of another Agent, in: Marketing Science, Vol. 13, Nr. 2, 1994, 177-189.

CLEMONS, E.K.; REDDI, S.P.; ROW, M.C. [1993]
The Impact of Information Technology on the Organization of Economic Activity: The "Move to the Middle" Hypothesis, in: Journal of Management Information Systems, Vol. 10, No. 2, 1993, 9-35.

CLEMONS, E.K.; ROW, M.C. [1992]
Information technology and industrial cooperation: The Changing Economics of Coordination and Ownership, in: Journal of Management Information Systems, Vol. 9, No. 2, 1992, 9-28.

COASE, RONALD H. [1937]
The Nature of the Firm, in: Economica, November 1937, 1937, S. 386-405.

COASE, RONALD H. [1960]
The Problem of Social Cost, in: Journal of Law and Economics, Vol. 3, 1960, 1-44.

COASE, RONALD H. [1984]
The new institutional economics, in: Zeitschrift für die gesamte Staatswissenschaft, Journal of Institutional and Theoretical Economics, Band 140, 1984, 229-231.

COASE, RONALD H. [1988]
The Nature of the Firm: Influence, in: Journal of Law, Economics, and Organization, Vol. 4, No. 1, 1988, 33-47.

COMMONS, JOHN R. [1924]
Law and economics, in: Yale Law Journal, Vol. 34, 1924, 371-382.

COMMONS, JOHN R. [1934]
Institutional Economics, New York, 1934.

CONWAY, D.G; KOEHLER, G.J. [2000]
Electronic Commerce: Privacy, Security, and Control, in: Handbook on Electronic Commerce, hrsg. v. Shaw, M. et al., Berlin, 2000, 649-690.

COOPER, JAMES [1993]
Logistics Strategies for Global Businesses, in: International Journal of Physical Distribution and Logistics Management, Vol. 23, No. 4, 1993, 12-23.

COOPER, JAMES [1994]
Logistics and Distribution Planning, London, 1994.

COOPER, MARTHA [1983]
Freight Consolidation and Warehouse Location Strategies in Physical Distribution Management, in: Journal of Business Logistics, Vol. 4, No. 2, 1983, 53-74.

COPELAND, MELVIN T. [1923]
Relation of Consumers´ Buying Habits to Marketing Methods, in: Harvard Business Review, Vol. 1, 1923, 282-289.

COPELAND, MELVIN T. [1926]
Principles of Merchandising, Chicago, 1926.

CORSTEN, HANS [1992]
Kapazitätsplanung in Dienstleistungsunternehmungen, in: Kapazitätsmessung, Kapazitätsgestaltung, Kapazitätsoptimierung, hrsg. v. Köhler, R., Müller-Merbach H. et al., Stuttgart, 1992, 229-254.

COSIMANO, THOMAS F. [1996]
Intermediation, in: Economica, Vol. 63, No. 249, 1996, 131-144.

COYLE, J.J.; BARDI, E.J.; LANGLEY, C.J. JR. [1996]
The Management of Business Logistics, Sixth Edition, St. Paul, 1996.

CUSUMANO, M.A.; TAKEISHI, A. [1991]
Supplier Relations and Management: A Survey of Japanese, Japanese-Transplant, and U.S. Auto Plants, in: Strategic Management Journal, Vol. 12, No. 8, 1991, 563-588.

DANIEL, E.; KLIMIS, G.M. [1999]
The Impact of Electronic Commerce on Market Structure: An Evaluation of the Electronic Market Hypothesis, in: European Management Journal, Vol. 17, No. 3, 1999, 318-325.

DARBY, M.R.; KARNI, E. [1973]
Free Competition and the Optimal Amount of Fraud, in: Journal of Law and Economics, Vol. 16, No. 1, 1973, 67-88.

DARR, WILLI [1992]
Integrierte Marketing-Logistik. Die Auftragsabwicklung als Element der marketing-logistischen Strukturplanung, Wiesbaden, 1992.

DASGUPTA, P.; MASKIN, E. [2000]
Efficient Auctions, in: Quarterly Journal of Economics, Vol. 115, No. 2, 2000, 341-388.

DE ALESSI, LOUIS [1983]
Property Rights, Transaction Costs, and X-Efficieny: An Essay in Economic Theory, in: American Economic Review, Vol. 73, No. 1, 1983, 64-81.

DELFMANN, WERNER [1989]
Das Netzwerkprinzip als Grundlage integrierter Unternehmensführung, in: Der Intergrationsgedanke in der Betriebswirtschaftslehre, hrsg. v. Werner Delfmann, Wiesbaden, 1989, 87-113.

DELFMANN, WERNER [1995]
Logistische Segmentierung. Ein modellanalytischer Ansatz zur Gestaltung logistischer Auftragszyklen., in: Dynamik und Risikofreude in der Unternehmensführung, hrsg. v. Albach, H.; Delfmann, W., 1995, S. 171-202.

DELFMANN, WERNER [1996]
Distributionspolitik, in: Vahlens großes Logistiklexikon, hrsg. v. Boech, J.; Ihde, G., München, 1996, 180-183.

DELFMANN, WERNER [1998]
Organisation globaler Versorgungsketten, in: Organisation im Wandel der Märkte, hrsg. v. Glaser, H.; Schröder, E.F.; von Werder, A., Wiesbaden, 1998, 61-89.

DELFMANN, WERNER [1999a]
Kernelemente der Logistikkonzeption, in: Logistikforschung, hrsg. v. Pfohl, H.-C., Berlin, 1999, 37-59.

DELFMANN, WERNER [1999b]
Industrielle Distributionslogistik, in: Handbuch Logistik, hrsg. v. Weber, J.; Baumgarten, H., Stuttgart, 1999, 181-201.

DELFMANN, WERNER [1999c]
ECR - Efficient Consumer Response, in: Die Betriebswirtschaft, 59. Jg., Nr. 4, 1999, 565-568.

DELFMANN, WERNER [2000a]
Konsolidierung, in: Gabler Lexikon Logistik, hrsg. v. Klaus, P.; Krieger, W., Wiesbaden, 2000, 242-243.

DELFMANN, WERNER [2000b]
Hub-and-Spoke-Systeme, in: Gabler Lexikon Logistik, hrsg. v. Klaus, P.; Krieger, W., Wiesbaden, 2000, 189-190.

DELFMANN, WERNER [2000c]
Just-In-Time, in: Gabler Lexikon Logistik, hrsg. v. Klaus, Peter, Wiesbaden, 2000, 219-220.

DELFMANN, WERNER [2000d]
Logistikkonzeption, Kernelemente der, in: Gabler Lexikon Logistik, hrsg. v. Klaus, P.; Krieger, W., Wiesbaden, 2000, 322-326.

DELFMANN, W.; ALBERS, S.; GEHRING, M. [2002]
The impact of electronic commerce on logistics service providers, in: International Journal of Physical Distribution and Logistics Management, Vol. 32, No. 3, 2002, 203-222.

DELFMANN, W.; WALDMANN, J. [1987]
Distribution 2000, in: Marketing 2000: Perspektiven zwischen Theorie und Praxis, hrsg. v. Schwarz, Christian, Wiesbaden, 1987, 71-93.

DEMSETZ, HAROLD [1967]
Toward a Theory of Property Rights, in: American Economic Review, Vol. 57, No. 2, 1967, 347-359.

DESS, G.G.; NEWPORT, S.; RASHEED, A.M. [1993]
Configuration Research in Strategic Management: Key Issues and Suggestions, in: Journal of Management, Vol. 19, No. 4, 1993, 775-795.

DICKIE, H.F. [1951]
ABC Inventory Analysis Shoots for Dollars, not Pennies, in: Factory Management and Maintanance, Vol. 109, 1951, 92-94.

DOMSCHKE, W.; DREXL, A.; [1985]
Logistik Standorte, München, Wien, 1985.

DÖRFLEIN, M.; HENNING, A.; OLLMERT, C. [2001]
E-Business spricht XML mit Dialekt, Initiative für die Inter-Unternehmenskommunikation, in: Computerwoche Extra, o.Jg., Nr. 2, 2001, 34-36.

DOS SANTOS, B.; SUSSMAN, L. [2000]
Improving the return on IT investment: the productivity paradox, in: International Journal for Information Management, Vol. 20, No. 6, 2000, 429-440.

DOTY, D.H.; GLICK, W.H.; HUBER, G.P. [1993]
Fit, Equifinality, and Organizational Effectiveness: A Test of Two Configurational Theories, in: Academy of Management Journal, Vol. 36, No. 6, 1993, 1196-1250.

DOUGAN, WILLIAM R. [1982]
Giffen Goods and the Law of Demand, in: Journal of Political Economy, Vol. 90, No. 4, 1982, 809-815.

DOYLE, P.; WOODSIDE, A.G.; MICHELL, P. [1979]
Organisations buying in new task and rebuy situations, in: Industrial Marketing Management, Vol. 8, No. 8, 1979, 7-11.

ECCLES, ROBERT [1981]
The quasifirm in the construction industry, in: Journal of Economic Behavior and Organization, Vol. 2, 1981, 335-357.

ECONOMIDES, NICHOLAS [1996]
The Economics of Networks, in: International Journal of Industrial Organization, Vol. 16, No. 4, 1996, 673-699.

EHRENSBERGER, SEBASTIAN [1993]
Synergieorientierte Unternehmensintegration, Wiesbaden, 1993.

EISENFÜHR, F.; WEBER, M. [1994]
Rationales Entscheiden, Berlin, Heidelberg, 1994.

EISFELD, CURT [1951]
Zur Lehre von der Gestaltung der Unternehmung, in: Zeitschrift für handelswissenschaftliche Forschung, 1951, 289ff..

ENGELSLEBEN, T.; FICHTNER, C. [2001]
Pakete von der Tankstelle, in: Logistik Heute, 23. Jg., Nr. 9, 2001, 42-45.

ERDMANN, MECHTHILD [1999]
Konsolidierungspotentiale von Speditionskooperationen, Wiesbaden, 1999.

EVANS, P.B.; WURSTER, T.S. [1997]
Strategy and the New Economics of Information, in: Harvard Business Review, Vol. 75, No. 5, 1997, 71-82.

EVANS, P.B.; WURSTER, T.S. [1999]
Getting Real About Virtual Commerce, in: Harvard Business Review, Vol. 77, No. 6, 1999, 85-94.

FAYOL, HENRI [1929]
Allgemeine und industrielle Verwaltung, Übersetzung aus dem Französischen, München, 1929.

FELSNER, JÜRGEN [1980]
Kriterien zur Planung und Realisierung von Logistik-Konzeptionen in Industrieunternehmen, Bremen, 1980.

FINGLETON, JOHN [1997]
Competition between intermediated and direct trade and the timing of disintermediation, in: Oxford Economic Papers, Vol. 49, No. 4, 1997, 542-555.

FISCHER, MARC [1993]
Distributionsentscheidungen aus transaktionskostentheoretischer Sicht, in: Marketing - Zeitschrift für Forschung und Praxis, 15. Jg., Heft 4, 1993, 247-258.

FISHER, MARSHALL L. [1997]
What is the Right Supply Chain for Your Product?, in: Harvard Business Review, Vol. 75, No. 2, 1997, 105-116.

FISHER, M.L.; HAMMOND, J.H.; OBERMEYER, W.R.; RAMAN, A. [1994]
Making Supply Meet Demand in an Uncertain World, in: Harvard Business Review, Vol. 72, No. 3, 1994, 83-93.

FORD, G.T.; SMITH, D.B.; SWARSY, J.L. [1988]
An Empirical Test of the Search, Experience and Credence Attributes Framework, in: Advances in Consumer Research, Vol. 15, 1988, 239-243.

FRESE, ERICH [1998]
Grundlagen der Organisation, 7., überarbeitete Auflage, Wiesbaden, 1998.

FRITSCH, M.; WEIN, T.; EWERS, H.J. [1996]
Marktversagen und Wirtschaftspolitik, 2. überarbeitete und ergänzte Auflage, München, 1996.

FUCHS, H.G.; KLOSE, A.; KRAMER, R. [1991]
Güter und Ungüter, Berlin, 1991.

FURUBOTN, E.G.; PEJOVICH, S. [1972]
Property Rights and Economic Theory: A Survey in Recent Literature, in: Journal of Economic Literature, Vol. 10, No. 4, 1972, 1137-1162.

GALLICK, EDWARD C. [1984]
Exclusive Dealing and Vertical Integration: The Efficiency of Contracts in the Tuna Industry, in: Federal Trade Commission Bureau of Economics Staff Report, Washington, DC, 1984.

GARTNER, GIDEON I. [1999]
Rosa - oder rot?, in: Frankfurter Allgemeine Zeitung, Verlagsbeilage zur Ausgabe vom 01.06.1999, 1999.

GEHRIG, THOMAS [1993]
Intermediation in Search Markets, in: Journal of Economics and Management Strategy, Vol. 2, No. 1, 1993, 97-120.

GELLMAN, ROBERT [1996]
Disintermediation and the Internet, in: Government Information Quarterly, Vol. 13, No. 1, 1996, 1-8.

GHOSHAL, S.; MORAN, P. [1996]
Bad for Practice: A Critique of the Transaction Cost Theory, in: Academy of Management Review, Vol. 21, No. 1, 1996, 13-47.

GILMORE, J.H.; PINE, B.J. [1997]
The four faces of mass customization, in: Harvard Business Review, Vol. 75, No. 1, 1997, 91-101.

GLANZ, A.; GUTSCHE, J. [1997]
Business Digital - Die große Multimedia-Studie von Bertelsmann Telemedia und Diebold, Eschborn, 1997.

GNIRKE, KATHARINA [1998]
Internationales Logistikmanagement. Strategische Entwicklung und organisatorische Gestaltung der Logistik transnationaler Produktionsnetzwerke, Wiesbaden, 1998.

GOFF, LESLIE [1999]
Sabre takes off, in: Computerworld, Vol. 33, No. 12, 1999, 78.

GOLDBERG, V. P.; ERICKSON, J.R. [1987]
Quantitiy and Price Adjustment in Long-term Contracts. A Case Study of Petroleum Coke, in: Journal of Law and Economics, Vol. 30, 1987, 369 ff..

GRANOVETTER, MARK [1985]
Economic action and social structure: The problem of embeddedness, in: American Journal of Sociology, Vol. 91, No. 3, 1985, 481-510.

GREENBERG, PAUL A. [1999]
The Delivery Dilemma, in: www.EcommerceTimes.com, 23.12.1999, 1999.

GRENNER, KARL HEINZ [1991]
Gibt es Ungüter?, in: Güter und Ungüter, hrsg. v. Fuchs, H.G.; Klose, A.; Kramer, R., Eine philosophische Annäherung an das Problem, Berlin, 1991, 11-22.

GROTH, LARS [1999]
Future Organizational Design, Chichester, 1999.

GÜMBEL, RUDOLF [1985]
Handel, Markt und Ökonomik, Wiesbaden, 1985.

GÜNTHER, H.O.; TEMPELMEIER, H. [1997]
Produktion und Logistik, 3., überarbeitete und erweiterte Auflage, Berlin, Heidelberg, New York, 2000.

GURBAXANI, V.; WHANG, S. [1991]
The impact of information systems on organisations and markets, in: Communications of the ACM (Association for Computing Machinery), Vol. 34, No. 1, 1991, 59-73.

GUTENBERG, ERICH [1984]
Grundlagen der Betriebswirtschaftslehre, Berlin, 1984.

GUTMANN, GERNOT [1994]
Volkswirtschaftslehre, Wolfenbüttel, 1994.

GUTTMAN, R.; MAES, P. [1998]
Agent-mediated Integrative Negotiation for Retail Electronic Commerce, in: Proceedings of the Workshop on Agent Mediated Electronic Trading, Minneapolis, 1998.

HADAMITZKY, MICHAEL C. [1995]
Analyse und Erfolgsbeurteilung logistischer Reorganisationen, Wiesbaden, 1995.

HALL, RANDOLPH W. [1987]
Consolidation Strategy: Inventory, Vehicles and Terminals, in: Journal of Business Logistics, Vol. 8, No. 2, 1987, 57-73.

HANSELL, S. [1989]
The Wild, Wired World of Electronic Exchanges, in: Institutional Investor, September, 1989, 92.

HARRINGTON, J.E. JR. [2001]
Comment on "Reducing Buyer Search Costs: Implications for Electronic Marketplaces, in: Management Science, Vol. 47, No. 12, 2001, 1727-1732.

HART, CHRISTOPHER W.L. [1995]
Mass customization: conceptual underpinnings, opportunities and limits, in: International Journal of Service Industry Management, Vol. 6, No. 2, 1995, 36-45.

HAWKINS, R.; MANSELL, R.; STEINMUELLER, W.E. [1999]
Toward Digital Intermediation in the Information Society, in: Journal of Economic Issues, Vol. 33, No. 2, 1999, 383-391.

HAYEK, FRIEDRICH AUGUST VON [1933]
The Trend of Economic Thinking, in: Economica, May, 1933, 121-137.

HEEGE, FRANZ [1987]
Lieferantenportfolio, Nürnberg, 1987.

HEMPEL, C.G.; OPPENHEIM, P. [1936]
Der Typusbegriff im Lichte der neuen Logik, Leiden, 1936.

HERBERG, HORST [1994]
Preistheorie - Eine Einführung, Stuttgart, 1994.

HESKETT, J.L.; IVIE, R.; GLASKOWSKY N.A. [1964]
Business Logistics - Management of Physical Supply and Distribution, New York, 1964.

HESS, C.M.; KEMERER, C.F. [1994]
Computerized loan systems: An industry case study of the electronic markets hypothesis, in: MIS Quarterly, Vol. 18, No. 3, 1994, 252-275.

HIELSCHER, UDO [1976]
Theorie der Börsenkursbildung, in: Handbuch der Finanzwirtschaft, hrsg. v. Büschgen, Hans E., Stuttgart, 1976, 215-221.

HILL, CHARLES W.L. [1990]
Cooperation, opportunism, and the invisible hand: Implications for transaction cost theory, in: Academy of Management Review, Vol. 15, No. 3, 1990, 500-513.

HIRSHLEIFER, JACK [1980]
Price Theory and Applications, Englewood Cliffs, 1980.

HOEK, REMKO I. VAN [1998]
Postponed manufacturing in European supply chains, Utrecht, 1998.

HOLBROOK, M.B.; HOWARD, J.A. [1977]
Frequently Purchased Nondurable Goods and Services, in: Selected Aspects of Consumer Behavior, hrsg. v. Ferber, Robert, Washington, DC, 1977, 189-222.

HOLTON, RICHARD M. [1958]
The Distinction Between Convenience Goods, Shopping Goods, and Specialty Goods, in: Journal of Marketing, Vol. 23, No. 1, 1958, 53-56.

HORVAT, BRANKO [1982]
The Political Economy of Socialism, New York, 1982.

HOTELLING, HAROLD [1929]
Stability in Competition, in: Economic Journal, Vol. 39, 1929, 41-57.

HUBER, GEORGE P. [1990]
A theory of the effects of advanced information technology on organizational design, in: Academy of Management Review, Vol. 15, No.1, 1990, 47-71.

HUMMEL, MARLIES [1998]
Der Markt für Dienstleistungen, in: Handbuch Dienstleistungsmanagment: Von der strategischen Konzeption zur praktischen Umsetzung, hrsg. v. Bruhn, M.; Meffert, H., Wiesbaden, 1998, 53-72.

IHDE, GÖSTA B. [2001]
Transport, Verkehr, Logistik, München, 2001.

INKILÄINEN, AIMO [1998]
Managerial Views on Distribution Systems, Helsinki, 1998.

ISSING, OTMAR [1996]
Einführung in die Geldpolitik, 6., überarbeitete Auflage, München, 1996.

JALLAT, F.; CAPEK, M.J. [2001]
Disintermediation in Question: New Economy, New Networks, New Middlemen, in: Business Horizons, Vol. 44, No. 3, 2001, 55-60.

JARILLO, J. CARLOS [1988]
On Strategic Networks, in: Strategic Management Journal, Vol. 9, No. 1, 1988, S. 31-41.

JEDD, MARCIA [2001]
A Package's Last Mile, in: Cargovision, Vol. 16, No. 3, 2001, 10-13.

JENSEN, M.C.; MECKLING, W.H. [1976]
Theory of the Firm: Managerial Behavior, Agency Costs, and Ownership Structure, in: Journal of Financial Economics, Vol. 3, 1976, 305-360.

JOHANSON, J.; MATTSSON, L.-G. [1988]
Internationalisation in Industrial Systems - A Network Approach, in: Strategies in Global Competition, hrsg. v. Hood, N.; Vahlne, J.-E., New York, 1988, S. 287-314.

JOHANSON, J.; MATTSSON, L.-G. [1991]
Strategic Adaptation of Firms to the European Single Market - A Network Approach, in: Corporate and Industry Strategies for Europe, hrsg. v. Mattsson, L.-G.; Stymne, B., North Holland et al., 1991.

JOSKOW, PAUL L. [1985]
Vertical Integration and Long-term Contracts: The Case of Coal-burning Electric Generating Plants, in: Journal of Law, Economics, and Organization, Vol. 1, No. 1, 1985, 33-80.

JOSKOW, PAUL L. [1988]
Asset specificity and the structure of vertical integration: Empirical Evidence, in: Journal of Law, Economics, and Organization, Vol. 4, No. 1, 1988, 95-117.

KAAS, KLAUS PETER [1990]
Marketing als Bewältigung von Informations- und Unsicherheitsproblemen im Markt, in: Die Betriebswirtschaft, 50. Jg., Heft 4, 1990, 539-548.

KAAS, K.P.; BUSCH, A. [1996]
Inspektions-, Erfahrungs- und Vertrauenseigenschaften vpn Produkten, in: Marketing - Zeitschrift für Forschung und Praxis, 18. Jg., Heft 4, 1996, 243-252.

KALAKOTA, R.; WHINSTON, A.B. [1996]
Frontiers of Electronic Commerce, Reading, Massachusetts, 1996.

KANNAN, P.K.; CHANG, A.M.; WHINSTON, A.B. [2000]
The Internet Information Market: The Emerging Role of Intermediaries, in: Handbook on Electronic Commerce, hrsg. v. Shaw, Michael, Berlin, 2000, 569-590.

KATZ, M.L.; SHAPIRO, C. [1985]
Network Externalities, Competition and Compatability, in: American Economic Review, Vol. 75, 1985, 70-83.

KATZ, M.L.; SHAPIRO, C. [1994]
Systems competition and network effects, in: Journal of Economic Perspectives, Vol. 8, Nr. 2, 1994, 93-115.

KELLEY, EUGENE J. [1967]
The Importance of Convenience in Consumer Purchasing, in: Managerial Marketing: Perspectives and Viewpoints, hrsg. v. Kelley, E.J.; Lazer W., Homewood, 1967, 155-163.

KELLEY, MARYELLEN R. [1994]
Productivity and Information Technology: The Elusive Connection, in: Management Science, Vol. 40, No. 11, 1994, 1406-1424.

KERRIGAN, R.; ROEGNER, E.V.; SWINFORD, D.D.; ZAWADA, C.C. [2001]
B2Basics, in: McKinsey Quarterly, No. 1, 2001, 45-53.

KETCHEN, D.J. JR.; THOMAS, J.B.; SNOW, C.C. [1993]
Organizational Configurations and Performance: A Comparison of Theoretical Approaches, in: Academy of Management Journal, Vol. 36, No. 6, 1993, 1278-1313.

KIENER, STEFAN [1990]
Die Principal-Agent-Theorie aus informationsökonomischer Sicht, Heidelberg, 1990.

KIUS, RENÉ, [1997]
Mausverkauf, in: Screen Multimedia, Nr. 8, 1997, 16-23.

KLAAS, THORSTEN [2002]
Logistik-Organisation, Wiesbaden, 2002.

KLEINALTENKAMP, MICHAEL [1995]
Produktionsverbindungshandel, in: Lexikon der Betriebswirtschaftslehre, hrsg. v. Corsten, Hans, München, 1995, 796-801.

KLEINALTENKAMP, MICHAEL [1998]
Begriffsabgrenzungen und Erscheinungsformen von Dienstleistungen, in: Handbuch

353

Dienstleistungsmanagement: Von der strategischen Konzeption zur praktischen Umsetzung, hrsg. v. Bruhn, M.; Meffert, H., Wiesbaden, 1998, 29-52.

KNOBLICH, HANS [1965]
Die Typologie der Waren als Kernstück einer wirtschaftlichen Warenlehre, in: Zeitschrift für betriebswirtschaftliche Forschung (ZfbF), 17. Jg., 1965, 686-712.

KNOBLICH, HANS [1969]
Betriebswirtschaftliche Warentypologie, Köln, 1969.

KNOBLICH, HANS [1972]
Die typologische Methode in der Betriebswirtschaftslehre, in: Wirtschaftswissenschaftliches Studium (WiSt), 1. Jg., Heft 4, 1972, 141-147.

KNOBLICH, HANS [1985]
Beschaffungsmarktforschung aus Kostengründen objektbezogen eingrenzen, in: Maschinenmarkt, 91. Jg., 1985, 480-483.

KNYPHAUSEN, DODO ZU [1993]
Why are Firms different?, in: Die Betriebswirtschaft, 53. Jg., Heft 6, 1993, 771-792.

KOHLEISEN, KERSTIN [2001]
Szenarien des Convenience-Marktes, Wiesbaden, 2001.

KOLLMANN, TOBIAS [2000]
Virtuelle Marktplätze, in: Die Betriebswirtschaft (DBW), 60. Jg., Nr. 6, 2000, 816-819.

KOPPELMANN, UDO [1986]
Beschaffungsmarketing, in: Zukunftsaspekte der anwendungsorientierten Betriebswirtschaftslehre, Festschrift für Erwin Grochla, hrsg. v. Gaugler, E.; Meissner, H.G.; Thom, N., Stuttgart, 1986, 303-315.

KOTHA, SURESH [1995]
Mass Customization: Implementing the emerging paradigm for competitive advantage, in: Strategic Management Journal, 16. Jg., Sonderheft: Technological transformation and the new competitive landscape, 1995, 21-42.

KOTLER, P.; ARMSTRONG, G. [1997]
Marketing - An Introduction, New Jersey, 1997.

KRAFFT, MANFRED [1998]
Kundenwert und Kundenbindung, in: Marketing mit interaktiven Medien. Strategien zum Markterfolg, hrsg. v. Albers, S.; Clement, M.; Peters, K., Frankfurt, 1998, 165-178.

KRÄKEL, MATTHIAS [1992]
Auktionstheorie und interne Organisation, Wiesbaden, 1992.

KRALJIC, PETER [1977]
Neue Wege im Beschaffungsmarketing, in: Manager Magazin, 7. Jg., Heft 11, 1977, 72-80.

KRALJIC, PETER [1985]
Versorgungsmanagement statt Einkauf, in: HARVARDmanager, 7. Jg., Heft 11, 1985, 6-14.

KRIEBEL, VERA [2000]
Reif für den Marktplatz, in: ecommerce magazin, Heft 4, 2000, 76-77.

KROEBER-RIEL, W.; WEINBERG, P. [1996]
Konsumentenverhalten, München, 1996.

LAM, C.K.M.; TAN, B.C.Y. [2003]
The Internet is changing the Music Industry, in: Communications of the ACM (Association for Computing Machinery), Vol. 44, No. 8, 2003, 62-68.

LAMBERT, D.M.; COOPER, M.C.; PAGH, J.D. [1998]
Supply Chain Management: Implementation Issues and Research Opportunities, in: International Journal of Logistics Management, Vol. 9, No. 2, 1998, 1-19.

LAMPEL, J; MINTZBERG, H. [1996]
Customizing Customization, in: Sloan Management Review, Vol. 38, No. 1, 1996, 21-30.

LASETER, T.; HOUSTON, P. ET AL. [2000]
The Last Mile to Nowhere, in: strategy + business, Issue 20, 2000.

LEE, HO G. [1998]
Do Electronic Marketplaces lower the price of goods?, in: Communications of the ACM (Association for Computing Machinery), Vol 41, No. 1, 1998, 73-80.

LEIBENSTEIN, HARVEY [1966]
Allocative Efficiency vs. "X-Efficiency", in: American Economic Review, Vol. 56, No. 3, 1966, 392-415.

LEIBENSTEIN, HARVEY [1972]
Comment on the Nature of X-Efficiency, in: Quarterly Journal of Economics, Vol. 86, No. 2, 1972, 327-331.

LEIBENSTEIN, HARVEY [1978]
On the Basic Proposition of X-Efficiency Theory, in: American Economic Review, Vol. 68, No. 2, 1983, 328-334.

LEITHERER, EUGEN [1974]
Absatzlehre, 3., überarbeitete Auflage, Stuttgart, 1974.

LEVY, DAVID [1985]
The Transaction Cost Approach to Vertical Integration: An Empirical Examination, in: Review of Economic Statistics, Vol. 67, 1985, 438-445.

LUCKING-REILEY, D.; SPULBER, D.F. [2001]
Business-to-Business Electronic Commerce, in: Journal of Economic Perspectives, Vol. 15, No. 1, Winter 2001, 2001, 55-68.

MACHARZINA, KLAUS [1999]
Unternehmensführung. Das internationale Managementwissen. Konzepte - Methoden - Praxis, 3. aktualisierte und erweiterte Auflage, Wiesbaden, 1999.

MACNEIL, IAN R. [1974]
The many futures of contract, in: Southern California Law Review, Vol. 47, No. 3, 1974, 691-816.

MACNEIL, IAN R. [1978]
Contracts: Adjustment of Long-Term Economic Relations under Classical, Neoclassical and Relational Contract Law, in: Northwestern University Law Review, Vol. 72, 1978, 854-905.

MAHADEVAN, B. [2000]
Business Models for Internet-Based E-Commerce, in: California Management Review, Vol. 42, No. 4, 2000, 55-69.

MAIER, NORBERT [1977]
Teilautonome Arbeitsgruppen, Meisenheim am Glan, 1977.

MAISTER, D.H. [1976]
Centralization of Inventories and the "Square Root Law", in: International Journal of Physical Distribution and Materials Management, Vol. 6, No. 3, 1976, 124-134.

MALONE, T.W.; YATES, J.; BENJAMIN, R.I. [1987]
Electronic Markets and Electronic Hierarchies, in: Communications of the ACM (Association for Computing Machinery), Vol. 30, Nr. 6, 1987, 484-497.

MALONE, T.W., BENJAMIN, R.I.; YATES, J. [1989]
The Logic of Electronic Markets, in: Harvard Business Review, Vol. 67, No. 3, 1989, 166-169.

MALONE, T.W.; ROCKART, J.F. [1991]
Computers, Networks and the Corporation, in: Scientific American, Vol. 265, No. 3, 1991, 92-99.

MALTZ, E.; CHIAPETTA, V. [2002]
Maximizing Value in the Digital World, in: Sloan Management Review, Vol. 43, No. 3, 2002, 77-84.

MANKIW, N. GREGORY [2001]
Principles of Economics, Fort Worth, 2001.

MARKOWITZ, HARRY M. [1959]
Portfolio Selection, New York, 1959.

MARRÉ, HERIBERT [1960]
Funktionen und Leistungen des Handelsbetriebes, Köln, 1960.

MARX, KARL [1957]
Das Kapital. Kritik der politischen Ökonomie, Erster Band, Buch I, Berlin, 1957.

MASTEN, SCOTT E. [1993]
Transaction costs, mistakes, and performance: Assessing the importance of governance, in: Managerial and Decision Economics, Vol. 14, No. 2, 1993, 119-129.

MASTEN, S.E.; MEEHAN, J.W.; SNYDER, E.A. [1989]
Vertical Integration in the U.S. auto industry: A note on the influence of transaction specific assets, in: Journal of Economic Behavior and Organization, Vol. 12, No. 2, 1989, 265-273.

MAUTHE, K.D.; ROVENTA, P. [1982]
Versionen der Portfolio-Analyse auf dem Prüfstand, in: Zeitschrift für Organisation, 51. Jg., Heft 4, 1982, 191-204.

MCAFEE, R.P.; MCMILLAN, J. [1987]
Auctions and Bidding, in: Journal of Economic Literature, Vol. 25, June, 1987, 699-738.

MEHTA, K.; LEE, B. [1999]
An Empirical Evidence of Winner´s Curse in Electronic Auctions, in: Proceedings of the Twentieth International Conference on Information Systems (ICIS), Charlotte, North Carolina, Dec. 1999, Charlotte, North Carolina, 1999, 465-471.

MELLEROWICZ, KONRAD [1955]
Markenartikel. Die ökonomischen Gesetze ihrer Preisbildung und Preisbindung, München, Berlin, 1955.

MELLEROWICZ, KONRAD [1959]
Allgemeine Betriebswirtschaftslehre, 3. Band, 10. Auflage, Berlin, 1958.

MELLEROWICZ, KONRAD [1964]
Markenartikel. Die ökonomischen Gesetze ihrer Preisbildung und Preisbindung, 2. Auflage, München, 1964.

MENTZNER, J.T.; DEWITT, W., KEEBLER, J.S. ET AL. [2001]
Defining Supply Chain Management, in: Journal of Business Logistics, Vol. 22, No. 2, 2001, 1-25.

MERK, GERHARD [1973]
Programmierte Einführung in die Volkswirtschaftslehre, Band 1, Wiesbaden, 1973.

MEYER, A.D.; TSUI, A.S.; HININGS, C.R. [1993]
Configurational Approaches To Organizational Analysis, in: Academy of Management Journal, Vol. 36, No. 6, 1993, 1175-1195.

MICHMAN, RONALD D. [1990]
Managing Structural Changes in Marketing Channels, in: The Journal of Consumer Marketing, Vol. 7, No. 4, 1990, 33-42.

MILES, R.; SNOW, C. [1978]
Organizational Strategy, New York, 1978.

MILGROM, PAUL [1989]
Auctions and Bidding: A Primer, in: Journal of Economic Perspectives, Vol. 3, No. 3, 1989, 3-22.

MILLER, DANNY [1981]
Toward a new contingency approach: The search for organizational gestalts, in: Journal of Management Studies, Vol. 18, No. 1, 1981, 1-27.

MILLER, DANNY [1986]
Configurations of strategy and structure: Towards a synthesis, in: Strategic Management Journal, Vol. 7, No. 3, 1986, 233-249.

MILLER, DANNY [1987]
The Genesis of Configuration, in: Academy of Management Review, Vol. 12, No. 4, 1987, 686-701.

MILLER, DANNY [1996]
Configurations Revisited, in: Strategic Management Journal, Vol. 17, No. 7, 1996, 505-512.

MILLER, D.; FRIESEN P.H. [1984]
Organizations: A Quantum View, Englewood Cliffs, 1984.

MILLER, D.; MINTZBERG, H. [1983]
The Case for Configuration, in: Beyond Method, hrsg. v. Morgan, Gareth, Beverly Hills, 1983, 57-73.

MINTZBERG, HENRY [1979]
The Structuring of Organizations, New Jersey, 1979.

MINTZBERG, HENRY [1981]
Organization design: fashion or fit?, in: Harvard Business Review, Vol. 59, No. 1, 1981, 103-116.

MINTZBERG, HENRY [1983]
Structures in Five - Designing Effective Organizations, New Jersey, 1983.

MINTZBERG, H.; AHLSTRAND, B.; LAMPEL, J. [2001]
Researching Configuration, in: Rethinking Strategy, hrsg. v. Volberda, H.W.; Elfring, T., London, 2001, 199-211.

MIRACLE, GORDON E. [1965]
Product Characteristics and Marketing Strategy, in: Journal of Marketing, Vol. 29, No. 1, 1965, 18-24.

MONTEVERDE, K.; TEECE, D. [1982]
Supplier Switching Costs and Vertical Integration in the Automobile Industry, in: Bell Journal of Economics, Vol. 13, No. 1, 1982, 206 ff..

MORRISON, C.J.; BERNDT, E.R. [1990]
Assessing the Productivity of Information Technology Equipment in the U.S. Manufacturing Industries, in: National Bureau of Economic Research Working Paper #3582, 1990.

MOUNT, PETER R. [1969]
Exploring the Commodity Approach in Developing Marketing Theory, in: Journal of Marketing, Vol. 33, No. 2, 1969, 62-64.

MÜLLER-HAGEDORN, LOTHAR [1997]
Der Produktionsverbindungshandel: Ökonomische Bestimmungsfaktoren seiner Position, in: Marktleistung und Wettbewerb, Werner Engelhardt zum 65. Geburtstag, hrsg. v. Backhaus, Klaus, Wiesbaden, 1997, 425-448.

MÜLLER-HAGEDORN, LOTHAR [1998]
Der Handel, Stuttgart, 1998.

MÜLLER-HAGEDORN, L.; SPORK, S. [2000]
Zur Theorie der Einschaltung des Großhandels, in: Mitteilungen des Instituts für Handelsforschung an der Universität zu Köln, 52.Jg, Heft 12, 2000, 253-260.

MÜLLER-HAGEDORN, L.; SPORK, S. [2002]
Zur (Dis-)Intermediation von Handelsunternehmen - ein integrierter Transaktions- und Logistikkostenansatz, in: Marketing-Management und Unternehmensführung, hrsg. v. Böhler, Heymo, Festschrift für Professor Dr. Richard Köhler zum 65. Geburtstag, Stuttgart, 2002, 547-569.

MURPHY, P.E.; ENIS, B.M. [1986]
Classifying Products Strategically, in: Journal of Marketing, Vol. 50, No. 3, 1986, 24-42.

NELSON, PHILLIP [1970]
Information and Consumer Behavior, in: Journal of Political Economy, Vol. 78, No. 2, 1970, 311-329.

NELSON, PHILLIP [1974]
Advertising as Information, in: Journal of Political Economy, Vol. 82, No. 4, 1974, 729-754.

NORTH, DOUGLAS C. [1990]
Institutions, Institutional Change and Economic Performance, Cambridge, 1990.

NORTON, SETH W. [1987]
The Coase Theorem and Suboptimization in Marketing Channels, in: Marketing Science, Vol. 6, No. 3, 1987, 268-285.

NOTTO, R.W. [1989]
EDI Standards - A Historical Perspective, in: EDI-FORUM, Vol. 1, No. 1, Foundation Issue, 1989.

OLLMERT, CLEMENS [2000]
Extensible Markup Language, in: Electronic Commerce, Anwendungsbereiche und Potentiale der digitalen Geschäftsabwicklung, hrsg. v. Thome, R.; Schinzer, H., München, 2000, 209-228.

OUCHI, WILLIAM G. [1979]
A conceptual framework for the design of organizational control mechanisms, in: Management Science, Vol. 25, No. 9, 1979, 833-848.

OUCHI, WILLIAM G. [1980]
Markets, Bureaucracies, and Clans, in: Administrative Science Quarterly, Vol. 25, No. 1, 1980, 129-141.

PAASS, WOLFGANG M. [1974]
Produktbeschreibung als Teilaspekt eines Produktinformationssystems, Köln, 1974.

PÄCH, NICO P. [1998]
Contestability Reconsidered: The Meaning of Exit Costs, in: Journal of Economic Behavior and Organization, Vol. 34, No. 3, 1998, 435-443.

PAGH, J.D.; COOPER, M.C. [1998]
Supply Chain Postponement and Speculation Strategies: How to Choose the Right Strategy, in: Journal of Business Logistics, Vol. 19, No. 2, 1998, 13-33.

PALMER, J.P.; BAILEY, J.P.; FARAJ, S. [2000]
The Role of Intermediaries in the Development of Trust on the WWW: The Use and Prominence of Trusted Third Parties and Privacy Statements, in: Journal of Computer-Mediated Communication, Vol. 5, No. 3, 2000.

PALVIA, S.C.J.; VEMURI, V.K. [1999]
Distribution Channels in Electronic Markets, in: Electronic Markets, Vol. 9, No. 1/2, 1999, 118-125.

PASCHELKE, B.; ROSELIEB, A. [2002]
Online-Distribution, Berlin, 2002.

PEPPERS, D.; ROGERS, M. [1993]
The One-To-One Future, London, 1994.

PETERAF, MARGARET A. [1993]
The Cornerstones of Competitive Advantage: A Resource-Based View, in: Strategic Management Journal, Vol. 14, No. 3, 1993, S. 179-191.

PETERAF, M.; SHANLEY, M. [1997]
Social Learning and the "Fundamental Paradox" of Transaction Cost Economics, in: Advances in Strategic Management, Vol. 14, 1997, 193-222.

PETERS, RALF [2000]
Elektronische Märkte und automatisierte Verhandlungen, in: Wirtschaftsinformatik, 42. Jg., Heft 5, 2000, 413-421.

PETERSON, R.A.; BALASUBRAMANIAN, S. [1997]
Exploring the implications of the Internet for consumer marketing, in: Journal of the Academy of Marketing Sciences, Vol. 25, No. 4, 1997, 329-346.

PFOHL, HANS-CHRISTIAN [1994]
Logistikmanagement, Berlin, Heidelberg, New York, 1994.

PFOHL, HANS-CHRISTIAN [1996]
Logistiksysteme, Berlin, 1996.

PFOHL, HANS-CHRISTIAN [2000]
Logistiksysteme, Betriebswirtschaftliche Grundlagen, 6. Auflage, Berlin, 2000.

PICOT, ARNOLD [1982]
Transaktionskostenansatz in der Organisationstheorie: Stand der Diskussion und Aussagewert, in: Die Betriebswirtschaft, 42. Jg., Nr. 2, 1982, 267-284.

PICOT, ARNOLD [1985]
Transaktionskosten, in: Die Betriebswirtschaft, 45. Jg., Nr.2, 1985, 224-225.

PICOT, ARNOLD [1986]
Transaktionskosten im Handel. Zur Notwendigkeit einer flexiblen Strukturentwicklung in der Distribution, in: Der Betriebs-Berater, 41. Jg., Nr. 27, 1986, 1-15.

PICOT, ARNOLD [1991]
Ökonomische Theorien der Organisation - Ein Überblick über neuere Ansätze und deren

betriebswirtschaftliches Anwendungspotential, in: Betriebswirtschaftslehre und Ökonomische Theorie, hrsg. v. Ordelheide, D.; Rudolph, B.; Büsselmann, E., 1991, 143-170.

PICOT, ARNOLD [1992]
Ronald H. Coase: Nobelpreisträger 1991 - Transaktionskosten als zentraler Beitrag wirtschaftswissenschaftlicher Analyse, in: Wirtschaftswissenschaftliches Studium (WiSt), 20. Jg., Heft 2, 1992, 79-83.

PICOT, A.; BORTENLÄNGER, C.; RÖHRL, H. [1997]
Organization of Electronic Markets: Contributions from the New Institutional Economics, in: The Information Society, Vol. 13, No. 1, 1997, 107-123.

PICOT, A.; DIETL, H. [1990]
Transaktionskostentheorie, in: Wirtschaftswissenschaftliches Studium (WiSt), 19. Jg., Nr. 4, 1990, 178-184.

PICOT, A.; NEUBURGER, R.; NIGGL, J. [1992]
Wirtschaftlichkeitsaspekte des Electronic Data Interchange (EDI), in: Office Management, Heft 6, 1992, 38-41.

PILLER, FRANK [1997]
Kundenindividuelle Produkte - von der Stange, in: Harvard Business Manager, 19. Jg., Heft 3, 1997, 15-26.

PILLER, F.; SCHODER, D. [1999]
Mass Customization und Electronic Commerce, in: Zeitschrift für Betriebswirtschaft (ZfB), 69 Jg., Heft 10, 1999, 1111-1136.

PINE, B.J.; PEPPERS, D.; ROGERS, M. [1995]
Do you want to keep your customers forever?, in: Harvard Business Review, Vol. 73, No. 2, 1995, 103-114.

PITT, L.F.; BERTHON, P.; WATSON, R.T.; EWING, M. [2001]
Pricing Strategy and the Net, in: Business Horizons, Vol. 44, No. 3, 2001, 45-54.

POON, S.; JOSEPH, M. [2000]
Product characteristics and Internet commerce benefit among small businesses, in: Journal of Product & Brand Management, Vol. 9, No. 1, 2000, 21-34.

PORRA, JAANA [2000]
A Strategic Framework for Electronic Commerce: The Digital Production Cycle, in: Handbook on Electronic Commerce, hrsg. v. Shaw, Michael, Berlin, 2000, 613-626.

PORTER, MICHAEL E. [1980]
Competitive Strategy. Techniques for Analyzing Industries and Competitors, New York, 1980.

PORTER, MICHAEL E. [1985]
Competitive Advantage. Creating and Sustaining Superior Performance, New York, 1985.

PORTER, MICHAEL E. [1991]
Towards a Dynamic Theory of Strategy, in: Strategic Management Journal, Vol. 12, No. 8, 1991, 95-117.

PORTER, MICHAEL E. [2001]
Strategy and the Internet, in: Harvard Business Review, Vol. 79, No. 3, 2001, 62-78.

PORTER, M.; MILLAR, V. [1985]
How information gives you a competitive advantage, in: Harvard Business Review, Vol. 63, No. 4, 1985, 149-160.

PÖSCHL, VIKTOR [1947]
Prinzipien natürlicher Ordnung in Technik und Wirtschaft, Stuttgart, 1947.

POWELL, WALTER W. [1990]
Neither Market nor Hierarchy: Network Forms of Organisation, in: Research in Organizational Behavior, Vol. 12, hrsg. v. Staw, B.M. Cummings, L.L., Greenwich/Conn., 1990, S. 295-336.

PRAGER, ROBIN A. [1990]
Firm Behavior in Franchise Monopoly Markets, in: Rand Journal of Economics, Vol. 21, No. 2, 1990, 211-225.

REICHHELD, F.F.; SASSER, W.E. [1990]
Zero Defections. Quality Comes to Service, in: Harvard Business Review, Vol. 68, No. 5, 1990, 105-111.

REIHLEN, MARKUS [1997]
Entwicklungsfähige Planungssysteme, Wiesbaden, 1997.

REIHLEN, M.; KLAAS, T. [1999]
Individualismus, Holismus und Systemismus: Erörterung metatheoretischer Sichtweisen in den Sozialwissenschaften, in: Arbeitsbericht Nr. 99 des Seminars für Allgemeine Betriebswirtschaftslehre, Betriebswirtschaftliche Planung und Logistikder Universität zu Köln, 1999.

RICHARDSON, G.B. [1972]
The Organisation of Industry, in: Economic Journal, Vol. 82, No. 327, 1972, S. 883-896.

RICHTER, R.; FURUBOTN, E.G. [1996]
Neue Institutionenökonomik: Eine Einführung und kritische Würdigung, Tübingen, 1996.

RINGBECK, JÜRGEN [1986]
Qualitäts- und Werbestrategien bei Qualitätsunsicherheit der Konsumenten, Wiesbaden, 1986.

ROBERTS, B.; MACKAY, M. [1998]
IT supporting supplier relationships: The role of electronic commerce, in: European Journal of Purchasing & Supply Management, Vol. 4, No. 2-3, 1998, 175-184.

ROBERTSON, D.H. [1928]
The Control of Industry, Cambridge, 1928.

ROBESON, J.F.; KOLLAT, D. [1985]
Channels of Distribution: Structure and Change, in: The Distribution Handbook, hrsg. v. Robeson, J.F.; House, R.G., New York, 1985, 225-234.

ROBINS, JAMES A. [1987]
Organizational Economics: Notes on the Use of Transaction-Cost Theory in the Study of Organizations, in: Administrative Science Quarterly, Vol. 32, No. 1, 1987, 68-86.

ROBINSON, P.J.; FARIS, C.W. [1967]
Industrial Buying and Creative Marketing, Boston, 1967.

ROTHKOPF, M.H.; PARK, S. [2001]
An Elementary Introduction to Auctions, in: Interfaces, Vol. 31, No. 6, 2001, 83-97.

RUBINSTEIN, A.; WOLINSKY, A. [1987]
Middlemen, in: Quarterly Journal of Economics, Vol. 102, No. 3, 1987, 581-593.

SACKS, STEPHEN [1983]
Self-Management and Efficiency, London, 1983.

SALOP, STEVEN C. [1979]
Monopolistic Competition with Outside Goods, in: Bell Journal of Economics, Vol. 10, 1979, 141-156.

SAMUELSON, P.A.; NORDHAUS, W.D. [1992]
Economics, Fourteenth Edition, New York, St. Louis, San Francisco, 1992.

SARKAR, M.; BUTLER, B.; STEINFIELD, C. [1995]
Intermediaries and Cybermediaries: The Continuing Role for Mediating Players in the Electronic Marketplace, in: Journal of Computer-mediated Communications; Special Issue on Electronic Commerce, Vol. 1, No. 3, 1995.

SARKAR, M.; BUTLER, B.; STEINFIELD, C. [1998]
Cybermediaries in electronic marketspace: Toward theory building, in: Journal of Business Research, Vol. 41, No. 3, 1998, 215-221.

SAUNDERS, GARY [2000]
Commercial Use of the Internet: Some Pros and Cons, in: The Journal of Applied Business Research, Vol. 16, No. 1, 2000, 1-7.

SCHÄR, JOHANN F. [1923]
Allgemeine Handelsbetriebslehre, Fünfte erweiterte Auflage, Leipzig, 1923.

SCHELLHAAß, HORST-MANFRED [1978]
Peak-Load Pricing: Allgemeine Grundsätze ; Wirtschaftswissenschaftliches Studium (WiSt), 7. Jg., Heft 1, 1978, 463-470.

SCHERER, A.G.; BEYER, R. [1998]
Der Konfigurationsansatz im Strategischen Management - Rekonstruktion und Kritik, in: Die Betriebswirtschaft, 58. Jg., Heft 3, 1998, 332-342.

SCHERER, JÜRGEN [1991]
Zur Entwicklung und zum Einsatz von Objektmerkmalen als Entscheidungskriterien in der Beschaffung, Köln, 1991.

SCHIERENBECK, HENNER [1987]
Grundzüge der Betriebswirtschaftslehre, München, 1987.

SCHIFFERS, ERICH [1994]
Logistische Budgetierung, Wiesbaden, 1994.

SCHILLER, ULF [1993]
Vertikale Unternehmensbeziehungen, Heidelberg, 1993.

SCHLEITZER, HELMUT [1985]
Multiplikativ oder additiv? Preisgleitklauseln in der Gaswirtschaft, in: Energiewirtschaftliche Tagesfragen, 35. Jg., Heft 7, 1985, 476-478.

SCHMID, BEAT [1993]
Elektronische Märkte, in: Wirtschaftsinformatik, 35. Jg., No. 5, 1993, 465-480.

SCHMID, BEAT [1999]
Elektronische Märkte - Merkmale, Organisation und Potentiale, in: Management-Handbuch Electronic Commerce, hrsg. v. Hermanns, A.; Sauter, M., München, 1999, 31-49.

SCHMITZ, STEFAN W. [2000]
The Effects of Electronic Commerce on the Structure of Intermediation, in: Journal of Computer-Mediated Communication, Vol. 5, No. 3, 2000, 1-18.

SCHNEIDER, DIETER [1985]
Die Unhaltbarkeit des Transaktionskostenansatzes für die "Markt oder Unternehmung"-Diskussion, in: Zeitschrift für Betriebswirtschaft (ZfB), 55. Jahrgang, Heft 12, 1985, 1985, 1237-1247.

SCHNEIDER, DIETER [1987]
Allgemeine Betriebswirtschaftslehre, 3. Auflage, München, 1987.

SCHUMPETER, JOSEPH A. [1926]
Theorie der wirtschaftlichen Entwicklung. Eine Untersuchung über Unternehmergewinn, Kapital, Kredit, Zins und den Konjunkturzyklus, 2. Aufl., München - Leipzig, 1926.

SCHUMPETER, JOSEPH A. [1986]
The Process of Creative Destruction, in: Organizational Economics, hrsg. v. Barney, J.B.; Ouchi, W.G., San Francisco, 1986, S. 408-413.

SENN, JAMES A. [2000]
Business-To-Business E-Commerce, in: Information Systems Management, Vol. 17, No. 2, 2000, 23-32.

SEWING, EVA [1994]
Die Absatzwegewahl des Handels, Wiesbaden, 1994.

SHAFER, S.M.; MEREDITH, J.R. [1998]
Operations Management, New York, 1998.

SHAPIRO, CARL [1982]
Consumer Information, Product Quality, and Seller Reputation, in: Bell Journal of Economics, Vol. 13, No. 1, 1982, 20-35.

SHAW, MICHAEL J. [2000]
Electronic Commerce: State of the Art, in: Handbook on Electronic Commerce, hrsg. v. Shaw, M.; Blanning R. et al., Berlin, Heidelberg, 2000, 3-24.

SHAW, M.; BLANNING, R.; STRADER, T.; WHINSTON, A. [2000]
Handbook on Electronic Commerce, Heidelberg, 2000.

SHELANSKI, H.A.; KLEIN, P.G. [1999]
Empirical Research in Transaction Cost Economics, in: Firms, Markets, and Hierarchies, hrsg. v. Carroll, G.R.; Teece, D.J., New York, 1999, 89-118.

SIMON, HERBERT A. [1955]
A behavioral model of rational choice, in: Quarterly Journal of Economics, Vol. 69, No. 1, 1955, 99-118.

SIMON, HERBERT A. [1961]
Administrative Behavior, 2nd edition, New York, 1961.

SIMON, HERBERT A. [1986]
Theories of Bounded Rationality, in: Decision and organization. A Volume in honor of Jacob Marshak, hrsg. v. McGuire, C.B., Minnesota, 1986, 161-176.

SIMON, HERBERT A. [1991a]
Bounded Rationality and Organizational Learning, in: Organization Science, Vol. 2, No. 1, 1991, 125-134.

SIMON, HERBERT A. [1991b]
Organizations and Markets, in: Journal of Economic Perspectives, Vol. 5, No. 2, 1991, 25-44.

SMITH, V.L. [1987]
Auctions, in: Competitive Market Institutions: Double-Auctions vs. Sealed Bid-Offer Auctions, hrsg. v. Eatwell, J.; Milgate, M.; Newman, P., London, 1987, 138-144.

SPECHT, DIETER [1992]
Distributionsmanagement, Stuttgart, 1992.

SPULBER, DANIEL F. [1996]
Market Microstructure and Intermediation, in: Journal of Economic Perspectives, Vol. 10, No. 3, 1996, 135-152.

STANGL, ULRICH [1985]
Beschaffungsmarktforschung - Ein Heuristisches Entscheidungsmodell, Köln, 1985.

STEFFEN, THOMAS [2000]
Internet-Quellen zu XML/EDI, in: Wirtschaftsinformatik, Nr. 41, Heft 1, 2000, 78-86.

STEINFIELD, C.; KRAUT, R.; PLUMMER, C. [1995]
The Impact Of Interorganizational Networks On Buyer-Seller Relationships, in: Journal of Computer-Mediated Communications, Vol. 1, No. 3, 1995.

STERN, L.W.; EL-ANSARY, A.I.; COUGHLAN, A.T. [1988]
Marketing Channels, New Jersey, London, 1988.

STIGLER, GEORGE J. [1961]
The Economics of Information, in: Journal of Political Economy, Vol. 69, No. 3, 1961, 213-225.

STIGLITZ, JOSEPH E. [1989]
Imperfect Information in the Product Market, in: Handbook of Industrial Organization, hrsg. v. Schmalensee, R.; Willig, R.D., 1989, 769-847.

STIGLITZ, JOSEPH E. [1994]
Whither Socialism?, Cambridge, 1994.

STOCK, J.R.; LAMBERT, D.M. [1987]
Strategic Logistics Management, Homewood, 1987.

STRADER, T.J.; SHAW, M.J. [1997]
Characteristics of Electronic Markets, in: Decision Support Systems, Vol. 21, No. 3, 1997, 185-198.

STRADER, T.J.; SHAW, M.J. [2000]
Electronic Markets: Impact and Implications, in: Handbook on Electronic Commerce, hrsg. v. Shaw, M.; Blanning, R. et al., Berlin, Heidelberg, 2000, 77-98.

STRAUBE, F.; LEBELT, N. [2001]
Fulfillment-Strategien im End-to-End-Commerce, in: Jahrbuch der Logistik 2001, hrsg. v. Hossner, Rüdiger, Düsseldorf, 2001, 37-41.

STRÖBEL, MICHAEL [2000]
On Auctions as the Negotiation Paradigm of Electronic Markets, in: Electronic Markets, Vol. 10, No. 1, 2000, 39-44.

STÜDEMANN, KLAUS [1993]
Allgemeine Betriebswirtschaftslehre, München, 1993.

SYDOW, JÖRG [1995]
Netzwerkorganisation, in: Wirtschaftswissenschaftliches Studium (WiSt), 24. Jg., Heft 12, 1995, 629-634.

TALLON, WILLIAM J. [1993]
The Impact of Inventory Centralization on Aggregate Safety Stock: The Variable Supply Lead Time Case, in: Journal of Business Logistics, Vol. 14, No. 1, 1993, 185-203.

TAYLOR, FREDERICK W. [1923]
The Principles of Scientific Management, New York, 1923.

TELLER, KLAUS-JÜRGEN [1981]
Logistische Funktionen Transportieren, Umschlagen, Lagern, in: RKW - Handbuch Logistik, 2. Band, hrsg. v. Baumgarten, H.; Bliesner, M. et al., Berlin, 1981, 1-35.

TEMPELMEIER, HORST [1995]
Material-Logistik, Berlin, Heidelberg, New York, 1995.

THALER, RICHARD H. [1992]
The Winner´s Curse, Paradoxes and Anomalies of Economic Life, New York, 1992.

THORELLI, HANS B. [1986]
Networks: Between Markets and Hierarchies, in: Strategic Management Journal, Vol. 7, No. 1, 1986, S. 37-51.

THURMANN, PETER [1961]
Grundformen des Markenartikels. Versuch einer Typologie, Berlin, 1961.

TIETENBERG, THOMAS H. [1985]
Emissions Trading, Washington, D.C., 1985.

TIETZ, BRUNO [1960]
Bildung und Verwendung von Typen in der Betriebswirtschaftslehre, Köln, 1960.

TIMMERS, PAUL [1998]
Business Models for Electronic Markets, in: EM - Electronic Markets, Vol. 8, No. 2, 1998, 3-8.

TIROLE, JEAN [1988]
The Theory of Industrial Organization, Cambridge, London, 1988.

TOLLE, ELISABETH [1994]
Informationsökonomische Erkenntnisse für das Marketing bei Qualitätsunsicherheit der Konsumenten, in: Zeitschrift für betriebswirtschaftliche Forschung (ZfbF), 46. Jg., Heft 11, 1994, 926-938.

TOPOROWSKI, WALDEMAR [1999]
Der Baligh-Richartz-Effekt, in: Wirtschaftswissenschaftliches Studium (WiSt), 28. Jg., Heft 2, 1999, 81-83.

TOPOROWSKI, WALDEMAR [2000a]
Auswirkungen von E-Commerce auf den Einzelhandel - der Erklärungsbeitrag der Transaktionskostentheorie, in: Zukunftsperspektiven des E-Commerce im Handel, hrsg. v. Müller-Hagedorn, Lothar, Frankfurt am Main, 2000, 73-120.

TOPOROWSKI, WALDEMAR [2000b]
Das Großhandelstheorem, in: Wirtschaftswissenschaftliches Studium (WiSt), 29. Jg., Heft 9, 2000, 513-517.

TUMOLO, MARIE [2001]
Business-To-Business Exchanges, in: Information Systems Management, Vol. 18, No. 2, 2001, 54-62.

TURBAN, EFRAIM [1997]
Auction and Bidding on the Internet: An Assessment, in: Electronic Markets, Vol. 7, Nr. 4, 1997, 7-11.

UNITT, M.; JONES, I.C. [1999]
EDI - the grand daddy of electronic commerce, in: BT Technology, Vol. 17, No. 3, 1999, 17-23.

USHER, ABBOTT P. [1920]
The Industrial History of England, Cambridge, 1920.

VAKRAT, Y.; SEIDMANN, A. [1999]
Can Online Auctions Beat Online Catalogs?, in: Proceedings of the Twentieth International Conference on Information Systems (ICIS), Charlotte, North Carolina, 1999, 132-143.

VALCÁRCEL, SYLVIA [2002]
Theorie der Unternehmung und Corporate Governance, Wiesbaden, 2002.

VAN HECK, ERIC [2000]
The Cutting Edge in Auctions, in: Harvard Business Review, Vol. 78, No. 2, 2000, 18-19.

VANAGUNAS, STANLEY [1989]
Max Weber´s Authority Models and the Theory of X-Inefficiency, in: American Journal of Economics and Sociology, Vol. 48, No. 4, 1989, 393-400.

VARIAN, HAL R. [1987]
Intermediate Microeconomics, A Modern Approach, New York, 1987.

VICKREY, WILLIAM [1961]
Counterspeculation, Auctions, and Competitive Sealed Tender, in: Journal of Finance, Vol. 16, No. 1, 1961, 8-37.

VOIGT, KAI-INGO [2001]
Desintermediation im B2B-Bereich - Perspektiven aus Sicht der Produzenten, in: Zeitschrift für Betriebswirtschaft (ZfB), Ergänzungsheft 3, 2001, 53-72.

VOLBERDA, H.W.; ELFRING, T. [2001]
Rethinking Strategy, London, 2001.

VON NEUMANN, J.; MORGENSTERN, O. [1953]
Theory of Games and Economic Behavior, 3rd edition, Princeton, 1953.

WALLER, M.A.; DABHOLKAR, P.A.; GENTRY, J.J. [2000]
Postponement, Product Customization, and Market-Oriented Supply Chain Management, in: Journal of Business Logistics, Vol. 21, No. 2, 2000, 133-159.

WEBER, HELMUT K. [1993]
Wertschöpfungsrechnung, in: Handwörterbuch der Betriebswirtschaftslehre, hrsg. v. Wittmann, W.; Kern, W.; Köhler, R. et al., Stuttgart, 1993, 4659-4671.

WEBER, MAX [1980]
Wirtschaft und Gesellschaft - Grundriß der verstehenden Soziologie, 5. Auflage, Tübingen, 1980.

WEIBER, R.; ADLER, J. [1995A]
Informationsökonomisch begründete Typologisierung von Kaufprozessen, in: Zeitschrift für betriebswirtschaftliche Forschung (ZfbF), 47. Jg., Heft 1, 1995, 43-65.

WEIBER, R.; ADLER, J. [1995B]
Positionierung von Kaufprozessen im informationsökonomischen Dreieck, in: Zeitschrift für betriebswirtschaftliche Forschung (ZfbF), 47. Jg., Heft 2, 1995, 99-123.

WEINTRAUB, SIDNEY [1970]
On-Off Peak Pricing: An Alternative Solution, in: Kyklos, Vol. 23, No. 3, 1970, 501-517.

WENDERS, JOHN T. [1975]
The Misapplication of the Theory Of Peak-load Pricing to the Electric Utility Industry, in: Public Utilities Fortnightly, December, 1975, 22-27.

WERNERFELT, BIRGER [1984]
A Resource-based View of the Firm, in: Strategic Management Journal, Vol. 5, No. 2, 1984, 171-180.

WIED-NEBBELING, SUSANNE [1994]
Markt- und Preistheorie, 2., verbesserte Auflage, Berlin, Heidelberg, New York, 1994.

WIESE, HARALD [1990]
Netzeffekte und Kompatibilität: ein theoretischer und simulationsgeleiteter Ansatz, Stuttgart, 1990.

WIGAND, ROLF T. [1995]
Electronic Commerce and Reduced Transaction Costs, in: Electronic Markets, Vol. 5, No. 16/17, 1995, 1-5.

WIGAND, ROLF T. [1997]
Electronic Commerce: Definition, Theory, and Context, in: The Information Society, Volume 13, No. 1 (Special Issue: Theory and Practice of Electronic Commerce), 1997, 1-16.

WIGAND, R.T.; BENJAMIN, R.I. [1995]
Electronic Commerce: Effects on Electronic Markets, in: Journal of Computer-Mediated Communication, Vol. 1, No. 3, 1995.

WILDE, LOUIS L. [1981]
Information Costs, Duration of Search, and Turnover: Theory and Application, in: Journal of Political Economy, Vol. 89, No. 6, 1981, 1122-1141.

WILLIAMSON, OLIVER E. [1971]
The Vertical Integration of Production: Market Failure Considerations, in: American Economic Review, Vol. 61, No. 2, 1971, 112-123.

WILLIAMSON, OLIVER E. [1973]
Markets and Hierarchies: Some Elementary Considerations, in: American Economic Review, Vol. 63, No. 2, 1973, 316-325.

WILLIAMSON, OLIVER E. [1975]
Markets and Hierarchies: Analysis and Antitrust Implications. A Study in the Economics of Internal Organization., New York - London, 1975.

WILLIAMSON, OLIVER E. [1976]
Franchise Bidding for Natural Monopolies - In General and with Respect to CATV, in: Bell Journal of Economics, Vol. 7, No. 1, 1976, 73-104.

WILLIAMSON, OLIVER E. [1979]
Transaction cost economics: The governance of contractual relations, in: Journal of Law and Economics, Vol. 22, No. 2, 1979, 233-261.

WILLIAMSON, OLIVER E. [1981]
The economics of organization: The transaction cost approach, in: American Journal of Sociology, Vol. 87, No. 3, 1981, 548-575.

WILLIAMSON, OLIVER E. [1985]
The Economic Institutions of Capitalism. Firms, Markets, Relational Contracting, New York, London, 1985.

WILLIAMSON, OLIVER E. [1986]
Economic Organization, New York, 1986.

WILLIAMSON, OLIVER E. [1990]
A Comparison of Alternative Approaches to Economic Organization, in: Journal of Institutional and Theoretical Economics, Vol. 146, No. 1, 1990, 61-71.

WILLIAMSON, OLIVER E. [1991]
Comparative Economic Organization: The Analysis of Discrete Structural Alternatives, in: Administrative Science Quarterly, Vol. 36, No. 2, 1991, 269-296.

WILLIAMSON, OLIVER E. [1996]
The Mechanism of Governance, New York, 1996.

WINDSPERGER, JOSEF [1983]
Transaktionskosten in der Theorie der Firma, in: Zeitschrift für Betriebswirtschaft (ZfB), 53. Jg., Heft 9, 1983, 889-903.

WIRTZ, B.W.; MATHIEU, A. [2001]
B2B-Marktplätze - Erscheinungsformen und ökonomische Vorteile, in: Das Wirtschaftsstudium (WISU), 30. Jg., Nr. 10, 2001, 1332-1344.

WÖHE, GÜNTER [1986]
Einführung in die Allgemeine Betriebswirtschaftslehre, 16. Aufl., München, 1986.

YOSHINO, M.Y.; RANGAN, U.S. [1995]
Strategic Alliances, Boston, 1995.

ZACHARIAS, G.; MOUKOS, A.; MAES, P. [2000]
Collaborative reputation mechanisms for electronic marketplaces, in: Decision Support Systems, Vol. 29, No. 4, 2000, 371-388.

ZELEWSKI, STEPHAN [1998]
Auktionsverfahren zur Koordinierung von Agenten auf elektronischen Märkten, in: Unternehmen im Wandel und Umbruch, hrsg. v. Becker, M. et al., Stuttgart, 1998, 305-337.

ZUPAN, MARK A. [1989]
The Efficacy of Franchise Bidding Schemes in the Case of Cable Television: Some Systematic Evidence, in: Journal of Law and Economics, Vol. 32, No. 2, 1989, 401-456.

The manufacturer's authorised representative in the EU is Springer
Nature Customer Service Centre GmbH, Europaplatz 3, 69115 Heidelberg,
Germany. If you have any concerns regarding our products, please
contact ProductSafety@springernature.com

Printed and bound by CPI Group (UK) Ltd, Croydon, CR0 4YY
27/04/2026
02097656-0013